苏州工业职业技术学院年鉴 2019

SUZHOU VOCATIONAL INSTITUTE OF INDUSTRIAL TECHNOLOGY YEARBOOK

苏州工业职业技术学院年鉴编纂委员会　编

古吴轩出版社

中国 · 苏州

图书在版编目（CIP）数据

苏州工业职业技术学院年鉴. 2019 / 苏州工业职业技术学院年鉴编纂委员会编. -- 苏州：古吴轩出版社，2019.10
ISBN 978-7-5546-1411-2

Ⅰ. ①苏… Ⅱ. ①苏… Ⅲ. ①苏州工业职业技术学院－2019－年鉴 Ⅳ. ①G649.285.33-54

中国版本图书馆CIP数据核字(2019)第191542号

责任编辑：李爱华
见习编辑：祝文秀
责任校对：周　娇
装帧设计：吴　静
责任照排：吴　静

书　　名：苏州工业职业技术学院年鉴（2019）
编　　者：苏州工业职业技术学院年鉴编纂委员会
出版发行：古吴轩出版社
地址：苏州市十梓街458号　　邮编：215006
电话：0512-65233679　　传真：0512-65220750
出 版 人：钱经纬
印　　刷：无锡市证券印刷有限公司
开　　本：889×1194　1/16
印　　张：21　　插页：24
版　　次：2019年10月第1版　第1次印刷
书　　号：ISBN 978-7-5546-1411-2
定　　价：150.00元

《苏州工业职业技术学院年鉴（2019）》

编纂委员会

编审人员

9月20日，团省委高校工作部副部长卜路到校指导工作

9月25日，苏州市档案局档案执法检查

9月29日，国庆节“清风行动”检查

10月16日，教育部专家到校检查高基报表工作

11月16日，市委宣传部部长金洁到校视察

11月21日，苏州市妇联领导到校参观指导

11月29日，苏州市人大吴中区代表团第二小组杜国玲一行到校视察

12月13日，省教育厅五年制高职教育专项调研组莅临学校指导工作

1月4日，干部测评大会

3月21日，召开全体教职工大会暨建设高水平高职院校动员会

3月5日，王新华书记视察开学准备工作

3月30日，苏州市职业院校企业学院建设现场推进会在学校成功举办

4月24日，工会座谈会

3月7日，召开干部大会宣布学校领导调整

5月4日，五四表彰大会

5月22日，校领导观看苏州市反腐倡廉警示教育展

5月29日，离退休党支部党日活动

5月30日，学校干部大会

6月9日，2018届毕业典礼

6月9日，毕业生党员集中教育管理月活动启动

6月15日，教代会提案交办会

6月20日，机关党总支党日活动

7月2日，综合实训楼工程开工奠基仪式

7月11—13日，中层干部暑期培训

9月7日，新学期学工联席会议

2018 年全国职业院校技能大赛

6月4—6日，2018年全国职业院校技能大赛高职组“三维天下杯”工业产品数字化设计与制造赛项比赛在学校举办

工业产品数字化设计与制造赛项

建筑工程识图赛项

“百科荣创”杯嵌入式技术应用开发赛项

“先电杯”云计算技术与应用赛项

制造单元智能化改造与集成技术赛项

2018 年江苏省高等职业院校信息化教学大赛

参赛教师合影

一等奖（王栋团队）

2018 年江苏省高等职业院校技能大赛

一等奖

“三维天下”杯工业产品数字化设计与制造赛项

“百科荣创杯”嵌入式技术应用开发赛项

“中望杯”建筑工程识图赛项

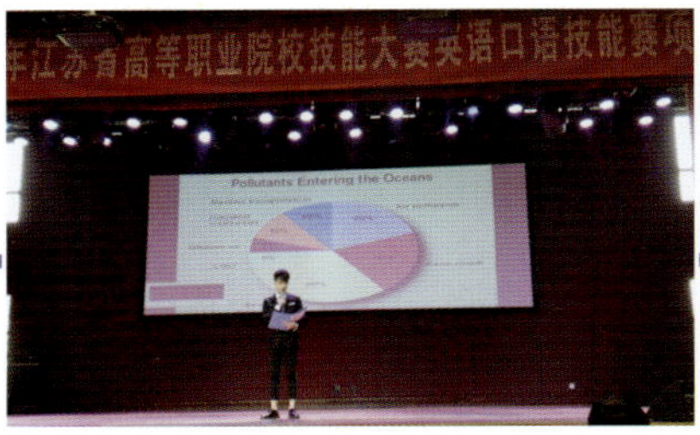

英语口语技能赛项（专业组）

英语口语技能赛项（非专业组）

其他

工业机器人技术应用赛项

云计算技术与应用赛项

智慧物流作业方案设计与实施赛项

新能源汽车技术与服务赛项

“亚龙杯”现代电气控制系统安装与调试赛项

“联想杯”移动互联网应用软件开发赛项

“神州数码杯”信息安全管理与评估赛项

7月9日，学校荣获首届海纳百创长三角模拟公司交易会优秀组织奖

12月8日，学校荣获“2017年高等职业院校服务贡献50强”

2018全国职业院校技能大赛获奖证书

工业产品数字化设计与制造团体一等奖，参赛学生：周东杰、祁昌恒

获奖证书

江苏省代表队

在2018年全国职业院校技能大赛高职组工业产品数字化设计与制造比赛中荣获团体一等奖。

学校名称：苏州工业职业技术学院

选手姓名：周东杰、祁昌恒

指导教师：殷铭、石皋莲

全国职业院校技能大赛组织委员会

二〇一八年五月

编号：201808490

获奖证书

江苏省代表队

在2018年全国职业院校技能大赛高职组“光电杯”云计算技术与应用比赛中荣获团体一等奖。

学校名称：苏州工业职业技术学院

选手姓名：左卫林、葛君、谢展宏

指导教师：何亮、黄金晶

全国职业院校技能大赛组织委员会

二〇一八年五月

编号：201811512

云计算技术与应用团体一等奖，参赛学生：左卫林、葛君、谢展宏

复杂部件数控多轴联动加工技术团体二等奖，参赛学生：陈嘉懿、龚雨章

获奖证书

江苏省二队

在2018年全国职业院校技能大赛高职组“复杂部件数控多轴联动加工技术”比赛中荣获团体二等奖。

学校名称：苏州工业职业技术学院

选手姓名：陈嘉懿　龚雨章

指导教师：顾　涛　李业益

全国职业院校技能大赛组织委员会

二〇一八年五月

编号：201808657

获奖证书

江苏省代表队

在2018年全国职业院校技能大赛高职组建筑工程识图赛项比赛中荣获团体二等奖。

学校名称：苏州工业职业技术学院

选手姓名：顾鑫鑫、孔沁春

指导教师：朱晓蕾、包茜虹

全国职业院校技能大赛组织委员会

二〇一八年五月

编号：201808422

建筑工程识图团体二等奖，参赛学生：顾鑫鑫、孔沁春

嵌入式技术应用开发团体二等奖，参赛学生：唐茂淞、陈家成、邹壮志

获奖证书

江苏省代表队

在2018年全国职业院校技能大赛高职组“百科荣创杯”嵌入式技术应用开发赛项比赛中荣获团体二等奖。

学校名称：苏州工业职业技术学院

选手姓名：唐茂淞、陈家成、邹壮志

指导教师：赵展、戴丽华

全国职业院校技能大赛组织委员会

二〇一八年五月

编号：201810834

获奖证书

王通达、陈继飞、唐　源　同学：

在2018年全国职业院校技能大赛高职组“制造单元智能化改造与集成技术”赛项比赛中荣获 二 等奖。

所在学校：苏州工业职业技术学院

指导教师：于　霜、周　信

全国职业院校技能大赛组织委员会

二〇一八年五月

编号：201808753

制造单元智能化改造与集成技术二等奖，参赛学生：王通达、陈继飞、唐源

“佳世达杯”第八届CAD电子设计大赛

3月14日，石湖微访谈“我是人民警察”

4月26日，学校师生参加第七届长三角电子商务高峰论坛

5月2日，软件与服务外包学院分团委组织优秀青年团员代表到苏州市宪法宣传教育馆举行庄严的入团宣誓仪式

5月2日，思想政治教学部举办学术沙龙，纪念马克思诞生200周年

5月9日，软件与服务外包学院“践行十九大，飞扬青春梦”升国旗活动

职业规划大赛评委风采

职业规划大赛选手风采

5月16日，学校第十一届大学生职业规划大赛决赛

5月30日，思想政治教学部组织学生到苏州市吴中区人民法院旁听

9月18—29日，新生军训

9月18日，为2018级新生颁发“院长奖学金”

11月6日，苏工院大讲堂——传承非遗文化，“绣”出苏州名片

11月7日，思想政治教学部开展苏州市宪法宣传教育馆课外实践教学活动

11月7日，思想政治教学部带领学生开展新四军太湖游击队纪念馆实践基地活动

11月18日，经贸管理系青年志愿者协会参与2018苏州（太湖）马拉松比赛志愿服务活动

12月4日，苏工院大讲堂——孝文化讲座

12月5日，思想政治教学部组织学生走进亨通高压电缆有限公司开展企业参访活动

1月17日，金华职业技术学院到访

1月20日，湖南汽车工程职业学院到访

3月21日，日本京都情报大学院大学副校长寺下阳一到访

3月26日，贵州健康职业学院到访

4月13日，南通职业大学到校交流座谈

4月19日，沙洲职业工学院到校交流座谈

4月19日，新疆昌吉职业技术学院到访交流

5月24日，创元集团董事长（右一）到校参观指导

5月24日，河南职业技术学院到校交流座谈

5月30日，江西陶瓷工艺美术职业技术学院到访

6月15日，托普信息职业技术学院到访

7月6日，中国台湾修平科技大学到访

7月9日，缅甸金耀集团到访

9月13日，贵州健康职业学院教师到访交流

10月15日，贵州健康职业学院党委书记黄霞到访

11月8日，贵州健康职业学院到访

11月20日，福州职业技术学院到访

11月21日，淮阴工学院到访

11月22日，市委组织部到校调研

4月19日，大学生新媒体中心举行成立仪式

4月23—30日，承办全国青少年校园足球联赛男子高职组（南区）决赛

11月15—16日，承办江苏省第四届高职高专院校学生足球技能大赛暨学生体能大赛

学校第十一届体育运动会

11月1日，第十一届体育运动会开幕

11月1—2日，运动会现场

5月9日，邀请企业专家进校园开展大学生创业咨询

5月9日，学校开展企业人事经理进校园之模拟招聘活动

12月14日，留学生招生咨询会

12月31日，校企合作签约

2018 届毕业典礼

2018届
毕业典礼
青春筑梦新时代 扬帆启航新征程
二〇一八年六月

2018届
毕业典礼

2018届
毕业典礼
青春筑梦新时代 扬帆启航新征程

2018 级新生入学

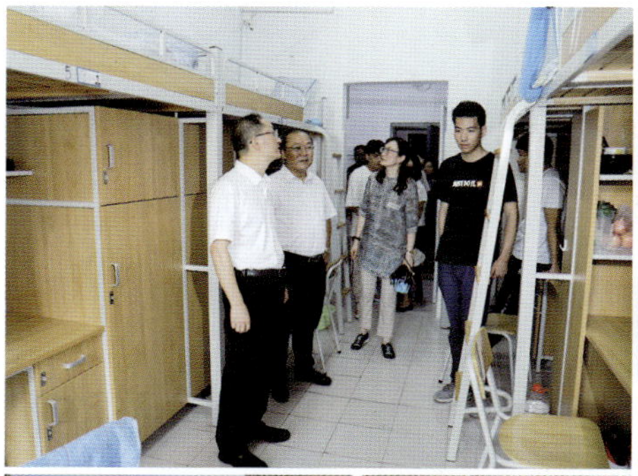

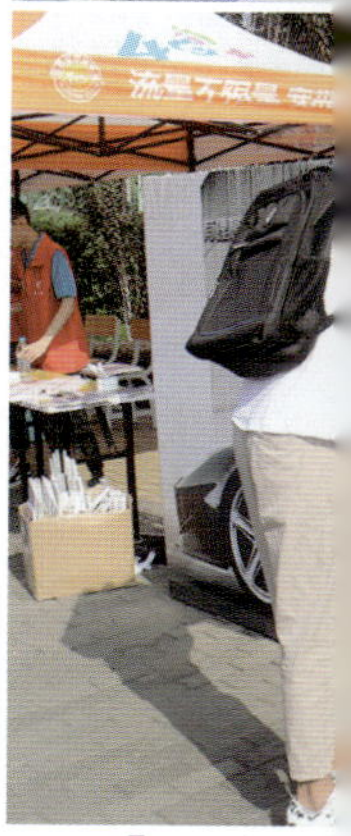

号列车
石湖
微访谈
我们来自五湖四海
相聚在苏工电信系
电子与通信工程系
#我skr萌新
青筑梦
SUZHOU INSTITUTE OF INDUSTRIAL TECHNOLOGY
学生卡
姓名：国教小萌新
性别：
学号：1831000000
建工18C1
建工18C2
数媒18C1
建工18C2
数媒18C1
欢迎2018级新同学！
精密制造工程系
全家福

花式迎新

新生报到

11月14日，举办“建行杯”演讲大赛，校企共庆改革开放40周年

12月7日，纪念改革开放40周年主题座谈会

12月12日，“思源·逐梦”纪念改革开放40周年文艺汇演

3月30日，企业学院现场推进会

12月26日，电子与通信工程系举行"教师企业实践工作站"成立仪式暨应用电子专业师生企业活动

学校举行第四届创元奖教助学金颁奖仪式

学校师生参观亨通集团展示厅

学校师生参加AW企业体验日活动

目　录

第一章　学校综述

第二章　会议文献

第三章　要闻特辑

第四章　组织机构与人员

第五章　系(院、部)简介

第六章　数据及统计

第七章　校园文体活动

第八章　团学教育与学生管理

第九章　表彰与奖励

第十章　大事记

第十一章　附　录

第一章 学校综述

学校简介

苏州工业职业技术学院是2003年由江苏省人民政府批准成立的公办普通高校，是江苏省示范性高职院校，2017年立项省高水平高职院校建设单位。其前身可追溯到成立于1946年9月的江苏省立苏州高级工业职业学校，是苏州最早建立的工科类职业技术学校。

学校现设有精密制造工程系、机电工程系、电子与通信工程系、软件与服务外包学院、经贸管理系、建筑工程与艺术设计系、国际教育学院、汽车工程系、思想政治教学部、体育部等10个教学单位。学校现有专业37个，全日制在校生近8000名。近五年来，学校增设了工业机器人、智能控制技术、智能产品开发、云计算技术、大数据技术与应用等新专业7个，智能制造类专业占比高，专业领域高度集中，发展优势凸显：机电一体化技术专业被评为教育部示范建设专业，数控技术专业被评为江苏省高校品牌专业，机电一体化、工业机器人、数控设备应用与维护、应用电子技术、软件技术等5个专业进入江苏省高水平骨干专业建设行列，云计算技术与应用、大数据技术与应用专业成为苏州市高校优秀新专业。

学校教师现有博士77名，专任教师博士占比23%，教师博士数及占比居全省高职院校前列，其中61名博士在智能制造类专业任教，人才高度集聚，群体效应凸显：2016年工业机器人与材料表面处理科技团队获评省“青蓝工程”科技创新团队；2017年，智能成套装备科技团队获评省高校科技创新团队，数控技术教学团队获评省“青蓝工程”优秀教学团队，智能制造产业技术技能人才开发研究团队获评省高校哲社创新团队。山高人为峰，领军者涌现：近三年，学校教师先后有28人次入选省“六大人才高峰”、省“333高层次人才培养工程”培养对象、省“青蓝工程”中青年学术带头人、省教学名师、省五一劳动奖章等高层次人才名单。

学校与智能制造企业联合研发，协同创新成

效显著：2016年，获批江苏省经信委“江苏省智能机器人及成套装备创新中心”，获批江苏省发改委“江苏省工业机器人工程实验室”，获批省科技厅第三批“江苏省工业机器人众创空间”。2015—2017年，学校获国家自然科学基金、省自然科学基金、省社会科学基金、省高校自然科学重大项目等13项，立项数量为全省高职前列。新增授权知识产权186项，其中发明专利26项，发明专利授权量领先于省内其他高职院校；转让专利10项，给企业带来经济效益超千万元。

学校立体化推进教学改革，重塑理念、重构体系、重整课程、重组团队、重叠活动、重诊过程，创新产教合作方式，先后立项省教育科学规划重点课题、省教改重大课题26项，校企共建企业学院18个、“校中厂”6个、省产教融合实训平台2个，合作开发教材118部，学校荣获“全国机械行业校企合作育人优秀职业院校”称号。学校校企合作育人成效显著，教学改革成果丰硕：2016年，荣获苏州市教学成果奖特等奖1项；2017年，荣获江苏省教学成果奖特等奖1项、一等奖2项，获奖的等级、数量位居全省高职院校前列。教师信息化教学大赛成绩优秀，位居全省第一方阵，学校连续三年获得省信息化教学大赛优秀组织奖。

学校拥有国家级技能大师工作室、省众创空间、省劳模工作室和技能训练中心等17个。2014—2016年，连续三年获得江苏省高校优秀毕业设计（论文）一等奖6项，一等奖数量位居全省高职院校前3名。2015—2017年，共获得全国职业院校技能竞赛等各类竞赛奖项448项，其中获得国家级技能竞赛一等奖20项、二等奖23项、三等奖31项。2017年，获全国职业院校技能大赛一等奖3项，一等奖数量位居全省高职院校前4名；获江苏省职业院校技能大赛“突出贡献奖”和“先进学校”荣誉。

学校积极借鉴德国、新加坡、加拿大、澳大利亚等国家和中国台湾等地区的职教先进经验，派遣教师189人次前往学习；先后派遣学生86人赴境外开展1个学期的游学；联合美国、澳大利亚、英国等国高校举办中外合作办学项目，培养学生430多人；联合跨国企业引入国际先进技术，购置进口教学设备花费近400万美元，其中2014年入选教育部“DMG MS数控专业领域第二期校企合作项目”、2016年入选“教育部ABB、新时达工业机器人领域职业教育项目”，开展德国AHK AEVO、西门子NX-CAD/CAM、PC-DIMS等国际职业资格认证。2014—2016年，先后派遣21名教师赴苏州亨通集团等企业的境外员工培训中心承担国际员工的培训任务，培训企业国际员工1200多人次；承担省内大学留学生实习实践任务，先后接待留学生180多人次。

学校全体师生员工以习近平总书记系列讲话精神和党的十九大精神为指导，秉承“我在乎你”的学校精神，以“向阳而生，精工笃行”为校训，坚持人才培养“地方性”“应用性”和“职业性”的办学理念，围绕学校“十三五”事业发展规划和第二次党代会明确的奋斗目标，以省高水平高职院校建设为龙头，努力形成更加注重学生成长、更加注重教师发展、更加注重内涵建设、更加注重精准管理、更加注重办学效益的办学氛围，不断推动学校高质量、内涵式发展！

学校年度工作总结

（2018年）

2018年，在上级组织的正确领导和关心支持下，学校深入学习贯彻习近平新时代中国特色社会主义思想和党的十九大精神，全面落实全国教育大会精神以及国家、省、市对高等职业教育发展提出的新要求，以学校第二次党代会确定的奋斗目标为抓手，以建校15周年为动力，认真践行以人民为中心的教育发展观，全面启动省高水平院校建设，积极推进产教融合发展，团结依靠全校师生员工，解放思想、振奋精神、扎实工作，较好完成年度各项目标任务。

真抓实做，2018年度各项工作任务圆满完成

1.高水平院校建设稳步推进。2018年是我校高水平高职院校建设的起步之年，一年来，围绕学校第二次党代会确定的工作目标和“十三五”事业发展规划，各单位在学校高水平高等职业院校建设领导小组的领导下，紧扣高水平高职院校建设要求，结合专家组的评审反馈意见，进一步细化完善了高水平院校建设方案，明确了年度建设目标和经费投入，强调了项目负责人制度。学校领导担任二级项目负责人，齐抓共管，从“更加注重学生成长，更加注重教师发展，更加注重内涵建设，更加注重精准管理，更加注重办学效益”等五个方面入手，不断推动学校高质量、特色化、内涵式发展。

2.教育教学质量不断提高。积极推进教学改革，服务智能制造，继续加强专业结构调整。2018年度建设新专业2个，改造一批老专业，完成所有专业人才培养方案的修订工作，服务智能制造的特色进一步加强。着力推动课堂改革，开展课堂教学大赛，全面提升教育教学质量。教学成果取得重大突破，首次获得国家教学成果奖1项，首次立项全国精品在线开放课程2门，首次入选国家级专业教学资源库备选项目，首次获批教育部第三批现代学徒制试点单位，3部教材获得江苏省高等学校重点教材立项，获省高职院校信息化教学大赛一等奖2项；学校再次承办全国职业院校技能大赛，获一等奖2项、二等奖4项；获省高等职业院校技能大赛一等奖5项、二等奖4项，总成绩位列苏州大市第一。学校获“2018年江苏省高等职业院校技能大赛先进单位”称号，5名学生获“省高等职业院校学生技能标兵”称号，12名教师获“省高等职业院校技能大赛优秀指导教师”称号。2017年省普通高校本专科优秀毕业设计（论文）评选获一等奖2项、二等奖4项，团队优秀毕业设计3项，各奖项综合排名全省第三。

3.师资队伍结构高效调优。继续实施“人才强校”战略，3人获得2018年省“青蓝工程”相关称号，1个团队获得省“青蓝工程”优秀教学团队称号，2人入选第五批省“333工程”第三层次培养对象，2人获得苏州市优秀教育工作者称号，1人获得苏州市高技能领军人才资助。通过“引育并举”，做好人才引进及招聘工作。继续探索博士引进灵活政策，进编博士3人。认真落实2018年职称评审权下放有关工作，组建学校教师高级专业技术评审领导小组，本年度评审通过高级职称3名；选拔推荐中青年骨干教师参加国培项目6人次、省培项目38人次，组织新进教师岗前培训35人次。积极推进教师进企业实践工作，全年有

45位教师脱产实践达半年及以上。学校进入省高职院校“2017年人才综合竞争力30强”。

4.产教融合力度有效增强。深化校企合作，本年度成立1个二级企业学院“天丰汽车学院”，创元学院荣获首批苏州市职业院校“优秀企业学院”称号，完成《苏工院优秀企业学院遴选标准》的制定工作，承办苏州市职业院校企业学院建设现场推进会。持续推进企业冠名班工作，完善企业冠名班校企合作学生信息员制度。加强与紧密合作企业联系沟通，组织开展学校第二届职业教育活动周，举办“产教融合　校企协同育人”系列活动，不断创新校企合作形式，开展企业人事经理进校园、企业学院奖助学金评选、企业学院专场宣讲招聘会等活动，培养学生职业能力，提升校企合作内涵。35位青年博士和吴中区23家企业完成了技术对接，学校获评2017年度“吴江经济技术开发区优秀校企合作单位”称号。

5.科研服务能力持续提升。2018年学校科研项目立项成果突出，获批国家自然科学基金1项、教育部人文社科青年基金项目1项、江苏省自科青年基金项目1项、江苏省科技厅软科学项目1项；立项江苏省“十三五”教育科学规划3项、省教育厅面上项目3项、省教育厅哲社项目10项；立项苏州市重点实验室1项；学校获批国家自然科学基金依托单位，获省第十五届哲学社会科学优秀成果奖三等奖1项、省科技进步奖1项、省社科精品工程奖二等奖1项等。一年来，学校纵向项目到账经费151.8万元，横向课题到账经费285.4万元，教师发表科研论文386篇，其中核心期刊论文72篇，EI、SCI论文10篇，国外期刊论文24篇。本年度知识产权再创新高，授权231项，发明专利总量达到34项。不断提高社会服务能力，学校开展与贵州职业健康学院的对口支援工作；威功申报省中等职业学校教师国家级培训基地，承办“江苏省职业学校创业教育及指导能力提升培训”计划项目。学校再次获评“2017年全国高等职业院校服务贡献50强”。

6.立德树人成效不断凸显。以培养“强身、健心、精技、博爱”人才为目标，紧紧围绕立德树人根本任务，重点打造校级“青春与价值对话”“青春榜样”思政教育活动平台和“苏工智造”志愿服务团队，加强学生思想引领和价值塑造。1名学生获得“江苏省大学生年度人物”入围奖，1名学生获江苏省第十三届大学生职业规划大赛决赛专科组特等奖，获2018年“挑战杯——彩虹人生”全国职业学校创新创效创业大赛一等奖1项。依托“学生工作坊”等辅导员学习平台，推动辅导员队伍职业化、专业化发展，2名辅导员分获“江苏省辅导员年度人物”入围奖和第七届江苏高校辅导员素质能力大赛复赛三等奖。恢复班主任制度，构建班主任、辅导员合力育人模式。以“精准扶持”为准绳，做好学生资助工作，学校获2017年度江苏省学生资助工作绩效评价优秀单位和省资助成效评选微电影优秀作品二等奖、“江苏励志成才之星”入围奖等荣誉。积极开展学生征兵入伍工作，学校获“江苏省征兵工作先进单位”称号。

7.招生就业工作稳中提质。围绕“两度两率”（熟悉度、知晓度、录取率、报到率）等目标开展普招、高职提前招生、对口单招等类别招生工作。加强招生宣传人员培训，细化招生咨询服务，参加30余场高招咨询会，2018年共录取2832名新生，招生人数和报到率实现同比增长；招生质量稳步提高，其中高职与普通本科分段培养最低投档分284分，高出本二省控线9分，省内艺术类总分投档分401分，高出省控线66分；招生省份和省外计划数继续扩大，学校的社会声誉和美誉度进一步提高。持续推进就业创新工作，全年举办11场大型校园招聘会，600多家企业参会，提供实习就业岗位15000余个。通过线上线下、群体与个体的就业指导服务，2018届毕业生初次就业率94.25%，年终就业率达98.56%。

8.体制机制改革扎实推进。进一步优化学校管理体制和运行体制，规范学校各项规章制度，研制和修订了《苏州工业职业技术学院院长办公会议事规则（试行）》《苏州工业职业技术学院奖学金评定办法（试行）》《苏州工业职业技术学院班主任队伍管理办法（试行）》《苏州工业职业技术学院公务用车管理办法》《苏州工业职业技术学院信息公开实施办法（试行）》《苏州工业职业技术学院专业技术资格评审工作办法（试行）》《苏州工业职业技术学院合同管理办法（修订）》《苏州工业职业技术学院公务接待管理办法（修订）》等10余份管理文件，不断完善学校治理结构和优化决策机制，不断提升学校管理的规范化、精细化和科学化水平；深化人事制度改革，建立健全岗位管理和人员聘用制度，出台《苏州工业职业技术学院第三轮岗位设置和聘用实施办法》，完成第三轮岗位聘用工作；根据学校发展需要，完成学校部分内设机构调整，进一步规范学校议事协调工作机构，形成科学、规范的学校内部管理制度体系。

9.办学综合条件逐步完善。加快推进综合实训大楼建设和各类基建维修工程，有计划、分步骤进行教学楼、学生宿舍、食堂改造和校园绿化美化工程建设，进一步优化办学环境和办学条件。全年累计进行市招项目44项、校招项目44项，完成各类政府采购资金约1.4737亿元。学校信息化建设不断加强，正式启用“苏工院微服务”企业微信平台，完善学校信息门户、入网统一认证平台的运行维护管理工作，完成网络教学平台的升级服务和宿舍区人脸识别系统的测试工作。全面加强图书馆内涵建设，本年度新增图书15060册，完成验收、编目和上架流通，完成超星数字图书、读秀、新东方多媒体学习平台以及知网、银符考试题库的采购、续订工作。档案工作质量和效率逐步提高，顺利通过苏州市档案执法检查。

10.和谐校园建设成效显著。坚持依法治校，完善党委领导下校长负责制和民主集中制，成功召开第四届教职工代表大会第一次会议暨第四届工会会员代表大会和第一次妇女代表大会，倾听教职工心声，努力建设和谐校园、民主校园。持续推进学校文化建设，确定“向阳而生，精工笃行”为校训、毛体为校名字体、7月2日为校庆日，成功举办“思源·逐梦”纪念改革开放40周年系列活动。加强“平安校园”建设，扎实抓好重要时间节点的安全维稳工作；积极做好文明校园的创建工作，学校获评“2015—2017年度苏州市文明校园”；组织开展石湖健走、冬季健身等形式多样的教工文体活动，营造和谐校园气氛。完善信息公开制度和网站建设，持续做好领导接访日、校务公开等工作，提高学校工作透明度。全年在《光明日报》《中国教育报》《新华日报》《苏州日报》《姑苏晚报》等各类主流纸质媒体发布学校新闻35篇，网络媒体发布学校新闻11篇，省、市电视台发布学校新闻17条，省、市新媒体发布学校新闻23条；学校荣获2017年度江苏教育宣传工作表扬单位称号。

第二章　会议文献

领导讲话

王新华书记在2017—2018学年第二学期全体教职工大会暨建设高水平高职院校动员会上的讲话

2018年3月21日

老师们、同志们：

今天的会是一个综合性的会，内容十分丰富，但主题只有一个，就是谋划好、安排好、落实好我校今年乃至更长一段时间的工作，推动我校工作在新的一年里取得新的进步，在新的起点上谋求新的发展。刚才，王洪法院长总结了我校2017年工作，对2018年工作做了全面部署。苏霄飞副院长对我校建设高水平高职院校工作做了详细阐述和具体布置，讲得都很好，大家要认真抓好落实。限于时间关系，今天安排了组织部等4个部门做大会发言，会后，请没有发言的部门、单位，结合今天会议的精神，结合党建工作、党风廉政建设责任的落实，对今年的工作做一次再梳理再布置再动员。根据会议的安排，下面我再讲三点意见：

一、全面启动高水平高职院校建设，推动我校高质量、特色化、内涵式发展

这次我们学校进入全省高水平高职院校的建设行列，是件值得庆贺的大事。全省99所高职院校只有22所进入，其中市属的就我们学校和南通职业大学2所。成绩来之不易，对此我们应当感到自豪。从今年开始到2022年，是我们建设高水平院校的一个时间周期。这5年，如何系统、全面地推进高水平院校建设，是我们学校必须全力以赴实施的重中之重的硬任务。建设高水平院校既是一个可以预期的目标，也必定是一个需要在座各位共同努力、不懈奋斗的艰辛的过程。在这个过程中，我们应当把握以下3条：

1.必须更加突出高质量教育。学校的根本任务是立德树人、培养人。建设高水平院校，必然要求我们把“培养人”摆到更高的位置，同时要使培养的学生能力更强、素质更好、受欢迎的程度更高，也就是我们的学生这个“产品”质量要更高一些。发展高质量教育、培养高质量学生，既是建设高水平院校的核心任务，也是中央、省、市的一贯要求。习近平总书记在十九大报告中指出，要优先发展教育事业；发展素质教育，推进教育公平；努力让每个孩子都能享有公平而有质量的教育。在最近召开的全国“两会”上，李克强总理在政府工作报告中也讲到，要“发展公平而有质量的教育”。国家教育部提出2018年要实施11项“攻坚行动”，其中一项就是“职业教育提质升级行动”。在建设高水平高职院校中，我们必须把发展高质量教育摆上首要位置。

如何来发展高质量教育？我们培养的学生，除了政治素质要高、品德品行要好之外，重点需要关注的可能是两个方面。一是通用素养，就是作为一个现代人应当具备的最普遍、最基本的素质。现在技术进步很快，可以说一日千里，但不管怎么变，百变不离其宗，通用素养是少不了的。通用素养，最有价值的是基本文化素养、通用能力和持续学习能力。基本文化素养，就是做人的基本道理，人之所以成为人的一些基本的东西，如善良、诚信、自我控制力等，作为一个现代的文明人应当具备。没有这些基本文化素养，文凭再高、文化水平再高，也算不上是个文明人。通用能力，就是我们在忠诚、依法办事、勤勉、负责、创新进取、沟通合作、公民责任、社会参与等方面的能力。一个人要在社会上立足、得到大家的认可，通用能力是不可或缺的。持续学习的能力，就是要求我们有刻苦、坚持、持之以恒的学习能力，做到终身学习，这是我们不断自我“充电”、自身进步发展所需要的。这些东西对学生是可以受益终身的，是作为一个新时代的公民应具备的通用素养，我们毫无疑问要重视。当然，通用素养还包括身体健康、审美情趣健康，要有好身体，审美观要正确，具备鉴赏美、创造美的能力。二是动手能力。我们是职业学校，要培养的主要是实用人才、适用技术人才，应用型研究我们也可以搞一点，但高精尖的、前瞻性的科技研究可能不是我们的主业主责。所以，我们宁愿理论上的东西缓一缓，但动手、实践的环节不能少、不能缺。我们同本科院校的学生，理论上比不过，但动手是我们的强项。如果我们在这方面取得了优势，就为学生今后走向社会打下坚实的专业技能基础。有篇报道说，我国大型科研设施的利用率只有25%，而发达国家达到170%。说明我国很多科研设施还闲置在那里。我们学校也有不少实习实验用的设备，利用率应该是比较高的，但还可以挖掘潜力，让需要的学生获得更多的练手机会。

2.必须更加突出特色化办学。建设高水平高职院校，虽然是个系统工程，但不可能从一开始就面面俱到。如果我们四面出击，在各个方面都平均用力，不仅可能影响建设进度，而且可能达不到预期效果。我们应该抓重点、攻难点，强弱项、补短板，做亮点、创特色，梯次推进、分类实施。

抓重点、攻难点，就是省里规定我们完成的指标必须要完成；品牌学科、品牌专业要重点培育好，对人才队伍建设、干部队伍建设、学科建设中的老大难问题、体制机制障碍要有破解的办法、创新的举措。需要注意的是，体现高水平院校的关键指标理所当然要完成，但对于在可以预期的时限内根本完不成的指标也应排除掉。申报高水平院校时的一些指标，当时作为一种设想是可以的，但现在进入实施阶段，可以根据形势的变化再做些评估，该取消的取消，该调整的调整，该完善的完善。总的要实事求是，与时俱进。

强弱项、补短板，就是对我们学校教育国际化水平不高、信息化水平不高等现状要有紧迫感，要有对策措施，要研究具体办法；对我校基础设施陈旧、实验实训平台不多等，首先要正视，然后每年确立1—2个小目标，一步一步加以推进，久久为功，经过几年的努力，争取有一个明显改观。

做亮点、创特色，就是要把我们目前在教学、科研、技能大赛、产教融合、校企合作等方面形成的亮点进一步做大做强，使之成为我们的特色和优势。包括校园文化也要做亮点、创特色。要紧紧抓住我们学校姓“工”、姓“苏”的特点，挖掘文化内涵，延续历史脉搏，彰显时代特征，形成一些特色学科、省市典型、标志性成果。要在校园内探索建设1—2个标志性建筑、标志性景观，传承学校历史文脉，形成我们工职院独有的人文特色。今年是我校建校第15个年头，这是一个重要的时间节点，但我们还没有一个确定的校庆日，请大家一起建言献策，在教代会上进行研究。

3.必须更加突出内涵式治校。最近几年，学校发展取得了很大成绩。2012年我校被评为省示范性高职院校，现在又被列为省高水平高职院校建设单位。但是必须清醒看到，我们学校各方面的发展还很不平衡、很不充分，除了刚才前面讲到的在学科建设、教学国际化水平、数字化水平、基础设施建设、校园环境建设、专任教师队伍、管理人才队伍、辅导员队伍建设等方面还有许多不足外，在办学规模、生均土地、人员编制、收入待遇等方面也存在矛盾和差距。我们发展的基础并不稳固，建设的条件并不厚实。对此，我们一定要有恰如其分的估价和十分清醒的认识。我们大家要齐心协力，共同出主意、想办法，推动我们学校走内涵式发展道路。

一要研究内涵发展的核心问题。对于同内涵发展密切相关的教学团队、课程教材、实验实习、实训条件、学生创业创新训练、对外交流合作、教育教学改革等方面的问题，相关部门要根据新形势、新要求，拿出重点建设的规划和计划。要“富规划、穷实施”，规划的起点要高并留有空间，实施则要精打细算，逐步探索，走出我们自己的发展路子。

二要研究完善管理的体制机制。从制度层面设计好、规范好我们高水平高职院校的建设。通过制度、政策来释放活力，激发大家的创业热情和工作积极性。会议制度、学习制度、领导联系系（院）制度、人才培养制度、内控制度、请示请假制度等都要完善规范，真正做到用制度管人管事。好的干部既是层层“选”出来的，也是严格“管”出来的，对此我们要有共识。

三要研究增加二级学院的自主性、能动性。今后，我们可以参照兄弟院校的普遍做法，在项目建设、资金使用、人才培养等方面做些尝试、探索，增加二级学院的自主权和自我管理、自我发展的能力，以此来充分凝聚各方智慧，发挥大家的作用和力量。

四要研究完善考核措施。考核不是目的，目的在于导向、激励。我们的教职工思想觉悟高、工作热情高，工作的绩效都是比较好的，但由于工作经历、认知能力、心态、年龄、精力等方面的不同，有时也难免会产生差异。所以，我们还得发挥考核的“指挥棒”作用，还得有所激励，有所区分。市里对我们的考核办法调整后，客观上也要求我们完善考核办法。通过考核，大家层层传导压力，共担责任、共享成果，共同把任务完成好。

二、加强党建工作，为学校各项事业发展提供坚强保障

对于新一年工作，刚才王洪法院长已经提出了明确要求，在这里我对党员干部和全体教职工再强调4点：

1.要发挥党组织的政治核心作用。习近平总书记指出，我国的高校是党领导下的高校，是中国特色社会主义的高校。坚持党的领导是办好高校的根本保证。我们要自觉把党的领导落实到办学治校各个方面，不断提高“把方向、谋大局、定政策、促改革”的能力和定力，使高校真正成为坚持党的领导的坚强阵地。要深入学习习近平新时代中国特色社会主义思想和党的十九大精神，强化政治建设，把牢社会主义办学方向，把正确的政治方向和价值导向贯彻到办学治校、立德树人的全过程。各系（院）党总支是落实管党治党主体责任的关键一环，要通过党政联席会议制度，保证党的路线、方针、政策和上级的决定、学校党委的决定贯彻到位，在重大办学问题上把好政治关，把握好教学科研管理等重大事项中的政治立场。

2.要发挥基层党支部的战斗堡垒作用。这次新修改的《党章》，专门就党支部的职责列了一条（第34条），指出：“党支部是党的基础组织，担负直接教育党员、管理党员、监督党员和组织群众、宣传群众、凝聚群众、服务群众的职责。”面对建设高水平高职院校的繁重任务，没有党支部的参与和战斗堡垒作用的发挥，那是不可能的。我们的每个党支部都要有责任感和使命感。要大力选拔使用党性强、业务精、有威信、肯奉献、具有较高技术职称和学位的教师党员担任党支部书记，培育好“党建、学术双带头人”。要认真开展“不忘初心，牢记使命”等主题教育，把广大师生员工的思想行动凝聚到党的决策部署上来，凝聚到高水平高职院校的建设上来。

3.要发挥党员的先锋模范作用。每位党员要始终牢记自己的第一身份，牢记自己的初心和使命，牢记自己的站位方位，在学校的改革发展中主动担责、认真负责、尽心尽责，以各自的贡献和成果支撑起学校在更高平台上平稳健康发展。

4.要强化纪律建设。把党建工作各项内容纳入年度目标任务考核体系，层层压实党建工作责任制和党风廉政建设责任制，确保“两个责任”有效落实。全体党员和教职员工都要坚守安全稳定、纪律、职业道德、教育发展的底线，保障教育事业健康发展。要落实好意识形态责任制，坚持学术研究无禁区、课堂讲授有纪律、公开言论守规矩，决不允许在课堂上出现突破政治底线和价值底线的现象。

三、迅速行动，合力做好当前各项工作

面对各个方面的繁重任务，我们不能有半点的迟疑、等待，必须以时不我待的紧迫感，全力拼抢当前，营造起比学赶超、干事创业的良好氛围。

1.新学期的教育教学等工作要有新气象、新作为。着重要体现建设高水平高职院校的新要求，在教学质量上要有所提升，能够出亮点、出成果、出典型。今年的招生工作、就业工作也都要从早部署，精心谋划，动态落实。

2.重点工程项目要尽快启动。实训大楼建设、部分修缮改造项目、教工食堂改造等，一刻也不能等。智慧校园建设、校园文化建设要抓紧规划设计，跟办督办，赶紧启动。

3.建设高水平学校的方案、任务书要做进一步的细化完善。建设方案、任务书上报之后，还要在此基础上分解任务，厘清职责，明确分管领导、牵头部门、责任单位，将任务、责任落实到单位，落实到人头。党委会已研究决定成立高水平院校建设领导小组和指挥部，并成立相应的办公室，加强对这项工作的组织实施和考核考查。这项工作请大家赶紧行动，付诸实施。

4.关于召开教职工代表大会等工作要抓紧准备。今年正值我校教职工代表换届之年，又面临第三轮干部岗位聘任，工作头绪多、要求高，必须做好过细的准备，以争取工作主动。要按照能早则早、能快则快的要求，有关部门要早布置、早启动、早实施，各部门、各单位相互之间要多提醒、多配合、多理解、多补台，同心合力把我们校内的各项工作做好。

5.校园安全管理问题。校园安全是个永恒主题，不能有丝毫的放松。近期，涉及修改《宪法》的议题，境外反华势力在炒作。我们要高度警觉，

保持政治敏锐性。各系(院)、老师要及时了解掌握学生思想动态,加强涉及《宪法》议题的正面引导,做好当前维护政治安全工作;网信、数图、保卫等部门,要加强对校园公共安全、网络安全的监控监测,防范突发政治安全事件事端的发生;我们的老师特别是思政老师,要对本学期安排的涉及《宪法》的课程进行梳理,集体学习中央精神,统一备课,把思想和行动统一到中央决策部署上来,防止出现偏差。

我相信,我们大家齐心协力,迅速行动起来,今年一定能够取得各项工作的新成绩,在建设高水平高职院校的起步之年起好步、开好局。

坚持改革创新，发挥示范引领
全面推动学校事业迈上高水平发展新台阶

——王洪法院长在2017—2018学年第二学期全体教职工大会上的工作报告

2018年3月21日

老师们、同志们：

2017年以来，在上级领导和教育主管部门的关心、支持下，在学校党委的正确领导下，全校上下认真学习贯彻党的十八大和十八届历次全会以及党的十九大特别是习近平新时代中国特色社会主义思想，全面贯彻落实国家和省、市政府对高等职业教育发展提出的新要求、新任务，以学校第二次党代会的召开为引领，“十三五”事业发展规划为抓手，申报高水平建设高职院校为契机，全面加快了专业建设和教学改革步伐，积极推进校企合作体制机制创新，全面提升人才培养质量和办学水平，较好完成了各项工作任务，学校事业发展迈上了新台阶。

一、凝心聚力，2017年度各项工作任务圆满完成

1.成功立项高水平院校建设单位。一年来，学校领导班子紧跟高等职业教育发展步伐，谋划了“主攻智能制造，主打产教融合，主谋高职本质”的高水平院校创建思路，从基本信息与建设基础、办学体制机制、教育教学改革、专业建设与实训基地、师资队伍、智慧校园、科研与社会服务能力、中外合作办学与交流、特色文化等9个方面全面开展了具体研究，成功立项省高水平院校建设单位。2017年是学校开展卓越工程建设的第二年，优化项目设计，完善考评方式，11个大项54个小项的评比活动更加精准对接省、市各类赛事，有效调动全体师生参与省级及以上重点项目竞争积极性，校园内营造了人人追求卓越、人人争创卓越、人人成就卓越的良好精神风貌和学习氛围。

2.教育教学成果丰硕。调整专业结构，成功申报智能控制技术、大数据技术与应用技术2个智能制造类新专业，立项江苏省高水平骨干专业5个，位居全省第一方阵。以“五教合一”人才培养体系建设、“七典型”的专业建设改革和专任教师“六个一”建设为抓手，系统全面推进教育教学改革，对数控技术等10个改革试点专业开展了2017级人才培养方案的论证。一系列改革建设成效显著：获2017年江苏省教学成果奖（高等教育类）特等奖1项、一等奖2项，获奖等级、数量居全省高职院校第一；入选全国装备制造类示范专业点1个，入选教育部“工业机器人应用人才培养中心”合作院校项目1个；获江苏省普通高校优秀毕业设计（论文）一等奖3项，获全国高职院校技能大赛一等奖3项、省高职院校技能大赛一等奖3项；立项江苏省高等学校重点教材3部。学校首次成功承办全国职业院校技能大赛赛项；首次承办江苏省运动会高校高职组足球比赛；在2017年江苏省无线电测向锦标赛大赛、省定向锦标赛等多项体育类比赛中再获多项第一名。

3.产教融合力度有效增强。围绕“主打产教融合”的办学特色和发展思路，深入推进企业学院、订单培养、现代学徒制培养、劳模进校园、技能大师工作室、工匠文化讲习所、设立企业奖学金等校企深度合作项目。召开2017年理事会年会，积极拓展与政府、行业、企业的合作方式，在校企共建生产性实训基地、高端人才共引共用等方面进一步做深做实。2017年成功申报首批苏

州市校企合作示范组合——创元学院及高创、冠博定点实习基地项目；电子商务创业孵化基地被评为苏州市高职高专院校优秀创新创业平台。成立天孚电信学院、通力学院、诚信金泰学院、科伯瑞机器人学院等专业层面的三级企业学院，校企合作开发课程183门，开发教材118部。《光明日报》以《为把脉地方经济出力——苏州工业职业技术学院产教融合纪实》为题，报道了我校近年来产教融合的成果。

4.科研创新成果再创新高。依托学校科技创新团队建设，苏州工业机器人众创空间成功获批国家级众创空间。学校首次获得省科学技术奖三等奖1项（全省高职唯一主持单位）和国家自然科学基金立项。获省自然科学基金项目1项、省高校自然基金面上项目2项（其中重点项目1项），名列全省高职院校第一位。全年纵向课题研究总经费443万元，横向课题到账经费433.2万元，授权知识产权198项，发明专利总量达到28项，发明专利授权数比往年有较大突破。学校获评“江苏省高校知识产权先进集体”“2016年度全国高等职业院校服务贡献50强”。学校与苏州汇川合作共建的产学研平台入选2012—2014年度中国高校产学研合作十大优秀案例。

5.师资队伍结构高效调优。数控技术教学团队入选“青蓝工程”优秀教学团队，学校获江苏省高等学校优秀科技创新团队、江苏高校哲学社会科学优秀创新团队培育点立项。1名博士入选2017年度江苏省“双创博士”计划自主创业类双创人才；1名博士入选国家重点研发计划首席科学家，全国高职唯一；3名教授成功申报省第五批产业教授；1名老师入选省“青蓝工程”优秀青年骨干教师；1名老师入选省“青蓝工程”中青年学术带头人。上报并通过省厅评审高级职称15人（其中正高职称1人）、中级职称2人，12名青年教师通过初定获得了高校教师、助理研究员资格。全年录取博士27名，累计达到77人。一年来，组织教师参加国培、省培等培训项目33人次，省专业带头人高端研修项目1人，中青年教师境外研修项目2人，省青年教师企业实践项目3人；组织教师赴国（境）外研修32人，38名教师脱产实践达半年及以上。

6.学生思政工作成效明显。召开学校思想政治工作会议，全面贯彻落实全国、全省高校思想政治工作会议精神，深化“一核四全”育人工作理念，在首届在苏高校思政课教师说课比赛中获得一、二等奖共3项，获奖数量名列前茅。开展了“厉害了，我的国”等聚焦十九大的系列活动；通过“学生工作坊”、6S（整理、整顿、清扫、清洁、素养、安全）星级宿舍管理、素质教育基地建设、志愿服务等平台，突出“强身、健心、精技、博爱”人才培养目标。获省大学生年度人物提名奖、省职业规划大赛专科组总冠军和一等奖、第十五届“挑战杯”江苏省大学生课外学术科技作品竞赛一等奖等奖项。获省高校辅导员年度人物提名奖、省高校辅导员职业能力大赛（复赛）二等奖和市高职高专院校辅导员职业技能竞赛一等奖。学校获得省学生资助工作绩效考核优秀、省资助成效评选微电影优秀作品二等奖，获评省“十佳社团”和“百优社团”。

7.招生就业工作持续加强。2017年学校面向18省份开展招生，省外计划数646人，省内录取投档分位次继续保持在全省高职院校第一方阵。高职与普通本科分段培养理科最低录取分274分，高出本二省控线（265分）9分；文科投档分249分，高出高职省控线40分；理科投档分244分，高出高职省控线11分；江苏艺术类文化分加专业分总分投档分374分。学校积极参与江苏省百校联动就业活动和长三角应用型人才供需对接洽谈会，主动与苏州高新区等区域和重点合作企业接洽联系，先后邀请了海尔集团、艾默生、卡特彼勒、创元、亨通等700多家企业到校，组织了12场大型招聘会和近50场专场招聘活动；以就业创业网为平台，提供优质实习就业岗位2万多个。加大扶持大学生创新创业力度，专门设立创新创业基金，联合企业成立创业孵化基地。2017届毕业生初次就业率达到98.04%，年终就业率达到99.28%。

8.加快推进体制机制改革。结合国家高等职业教育发展要求和学校第二次党代会提出的发展目标，一年来学校研制、修订了《学院预决算信息公开管理办法（试行）》《学院科研启动经费管理办法》《学院教师教学质量综合评价实施办法（修订）》《学院科技成果转化管理办法》《学院知识产权管理办法》等近10份规章制度；结合学校教育教学和学生管理工作实际，出台了《学生学籍管理规定》《学院收费管理办法》《关于学生家庭经济困难资格认定管理实施细则》《学生违纪处理实施细则》《学生校内申诉处理办法》等近10项学生管理规章制度，不断推动学校管理水平的提升和体制机制的优化。

9.努力改善办学基础条件。全年完成学生住宿条件改善、专业实训楼维修改造、人才公寓改造等项目，完成市级专项建设资金2600余万元。全年累计进行市招项目48项、校招项目29项，完成各类政府采购资金约5859万元。荣获2016年度江苏省高职院校后勤行业先进单位。根据学校智慧校园“十三五”建设规划，全面推进智慧校园建设，投入300余万元完成了校园无线全覆盖及校园网入网出网统一认证；完成校本数据中心（平台）框架搭建，完善数字化校园平台及相关业务系统运维，持续推进数字化校园建设工程；完成楼宇智能门锁建设工程。增设读者流通窗口，新增图书1.9万余册，有效丰富图书馆资源。

10.着力加强和谐校园建设。积极拓展对外宣传渠道，2017年，学校在《光明日报》《中国教育报》《科技日报》《新华日报》等各类主流纸质、新媒体发布专题报道或新闻60余篇，网络媒体原创发布新闻20余篇，省、市电视台共发布新闻近30条，学校的办学成果得到了教育主管部门、社会及同行的一致认可，荣获2016年省教育厅“江苏教育宣传工作表扬单位”。一年来，学校党委认真学习宣传贯彻《中国共产党统一战线工作条例（试行）》，支持各民主党派围绕学校中心工作开展活动，召开了3次党外人士座谈会，引导广大统战成员积极为学校发展贡献力量。积极发挥学校关工委的作用，开展社会主义核心价值观教育、劳模精神教育和工匠精神教育。主动关心生活困难的学生，开展关怀结对活动。学校关工委被评为“江苏省教育系统关心下一代工作先进集体”，1位同志被评为“江苏省教育系统关心下一代工作先进工作者”。稳步加强教代会工作，对收到的提案和建议逐一进行了回复和落实；通过校领导接访日、校务公开等方式，积极听取广大教职员工心声，并努力维护和发展好广大师生员工的根本利益。

回顾总结，这些成绩的取得，得益于省、市党委、政府的高度重视、大力支持和正确领导，是诸多有关部门、单位的关心、帮助和指导的结果，也是学校全体师生员工砥砺奋进、努力拼搏的结果，凝聚着大家的智慧、勇气和汗水。在此，我谨代表学校党委、行政向全体干部和广大教职员工表示崇高的敬意和衷心的感谢！

二、学校当前面临的形势和存在的问题

2018年是全面贯彻落实党的十九大精神的开局之年和改革开放40周年，也是实施“十三五”规划承上启下的关键一年，更是学校深入贯彻落实第二次党代会奋斗目标的关键之年。围绕党的十九大加快建设制造强国的要求和我省高等职业院校的工作重点，学校要踩准全省高职院校加快内涵建设的有利契机，瞄准落实立德树人的人才培养具体要求，精准布局主攻智能制造，主打产教融合，主谋高职本质的工作路径，认真分析形势，客观把握机遇，积极应对挑战，扎实推进学校事业的快速发展。

1.党的十九大对高等职业教育提出了新的要

求，新时期立德树人工作任重道远。十九大报告指出，建设教育强国是中华民族伟大复兴的基础工程，必须把教育事业放在优先位置，深化教育改革，加快教育现代化，办好人民满意的教育。新时期高职院校必须牢牢抓住全面提高人才培养能力这个核心点，坚持社会主义办学方向，进一步塑造好学生的理想信念，我们要系统推进习近平新时代中国特色社会主义思想进课堂、进教材、进头脑，引导广大学生树立正确的世界观、人生观、价值观，让学生坚定“道路自信、理论自信、制度自信、文化自信”。要大力弘扬劳模精神和工匠精神，在教育教学中不断凸显工匠精神对人才培养的重要性，在校园内积极营造一些崇尚劳动光荣、技能宝贵的文化氛围，使学生在耳濡目染中积淀出工匠精神。

2.国家、省教育工作会议明确了新的目标，新阶段学校改革发展任务艰巨。今年召开的省教育工作会议要求我省高等教育要聚焦重点难点，聚力体制机制，推进教育现代化建设取得显著成绩，要在素质教育、服务发展和教育治理水平等方面突出成效。这要求我们在学校的改革发展中，把工作重点聚焦在根本任务和重点举措上，要不断加强内涵建设，完善人才培养模式，提升培养水平；要聚焦在深化改革和创新驱动上，要以改革为抓手，激发发展活力，要紧紧围绕最新出台的《全面深化新时代教师队伍建设改革的意见》文件要求，大力加强师资队伍建设，着力提升发展软实力；要聚焦在扩大影响和提升贡献上，要主动为行业企业转型发展提供智力支持，主动为地方经济社会发展提供人才红利，主动为实现中国梦新篇章弘扬主旋律、唱响新声音。

3.入围省高水平高职院校，掀起了学校跨越发展的新序幕，新征程建设重任在肩。党的十九大报告提出，要“加快建设制造强国，加快发展先进制造业，推动互联网、大数据、人工智能和实体经济深度融合”，我省是制造业大省，在推进智能制造上已经快人一步，制定出台了《江苏省“十三五”智能制造发展规划》和智能制造工程三年实施方案，成功打造了世界智能制造大会品牌。这从政策要求和发展环境两个方面为我校高水平高职院校建设带来了重要的契机，为我们主攻智能制造产业方向提供了重要的指导和支撑。但是我们也要清醒地认识到，作为全省22所入围的建设单位，横向比较办学综合实力和具体办学指标，竞争形势不容乐观，各项建设任务还面临着诸多的困难和问题，在进入新征程的关键阶段，我们更加不能有丝毫放松和懈怠，全校上下必须以崭新的面貌和全新的状态，投入高水平院校建设进程之中。

三、开拓创新，全面推动学校事业迈上高水平发展新台阶

2018年是学校全面开启高水平高职院校建设序幕的起步之年，做好今年各项工作，对于推进学校“三步走”发展目标，建设全国办学特色鲜明的知名高职院校具有十分重要的意义。

2018年学校工作的总体要求是：全面贯彻党的十九大精神，以习近平新时代中国特色社会主义思想为指导，围绕“以人民为中心”的教育发展思想，深入贯彻落实各级教育工作会议精神，以学校“十三五”事业发展规划为依据，以高水平院校建设为重点，坚持改革创新，紧紧围绕立德树人，深化教育体制机制改革，统筹推进育人方式、办学模式、管理体制、保障机制改革，有效提高教育质量；发挥示范引领，紧紧围绕高水平院校建设要求，提升内涵建设，加快促进产教深度融合，增强技术技能积累，全面提升人才培养质量，全面推动学校事业迈上高水平发展新台阶。

2018年学校将重点做好以下8个方面的工作：

1.制定建设方案，快速起步省高水平院校建设。学校入选江苏省高水平高等职业院校建设单位，是学校近几年办学成果和内涵建设的集中体现；是学校主管部门、市政府以及社会、企业对学校办学成果认可的集中体现；也是学校全体师生

员工砥砺奋进、团结一心共同奋斗取得各项荣誉成绩的集中体现。2018年，学校将认真对照《江苏省高水平高等职业院校建设单位申报书》《江苏省高水平高等职业院校建设单位任务书》及评审过程中的40项指标要求，按照“主攻智能制造，主打产教融合，主谋高职本质”的高水平院校建设思路，开展五年规划研究；各单位要站在全省乃至全国高等职业院校的角度制定具体的工作方案；每一位教职员工要在学校事业发展这个大集体中找准自身的工作定位和发展方向，共同为学校未来五年的高水平院校建设贡献智慧和力量。

2.适应发展要求，关注教学质量提升工程。围绕苏州“中国制造2025国家级示范区”建设方案和省高水平院校建设的要求，加强教育教学制度建设，促进教育教学能力有效提升势在必行。一是强抓质量工程建设项目：结合学校实际，针对现有的省、市项目，如1个省品牌专业、5个省级高水平骨干专业、2个省产教融合实训基地等重点项目，按照重塑理念、重构体系、重整课程、重组团队、重叠活动、重诊过程的思路细化建设方案和任务举措。二是建立教学质量工程培育机制，在优势专业（群）的国家级教学资源库、国家级高水平专业、智能制造新课程（教材）等国家级、省级重点项目启动两到三年培育计划。三是加强教学制度建设，全面梳理现有教学制度，优化治理，力求将学校的人才培养路径始终满足学生实际需求，始终立足区域经济社会发展，始终紧跟高等职业教育发展潮流。

3.深化产教融合，形成校企协同育人长效机制。围绕主打“产教融合”的发展思路，学校将结合国家、省、市相关要求，进一步拓展与企业、行业、商会、协会等的密切合作，搭建校企合作的平台。一是加强企业学院建设，出台《专业企业学院管理办法》，深化学校层面、系（院）层面、专业层面的三级企业模式，加快完善系（院）校企合作组织体系，拓宽合作平台与渠道。二是深化产教融合，在校企共建实验实训室、研发中心，校企共同开发课程、编写教材等方面加大力度，出台《专业产教融合奖励办法》，形成人才共育、资源共享、成果分享的长效机制。三是做实校企协同育人，修订完善“冠名班”建设方案，建设企业工程师工作站（大师工作室），努力在日常教学、实训车间、校园文化、宿舍生活等各方面融入协同育人的文化元素，不断健全校企协同育人平台，创新校企合作育人模式。

4.重视人才强校，加快打造高素质的师资队伍。学校高度重视师资队伍建设，努力培养一支师德高尚、业务精湛、结构合理、充满活力的高素质专业化队伍。一是落实“双百工程”，按照国家、省、市关于高层次人才引进和柔性引进的相关文件精神，继续推进“引智”“引匠”工作，加快落实百名博士、百名技师的“双百方针”。二是加强团队建设，依托江苏省高校哲学社会科学创新团队、江苏高校科技创新团队、省“青蓝工程”优秀教学团队等建设，集聚人才、智慧和资源，发挥引领和带头作用，营造高素质、高技能、高水平师资团队的良好氛围。三是完善制度举措，结合实际，进一步研制出台《苏州工业职业技术学院特聘岗位管理与聘用实施办法》《教师人事服务手册》《双师型教师认定标准》和《教职工培训管理办法》等文件，完善师资队伍建设制度举措。

5.依托项目平台，提升服务区域经济发展能力。服务区域经济社会发展是学校改革创新发展的根本任务，也是我们市属高职院校建设发展的职责使命。首先，要加强平台建设，依托现有的国家级众创空间、省工程实验室以及苏州市产业技术研究院等国家、省、市级平台，围绕“智能制造”产业，构建科学的科技体制机制新体系，有效对接社会需求。其次，要打造科技创新梯队，带动一批科研人员，产生一系列优秀科技成果，进一步促进“产学研”科技成果转化，提升服务区域经济发展能力。再次，要优化科研环境，按照“企业出题、科研解题、成果进课堂”的三位一体闭环科研服务模式，推动教学科研一体化发展，以教学促进科研，科研再反哺教学，走教研相长的发展路径，实现教学、科研、服务融合发展，活跃科研氛围，实现人人想科研、人人能科研、人人通过科研出彩的良好局面。

6.精准对接需求，高度重视学校招生就业工作。科学研判2018年招生形势和政策，协调省内外招生计划和高职单招、对口单招计划占比，高质量制定计划编制。积极发挥招生工作小组主管能动作用，对照教育部、省教育厅、省考试院对高职院校招生工作的政策和要求，高质量做好招生宣传工作。高度重视就业工作，一是打造精准化就创业服务体系，提升就创业质量。严把学生就业企业、就业岗位关，精细化做好就业服务工作，不断提升毕业生就业质量。二是开展精准化就业帮扶，建立未就业学生台账，做好未就业学生就业推荐辅导等工作。三是开展精细化管理服务，做好2018届毕业生就业情况调查工作和用人单位调查工作，完成2018届毕业生就业质量报告，举办企业冠名的职业规划大赛。提升专业对口及岗位匹配度，完成毕业生年终就业率达到98%以上、孵化与扶持创业项目15个以上的目标；顺利通过江苏省创业示范基地验收。

7.坚持立德树人，大力提升学生综合能力素质。贯彻党的十九大精神，将习近平新时代中国特色社会主义思想贯彻到立德树人的各个环节，深化课程思政改革。一是平台引领，打造“青春与价值对话”“青春榜样”思政教育活动平台，培育特色思政品牌活动，加强学生思想引领和价值塑造；深化“学生工作坊”平台建设，将“学工议事堂”和“辅导员开讲吧”活动常态化，不断提高辅导员职业能力。二是品牌打造，围绕“强身、健心、精技、博爱”学生素质教育目标，开展“青春悦动”“青春健康大讲堂”等主题活动，凝练大学生素质教育优秀品牌；推进企业文化融入学生常规行为教育管理的学生教育管理模式，打造6S宿舍、洁美教室（实训实验室）创建品牌。三是阵地建设，依托大学生新媒体中心和学生干部培训中心，提升共青团阵地建设力度和学生干部队伍培养力度，加大智慧团建工作水平，发挥PU口袋校园平台作用，探索建立“第二课堂成绩单”。

8.改善办学条件，建设和谐文明的现代化校园。按照学校“十三五”事业发展规划，加快推进实训大楼、校园基础设施维修改造以及文化校园建设进程，整体二次规划校园布局，营造美丽校园；加快推进智慧校园建设，通过改造混合云平台、构建综合型虚拟化服务器平台、完善微服务端等工作，建设具有苏工院特色的数字化校园。加强学校安全稳定管理与制度建设，进一步强化一岗双责，重视并加强校园周边和校园内部治安综合治理工作和消防安全工作；重视和加强学校舆论环境建设，营造风清气正、神清气爽的校园环境，积极在更多的主流媒体、教育主管部门媒体上发布学校办学特色、办学成果等方面的宣传报道，获得更多的社会关注和美誉；努力在与兄弟院校的各级各类竞争中更多地展现苏工院的气质和特质，获得更多的同行认可和关注。

老师们、同志们，事业发展催人奋进，学校进步你我争先。回顾过去的2017年，我们感到既有奋斗的艰辛，又有收获的喜悦。展望2018年的工作目标，我们深感形势更加逼人，任务更加艰巨，使命更加光荣。让我们在习近平新时代中国特色社会主义思想和党的十九大精神的指引下，以更加振奋的精神和严谨的工作作风，全面贯彻落实党的教育方针，以学校第二次党代会确定的发展目标为引领，以高水平高职院校建设为契机，凝心聚力，改革创新，化挑战为机遇，转压力为动力，为加快实现学校“三步走”发展目标，顺利实现学校“十三五”事业发展规划的各项工作任务而努力奋斗！

谢谢大家！

王洪法院长在苏州市职业院校企业学院建设现场推进会上的欢迎词

2018年3月30日

尊敬的高国华局长，各市、区教育局领导，各职业院校（技工院校）相关领导，各行业、企业领导及媒体记者、嘉宾朋友们：

大家下午好。

今天，我们十分高兴和荣幸在此隆重举行由苏州市教育局主办、苏州工业职业技术学院承办的苏州市职业院校企业学院建设现场推进会。首先，请允许我代表苏州工业职业技术学院对本次会议的成功举办表示热烈的祝贺！向长期以来关心和支持我校发展的市政府各部门、兄弟院校以及合作企业，表示热烈的欢迎和衷心的感谢！

党的十九大报告提出“完善职业教育和培训体系，深化产教融合、校企合作”，国务院办公厅于去年12月底发布《关于深化产教融合的若干意见》，这都对构建教育和产业统筹融合发展格局提出了明确的要求。苏州作为地级市，地区生产总值一直稳居全国前列，是国家高新技术产业基地，是江苏长江经济带重要组成部分。培养符合区域经济社会发展所需的高素质技能人才是我们职业院校的历史使命和责任担当。

近年来，苏州工业职业技术学院作为一所市属的高等职业院校，始终以服务地方经济社会发展为己任，加快改革创新步伐。自2013年成立第一家企业学院——创元学院以来，逐步构建了学校—系（院）—专业的三级企业学院模式，现已成立企业学院20余所，有效深化了“产教融合、校企合作”的办学特色。依托企业学院平台，学校现已集聚江苏省智能机器人与成套装备制造业创新中心、江苏省工业机器人重点实验室等十多个省级科研创新平台；开展了校企“共引共用共育”博士计划，现博士占专任教师比例达21%以上，位列全省高职院校前列；打造了技能大师工作室、劳模进校园等校企协同育人平台。《新华日报》《光明日报》《江苏教育工作简报》等主流媒体多次对我校“校、地、企”三方协同育人成果进行专题报道，学校在行业内乃至教育部相关部门中进一步提升了声誉，扩大了办学影响力。

相信本次会议的召开，一定会为学校的改革创新发展带来新的理念和契机，一定会为学校深化校企合作，提升协同育人工作水平注入新的智慧和活力。我们苏工院一定竭诚做好各项组织协调和服务保障工作，为各位领导、各位来宾提供一个良好的会议环境。

最后，预祝苏州市职业院校企业学院建设现场推进会圆满成功！

谢谢大家！

新时代　新作为　凝心聚力建设省高水平高职院校

——王洪法院长在学校四届一次教代会上的工作报告

2018年5月23日

各位代表、同志们：

现在，我代表学校行政领导班子向学校四届一次教代会做工作报告，请予审议。

一、近三年工作成效

三年来，在党的十八大、十九大精神引领下，在上级领导的关心和支持下，在学校党委的正确领导下，全校上下认真学习习近平新时代中国特色社会主义思想，全面贯彻落实《教育部关于深化职业教育教学改革全面提高人才培养质量的若干意见》和《高等职业教育创新发展行动计划（2015—2018年）》等文件精神，坚持姓“苏”、姓“工”，锐意进取，取得了较为显著的成绩。

（一）学校办学内涵有效提升

三年来，学校领导班子始终紧跟高等职业教育发展趋势，制定发展目标。2015年5月，学校省级示范性高职院校建设顺利通过验收并获评优秀；2016年9月，学校“十三五”事业发展规划出台，科学谋划学校今后五年发展目标；2017年10月，成功召开中国共产党苏州工业职业技术学院第二次代表大会，明确了学校未来发展的指导思想、奋斗目标和关键举措；2017年12月，经过省教育厅财政厅测评、申报院校答辩、专家评议打分等多个环节，我校从99所高职院校中脱颖而出，成为22所省高水平高职院校建设单位之一。学校踩准时代节拍，抓住发展机遇，办学内涵水平快速提升。

（二）人才培养质量显著提高

学校紧扣人才培养质量提升，开展专业建设。三年来，立项全国装备制造类示范专业点1个、省高校品牌专业建设1个、江苏省高水平骨干专业5个，入选教育部职成司“工业机器人应用人才培养中心”合作院校1项，立项江苏省产教融合实训平台2个、省高等学校重点教材8部。获省教学成果特等奖1项、一等奖2项。获省信息化教学大赛优秀组织奖；教师信息化教学大赛成绩优秀；获省高校毕业设计（论文）评优一等奖7项；获全国职业院校技能大赛一等奖3项、二等奖1项、三等奖1项，省职业院校技能大赛一等奖8项、二等奖10项；学校获省职业院校技能大赛“突出贡献奖”和“先进学校”荣誉。

（三）产教融合力度加快推进

围绕国家“产教融合、校企合作”的高职院校发展总要求，学校依托理事会、企业学院等平台不断深化校企合作，完善协同育人机制。三年来，学校召开理事会年会，拓宽政行校企联合的校企合作路径；完善学校、系、专业三级企业学院模式，有效推动校企在订单培养、现代学徒制培养、劳模进校园、技能大师工作室、企业奖学金等项目实施。完成校企合作开发课程183门、教材118部；实现学校所有专业订单培养全覆盖，班级企业冠名全覆盖。《光明日报》《江苏教育工作简报》等主流媒体多次报道我校近年来在产教融合方面取得的成果。

（四）科研创新工作成果丰硕

学校牵头成立全国“机械行业精密制造及智能化产教协同创新联盟”和“江苏省机器人与智能制造产教联盟”；苏州工业机器人众创空间成功获批国家级众创空间；获批国家级创新基地、省级工程实验室、省级创新中心等多个科研创新平台。三年来，获国家自然科学基金、省自然科学基金、省社会科学基金、省高校自然科学面上及重大项目共13项，立项数量位居全省高职前列；立项纵向课题总经费909.8万元，立项横向课题总经费1307.7万元；立项并授权知识产权共516项，其中授权发明专利达到64项；连续三年教师在核心期刊发表科研论文超百篇。学校获评“2016年度全国高等职业院校服务贡献50强”“江苏省高校知识产权先进集体”等。

（五）师资队伍结构高效调优

学校大力推行人才强校战略，通过创新校企“共招共用共育”博士人才的方式，培育和引进博士人数达70余名，入选省“双创博士”计划自主创业类双创人才、国家重点研发计划首席科学家（全国高职唯一）等高层次人才项目；多个教学和科研团队分获省“青蓝工程”优秀教学团队、科技创新团队、省高校科技创新团队、省高校哲社创新团队。近三年，先后有28人次入选省“六大人才高峰”、省“333高层次人才”、省“青蓝工程”学术带头人、省优秀青年骨干教师、省教学名师、省五一劳动奖章等项目。30人获评高级职称，其中正高职称7人。组织教师参加国培、省培、省高级访问工程师等培训项目140余人次，组织教师赴境外研修80余人。

（六）学生素质能力快速提升

紧扣社会主义核心价值观教育，学校积极落实“一核四全”育人工作理念，召开学校思想政治工作会议和学生工作会议，依托“学生工作坊”、素质教育基地建设、志愿服务等平台，打造“孝道之声、仁爱之翼、敬业乐群”等素质教育品牌特色项目，培养具备“强身、健心、精技、博爱”素质的大学生。三年来，多名辅导员获省辅导员年度人物提名奖、省高校辅导员职业能力大赛（复赛）二等奖等奖项；多名学生获省大学生年度人物提名奖，省职业规划大赛专科组总冠军、一等奖，“挑战杯”江苏省大学生课外学术科技作品竞赛一等奖项。学校获评省五四红旗团委、省学生资助工作绩效考核优秀、省“十佳社团”和“百优社团”等。

（七）招生就业工作成效显著

到2017年，学校已面向全国18个省份开展招生，省内录取投档分位次和生源质量保持在全省高职院校第一方阵，且计划完成率、录取率、报到率在全省高职中的排名不断提高。学校积极参与江苏省百校联动就业活动和长三角应用型人才供需对接洽谈会，主动与苏州工业园区、苏州高新区、吴中区等区域和重点合作企业接洽联系，举办了近30场大型招聘会和近100场专场招聘活动，近1400多家企业来到苏工院，提供5万多个优质实习就业岗位。学校注重并加大力度扶持大学生创新创业，专门设立创新创业基金，联合企业成立创业孵化基地，三年来，学生就业质量持续提升，应届毕业生首次就业率均保持在95%以上，年终就业率均达98%以上。

（八）体制机制改革步伐加快

学校连续两年开展“卓越工程”建设，11个大项涵盖了学校党的建设、教学科研、校企合作、师资队伍建设、学生管理等各方面的工作，有效提升了学校各条线的工作积极性和机关部门的作风效能。通过省厅核准并发布《学院章程》。根据国家高等职业教育发展要求，结合学校第二次党代会、教学工作会议和学生工作会议等提出的学校发展目标，研制出台和修订了《双师型教师管理办法（修订）》《骨干教师选拔及管理办法》《关于进一步推进校企合作冠名班工作的实施意见》等30余项管理制度；出台《深化教育教学改革全面提高人才培养质量的实施意见》《学生学籍管理规定》等近20份教学、学生工作文件。2016年第10期《江苏省教育体制改革简报》对学校进行了专题报道：《大力实施“博士倍增”计划有效提升师次建设水平》。

（九）办学设备条件逐渐完善

三年来，学校完成市级专项建设资金5000余万元，累计进行市招项目100余项、校招项目近100余项，累计完成各类政府采购资金超1.3亿元。完成学生住宿条件改善、专业实训楼维修改造、人才公寓改造、田径运动场改造、公寓区绿化等项目，建成1间多功能演播室。全面推进智慧校园建设，完成校园无线全覆盖及校园网入网出网统一认证，校本数据中心（平台）框架搭建，数字化校园平台及相关业务系统运维。新增图书4.5万余册，有效丰富图书馆资源，学校获2016年度江苏省高职院校后勤系统先进单位。

（十）和谐校园建设稳步推进

近三年，学校在CCTV财经频道、《光明日报》《中国教育报》《科技日报》《新华日报》、江苏电视台、《苏州日报》、苏州电视台等各级各类主流媒体以纸质、网络、新媒体等形式发布专题报道或新闻320余条，发布省教育厅信息简报3份，学校获省教育厅“江苏教育宣传工作表扬单位”、省教育厅信息工作通报表扬单位（全省高职11所）。三年来，学校党委支持各民主党派围绕学校中心工作开展活动，共召开6次党外人士座谈会；关心支持群团、统战、关工委和离退休工作，积极发挥学校关工委的作用，学校关工委被评为“江苏省教育系统关心下一代工作先进集体”；稳步加强教代会工作，通过校领导接访日、校务公开等方式，推进民主治校，保障广大师生员工的根本利益。

各位代表、同志们，三年来，我校的办学特色逐步形成，办学条件明显改善，教学质量稳步提高，科研创新及师资队伍建设成效明显，校企合作力度不断加强。这些成绩的取得，离不开全体师生员工的辛勤劳动、团结拼搏和无私奉献。在此，我谨代表学校行政领导班子向兢兢业业的广大师生员工，表示崇高的敬意和衷心的感谢！

二、今后三年工作重点

过去的三年，学校的建设发展取得了很多具有突破性、跨越性的成绩，来之不易，但与教育主管部门、市委、市政府的要求和社会及广大师生的期望相比，还有较大差距。党的十九大报告指出，要更加旗帜鲜明地把优先发展教育事业作为提高保障和改善民生水平的首要任务，同时还指出，职业教育要注重培养工匠精神和劳模精神，这既充分体现了党中央对加快发展现代职业教育的高度重视，又为我们学校加快内涵发展指明了方向。苏州市委、市政府明确了高质量发展要求和争做“强富美高”新江苏建设先行军排头兵的发展目标，指出高等教育要持续深化人才培养、使用、评价机制改革创新，促进人才规模与人才质量同步提升，人才引育与发展需求协调匹配，作为市属院校，我们事业发展迫切需要紧跟地方经济社会发展新趋势。因此，从今年起，未来三年，我们一定要紧扣学校“十三五”发展规划，紧紧围绕学校第二次党代会确定的奋斗目标，全力推进省高水平高职院校建设，形成更加注重学生成长，更加注重教师发展，更加注重内涵建设，更加注重精准管理，更加注重办学效益的新局面。

（一）凝心聚力，着力开展高水平院校建设

学校已入选省高水平高职院校建设单位，是机遇更是挑战。五年建设期，5.5亿元总预算，66个建设项目，是否可以高质量完成，事关市委、市政府对学校的支持、信任和学校每一位教职员工的切身利益。学校将对照高水平高职院校建设工作方案，结合评审过程中的40项指标要求，进一步细化项目，制定三级指标责任人体系，确保各项建设任务分解到位。各单位要把建设任务列入年度工作计划，年末开展自评，及时报告困难不足，及时总结成效经验，确保各项建设任务落实到位。

（二）围绕中心，着力提升人才培养质量

学校将以打造全国一流的智能制造高职优势专业群为目标，加快开展智能装备、智能工厂、智能服务等方面的研究和实践，争取在全国高职示范专业、国家级教学成果奖、国家级教学资源库、国家精品在线开放课程、全国现代学徒制试点项目等方面做出成果。扎实开展省品牌、省高水平专业建设，新增制造技术、云计算技术与应用等智能制造类新专业；依托省产教融合实训基地，围绕“生产性”原则，建设智能加工实训中心、智能成套装备实训中心等实训基地，实现资源整合，高效发展。围绕人才培养质量提升这个中心工作，加快完善人才培养质量保障机制，在推进学分制，完善选课制、导师制、学分计量制和绩点制等方面开展研究，持续提高人才培养质量。

（三）注重实效，着力深化产教融合力度

2017年12月，《国务院办公厅关于深化产教融合的若干意见》颁布，明确了坚持以人民为中心，坚持新发展理念，职业教育深化产教融合的指导思想和原则目标。围绕学校主打“产教融合”的发展思路，结合学校政行校企四方联动理事会及三级企业学院平台，学校各单位要在联合行业企业建设智能制造创新中心，引入技术研发中心、共聘研究与开发团队，建设引领企业发展的高水平技术技能积累平台等方面下功夫，加快完善系（院）校企合作组织体系，拓宽合作平台与渠道。学校各单位要深入开展校企合作项目，探索服务“一带一路”沿线企业及在苏企业走出去的路径方式。

（四）服务地方，着力提高科研创新水平

依托学校现有的国家级众创空间、省工程实验室等科技创新平台，积极开展校企共建产教协同创新联盟、研发中心、孵化创新型企业等项目，加快推进学校科研创新能力提升。加快成立行业企业参与的学术委员会，开展博士后工作站建设，积极助推企业技术进步，促进教学科研一体化发展，提升学校科技成果转化能力。培育科技创新梯队，在国家级、省级自科基金、社科基金，省科学技术进步奖等重点项目持续出成果，在发明专利、“四技”服务经费等方面持续出成效。以科研带动创新，以平台带动项目，以老师带动学生，鼓励师生开展创新创业实践，实现教学、科研、创新、创业、服务融合发展。

（五）加快培养，着力发挥师资团队效能

完成学校第三轮岗位聘任，提升管理岗、专任教师岗等各个岗位的工作积极性和工作效能。加强师德师风建设，增强教师服务学校发展的使命感和责任感。顺应高职院校职称评审自主权下发，做好我校相关制度修订工作。围绕教师业务素养和职业能力提升，持续推进“内培外引”，重点加强对在职教师的培养。制定教师特聘制度，培养一支师德高尚、业务精湛、结构合理、充满活力的高素质专业化队伍。持续实施博士、技能名师“双百工程”，与企业联合开展行业领军人才、博士以及技能大师的引进，实现高端人才的校企共引共用。充分调动省高校哲学社会科学创新团队、省高校科技创新团队等引领作用，带动一批骨干教师组团队、聚人才、凝智慧、享资源、出成果，努力打造高素质、高技能、高水平师资团队。

（六）全面提升，着力打造育人工作品牌

以社会主义核心价值观为指引，立德树人，全员育人，加强学风建设，深化课程思政改革。开展学生“六个一”成长工程（接受1期党校教育、加入1个社团组织、培养1个兴趣特长、担任1任学生干部、组织1次集体活动、每周1次与亲人的深度交流，90%的学生成为入党积极分子）和学生“六个一”成才计划（明确1个技能方向、选定1个技能导师、参加1项技能竞赛、加入1个创新团队、完成1项企业课题、取得1项专业成果，100%的学生获得让家庭骄傲的“一技之长”）。依托“学生工作坊”“青春与价值对话”“青春榜样”和大学生新媒体中心等思政教育活动平台，培育特色思政品牌活动。采取有效措施，稳定辅导员队伍，积极推进辅导员能力提升工程。

（七）对接需求，着力完善招生就业能力

对照教育部、省教育厅、省考试院对高职院

校招生工作的政策和要求，主动适应招生新形势，研究招生计划编制、宣传工作应变策略，合理协调省内外招生计划和高职单招、对口单招计划占比。同时，进一步明确招生工作贯穿在全年工作中的进度安排，积极发挥招生工作小组主观能动作用，高质量做好招生宣传工作。积极响应国家政策，完善学校精准化就创业服务体系。依托省、市各类就创业平台、学校校企合作基础，鼓励政府部门、企业进校园开展专场招聘会，确保学校应届毕业生初次就业率保持在95%以上。依托学校大学生创新创业社团、创业团队和创业园建设，形成培育、帮扶大学生创新创业体系。

（八）依法治校，着力激发体制机制活力

坚持完善党委领导下的校长负责制，切实加强机关作风和服务效能建设。持续完善规范会议制度、学习制度、领导联系（院）制度等，研制出台学校《专业企业学校管理办法》《专业产教融合奖励办法》《特聘岗位管理与聘用实施办法》《双师型教师认定标准》等制度文件，规范管理程序和管理行为。开展人事制度改革和二级院系治理调研。完善学校重大发展规划、重点建设项目、重要管理创新和办学质量评价等方面的决策、评价和咨询制度，完善行业企业深度参与的学术委员会制度。建立学校专业建设发展咨询智库，完善学校国际化战略组织架构，研究制定政府、行业、企业专家参与学校治理的相关机制。

（九）完善设施，着力提升校园文化环境

持续改善办学条件，加快推进综合实训大楼建设，努力提升校园硬件设施水平和校园文化软实力。尽快完成教工食堂改造；逐年推进学生宿舍维修改造。加强对工程项目的事前、事中审计；做好教学、科研、训练、比赛等仪器设备的物资采购。根据现有场馆分布，加强校园景观整体设计，突出环境育人功能，推进校园环境改造和景观标识建设，开展工匠文化景观长廊、现代工业质量文化园、系部文化墙和健身步道建设。优化图书馆、教学楼、实训楼等公共场所的文化氛围，提升师生文化品位，营造积极向上、清新高雅、健康文明的校园文化。加快推进智慧校园建设，通过改造混合云平台、构建综合型虚拟化服务器平台、完善微服务端等工作，建设具有苏工院特色的数字化校园。

（十）民主管理，着力推进和谐校园建设

完善以教代会为基本形式的学校民主管理制度，推进提案的落实与答复；经教代会审议后推进绩效分配制度改革，不断完善考核奖励机制。推进校务公开，保证广大教职工依法实行民主参与、民主管理和民主监督。加强对工会、共青团、学生会等组织的领导，引导广大师生员工、离退休老同志关心、支持和参与学校的改革与建设。做好统战工作，重视发挥民主党派、党外人士的积极作用。加强学校安全稳定管理与制度建设，进一步强化一岗双责，重视并加强校园周边和内部治安综合治理和消防安全工作；重视并加强学校舆论环境建设，营造风清气正、神清气爽的校园环境，积极在更多的主流媒体、教育主管部门媒体上发布学校办学特色、办学成果等方面的宣传报道，获得更多的社会关注和美誉度；努力在各级各类项目申报及评审活动中更多地展现苏工院的气质和特质，获得同行认可和关注。

各位代表、同志们，成绩属于过去，未来在你我手中。我们正身处前有标兵、后有追兵的环境中，一定要排除“等、靠、要、懒”思想，充分认识到不发展是落后，发展慢了也是落后，落后就要挨打、被出局。面对更加艰巨的任务和更加光荣的使命，让我们在习近平新时代中国特色主义思想指引下，以更加振奋的精神和严谨的作风，展现新作为，把高水平高职院校建设工作放在心上，扛在肩上，落实在行动上，努力交出令人满意的答卷！

谢谢大家！

王新华书记在学校四届一次教代会暨第四次工代会上的讲话

2018年5月25日

各位代表、同志们：

我校四届一次教代会暨第四次工代会在与会代表共同努力下，已经完成各项议程，即将闭幕。在此，我谨代表学校党委和大会主席团，对大会的圆满召开表示热烈祝贺，向全体代表致以崇高敬意和衷心感谢！

这次大会是在我校深入学习贯彻习近平新时代中国特色社会主义思想和党的十九大精神，全面实施省高水平高职院校建设之际召开的一次重要会议，也是坚持依法治校、实施民主管理、依靠教职员工推进学校事业发展的一个重要会议。会上，代表们本着对学校发展高度负责的态度，认真听取和审议通过了《学院工作报告》《工会工作报告》《财务工作报告》《工会经费审查报告》，讨论研究了《学院关于推进高水平高职院校建设的实施意见（讨论稿）》和校训、校庆日、校名字体等，提出了很多宝贵意见和建议，充分体现了全体教职员工对我校改革发展的主人翁意识和责任担当。

近三年来，我校始终紧跟高职教育发展趋势，始终坚持以人才培养为中心，积极主动服务地方经济社会发展，教学、科研、行政管理、校企合作、创新平台建设等方面成效明显：在全国全省技能大赛、高校毕业设计（论文）评优等评比中成绩靠前，毕业生就业率达到98%以上，学校连续两年获得“全国高等职业院校服务贡献50强”，在成功入选省示范性高职院校基础上再次成为省高水平高职院校建设单位。这些成绩的取得，来之不易、弥足珍贵，是我们进入新时代、迈向新征程、谋求新发展的坚实基础和强力支撑。

当前，高等职业教育正处于重要发展时期。我校依托苏州强大的工业基础、产业能级和城市综合实力，在服务区域经济社会发展中必将面临更多机遇。特别是随着我校整体竞争能力的提升，知名度、美誉度的提高，市委、市政府和上级部门支持力度的加大，我校将进入新的黄金发展期。未来三年，我校将紧紧围绕学校第二次党代会明确的奋斗目标，紧紧抓住建设省高水平高职院校，更加突出内涵式发展、特色化发展、高质量发展，大力培育受市场欢迎的专业，大力培育受社会欢迎的学生，大力培育受学生欢迎的教师，大力培育受师生欢迎的校园文化，力争使我校的办学特色更加鲜明，办学成效更加彰显，办学整体实力和竞争力更加巩固提升。关于今后三年学校教代会、工会工作，王洪法院长已经做了详细部署，在这里我再强调四点：

一是坚持问题导向，着力提升自我发展能力

发展和建设是永恒主题。我校同2003年整合时相比，无论是专业规划建设能力、教学科研实力，还是基础设施建设水平、校园整体环境都有了很大提升，但与国示范、骨干校相比，与周边同等兄弟院校相比，还存在不少差距。上周，我和曹书记同部分党群口的负责人先后赴宁波职业技术学院、浙江机电职业技术学院、杭州职业技术学院3所国示范高职院校考察调研，感到他们在办学理念、教学资源整合、产教深度融合、国际化教育、文化品牌打造、党建工作探索、体制机制创新等方面有很多成熟做法和成功经验，值得我校多方面学习借鉴。

对于学校未来发展，我们必须把聚焦问题、研究解决问题摆到更为重要位置，不仅要正视问题，找准问题症结，而且要有解决问题的扎实有效的举措。在“双代会”召开之前，我和相关部门

在校内做了调研，同部分管理人员、工会委员、教师分别进行座谈，听取大家对学校建设发展的意见和建议。大家意见比较集中的是学校基础设施建设、校园特色文化塑造、教师自身职业能力提升、国际化教育水平等方面。这些问题都是事关省高水平高职院校建设和学校长远发展的重大问题，需要全体教职员工群策群力，共谋良方、合力破解。各相关部门、单位要在深入调研的基础上，拿出切实措施，逐步加以解决。学校党委将坚持抓重点、抓难点、抓薄弱环节，努力在强弱项、补短板上取得新进展、新突破。

二是坚持需求导向，更好服务区域产业发展

学校的根本任务是立德树人，大力培养社会主义建设者和接班人。学校培养的人才好不好，要让市场来评价，让社会来评价，让企业来评价，让学生家长、学生自己来评价。我们要从需求出发，努力培养市场需要、社会认可、大家欢迎的高素质技能型人才。

作为市属高职院校，服务地方发展是我们的本分，地方主导的产业就是我校专业群建设的方向，地方紧缺的人才就是我校人才培养的目标。要立足我校现有专业基础，适合苏州产业特点，积极培育新的专业。要积极响应“中国制造2025”，深入学习《中国制造2025苏州实施纲要》《关于加强智能制造生态体系建设的若干措施》等政策文件，大力提升服务地方经济社会转型升级的能力，为苏州创建“中国制造2025”国家级示范区，建成具有国际竞争力的先进制造业基地和现代产业名城贡献应有力量。

三是坚持实践导向，不断锤炼过硬工作本领

自建校以来，经过全体师生员工的共同努力，我校获得了很多综合性、突破性成果。比如，在实施校企合作“十百千”工程、推动教学科研联动、培育与引进高层次人才“双管齐下”、重视师生意识形态工作、推进学生专业技能和综合素质提升、着力培育高素质管理人员队伍、加强基层党建标准化工作等方面，我校都有很多探索和成效。这些成果饱含着大家的辛勤汗水和聪明智慧，凝结着大家的工作经验和实践创造，我们完全有必要，也完全有可能把这些好做法好经验总结出来、提炼起来，使之成为推动我们今后工作的理论支撑和有力武器。相关部门、处室和各院系都要善于挖掘、及时总结，既要低头做事，又要抬头看路。与此同时，我们还要眼睛向外看，向远处看，面对工作中遇到的新情况、新矛盾，多学习借鉴兄弟院校的好做法，多在实践中探索、创新，使自己的思维方式、工作方式，紧跟发展步伐，踏准时代节拍。

今年3月，教育部长陈宝生谈职业教育的时候，提到我们将来中国式的职业教育发展新模式是：学校像企业，教室像车间，课堂像工段，教师像师傅，学生像学徒，教案像图纸，作业像产品。陈部长讲话中强调了高职教育的实践性、职业性，实际上也体现了以实践为导向的要求。高职教育培养的是实用人才，动手、实践是人才培养的主要环节。今后，我们对学生的培养要更多开设实验实训课程，更多组织学生赴企业识岗习岗，更多培育创新创业社团，多渠道加大对学生动手能力的培养。学生需要实践，教师同样需要。我们要进一步完善校企共引共用共育人才机制，鼓励专任教师进企业实践，拓宽教师赴国（境）外研修渠道，加强对教师实践运用能力的培养，让他们在实践中磨炼，在磨炼中成才。

四是坚持效果导向，合力推动各项事业发展

学校的改革发展，关键在于一批又一批优秀教师的强力支撑和默默奉献。在新时代新阶段，学校要取得新发展，需要全体教职员工合力奋斗，不断有新的创造、新的作为、新的成果。今后几年，我校广大教职员工要紧紧围绕省高水平高职院校建设这个大目标，从各自岗位特点和工作要求出发，分阶段树立一个个小目标，稳扎稳打，务实推进，积小胜为大胜，形成持续稳定发展格局。全体教师要不断加强师德师风建设，提高素质修养和专业化水平，按照习近平总书记要求，做到“有理想信念、有道德情操、有扎实知识、有仁爱之心”。工会会员要积极发挥党委联系群众的桥梁纽带作用，组织教育职工依法行使民主权利，在维护职工合法权益、建立更加和谐劳动关系等方面多做工作。近几年，管理部门的工作任务不断加重，工作要求不断提高，大家要敢于自加压力，勇于创新创优，进一步提升作风效能，同时要加强制度建设，更加规范务实工作，致力做好分内的事、关心好大家的事和促进学校发展的事。各级党组织要充分发挥党员的先锋模范作用，积极创先争优，努力完成本单位所担负的任务。学校党委将结合工作实际，进一步完善考核机制，优化干部配备，营造干事创业的工作氛围。各部门、各单位都要以召开“双代会”为契机，进一步理清思路、明确目标、落实任务，推动我校教书育人、立德树人工作上新水平。

最后，还有几个具体事情，我再说一下。

一是关于大家反映的问题和代表提案。本次“双代会”召开前，我和曹书记同组织部、工会等部门的负责人分别召开了管理人员代表座谈会、工会委员座谈会和教师代表座谈会，听取大家对学校改革发展的意见建议。大家反映的问题，有共性的，也有个性的；有的关系学校长远发展，有的则比较具体。本次“双代会”上，代表们提出了61份提案，内容同我们会前调研掌握的情况基本一致。学校党委十分重视大家的意见建议，明确：对于大家反映比较集中的问题，能立行立改的马上改，近期整改有难度的要列出阶段性整改计划，限期整改到位；对于事关长远发展的问题，要研究分步实施方案。会后，请工会会同有关部门分类梳理提案、建议，制订计划，明确责任，抓好落实。

二是关于校训、校庆日、校名字体等征集情况。最近，由宣传部牵头，对我校的校训、校庆日、校名字体进行了征集，并多次召开座谈会，征求教职员工的意见。在本次“双代会”上，大家又对我校校训、校庆日、校名字体进行了讨论研究。从征集和讨论的情况看，大家对学校事业的发展都很关心关注，所提建议很有深度高度，富有文化内涵。接下来，还要多听听学生和专家的意见。在此基础上，党委将会再做专门研究，尽快确定下来。在此说明两点：（1）校训、校庆、校徽等是一个学校重要的文化标识，但也是不断发展变化的，特别是校训在不同时代需要充实不同内容；（2）本次校训、校庆日、校名字体的征集，最终只能选用一个方案，没有入选的方案将作为备选予以留存，为今后完善选用提供参考。

三是关于“建设省高水平高职院校实施意见”。在本次“双代会”上大家分组讨论了《学院关于推进高水平高职院校建设的实施意见（讨论稿）》，会后请党政办根据大家讨论的意见进一步修改完善。《实施意见》正式印发后，请各部门、各单位认真对照目标要求、内容要求、进度要求，细化完成任务的时间表、路线图和责任清单，抓紧全面实施。为全力推进高水平高职院校建设，学校将进一步完善以绩效管理为主要内容的年度工作考核，更好发挥考核的导向激励作用。

四是关于成立学校妇联。根据上级相关文件要求，学校将在校工会女教职工委员会基础上成立群团组织——妇女联合会（主席由中层干部兼任），这项工作的程序性很强。学校已经向有关部门提出了申请，争取按规定要求和相关程序抓紧设立。

五是关于开展解放思想大讨论活动。今年4月底，省委部署在全省开展解放思想大讨论活动，市委也做出相关决定，并在日前印发《中共苏州工业职业技术学院委员会关于开展解放思想大讨论活动的实施方案》,明确了解放思想大讨论活动的重大意义、主题、原则和组织保障。这次大讨论活动,以党员干部为重点,面向广大群众,时间从今年4月开始到今年底。我校各级党组织、党员干部要按照上级部署,把大讨论活动作为重要政治任务来抓,结合开展"不忘初心,牢记使命"主题教育,结合建设省高水平高职院校,围绕实际工作、自身发展,深入开展学习,认真组织研讨,把全校师生的思想行动统一到习近平新时代中国特色社会主义思想上来,以党员干部思想的大解放引领我校内涵式、特色化、高质量发展。

各位代表、同志们,苏工院正处在关键发展期,任务繁重、责任重大、使命光荣。让我们以习近平新时代中国特色社会主义思想和党的十九大精神为指引,在市委、市政府领导下,在上级部门关心指导下,咬住发展不放松,全力推进改革创新,为开启新时代、新征程,实现学校各项事业再上新台阶而不懈奋斗!

王新华同志在2018届毕业典礼上的讲话

2018年6月9日

各位毕业生同学、学生家长代表、企业界朋友，各位老师、同学们：

今天，我们在这里欢聚一堂，共同见证属于我们2018届毕业生的难忘一刻，感到十分高兴。首先，我代表苏工院，代表学校党政领导，向2018届毕业生表示最衷心的祝福和最美好的祝愿，祝贺你们圆满完成在苏工院的3年学业、顺利毕业。同时，感谢各位老师、家长，感谢你们的辛勤付出、关心陪伴，正是你们的默默奉献，才有了毕业生现在幸福的时刻。

我们苏工院如果从2003年三校合并之时算起，今年正好是15周年。15岁，是翩翩少年的年龄，就如同在座的各位毕业生，你们3年前来到学校的时候，正是翩翩少年，现在毕业了，虽然在我们看来还是翩翩少年、翩翩青年，充满朝气、充满笑声、充满梦想，但也有所不同，就是你们成长了、成才了、成熟了！三年来，你们认真学习、刻苦钻研、学有所成，知识变得更加厚实；你们关心社会、视校如家、友爱同学，历史使命感和社会责任心变得更加强烈；你们热爱国家、拥抱时代、坚定信念，思想政治变得更加成熟；你们关注发展、志存高远、放飞梦想，视野变得更加开阔，面对未来变得更加自信。三年来，在你们当中，涌现出了国家级技能竞赛一等奖获得者、省大学生年度人物入围者、省职业生涯规划大赛总冠军、省"挑战杯"竞赛一等奖获得者、省运动会高校部定向越野比赛冠军等诸多骄子。对你们取得的成绩，我由衷地感到钦佩，感到荣光，自豪地为你们"点赞"。

这三年，你们也见证了苏工院的发展。2015年你们刚入校时，学校通过了省示范院校验收，如今你们离开时我校又脱颖而出，成为省高水平高职院校建设单位。也许再过几年，你们会看到母校更多更大的变化。对此，我们信心满怀。

同学们，学校不断在前行，那是因为有你们在前行；学校不断在成长，那是因为有你们在成长；学校不断在发展，那是因为有你们在跨越、在奋进！可以预见，你们必定会拥有更加美好的未来，母校也必定会有更加美好的未来。在你们即将毕业、离开学校、踏上社会之际，我代表学校党政领导，讲3句话10个字送给你们，与各位同学共勉。

第一句话是"独立思考"。独立思考，就是请我们各位同学今后要多用自己的脑袋来思考，不盲从、不追风、不武断，对事情要有自己的判断、分析，自己说出的话要经过脑子过滤一下。在现实生活中，我们听到的好多事情并不是真实的，就算看到的事情也不一定真实。保持冷静、理性的头脑，学会质疑的精神和探索的勇气，十分重要。人家赞美你，不要飘飘然；人家指责你、领导批评你，也不要一蹶不振、垂头丧气。

我们要进行独立思考，必须建立在对身边事物、周边事物的了解基础之上。到了工作岗位，我们对家事、国事、天下事都应该关心。我们讲"地球村""地球是一个村"，现在确实是这么一回事。你能说，地球上发生的事同你没关系吗？都有关系！只不过有的直接一些，有的间接一些；有的影响长远一点，有的影响短暂一点。我们要关心这个世界，关注大事件、大趋势。

我们现在所处的这个时代是一个大变革的时代，科技进步突飞猛进的时代，知识爆炸的时代，信息爆炸的时代。有人统计，现在1分钟产生的信息量超过古代1000年的。在这样一个瞬息万变的时代，不可预期的东西很多。有人说，今后

10年，人类将进入智能社会、智能时代，人工智能将取代人的劳动，机器人将比人更“聪明”，好多事情都可由机器人来做，我们将会有大批的人无事可做。那么，情况会不会真的是这样呢？我觉得，我们对现在所处的时代，首先要保持乐观，同时要进行思考。我们年轻人应该懂得，人类社会发展到现在，不管怎么变，道路怎么曲折，但总体还是向前、向好的。历史上的每一次工业革命，都会死掉一批行业，但也必定会长出一批新兴产业。人工智能确实可以替代重复的体力劳动，也可替代简单重复的脑力劳动，但它不能替代人类的创新、复杂的决策，复杂的决策是需要反复协商的，机器不具备这种能力；人工智能也不能替代人的情感的关怀和激励，人是有情感温度的，机器是冷冰冰的，它不能替代人的情感关怀；而且，我们每个人的需求都是不一样的，在不同的时空需求也不一样，人工智能不可能达到这样的要求和体验！所以，人工智能不能替代人，但我们可以利用、使用人工智能。可以肯定的是，将来能使用人工智能的人可以替代、淘汰不使用人工智能的人。所以，我们要思考这样的问题，怎么运用、借助新的技术来为我所用，使自己的效率更高、发挥的作用更大。

独立思考是一种能力，需要我们逐步积累、锤炼。我们工作之后，每过一段时间应该回过头来看一看，总结一下，审视一下，逐步养成习惯，这对我们的工作、事业是有帮助的。我们学习借鉴别人成功的经验是需要的，学习借鉴别人失败的经验也需要，甚至更重要。因为成功的经验，成功者是不会全部告诉你的，是会有所保留的，而失败的现实血淋淋的就摆在那里。你把失败的案例多分析几个，综合起来，就会找到失败的原因和主要因素，就会把一件事情的来龙去脉搞清楚，今后就会避免犯同样的错误。

第二句话是“不抱怨”。我们到了社会，肯定会遇到很多的不如意，人生“不如意事，十常八九”。但我们不能去埋怨身边的人和事。埋怨是弱者的表现，埋怨一点用都没有。你今天抱怨这、抱怨那，明天抱怨这个人、抱怨那个人，一会儿抱怨这里环境不好，一会儿抱怨那里收入不高，这都是没用的。抱怨改变不了任何事，只会把自己的心态搞坏了，而且让人感到你身上都是负能量。你抱怨事，不去面对、解决，不管你抱怨多久，这件事还在那里；你抱怨人，不管对与错，只会增加人们对你的误解，而且你抱怨的时候你怎么知道人家的想法，你又怎么知道其中的实情。所以，我们不要去抱怨，明智的选择，一是多从自己身上找原因，二是主动适应。你要改变这个世界，首先得适应这个世界。对于身边的人和事，你先要融入进去，了解它、适应它，然后在条件具备时再考虑怎么改变它。

不抱怨，从某种意义来讲，也就是要怀有一颗感恩的心，对人对事都从好的方面、正面的角度去理解，心情要阳光一些，心态要豁达、从容。最近学校在征集校训，其中有一条叫“向阳而生，择善而行”。我觉得，此时此刻把这8个字送给你们毕业生，正好、正合适。“向阳而生，择善而行”，比较形象、容易记住，含义也比较丰富，而且很阳光、很正面，普遍适用。“向阳而生”，可以从自然界、人类社会、思维方式3个层面来理解。在自然界，“向阳而生”就是向着阳光（太阳）生长、成长，“万物生长靠太阳”，这是自然规律。在人类社会，“向阳而生”，就是要求我们始终向着正能量，向着主流的东西、正面的东西。在我们国家，就是要拥护社会主义，拥护中国共产党的领导，“听党话，跟党走”。在思维发展层面，“向阳而生”，就是要求我们的思维、内心、灵魂始终光明磊落、由善出发、向善而行，从而做一个善良的人、懂得感恩的人。希望各位毕业生同学，踏上社会之后，做“向阳而生”的人，做“择善而行”的人，正如我们伟大领袖毛泽东主席所讲的，做“一个高尚的人，一个纯粹的人，一个有道德的人，一个脱离了低级趣味的人，一个有益于人民的人”。我想，做一个什么样的人，定位太重要了，同学们一定要坚守底线、不踩红线、不碰高压线，始终把握好正确的人生方向。

第三句话是“有恒心”。“恒心”大家都懂，但要真正做到，很不容易。正因为“恒心”很重要，又很难做到，所以，我要向同学们提个醒。

一是对自己认准的目标要有定力、有恒心。自己认准的目标，那是经过反复思考、比较确定的方向、标杆，不能说改就改，一遇到困难、挫折就放弃。根据形势、情况的变化对目标做些微调是可以的，但不能轻言放弃。也许我们最终达到的效果与最初设定的目标有差距，但重在过程，贵在过程中的磨炼、体验，这是我们迈向成功必不可少的要素和财富。

二是对我们自己所做的工作、所专注的事业要有恒心。同学们一定不要好高骛远，不要“吃着碗里，看着锅里”，凳子还没坐热就想跳槽，刚刚做了点事情就想着加薪、提拔。对自己所做的工作要保持足够的恒心和耐心。这里我讲两个故事与大家分享，你们可能听说过，是阿里巴巴创始人马云讲的。第一个故事，马云的一位朋友走在伦敦最热闹的一条街上，这里寸土寸金、店面非常贵，见到在一排大商场之间居然开着一家小小的奶酪店，一位老头在打理。他就好奇地问这位老头：小店能不能生存下来？租金付得起付不起？老头带他到门外，指着这条街说：“这条街，从这到那都是我们家的。我们家祖祖辈辈做奶酪，其他不会做，只会做奶酪，赚了钱就买个门面，赚了钱就买个门面，现在这条街上的房子大都是我的。我租给商家用，收租金，但我依旧开我的奶酪店，我的儿子在伦敦另一个地方也在开奶酪店。”——这个例子，做奶酪，看起来利润不大，是小生意，但祖祖辈辈做，乐此不疲，集腋成裘，积少成多，就取得了非凡的业绩。第二个故事，马云到日本，看到一个做糕点的小店，标有“庆祝本店成立146周年”字样，一对老夫妻专注地在做小糕点。马云就进去，跟这对夫妇聊了起来。这对夫妇说，他们一天也做不了多少糕点，但就是喜欢做，“天皇的亲戚有时也来我们家买糕点”，听上去很幸福、很自豪的样子。——这个例子说明，做自己喜欢做的事情是一种幸福！做自己喜欢做的事情就能做好！这家小小的糕团店能做到146年，本身就很了不起，既是无声的成就又是响亮的品牌。我想，我们做事创业要像伦敦的这个老头和日本的这对老夫妇那样，甘于平凡、潜心做事、乐在其中。无论是办企业，还是做买卖、搞管理，道理都一样，只要持之以恒，坚韧不拔，久久为功，就能够在平凡中成就事业、成就伟大。

三是对学习要有恒心。学习是终生的需要。学习与我们每一位同学的未来息息相关，一个坚持学习的人会充满活力和潜力。你们现在毕业了，但未来成就的高低，主要取决于能不能继续学习，不断学习成长。前几天，经管系营销专业的两位同学耿峰、张惟君来我们办公室道别并报了喜讯，他们两位都考上了苏州科技大学，接下来要学本科的专业，我为他们感到骄傲、欣慰，也祝愿他们奋发学习，取得新的更大成绩。我们每位同学，今后不管工作多忙，都不要放松学习。学历提升很重要，向实践学习也很重要，向身边的同事、朋友学习同样重要。读书很重要，把人当作书来读也很重要。有名师指路重要，自己阅人无数同样重要。我们要把学习当作一种习惯和生活方式，不断丰富和提升素质素养，使自己走得更远、飞得更高。

同学们，岁月流金，花落成实。你们是我和院长来到这个学校送走的第一批毕业生。我们把上面的3句话10个字送给你们，深深地祝福你们，坚信你们一定会拥有更加美好的明天。同时，我们也希望你们，虽然离开了母校，但要把母校长留心间，关心母校，支持母校，不管多忙也要抽出时间常来母校看看。母校永远欢迎你们、永远是你们的家！

最后，我想借用恩格斯的话来寄语大家。原话是这样的："一个知道自己的目的也知道怎样达到这个目的的政党，一个真正想达到这个目的并且具有达到这个目的所必不可缺的顽强精神的政党——这样的政党将是不可战胜的。"把"政党"两字改为"人"也是适用的，送给各位同学："一个知道自己的目的也知道怎样达到这个目的的人，一个真正想达到这个目的并且具有达到这个目的所必不可缺的顽强精神的人——这样的人将是不可战胜的。"我祝愿你们都是不可战胜的，祝愿你们鹏程万里、前程似锦，不断抒写人生新的篇章！

谢谢大家。

王洪法院长在2018级新生开学典礼暨军训动员大会上的讲话

2018年9月17日

同学们、教官们、老师们：

大家上午好！

金秋九月，丹桂飘香。今天我们欢聚在一起，隆重举行2018级新生开学典礼暨军训动员大会。18年前，人们曾为新世纪的到来而欢呼，今天2633名“千禧宝宝”因缘相聚，一起迈进了美丽的苏工院。在你们之中，有来自21个少数民族的62名同学；年龄最小的是国际教育学院旅游管理专业的童雪芹同学，今年16岁。有10位同学的生日恰逢今天的开学典礼，他们分别是精密制造工程系模具设计与制造专业房小敏同学，机电工程系机电一体化技术专业杨力同学、吴庆升同学，电子与通信工程系智能产品开发专业邓蓉坤同学、郭少杰同学、邓良起同学，电子信息工程技术专业郎开同学，应用电子技术专业邱霞同学，国际教育学院商务日语专业吴若辰同学，汽车工程系汽车检测与维修技术专业张志伟同学。在此，我代表全体师生员工，祝你们生日快乐，同时对全体新同学成为苏工院大家庭的新成员表示热烈的欢迎！

肩负着期待和祝福，怀揣着憧憬与梦想，同学们从故乡启程，来到名城苏州，来到石湖畔、上方南。从今天开始，你们又有了一个新身份——苏工人，未来的三年，你们也将与苏工院携手共进。成立于2003年的苏工院与在座的各位同学相比，显得更为年轻。但经过了十五年的风霜洗礼，砥砺奋进的苏工人团结拼搏，锐意进取，成功入围了江苏省示范高职院校，现在正在开展江苏省高水平高职院校建设（全省仅22所高职院校入围），学校内涵式发展和学校美誉度逐年提升，办学实力和发展水平站在了新的高度，学校的发展如今已迈入了新时代。有了你们这些新生力量的加入，未来的苏工院将继续秉承“我在乎你”的学校精神，坚持“向阳而生，精工笃行”的校训，不断书写学校高质量发展的新篇章。

同学们，你们在一生中最富有朝气、最富有梦想的时刻，选择了苏工院；苏工院也将为你们搭建创造精彩人生、实现美好梦想的广阔舞台。在这里，你们可以以校为家、以师友为伴，你们可以在明窗净室里汲取知识营养，你们可以在绿茵操场肆意挥洒汗水，你们可以在来鹭湖边欣赏落日余晖，你们可以在天一丛荟厅尽情舞蹈歌唱，灯光下的琢玉路上你们也可以背影成双，苏工院的每个角落都会留下你们的青春印迹，我也会见证你们的成长。借此机会，作为你们的师长，我有四句话想跟大家交流，与大家共勉。

一、向阳而生，希望你们做一名“仁者”

我们的校训是“向阳而生，精工笃行”。“向阳而生”就是我们要心有灯盏，始终向着正能量，要树立正确的世界观、人生观和价值观，也即“立德树人”。9月10日的全国教育大会上，习近平总书记强调，坚持立德树人，就要在坚定理想信念上下功夫，在厚植爱国主义情怀上下功夫，在加强品德修养上下功夫，培育和践行社会主义核心价值观，教育引导学生成为有大爱大德大情怀的人。我觉得，如此就是要把在场的各位同学培养成为一名“仁者”。君子以仁存心，以德服人；仁者爱人，人恒爱之。在接下来的学习生活中，我希望大家坚守阳光向上的心态，坚守正直善良的信仰，爱党、爱国、爱校、爱自己，做一个时时充满正能量的人，做一个处处给别人以温暖的人。

二、穷理致知，希望你们做一名“智者”

古人云“腹有诗书气自华”，用今天的话说就是“有学识的人总是自带光环”。从高中迈入大学的校门，不论你之前对大学生活有过怎样的描绘与设想，学习的脚步都不应停歇。习近平总书记说过：“青年人正处于学习的黄金时期，应该把学习作为首要任务，作为一种责任、一种精神追求、一种生活方式。”才为德之资，德为才之帅，高校要培养德才兼备的有用人才。作为当代的大学生，你们不仅要学习扎实的专业知识，更重要的是学会学习的方法和能力，学会做人的道理。希望你们永远保持求知的欲望，珍惜学习时光，心无旁骛求知问学，求真理、悟道理、明事理、辨是非。让勤奋学习成为青春远航的动力，让增长本领成为青春搏击的能量，做一名用知识赢得未来的“智者”。

三、精工笃行，希望你们做一名“行者”

“纸上得来终觉浅，绝知此事要躬行。”习近平总书记希望广大青年做一个实干家，伟大的时代召唤伟大的事业，伟大的事业都是一点一滴干出来的。你们来到苏工院，作为工科职业院校的学生，学校就要用精益求精的工匠精神把你们培养成高素质高技能型人才，让你们拥有一技之长，让你们在今后的职业竞争中立于不败之地，而这些都需要你们动手去完成，在实践中历练自己，在行动中成全自己，做到“知行合一”。希望大家在今后学习生活中，不仅要有质疑，更要有行动；不仅要有想法，更要有办法；不仅要有批判，更要有建设。要培养自己敢为人先的精神态度，要勇于担当，勤于实践，做一个勇于探路的“行者”，做行动上的巨人。

四、强身健心，希望你们做一名“强者”

“我不是天生强大，我只是天生要强”这句话成为这个夏天的流行语。同学们，看完了世界杯和亚运会，看着体育健儿在赛场上的奋力拼搏，是否激起了你的热血斗志？我相信接下来的军训便是你们释放青春能量、展现飒爽英姿的时刻。“古之立大事者，不唯有超世之才，亦必有坚忍不拔之志”，在大学，你们要拥有健康强壮的体魄，勇于担当的精神和不畏难关的品质，正所谓“自胜者强，自强者胜”。对于年轻的你们，未来有无限希望，大家在以后的道路上可能会遇到挫折和失败，但唯有直面困难、勇敢应对，你们才能成就无限可能。习近平总书记说：“青年兴则国家兴，青年强则国家强。”国家蓝图的描绘中，你们是“C位”，我相信你们都不是“青铜”，而是真正的“王者”。

同学们，新的大学生活从今天就开始了。大学的第一课，就是充满激情和挑战的军训。军训是磨炼意志、健全体魄、培养集体观念、强化组织纪律的重要过程，你们在军训中走正、走稳，明天才会走好、走远，将来才能成才、成功！希望大家以饱满的热情、昂扬的斗志、顽强的毅力、威武的军姿来展示大学生朝气蓬勃和奋发向上的精神风貌，充分演绎新一代大学生的风采。

有梦不觉天涯远，扬帆起航正当时。同学们，十余载寒窗才走到这里，千万不要辜负了让人羡慕的青春芳华。未来几年，你们将在苏工院度过人生中弥足珍贵的一段时光，唯有砥砺奋斗才能不负时代使命、不负青春韶华。希望你们始终坚守追求智慧、真理与美德的这份初心，仁予人，爱乎众，精其事，勤于行，谱写属于你们自己的无悔青春，延续苏工院的光荣与梦想。

最后，祝同学们身体健康，生活愉快，学业有成！

谢谢大家！

王洪法院长在学校2018级新生军训成果汇报暨表彰大会上的讲话

2018年9月29日

尊敬的各位教官，老师们、同学们：

大家上午好！

在中华人民共和国成立69周年即将到来之际，我们在这里隆重举行我校2018级新生军训成果汇报暨表彰大会，借此机会，我谨代表学校党委、行政领导班子向即将圆满完成军训任务的全体新生表示热烈祝贺！向支持我校军训工作的中国人民解放军某部全体承训教官表示衷心感谢和崇高敬意！

在这次为期两周的军训中，同学们认真学习国防军事理论，刻苦练习各种训练项目，勇于挑战自我，用实际行动诠释了人民解放军吃苦耐劳、顽强拼搏的革命精神；同学们用整齐划一的队列、铿锵有力的步伐和清澈嘹亮的口号，全面展示了当代大学生朝气蓬勃、奋发向上的精神风貌；同学们用不畏风吹日晒、勇往直前的实际行动，向学校、亲人交上了大学时期第一份满意的答卷，也为祖国69周岁生日献上了一份青春贺礼！

“不经一番寒彻骨，怎得梅花扑鼻香。”军训期间，同学们增强了国防意识，激发了爱国热情；加强了组织纪律观念，锻炼了吃苦耐劳的精神；强健了身体素质，磨炼了意志品质。同学们的精神面貌和举止修养发生了可喜变化，同时涌现出一大批追求进步、作风优良、纪律严明的优秀学员和先进集体。在你们当中，有3个系部获得军训先进营称号，有24个班级获得先进连队称号，有271名同学获得先进个人称号，有8人被评为优秀指导员。今天的会操大会，我们看到了威武肃穆、器宇轩昂的国旗班升旗仪式；欣赏了学员们精彩的分列式、男女擒敌拳等表演，同学们高昂的士气、飒爽的军姿、整齐的步伐、嘹亮的口号，充分展现了本次军训的丰硕成果，展现了新一代苏工院人良好的精神风貌。

同学们，良好的开始是成功的一半。今天你们为军训画上了圆满的句号，迈开了在苏工院求学问道的精彩一步，开启了苏工院生活的序幕，我相信，今天的军训成果一定能够转化为同学们努力学习、拼搏进取、艰苦创业的前进号角，也一定能够转化为乐于奉献、团结协作、立德树人的精神。在这里，我向同学们提三点希望，与大家共勉：

一、巩固军训成果，强化国防观念

军训期间，我们一同缅怀了“九一八”的惨痛历史，再一次体会了“国强民才安，有国才有家”的深刻含义。“青年兴则国家兴，青年强则国家强”，习近平总书记寄语当代青年是同新时代共同前进的一代，承载着伟大时代使命，青年是国家的希望、民族的未来。我衷心期待同学们，认真巩固和延续军训成果，继承发扬以爱国主义为核心的民族精神和改革创新为核心的时代精神，坚定中国特色社会主义道路自信、理论自信、制度自信、文化自信；用实际行动强化青年大学生的爱国之心、报国之情、强国之志，发挥人民解放军的光荣传统和优良作风，为今后的学习、工作和生活打下坚实基础。

二、坚持勤奋学习，把握人生奋斗黄金期

“玉不琢，不成器；人不学，不知道。”知识是每个人成才的基石，大学时期是青年学习的黄金时期，大学时积累的学识基础厚实不厚实，将影响人的一生。希望同学们在接下来的三年大学学习生活期间，刻苦钻研，勤于学习，善于思考，把书本知识学全、学深、学透，为今后的工作、学习

打下坚实的理论基础和专业功底。同时要参加各类比赛和各种形式的课内外活动，注重学习人生经验和社会知识。“知者行之始，行者知之成”，大家要将自己所学的知识与实践、实际、实例结合起来，做到知行合一、以知促行、以行求知，使自己的学习进入实学、实悟、实用的良性循环，努力把自己培养成优秀高素质技能型人才。

三、树立远大理想，开启青春美好时光

同学们，理想是人生航程的灯塔，是人们前进的动力和方向。你们要牢记习近平总书记提出的做有理想、有追求、有担当、有作为、有品质、有修养的“六有”大学生的要求，牢固树立正确的世界观、人生观、价值观，把报效祖国、服务社会作为自己学习和生活的目的，坚持爱国、励志、求真、力行，从一开始就设定规划好一个又一个能达到的小目标，全力付诸实施，务求取得实效，积小胜为大胜，谱写出一篇又一篇的青春华章。“大鹏一日同风起，扶摇直上九万里”，希望大家坚定理想信念，志存高远，脚踏实地，勇做时代的弄潮儿，努力达到理想成功的彼岸。

同学们，少成若天性，习惯如自然。两周的军训生活，锻炼了大家的体魄与技能，磨炼了同学们的意志与品质，让大家养成了良好的生活、学习习惯，希望大家能够一如既往地保持这种习惯，使之固化成你未来做人、做事、做学问的良好品质，用这种品质去雕琢和实现你的青春梦想！

最后，祝同学们在今后的学习和生活中身体健康、学习进步！祝中国人民解放军某部全体教官工作顺利，与苏州工业职业技术学院的友谊源远流长！

谢谢大家！

曹建东副院长在学校第十一届体育运动会上的开幕词

2018年11月1日

全体运动员、裁判员，老师们、同学们：

金秋送爽，彩旗飘扬，今天，我们满怀激情地迎来了学校第十一届大学生运动会的隆重召开，借此机会，我代表党政领导和全体教职工向运动会的召开致以热烈的祝贺，向为运动会的召开精心准备、做出贡献的老师、同学表示衷心的感谢，向奋勇拼搏，挥洒汗水的全体运动健儿、裁判员表示崇高的敬意！

本届运动会以“健康第一”为主题，以“享受乐趣、增强体质、健全人格、锤炼意志”为口号，共设广播操、田径、游艺、健身王4个大项30多个小项，有近1000名学生、教师运动员参加角逐，将全方位展示我校体育教育的工作成果以及师生体育素质和精神风貌，为学校宣传体育精神、组织体育锻炼、规范学生体育活动提供重要的平台，进一步体现我校师生在竞技竞赛中的竞争意识、团队精神和顽强拼搏精神。

体育是教育的重要组成部分，是重要的育人环节之一。体育不仅育体，也育心灵；不仅强健体魄，更锻炼意志；不仅铸就集体拼搏的团队精神，更树立尊重规则、尊重强者的公民意识。体育不分国界、不论年龄，它改变世界，也影响着我们的生活。高校是培养社会主义事业接班人的场所，必须全面贯彻党的教育方针，发展学校体育运动，增强师生体质，促进师生身心健康发展。健康是人生的第一财富，是我们每个人学习科学文化知识和进行社会实践的保证，是青年人顺利完成学习任务的首要条件，没有健康的身体素质就根本无从适应时代的要求。

我校是江苏省体育工作先进学校、江苏省群众体育先进单位，在体育工作中具有良好的传统。特别是近年来，学校紧紧围绕人才培养目标和素质教育需求，全面改善体育设施条件，改进体育教学模式，努力让师生在运动中确立健康观念，提高认知水平，增强身体素质，提高运动能力。今年上半年，我校成功承办了全国青少年校园足球联赛男子高职组（南区）决赛，我校师生在省、市运动会和各类专项体育大赛中屡创佳绩，我们的学生定向越野运动队、羽毛球运动队和足球队多次在大赛中摘金夺银，是全省知名的王牌之师，充分展示了我校体育工作的丰硕成果和体育健儿良好的精神风貌。

同学们、老师们，今天我们站在这象征着拼搏奋进的运动操场上，大家是否想起了今年热血激情的亚运会赛场？中国的体育健儿们再一次向全世界展示了中华民族自强不息、奋发有为的精神风貌，展示了新世纪中华儿女积极进取、蓬勃向上的朝气和活力。在此，我希望学校全体运动员以他们为榜样，继承和发扬奋勇拼搏、争创佳绩的优良传统，在比赛中严格遵守规则，服从裁判，赛出风格，赛出水平；全校师生员工以高昂的情绪、良好的风貌遵守运动会纪律，服从指挥，做文明观众。同时，我们也热切期待将本届运动会开成一个热烈、团结、文明、圆满的大会，开成一个振奋精神、鼓舞士气、团结奋进的大会，希望全体运动员弘扬奥林匹克精神和中华体育精神，以良好的精神风貌和体育道德风尚，取得比赛成绩和精神文明双丰收。

同学们、老师们，运动是一切生命的本源，它不仅仅是让我们协调、大方、优美、舒适的行为艺术，也不仅仅是带给我们美好、健康、快乐、舒适的生活财富，更是赋予我们勇敢、果断、坚毅、激情的力量源泉。让我们在运动中挑战极限，在运动中超越自我，在运动中体验纯粹，在运动中享受快乐。比赛有输赢，竞技有高低，但成长永无止境。正如“更快、更高、更强”的奥林匹克精神，它已经超越了竞技本身，锤炼我们专注坚守、百折不挠的精神，内化成为一种追求、一条信念、一个梦想。希望广大师生员工充分利用课余时间“走下网络、走出宿舍、走向操场”，希望大家“向阳而生”，加强体育锻炼，提高身体素质，践行习近平总书记提出的“弘扬奥林匹克精神，为中华民族伟大复兴做出应有贡献”的指示精神，在运动中收获一个更好的自己。

同学们、老师们，“海阔凭鱼跃，天高任鸟飞”。学校第十一届体育运动会的序幕已经拉开，你们是这个青春舞台上最闪亮的主角，希望你们尽情地在运动场上展现你们闪亮的青春，团结拼搏，努力奋斗，争创佳绩，用自己的青春、活力和汗水，去谱写苏工院体育史上崭新的篇章！

最后，预祝我校第十一届体育运动会取得圆满成功！

谢谢大家！

王新华书记在纪念改革开放40周年主题座谈会上的讲话

2018年12月7日

各位老师、同学们：

今天，我们在这里召开“思源·逐梦”交流座谈会，很有意义。“思源”就是思议我们改革开放40年的发展成就，“逐梦”就是追逐我们中华民族伟大复兴的中国梦、追逐我们社会不断进步的梦、追逐我们个人理想的梦。我们不仅要追逐理想，而且要实现理想！刚才，我听了思政部、软件学院、建艺系等几位老师、同学的发言，还有关工委老同志的发言，亲身感受到了我们国家的历史性巨变和苏工院的发展变化，很受振奋、感动和鼓舞。下面，我结合苏工院工作实际，就改革开放40年谈四点认识、感悟，同大家做一交流。

一、充分认识我国改革开放40年来取得的历史性巨变

如何认识改革开放取得的成就，是我们现在所处方位的一个基点。从1978年到2018年我国取得的成就，不管用什么词语来赞美，我觉得都不为过，像“举世瞩目”“翻天覆地”“前所未有”“波澜壮阔”“高歌猛进”“彪炳史册”都可以大胆地用。我找了几组数字，大家可以感受一下。

一是拿我们国家来说。40年来，我国在世界上创造了很多“第一”和很多奇迹。除了人口第一，我国是世界第一大工业国、第一大外汇储备国；我国的制造业增加值，连续7年居世界第一位；我国的高铁运营总里程、高速铁路总里程和港口吞吐量均居世界第一位；我国有220多种主要工农业产品的生产能力居世界第一。我国的经济总量，自2010年开始稳居世界第二，2017年GDP总量达到82.08万亿元。40年来，我国GDP按可比价格计算，年均增长9.5%。我国连续多年对世界经济增长贡献率超过30%，成为世界经济增长的主要稳定器和动力源。

二是拿我们苏州来说。作为我国改革开放的前沿，苏州改革开放的“成绩单”也特别优秀。2017年，全市完成地区生产总值1.7万亿元，实现一般公共预算收入1906亿元，实现规模以上工业总产值3.2万亿元，全社会固定资产投资5629.6亿元。经济总量超过了国内的不少省。全市地区生产总值占全省的份额达到23.4%，一般公共预算收入占23%，外贸总额占40%，引进外资占50%。

三是拿我们教育系统来说。1978年我国恢复高考，到现在正好40年。1978年，全国高考报名人数610万，录取40.2万，录取率7%，在学规模仅有228万人；2017年，全国高考报名人数940万，录取700万，录取率74.46%，在学规模3779万。普通高校校均规模：1978年1432人，2016年10342人，是1978年的7.2倍。高校的数量：1978年598所，2016年达到2596所，增加了近2000所，是1978年的4.3倍。我国高等教育实现了“只有少数人能上大学”到“绝大多数人能上大学”的飞跃。

四是拿我们学校来说。苏工院是改革开放的产物。我们学校的前身是3所中职学校（苏州高级工业学校、苏州机械学校和虎丘中等专业学校），如果不是改革开放、经济大发展的需要，2003年怎么能够整合成立苏工院？如果不是得益于国家的教育改革发展政策、苏州强大的产业支撑，我们苏工院怎么可能在短短的15年，实现从普通高职院校到“省示范性高职院校建设单位”、到实现“省示范性高职院校”、再到“省高水平高职院校建设单位”的三步跨越？

改革开放40年的变化，无论从我们国家层面、教育系统，还是我们苏州、苏工院来讲，都是

裂变式的、空前的。我们应为自己置身于这样伟大的时代而感到幸运、荣光和自豪！

二、对40年巨变要做深入思考

改革开放是决定当代中国命运的关键抉择。改革开放发展了中国、发展了社会主义、发展了马克思主义。如果不是改革开放，我们无法想象现在是一个什么状况。实践证明，对内改革、对外开放，完全符合党心民心，完全顺应时代潮流，其遵循的方针和道路是完全正确的。在赞美改革开放成就的同时，我觉得我们要思考或回答两个问题。

第一个问题，我们为什么要改革开放？这个问题在40年前就已经回答了，但在今天我们再回顾一下，可能认识更清晰。我们国家为什么要进行改革开放？一是“文化大革命”后，生产力发展缓慢，人民温饱问题没有解决，科技教育落后，经济接近崩溃，等等。这种局面要改变，只有改革。二是中华人民共和国成立以后高度集中的计划经济体制严重阻碍了中国生产力的发展。要解放生产力，中国需要第二次革命。三是社会主义社会的各个历史阶段，都需要根据经济发展的要求，适时地推进社会主义制度的自我完善和发展，使社会主义制度充满生机和活力。四是面对西方先进的科学技术、先进的现代企业管理、先进的工业制造，我们要打开国门，请进来、走出去，各取所需，让他们赚钱，我们也学到现代的科学、技术和企业管理等，同时把市场经济的合理成分与社会主义理论相结合，建立社会主义市场经济体制。我国改革开放的总设计师邓小平1992年的南方谈话深刻指出：“不坚持社会主义，不改革开放，不发展经济，不改善人民生活，只能是死路一条。”

第二个问题，我们的改革开放为什么能取得这么巨大的成功？改革开放在以前苏联和东欧这些社会主义国家和地区也搞过，为什么他们不能成功？不仅没有成功，甚至把共产党的政权丢掉了，国家的性质也发生了改变。我们不仅成功了，而且取得了这么大的成就，进一步巩固和发展了社会主义？如果做一比较的话，我们可以发现，我们改革开放的成功，是因为我们成功地找到了一条中国特色社会主义的道路！我们没有放弃社会主义道路，没有放弃马克思主义的指导地位，没有放弃四项基本原则，而是把它们同中国国情、中国实际很好地结合了起来。改革开放是个系统工程，涉及经济、政治、文化、科技、民生、外交、国防等各个领域、各个方面，如果没有一个正确理论的指导引领，那是不可想象的。40年来，我们党领导全国人民，在中国特色社会主义的伟大实践中，咬定青山不放松，进行了四大探索并形成了四大理论成果。即探索什么是社会主义、怎样建设社会主义，形成的理论成果是邓小平理论；探索我们要建设一个什么样的党、怎样建设党，形成的理论成果是“三个代表”重要思想；探索我们要实现什么样的发展、怎样实现这个发展，形成的理论成果是科学发展观；探索新时代坚持和发展什么样的中国特色社会主义、怎样坚持和发展中国特色社会主义，形成的理论成果是习近平新时代中国特色社会主义思想。正是因为我们始终有正确理论的指引，同时在实践中又不断丰富和发展了理论，所以我们的改革开放始终保持了正确的发展方向，保持了旺盛的生机和活力。

三、我们纪念改革开放的目的在于继往开来

改革只有进行时，没有完成时。经过长期努力，中国特色社会主义已经进入了新时代。在新的时代，今天我们纪念改革开放40周年，目的就是要深入学习贯彻习近平新时代中国特色社会主义思想，把中国特色社会主义的旗帜进一步高高举起，坚定不移地坚持和发展社会主义，全面建成小康社会，加快推进社会主义现代化，实现中华民族伟大复兴。

在深入推进改革开放的伟大进程中，我们也要

看到，过去40年，我们走过的道路并非一片坦途，也存在不少问题。今后我们要继续往前走，还有很多的艰难险阻。正如习近平总书记所讲的：“中华民族伟大复兴，绝不是轻轻松松、敲锣打鼓就能实现的，我们必须准备付出更为艰巨、更为艰苦的努力。”在思想认识上，有两点我们要保持头脑清醒。一是经过40年的改革发展，尽管我国正在日益走近世界舞台的中央，国际地位和国际影响力大大提升，但与此同时，世界正面临巨大变化。我国正在不断地富起来、强起来，但又面临富起来、强起来之后的问题，富起来、强起来之后的问题并不比没有富、没有强之前少。二是经过40年的改革发展，尽管我国社会主要矛盾发生了变化，但并没有改变我国社会所处历史阶段的判断，我国仍处于并将长期处于社会主义初级阶段的基本国情没有变，我国是世界最大发展中国家的国际地位没有变。

特别是我们要看到，今后我们前进的道路还必将会遇到困难和曲折。习近平总书记自2014年以来多次讲到要防止“中等收入陷阱”“塔西佗陷阱”“修昔底德陷阱”等，我们要深刻认识体会。下一步我国深化改革、扩大开放的道路可能不会平坦。世界的发展大势、国家的发展形势，同我们教育密切相关。我们要正确认识当前形势，扎扎实实做好自己的事情，把应负的责任担起来，把自己的工作做好。

四、我们苏工院需要进一步深化改革、扩大开放

在座的各位，可以说是40年改革开放的参与者、见证者、受益者。今后的发展仍然需要大家去参与、见证，并共同受益。我们苏工院因改革而生，因改革而兴，今后也必将因改革而强。站在新的起点上，我们仍然必须脚踏实地、继续推进改革创新。

今后，我们学校的改革发展，必须牢牢把握总体要求。不管怎么改、怎么发展，坚持社会主义办学方向是不能变的，坚持党的全面领导不能变。党的十九大报告指出，我们“要全面贯彻党的教育方针，落实立德树人根本任务，发展素质教育，推进教育公平，培养德智体美全面发展的社会主义建设者和接班人”的这些基本要求是不能动摇的。

今后，我们学校的改革发展，必须坚持以市场为取向。要按照市场需求来设置专业、培养学生，完善职业教育和培训体系，深化产教融合、校企合作，推动高质量建设，实现内涵式发展。正如恩格斯所说：“社会一旦有技术上的需要，这种需要就会比十所大学更能把科学推向前进。”这里的“社会”实际上指的就是市场。市场的作用是巨大的，市场对实践不断提出新课题，同时推动着认识向前发展。

今后，我们学校的改革发展，必须探索教育教学改革。要完善目前以“单位制”为基础的院系组织，加强大学生核心素养的培养，提高学生的批判性思维能力、学习能力、创新能力和协作合作能力。要围绕“学习者中心”塑造人才培养新理念，推动大学教学教育从现在“以传授、记忆确定性知识为主”向提高学生“知识选择和运用能力”转变。

今后，我们学校的改革发展，必须始终坚持问题导向。要适应建设省高水平高职院校需要，提高专业规划能力、科研能力，提高国际化、信息化水平，完善办学条件，加强教师队伍能力建设，用好现有人才特别是高层次人才，激发大家干事创业的积极性、主动性。探索对教师教学评价的改革，从“能教、会教、愿教”等方面来考核教师的教学能力，特别要重视“愿教”的情况，努力打造一支有真才实学、富有创造力、受学生欢迎的高素质教师团队。

2019新年贺词

书记：王新华　院长：王洪法

2018年12月31日

欢庆元旦迎新年，万象更新锦绣春。值此辞旧迎新的美好时刻，学校党委和行政领导班子谨向全体师生员工、离退休老同志、广大校友致以诚挚祝福！对长期以来关心支持我校事业发展的各级领导和各界人士表示衷心的感谢！

2018年是全面贯彻党的十九大精神的开局年、我国改革开放40周年，也是我校全面建设省高水平高职院校的起步之年。在习近平新时代中国特色社会主义思想和党的十九大精神指引下，我校全面落实全国教育大会精神以及国家、省、市对高等职业教育发展提出的新要求，以学校第二次党代会确定的奋斗目标为抓手，以建校15周年为动力，认真践行以人民为中心的教育发展观，团结依靠全校师生员工，解放思想、振奋精神、扎实工作，积极推动学校内涵式、特色化、高质量发展，各项工作取得新的成效。

一年来，学校立德树人工作步履坚实。开展十九大精神宣讲、"思源·逐梦"纪念改革开放40周年系列活动、"纪念马克思诞生200周年"系列活动等，多名师生在"省大学生年度人物""省辅导员年度人物"等评比中获得佳绩。学校获评省征兵工作先进单位、省学生资助工作绩效评价优秀单位、省高校毕业生就业创业工作考核优秀单位。

一年来，学校人才培养取得新成果。入选国家资源库备选库、国家精品在线开放课程。在省高职院校信息化教学大赛、省普通高校本专科优秀毕业设计（论文）评比、"挑战杯——彩虹人生"全国职业学校创新创效创业大赛、全国及全省职业院校技能大赛等比赛中，学校均获一等奖。学校荣获首批"全国机械行业服务先进制造高水平骨干职业院校"称号。

一年来，学校人才队伍建设稳中有进。持续推进高层次人才引进计划，入选省"青蓝工程"优秀教学团队、优秀青年骨干教师和中青年学术带头人项目。学校获批为国家自然科学基金依托单位。在国家、省级自然科学基金项目，教育部人文社会科学青年基金项目等获得立项。学校再评"全国高等职业院校服务贡献50强"。

一年来，学校和谐校园建设继续加强。成功召开第四届教职工代表大会第一次会议暨第四届工会会员代表大会，成功召开第一次妇女代表大会。加快推进综合实训大楼、校园基础设施维修改造、文化校园建设和智慧校园建设，获评"苏州市文明校园"、江苏教育新闻舆论工作通报表扬单位等。

一年来，学校党建工作进一步夯实。坚守思想政治教育阵地，落实意识形态责任制，教育引导党员干部"不忘初心，牢记使命"，推进法治型党组织建设，顺利通过市委党建办检查组的党建工作检查。出台《学院落实党风廉政建设责任制实施细则（试行）》《中共苏州工业职业技术学院委员会关于贯彻落实中央八项规定精神，进一步加强和改进作风建设的实施办法》等文件，严格执行党风廉政建设各项规定，推动"一岗双责""两个责任"落地生根。

2019年是中华人民共和国成立70周年，也是决胜全面建成小康社会的关键年，我校也将进入"十三五"发展的关键一年。展望2019年，学校面临的各项建设发展任务繁重而艰巨。我们将坚持学习贯彻习近平新时代中国特色社会主义思想和党的十九大精神，牢牢把握新时期高等职业教育发展的新趋势、新要求，围绕全面建设省高水平高职院校，以人才培养为中心，大力推进专业建设，加快建设法治校园、文化校园、绿色校园、和谐校园、智慧校园、平安校园，全面加强党的建设，在更高坐标系中提升发展水平，努力把苏工院的发展蓝图一步步变成美好现实，为苏州区域经济社会发展贡献更多的力量。

衷心祝愿全体师生员工、广大校友和各界朋友身体健康、阖家幸福、元旦快乐、新春如意！

媒体文章

用新思想指导高职教育改革发展

党委书记　王新华

把推动高职教育平衡充分发展作为工作导向，促进高职教育优质发展、特色发展、多样发展，优化高职教育专业设置，办好人民满意的高职教育。

学习宣传贯彻党的十九大精神，重在联系思想实际、工作实际，贵在学以致用、用以促学。

百年大计，教育为本。习近平总书记所做的党的十九大报告围绕“优先发展教育事业”做出新的全面部署，明确提出：“建设教育强国是中华民族伟大复兴的基础工程，必须把教育事业放在优先位置，深化教育改革，加快教育现代化，办好人民满意的教育。”这一系列新部署、新要求，为我们在中国特色社会主义新时代不断推进教育改革发展、大力提高国民素质指明了方向，尤其对我们新时期发展高职教育事业、建设高水平高职院校具有十分重要的意义。

高校是教书育人的重要阵地，肩负着培养社会主义事业建设者和接班人的重大任务。我们的教职员工必须原汁原味学、全面系统学、持续深入学、创新形式学、联系实际学。要坚持用习近平新时代中国特色社会主义思想指导高职院校意识形态建设，牢牢把握意识形态工作的领导权、主动权、管理权，落实意识形态工作责任制，不断巩固学校意识形态安全。要把推动高职教育平衡充分发展作为工作导向，促进高职教育优质发展、特色发展、多样发展，优化高职教育专业设置，办好人民满意的高职教育。

中国共产党人的初心和使命是为中国人民谋幸福、为中华民族谋复兴。对于高职院校而言，我们的初心和使命就是教书育人、立德树人。十九大报告将教育纳入“提高保障和改善民生水平”的重要内容，强调“优先发展教育事业”，要求“完善职业教育和培训体系，深化产教融合、校企合作”“实现高等教育内涵式发展”，这对我们高职院校发展提出了新的明确要求。我们将全面贯彻党的教育方针，坚持立德树人根本任务，把十九大精神贯穿于教育教学全过程。把教育作为最大的民生来抓，把每一个学生当作自己的子女来培育，使每个在校孩子均享有公平而有质量的教育。尤其要从工科院校的特点出发，对照先进、树立新标杆，查找差距、拿出新举措，着力提高教育教学质量，更多培养适应地方产业转型升级和经济发展趋势的高素质应用型技术技能人才，为苏州的地方经济发展贡献更多的教育力量。

一分部署，九分落实，努力奋斗才能梦想成真。我们要坚持求真务实、真抓实干，立足长远、狠抓当前，环环相扣、久久为功，推动党的十九大精神在高职院校落地生根。要积极探索改革发展新路径，创新高职教育管理体制和运行机制，致力建设法治校园、文化校园、绿色校园、生态校园、和谐校园、平安校园，不断提高科学治校水平。充分发挥学院基层党组织的战斗堡垒作用和广大党员的先锋模范作用，确保各项改革发展措施落地见效。加强师德师风建设，真心实意爱护青年学生，适应青年学生特点组织好各类教学活动，为他们实现人生出彩打基础、搭舞台，促进教学相长。当前，我们尤其要以学习宣传贯彻党的十九大精神为动力，扎实做好学校各项工作，努力开创学校事业发展新局面。

（刊于2018年1月30日《苏州日报》A02版）

乘思想大解放东风　创办学再跨越新路

党委书记　王新华

2003年7月2日，江苏省人民政府批准成立苏州工业职业技术学院。15年来，苏工院扎根苏州、立足江苏、面向全国，依托长三角区位优势、区域经济深厚基础和苏州强大产业支撑，以培育高素质技术技能型人才为己任，自强不息，砥砺奋进，先后从普通高职跨上省示范高职、从省示范高职跨上省高水平高职建设单位两个大台阶，综合实力跻身江苏省高职院校"第一方阵"，连续两年被评为"全国高等职业院校服务贡献50强"。

15年来，学校办学规模巩固扩大。专业总数发展到35个。建有中央财政支持重点建设专业和全国示范专业3个，省高校品牌专业、特色专业、高水平骨干专业7个，省重点专业群3个，省示范院校重点建设专业4个；建有国家级实训基地2个，省级实训基地和产教融合实训平台3个，在校生规模突破8000人。

15年来，办学质量持续攀升。获省教学成果奖奖项数位居全省高职院校前列，学生获得各类技能竞赛奖项累计超过600项，学生毕业设计（论文）评优多次获得省一等奖。科研服务能力稳步提升，获批"省机器人与智能制造产教联盟"等技术开发与应用平台，获批省高校优秀科技创新团队、哲学社会科学优秀创新团队培育点，建立苏州长三角机器人与智能制造产业技术研究院。建校以来，为社会培养适用高技能人才近3万人，70%的毕业生输送到苏州急需的产业发展领域。

15年来，办学机制创新完善。实施"博士倍增计划""教授引进与培育计划"，专任教师中博士达到77人，占23%，副高及以上职称138人，占41%，"双师"素质教师达85%。大力推进产教融合，与创元、亨通等集团共建"战略合作型"企业学院，与行业骨干企业共建"伙伴合作型"企业学院，与中小企业共建"技术合作型"企业学院，共建企业学院20余所。将校企合作内容贯穿于人才培养全过程，采取校企订单培养、现代学徒制培养、劳模进校园、建立技能大师工作室、设立企业奖学金等，推动校企协同育人，实现学院所有专业订单培养全覆盖、所有班级企业冠名全覆盖。

15年来，办学文化彰显特色。将立德树人融入校园文化，围绕中国梦、社会主义核心价值观、优秀传统文化、劳模精神等内容，持续举办系列主题活动，连续5届获得苏州阅读节优秀活动奖。建设新媒体，开通学校官方微博和官方微信，建立"干部在线学习中心"，订阅使用"共产党员微信"等。加强和谐校园建设，支持工会、团委、学生会等自主开展丰富多彩的校园文化活动。加快推进数字化校园建设工程，实现校园无线网络全覆盖且管理工作数字化全覆盖。

15年来，办学能力明显增强。坚持党委领导下的校长负责制，全面加强党对学校各项工作的领导。比如，开展服务型党组织示范点创建、党建品牌培育、党支部书记风采展示等活动，推动党支部法治型标准化建设。提升师生党员发展质量，博士学位、副高以上职称党员占专任教师的34.4%。

回顾15年发展，我校风雨兼程，硕果累累；展望未来，我校任重道远，前景广阔。面向新时代新阶段，得益于苏州强大的工业基础、产业能级和城市综合实力，我校在服务区域经济社会发展中必将面临更多机遇。我们将在习近平新时代中国特色社会主义思想指引下，坚持立德树人，服务地方发展，紧紧围绕学校第二次党代会确定的奋斗目标和建设省高水平高职院校这一中心任务，更加突出内涵式发展、特色化发展、高质量发展，全力办人民满意的高职教育。要以开展解放思想大讨论活动为契机，坚持问题导向，积极改革创新，放活头脑谋新路，放开手脚办职教，推动学校各项事业发展上新水平。

大力培育受市场欢迎的专业。围绕服务区域经济社会发展，以市场需求为导向，根据苏州新型工业化、信息化、城镇化的特点和水平，瞄准人工智能、高端装备制造、大数据应用等新兴产业，抓好主导专业的建设，力求实现无缝对接。以“智能制造”为主攻方向、以专业服务苏州产业贡献力为核心指标，探索建立专业动态调整机制。加强企业学院建设，探索现代学徒制、杰出高技能人才特训班等育人模式，大力培养现代企业急需的专业和高素质技术技能人才。探索建立学校专业建设发展咨询智库，完善政府、行业、企业专家参与学校治理的相关机制，提高学术事务决策、审议、评定和咨询水平。

大力培育受社会欢迎的学生。地方紧缺的人才就是我校人才培养的目标和重点。我们要从需求出发，努力培养市场需要、社会认可、大家欢迎的高素质技能型人才。立足高职教育的实践性、职业性，以实践为导向，更多开设实验实训课程，更多组织学生赴企业识岗习岗，更多培育创新创业社团，完善创新创业教育课程、学期设计项目、毕业设计等为载体的实践训练体系，多渠道加大对学生动手能力的培养。整合社会资源，建设一批“卓越社团”和优质大学生社会实践基地，打造社区专业服务之星和“学生志愿服务明星”。实施学生综合素养提升工程，以社会主义核心价值观为引领，打造素质教育品牌项目、技能训练与竞赛优质项目、强身健体特色项目，全面提升学生综合素质。

大力培育受学生欢迎的教师。学校的改革发展，关键在于一批又一批优秀教师的强力支撑和默默奉献。我们将继续实施引进培养百名博士和百名高技能人才工程，通过“外引内培”推进专业“领军人才计划”，落实《姑苏教育人才计划实施细则》，力争专业领军人才覆盖学校重点专业。实施教师成长计划，完善校企共引共用共育人才机制，鼓励专任教师进企业实践，拓宽教师赴国（境）外研修渠道，加强对教师实践运用能力的培养，造就一批“教练型”教学名师。推进辅导员能力提升工程，采取全员培训、骨干研修、学历提升和继续教育等措施，促进专职辅导员队伍建设的专业化、职业化和可持续发展。狠抓师德师风建设，以“四有”老师为标准，建立师德教育、监督、考评制度，构建企业、教师、学生、家长和社会多方参与的师德监督体系。

大力培育受师生欢迎的校园文化。全面实现教学管理信息化，建设生产性实训大楼，改善实训实习条件。推进校园环境改造和景观标识建设，建成工匠文化景观长廊、现代工业质量文化园等。推进特色校园文化建设，传承“我在乎你”精神，弘扬“向阳而生，精工笃行”校训，培育“精巧苏工、品质为本、德技并修”的校园文化品牌，形成具有工匠精神特质的校风、教风和学风。

实现苏工院在新时代的新跨越、新发展，需要进一步发挥好各级党组织的战斗堡垒作用和党员先锋模范作用，激发全体师生员工的工作热情，形成学校更强凝聚力、向心力、发展力。学校党委将充分发挥总揽全局、协调各方的领导核心作用，突出把方向、管大局、做决策、保落实，完善党委会工作机制，加强对学校各项工作的全面领导。落实全面从严治党，引导和监督广大党员增强“四个意识”，提高政治修养和道德修养，为推动学校改革发展提供强大思想动力。认真落实好干部标准，坚持德才兼备、以德为先，改进对干部德和绩的考核。同时深化基层学习型、服务型和创新型党组织创建，推动基层党组织建设全面进步、全面过硬。

思想大解放催生发展新作为。立足新时代新起点，苏工院将始终不忘立德树人、教书育人的初心和使命，改革创新，务实进取，加快建设省高水平高职院校，更多培养经济社会发展需要的高素质技术技能人才，为服务苏州发展大局做出新的贡献。

（刊于2018年7月2日《苏州日报》A03版）

高职“课堂革命”之道

党委委员、副院长　温贻芳

（编者按：日前，教育部部长陈宝生提出“高等教育改革要坚持内涵发展，要来一次深刻的课堂革命”，他强调，课堂是教育教学的主战场、主阵地，只有课堂进行了革命，教育才能真正革新，要从“心灵、内容、方法和技术、服务和管理”进行一场“课堂革命”。作为我国高等教育的重要组成部分，高职院校如何进行“课堂革命”？）

职业教育是区域经济发展的助推器，而产教融合、校企合作是职业教育最重要的环节。如何将企业的最新元素融进校园，实现教师、教材、教室、教案、教风“五教合一”，从而实现产教深度融合——这是当前高职“课堂革命”面临的重要课题。笔者认为高职“课堂革命”应从以下五个方面展开：

“心灵革命”在教师

课堂是高职教育的主战场，而教师是“课堂革命”的第一责任人。高职院校的教师迫切需要来一场“心灵革命”，一切从学生出发，着力转变课堂观念，让课堂教学活动更好地满足企业岗位发展的需求。高职教育“工学合一、产教融合、校企合作”的人才培养特点要求教师必须是“双师型”教师，高职教师不仅需要拥有先进的教学理念和实践教学能力，更需要始终确保具备对接行业企业发展的专业技能，即不仅是教学专家，更应是企业专家。一方面，高职院校要把师德建设作为教师培养的首要问题，倡导立德树人、爱岗敬业、团结奉献，努力提高教师的职业道德水平；另一方面，高职院校应加大对“双师型”教师的培养力度，通过“名师带动”“企业顶岗”“挂职锻炼”“访问工程师”“专业进修培训”等模式，加强产学研合作，解决教师专业实践经验不足的问题，提高他们的岗位实践操作能力，努力把教师培养成拿起书本能讲理论、挽起袖子能干活儿的“双师型”教师。

“内容革命”在教材

教材是影响课堂教学效果的重要因素。随着人工智能、工业4.0及“互联网+”的不断发展，传统高职教材的内容很难满足学生未来岗位、职业发展的需要，因此，高职课堂“内容革命”的关键在教材。目前的高职教材存在内容陈旧、形式单一、脱离行业和职业发展实际、缺乏高职特色等问题，影响了高职教育的健康发展。高职教材应紧扣岗位性原则，尽量采用工学结合课程教材，教材内容要针对各行业具体的岗位进行组织。一线技术人员具有很明显的职业特点，编写的教材必须具有很强的岗位针对性，教材内容要与新岗位、新技术、新技能无缝对接。校企共同开发的课程教材是在满足企业人才需求的基础上对内容加以选择的，只有以企业岗位需求为导向，才能保证高职教材内容的针对性、先进性和职业性，才能够易于被学生所接受。

“方法革命”在教案

教案体现的是课堂教学的设计思维。高职课程的设计要体现职业需求，高职教育是就业教育，培养的是应用技术型人才，毕业走上岗位就要能胜任工作，因此高职的课程设计必须围绕典型产品，贴近职业岗位需求，融入企业生产关键技术和标准形成教学设计方案。“一个职业之所以成为一个职业，是因为这个职业有着与其他职业不同的工作过程，包括工作的方式、内容、方法、组织以及工具的历史发展诸方面。”高职院校要大力推广工作过程导向课程设计理念，从职业岗位工作的要求出发，为学生设计接近真实的典型工作任务。这些典型工作任务是为了满足人才培养需要而设计的，它们源于现实而又高于现实，主要用于教学的工作任务。典型工作任务是工作过程导向课程实施教学的载体，依托这些载体，学生在教师的引导下边学边做，边做边学，经历完整的工作过程。学生在若干个完整的工作任务中反复训练，熟悉工作过程，积累工作经验，增长学习和工作策略。

“技术革命”在教室

高职院校的教室是“广义”的教室，既有授课教室、实训室，也包括线上线下的学习平台。“生产性”是高职教室的首要特征，高职院校课堂“技术革命”关键在教室。职业院校要通过校企共建加快校内教室、实训室的“生产性功能”改造，不断加快校外生产性教室、实训室建设。依据企业生产要求布置教室、实训环境，按照课程项目需求配置设施设备，围绕“做中学”的混合式教学要求配置信息化教学设备；按照专业的技术领域、职业岗位及开设课程建设校内实训室，营造真实的实训环境实现教学过程与生产过程对接；到紧密合作企业建设校外教学点、实训室，把课桌搬到企业，实现人才培养、技术开发等多方面的合作；按照“实训系统职场化、生产过程仿真化、设备运行可视化、教学活动（理实）一体化、教学资源立体化”的思路，校企双方共同开发虚拟仿真模拟实训教学平台。同时，开放慕课、微课等网上选课系统，联合优质高校，开展跨校选课、学分互认课程，实现优质教学资源共享，线上与线下教育相结合。

“服务和管理革命”在教风

“以服务强质量，以管理保质量”，高职院校课堂“服务和管理革命”的关键在于形成良好的教风。职业院校要完善内部质量保证体系，以诊断与改进为手段，在“课堂教学是否有效，怎么保证课堂有效教学”方面重点发力，要紧扣实际工作中的技能点（模块）及要求，创新优化教学方法和评价方式，实现教学过程与生产过程对接，校内理论学习与企业顶岗实践对接，提高学生、社会、用人单位、政府对教学质量的满意度。作为高职院校教师，要常问自己“我们是否在有效地进行课堂教学，每节课是否都达到了预定教学目标”。另外，职业院校要出台加强课堂教学中心地位的有效措施，建立教学制度保障、完善教学监控、建立教学激励等运行机制，落实课堂教学中心地位，以形成良好的教风、学风。

（刊于2018年11月10日《人民政协报》第10版）

答好问卷需重构课程体系

党委委员、副院长　温贻芳

近日，江苏省教育厅厅长葛道凯在黄炎培职教思想年会中提到“职教人新时代要回答好三张问卷”，引起职教界热议。其中，第二张问卷提到“如何办好面向人人的职业教育，如何破解人民群众对多样化优质职业教育需求与目前粗放单一的职业教育供给之间的矛盾”，作为一名职教基层人员，笔者对此深有体会，以下以机电一体化技术专业为例，通过专业课程体系重构、课程教学内容重组和课程评价体系重建，满足学生对多样化优质职业教育的需求，尝试答好这张问卷。

体系重构——课程供给多样化

随着产业经济的转型升级，社会对机电专业人才的需求呈现出多元化的特点，而人才培养过程也具有多样性、多层次的特点，这就要求高职机电专业致力于培养服务生产一线的高素质、多元化、专而精的技术技能人才。但当前机电专业课程设置的“大而全”与企业要求的“专而精”之间还不能精准对接，部分机电专业的毕业生难以精准对接具体工作岗位。因此，高职机电专业需要从提高学生专业技术技能供给质量出发，重构专业课程体系，构建学生能自主选择的多样化课程供给模块。

以笔者所在学校机电专业为例，1名学生，对应1个典型企业，实施1套人才培养方案，选用1套典型课程体系。该专业与区域地标制造企业共建企业学院，针对典型企业的典型技术和产品，分别有针对性地构建典型课程体系，由企业和学生双方根据不同需求进行选择后予以实施。其中，1套典型课程体系的设计思路是“典型企业—典型产品—典型教室—典型研发中心—典型案例—典型课程体系”；重构模式是“1—N—1”，即围绕典型企业的典型产品，构建“1条生产线整体认识—N门课程围绕生产线各组成部分设计、安装与调试—1条生产线整体集成与维护”的课程体系。例如，围绕典型企业苏州汇川的典型产品“汽车刹车盘柔性制造生产线”重构课程体系，其中前面的“1”对应课程体系的第一部分“刹车盘生产线整体”，重构前置课程“刹车盘生产线设备操作与使用”；中间的“N”对应课程体系的第二部分“刹车盘生产线的机械设计技术模块”“电气控制技术模块”“传感与检测技术模块”等；最后的“1”对应课程体系的第三部分“刹车盘生产线整体的系统集成与维护”。

学生学习完课程体系模块，毕业后的就业岗位变得非常清晰。例如，选择“汇川”课程体系模块的学生，以后的发展主要对应民营企业；选择“博世汽车”课程体系模块的学生，以后的发展主要聚焦于世界500强；选择“汇博”课程体系模块的学生，以后更多向自主创业发展。课程体系模块的设计，强化突出课程模块的典型性、多样性和专业指向性，让学生既拥有企业急需的一技之长，又有了更加精准的选择机会，真正“为学生提供人人能成才、人人有平台的环境和氛围”。

内容重构——课程内容系统化

新时代装备制造业的快速发展对高职机电专业人才培养提出了许多新要求，如在技术上要适应智能制造发展的复合交叉新要求，在素养上要具备精益求精的工匠精神和创新创业素质，在能力上要具备系统性工程思维和解决工程问题的新要求等。这就要求专业课程内容必须来源于具有行业最新技术的典型企业，并围绕着典型企业的典型产品重新设计与岗位技术技能相对应的典型教材和典型教案。因此，在课程体系系统性重构的基础上，还要对所有的课程内容进行系统性重构。

一是课程理念重塑。无论是行业企业需求侧，还是教育供给侧，都要树立起“三个重要”的理念，即素养比能力重要、能力比简单的技术技能重要，解决工程问题的方法比具体的知识传授更重要，以及真实地做比简单地讲更重要。机电专业建设要更加注重学生素质能力的培养、可持续发展能力的提升和创新创业精神的培养，使高职教育实现“更高质量、更有效率、更加公平、更可持续的发展”。

二是课程目标重构。由片面强调技术技能培养，到强调素养、能力与技术技能的同步提升，具体来说，课程目标既包括“技术技能人才”工程项目的技术实现与系统性工程思维方法的习得，也包括“劳动者和接班人”的工匠精神与精益求精职业素养的习得，如在课程目标中，明确界定岗位规范、素养、职业态度所需达到的培养目标等。

三是课程内容重选。一方面课程专业内容从原来的单向的学科知识组合而来，转变为从典型企业的典型产品、典型案例而来，从一线生产设备而来；另一方面课程内容结构从单一的技术内容，转变为技术、创新创业和职业素养结合，如在课程中植入创新创业教育元素，着重学生的创新思维开发，为其将来就业与创业提供系统化的技能培训。

四是课程序列重整。打破传统的“零件—部件—系统”课程序列设计方法，主要采用以关键技术为主线的“系统—部分—系统”课程序列设计方法。只有对一套完整设备有了深刻的认识，才能够从部件和工艺上进行深入而系统的学习。

评价重构——课程评价多元化

多样化、典型化课程体系的有效实施依赖课程评价方法的多元化和系统化。传统的“一张试卷走天下”的课程评价模式已不能适应多样化的复杂课程体系要求。随着教育价值的回归以及高职人才培养理念的更新，高职课程评价必须基于岗位需求特性，体现多元化特点，尊重个性差异，更加重视学生职业能力的发展和创新。

首先，评价标准要多元化。在制定评价标准时要考虑学生技术技能的掌握、工程能力的培养、综合素养的提升，并兼顾个性的发展。典型企业的典型案例，既包括了关键企业的共性需求，又代表了技术的未来发展，还包括了企业的文化与价值取向。因此，在构建指标体系时，要充分考虑课程内容是否与行业、企业实际生产所需的技术、能力、素养相匹配，是否符合学生职业发展的规律。

其次，评价主体要多元化。评价主体不再是教师一方，而应该是企业、教师、学生三方。一是课程体系的构建、模块的选择与实施，三方需要全程参与。其中，课程体系的构建主体，既包括典型企业的工程师，也包括专业建设委员会的行业企业工程师；课程体系模块的选择，主要是企业和学生两方；课程体系模块的实施，则必须是师、生、企三方共同进行。二是课程的开发、实施与反馈，三方都需要参与。其中课程的开发和实施，主要由典型企业工程师及学校教师共同实施，而课程的反馈，主要由典型企业工程师及学生共同实施。

最后，评价内容要多元化。机电专业的模块化课程体系以典型企业实际需求为导向，其突出特征是典型性和系统性，具体体现在：综合系统的课程培养目标，既强调专业核心能力又注重关键能力的培养；综合系统的课程内容，既需要对学生案例掌握、遵规守纪、敬业爱岗、安全生产意识等进行评价，还需要对学生的工程素质、学习能力和创新思维能力等进行评价；综合系统的典型训练环境，既有典型企业生产、服务的典型实训室，又有典型企业研发中心等真实企业环境。

（刊于《中国教育报》）

"专业一体化育人"如何"落地生根"

党委委员、副院长 温贻芳

近日，教育部部长陈宝生在加强和改进高校思想政治工作座谈会上的总结讲话中提到"要坚持一体化育人"，之后，教育部出台《高校思想政治工作质量提升工程实施纲要》，提出充分发挥课程、科研、实践、文化等方面工作的育人功能，切实构建"十大"育人体系。因此，高职院校除了发挥思想政治理论课程育人的主阵地作用外，占比较大的专业课程育人功能同样不可忽视，如何结合高职院校专业课程职业性、实践性及应用性的特点，将思想政治工作"润物细无声"地融入专业课程体系的构建、专业课程的改革与课堂教学全过程，形成"各门课程都有育人功能，所有教师都负有育人职责"的工作思路，是新时期高职院校教育教学改革的新命题。

构建一体化育人体系

高职院校专业课程体系是从职业需求与工作岗位这一逻辑点而来的，而不是从学科逻辑推过来的，所以高职专业人才培养目标定位既要考虑作为硬件的职业技能，更要考虑作为软件的职业精神、道德规范、工匠精神、技术文化、创业精神、创新意识等职业素养。因此，我们要改变高职院校专业课程体系中存在的"重技术技能传授轻德行培育"的问题，实现专业授课中技术技能与职业道德传授的有机统一。

一体化专业人才培养方案设计的总体思路是通过系统设计、系统实施、系统评价，实现融入人才培养目标、融入课程体系、融入课程标准、融入教学过程。一是在专业人才培养目标定位上明确社会主义核心价值观、职业道德、创新创业素质等素质素养的目标、规格和能力要求。二是在课程体系设计中，融入典型企业文化，一名学生，对应一个典型企业，实施一套人才培养方案，选用一套典型课程体系，体验一个典型企业的技术文化与企业精神。三是在课程标准中，将职业素养、企业文化、工匠精神等有机融合到具体的典型案例中，植入课程目标设计、课程资源建设、项目内容要求、实习实训条件、教师能力要求之中。四是在教学过程中，把教师、教材、教案、教室、教风五个课堂要素嵌入一体化育人中，打通育人最后一公里。五是在人才培养质量评价中，突出素质素养评价，评价内容上注重专业能力与职业精神的全覆盖，评价权重上强化职业素养、工匠精神、创新创业能力，评价主体上实现企业、教师的全程参与，评价过程实现专业课程、创新创业课程、项目课程的全覆盖，将职业精神评价嵌入专业教育全过程。

"三个融入"促进课程思政

第一，专业课程中融入职业素养。专业课程目标的设计，要注重学生职业能力、创新创业精神和可持续发展能力的培养，使高职教育实现"更高质量、更有效率、更加公平、更可持续的发展"。专业课程的建设过程中，将社会主义核心价值观与职业岗位有机结合，在潜移默化中帮学生树立崇高的职业理想和正确的职业态度。在教学体系、课程设置、实训练习和顶岗实习等教学环节中融入职业规范与职业要求，完善人才培养方案，坚持职业标准，增强专业认知，提升专业课程在思想政治教育中的个性化品质和学生吸引力。

第二，专业课程中融入企业文化。当前，在产教融合背景下校企合作共同开发专业课程已成共识，高职院校可将企业中的先进管理理念、管理文化等积极因素导入到校企合作开发的专业课程中，让学生在掌握岗位技术技能要求的同时，切实体会现代企业的先进文化。同时，将校企合作开发的专业课程延伸到实训基地、企业车间，使教学过程和生产过程深度对接，让学生在实践操作中加深对企业生产方式、组织模式和管理流程的了解，直接接受企业核心文化的熏陶，进而实现企业文化进课堂。

第三，专业课程中融入工匠精神。高职院校要实施工匠精神培育融入专业课程计划，充分发挥职业教育专业课程教学培育工匠精神的作用，把工匠精神作为技术技能人才的核心素养，列入各类专业课程的教学目标；对接企业和行业规范，细化学生核心素养体系和教学质量标准；增强专业课和专业实践教学环节培育工匠精神的有序性与有效性，大力开发专业课程中蕴含的工匠精神教育资源，激发学生信仰和践行崇尚劳动、敬业守信、精益求精、敢于创新的精神。

“五个嵌入”打通育人最后一公里

课程是一切教学活动的核心要素，一体化育人的主要场所在课堂。教师、教材、教案、教室、教风是课堂教学的五个关键要素，充分发挥企业和教师的育人主体作用，在专业课程教学全过程中嵌入思想政治教育，将“一体化育人”课程思政落到实处。

一是教师教学用“仪式感”嵌入核心价值观。专业课程教学规范，从起立、师生问好、上课再到下课，遵循仪式感，把爱家爱校爱国精神培养融于日常行为。二是教材内容嵌入职业素养。教材中既要有“技术技能人才”工程项目的技术实现与系统性工程思维方法的习得，也必须嵌入“劳动者和接班人”的工匠精神与精益求精职业素养习得。三是教案编制嵌入工匠精神。专业教师要研究和分析本专业学生必须具有的职业素养，以就业能力为导向，在课程教学的目标、过程和评价等环节渗透工匠精神。四是教室使用嵌入企业文化。校内外实验实训场所、创新创业基地、技术研发中心，都是企业文化与企业创新的宣传阵地。五是要在增强专业课和专业实践教学环节培育工匠精神的有序性与有效性，大力开发专业课程中蕴含的工匠精神教育资源，激发学生信仰和践行崇尚劳动、敬业守信、精益求精、敢于创新的精神。

同时，充分发挥企业和教师的育人主体作用，保障“五个嵌入”的顺利实施。一是引企入教，在课程目标设计中，将企业中的先进管理理念、管理文化等积极因素导入，让学生在掌握岗位技术技能要求的同时，切实体会现代企业的先进文化。二是引企入校，在课程资源、课程内容与实习实训条件建设中，将校企合作开发的课程建设延伸到实训基地、企业车间，使教学过程和生产过程深度对接，进而实现企业文化进课堂。三是提高教师素养，要让每一名教师拥有培养社会主义合格建设者与接班人的家国情怀，具有一家长期合作的典型企业，使用一本融入职业规范的教材，开发一套嵌入工匠精神的教案，共建一个嵌入企业文化的实训室或技术研发中心，掌握一套精益求精的课程教学流程，拥有一批真心喜欢上课的学生。

（刊于《中国教育报》）

高职专业升级：固什么“本”，强什么“基”

党委委员、副院长 温贻芳

专业是高职院校办学的逻辑起点，是对接社会需求、主动适应经济发展和产业升级的桥梁和纽带。高职院校专业建设唯有与产业同频共振，不断促进其优化升级，职业院校发展才会有旺盛的生命力。新时代高职院校要走固本强基的专业升级道路，培养可靠接班人是“本”，固本，即固素质、素养、价值观；培养合格建设者是“基”，强基，即强知识、能力、技术技能。

重塑专业升级“五重”理念

新理念决定新思路。高职专业升级是系统工程，要以“产教融合、科教融合、双创融合”总体原则贯彻始终，从“理念重塑、课程重构、教研室重组、校企重叠、过程重诊”五个方面确立新时代高职专业升级的总体思路。理念重塑，重塑技能人才培养质量观。加快制定高职学生终身发展和社会需要的核心素养体系和学业标准体系，完善学生、老师、雇主、校友等共同参与的“以学生为中心”学生培养质量持续改进体系，在充分尊重“教育规律与职业规律相统一”的基础上，使学生真正掌握一技之长。课程重构，重构技能人才培养的课程体系。围绕产业链、创新链对专业设置进行前瞻布局和动态调整，基于新产业、新岗位的人才核心素养和能力加快课程升级，将新知识、新技术、新技能融入课程。教研室重组，产业升级背景下的技术技能人才不仅掌握某一项专业技术技能，还需具有处理复杂工作情境的综合职业能力。打破传统教研室以学科为背景的组成方式，根据岗位新能力组建各专业学科的混编教师团队。校企重叠，以市场需求为导向，以典型企业为主体，升级校企合作方式。支持引导企业与职业院校以多种方式共同参与专业规划、教材开发、教学设计、课程设置、实习实训，促进生产要素与教学要素全面融合。过程重诊，升级技能教育评价体系，让职业教育回归本真。建立符合职业教育特点的评价体系，把关注点放在衡量技术技能人才教育对创新竞争力提升、对行业企业技术进步的实际贡献上。

紧扣“双师、双能、双语”要素

打造“双师”教师团队。为了能强基，向学生有效教授专业知识、岗位能力、技术技能，教师需具有学校和企业双重身份，教师在学校是有编制的老师，在企业是有岗位的工程师，只有如此，高职的教学才能紧贴企业用人需求，及时把握市场人才结构变化的趋势；为了能固本，向学生有效传递岗位素质、技术素养、核心价值观，教师需具有专业与思政双重身份，一方面教师是知识、技能的传授者，另一方面教师还是价值引领的传播者。没有好的课程建设，课程思政功能就成为无源之水；没有好的思政教育功能，课程教学就会失去灵魂，迷失方向。

建设“双能”实践平台。高职专业的升级，作为学生实践的实验、技术平台的升级不可缺位。“双能”型实践平台建设要把握好两个结合。一是教学与科研结合。实验、技术平台是技能人才培养、社会服务的桥梁，高职院校要瞄准行业企业普遍关注与领先的关键技术，建设支撑教学与应用技术研究双功能平台，组建教学与技术创新双功能团队，在开展教学活动的同时，组织、引导师生研发解决企业实际问题的应用技术项目，实现项目与技术成果充分转化为教学资源。二是实践与创新创业结合。升级后的实验、技术平台应具备技能实践、创新创业双重功能。建立“实训+创新创业”一体的实训平台，把学生专业实训与专业创新、创造有机整合在一个平台内，打造训创一体化的实践教学体系，在参与创造实践中产生乐趣，培养学生创造能力。

推动“双语”课程教学。为了能培养固本强基的可靠接班人和合格建设者，高职的课堂教学要大力推动“双语”教学，高职教师一方面要不断加强业务水平及技术实践能力，善用学生听得懂、听得进的业务语言；另一方面要树立正确价值观，自觉把工匠精神、企业文化、职业道德等融入专业课程教学中，善用学生乐于接受、喜闻乐见的思政语言，努力使学生感觉既有意思又有意义。

围绕“课堂革命”主线

实现教学要素与生产要素的同步升级，高职院校的教师迫切需要来一场“心灵革命”，一切从学生出发，着力转变课堂观念，让课堂教学活动更好地满足企业岗位发展的需求。高职教师不仅需要拥有先进的教学理念和实践教学能力，更需要始终确保具备对接行业企业发展的专业技能，即不仅是教学专家，更应是企业专家。“内容革命”在教材。随着人工智能、工业4.0及“互联网+”的不断发展，传统高职教材的内容很难满足学生未来岗位、职业发展的需要，因此，编写的教材必须具有很强的岗位针对性，教材内容要与新岗位、新技术、新技能无缝对接，保证高职教材内容的针对性、先进性和职业性。“方法革命”在教案。高职课程的设计要体现职业需求，高职教育是就业教育，培养的是应用技术型人才，毕业走上岗位就要能胜任工作，因此高职的课程设计必须围绕典型产品，贴近职业岗位需求，融入企业生产关键技术和标准形成教学设计方案。“技术革命”在教室。生产性是高职教室的首要特征，高职院校课堂“技术革命”关键在教室。职业院校要通过校企共建加快校内教室、实训室的生产性功能改造，不断加快校外生产性教室、实训室建设。“服务和管理革命”在教风。以服务强质量，以管理保质量，高职院校课堂服务和管理革命的关键在于形成良好的教风。职业院校要完善内部质量保证体系，以诊断与改进为手段，在课堂教学是否有效、怎么保证课堂有效教学方面重点发力，要紧扣实际工作中的技能点（模块）及要求，创新优化教学方法和评价方式，实现教学过程与生产过程对接，校内理论学习与企业顶岗实践对接，提高学生、社会、用人单位、政府对教学质量的满意度。

（刊于《光明日报》）

坚定政治方向，办好高职教育

党委委员、副院长　温贻芳

中国高等职业教育与生俱来的高等性与职业性和独具魅力的中国性，决定了其扎根中国大地办高等职业教育的必然与应然。只有始终坚持坚定的政治方向，始终坚持办中国特色的高等职业教育，始终坚持解决中国问题，高等职业院校才能深深扎根中国大地，为中华民族的伟大复兴提供源源不断的智力支撑和人力保障。

高职教育发展的时代新使命

高等职业教育必须立足中国特色。习近平总书记强调：“我国有独特的历史、独特的文化、独特的国情，决定了我国必须走自己的高等教育发展道路，扎实办好中国特色社会主义高校。”

中国特色高职教育要有“四个自信”。理论自信：以建设人人出彩、国家需要、人民满意的高等职业教育为目标，构建服务于国家富强和民族振兴的现代高等职业教育理论体系，实现理论指导。文化自信：系统开展高等职业教育传承中华传统优秀文化、培育现代工匠精神的研究，形成特色高等职业教育文化观，实现文化熏陶。制度自信：构建培养德智体美劳全面发展人才的中国高等职业教育体系，推进政府行业企业学校协同开展技术创新、就业创业、社会服务和文化传承，实现制度保障。道路自信：深化高等职业教育的治理结构改革，完善现代化高等职业教育和培训体系，实现道路自信。

中国特色职教师资培养的“四个统一”。一是教书和育人相统一，教师需要坚守教室与校内外实践场所育人主阵地，把专业的岗位素质和技术素养、正确的价值追求和理想信念有效传导给学生。二是言传和身教相统一，职教师资是知识与技术技能的传授者，要把握最新技术动态和能力素质要求，带领学生开展项目研究和技术服务，培养德技双馨的人才。三是潜心问道和关注社会相统一，教师要做到旗帜鲜明、立场坚定，确保为党和国家培养合格的建设者和接班人。四是学术自由和学术规范相统一，教师更要谨守学术道德规范，向更有利于中国特色社会主义高职教育发展的方向进行探索与研究。

“四新特质”培育技术技能新人。新思想：坚定中国特色社会主义道路自信、理论自信、制度自信、文化自信，立志肩负起民族复兴的时代重任。新素养：更加崇尚劳动、尊重劳动，在劳动的过程中提升职业道德素养，不断塑造精益求精的工匠精神。新能力：在具有一技之长服务社会的基础上，终身学习并不断自我增值的能力。新知识：顺应时代与科技的发展，不断丰富自身的知识结构，成为新知识的应用者和新技术的推动者。

激发高职院校发展新动能

新时代新形势下，改革开放和社会全面进步对高职教育提出了新的更高要求，我们必须努力适应同党和国家事业发展的新要求，契合人民群众的新期待。

服务国家战略，为实现“两个一百年”奋斗目标提供能力支持。高职院校面向基层，贴近需求，既是教育扶贫的有效途径之一，也是阻断代际贫困的重要支撑和关键力量，要积极发挥职教集团或产教联盟作用，联合企业构建精准扶贫平台。同时，更积极服务“一带一路”产教协同，为“一带一路”倡议中经济建设提供技术技能支撑。高等职业教育还要服务“环境治理”，主动布局绿色专业集群，培育绿色经济发展急需的人才。

服务区域经济，自觉担负起地方高质量发展的实践之责。高职院校要服务区域经济，无疑就应该自觉担负起支撑地方经济社会高质量发展的实践责任。这种担当，一要有“时代特征”。这意味着，高等职业教育要按照社会的发展需求制定相关的人才培养目标和机制，并根据社会的岗位需求设置相关的专业。还要及时调整课程设置，适应新的技术发展带来的岗位核心能力新要求。二要有“地方特点”。高职院校的布局结构、专业结构、技术更新能力、教学和培训能力，都要尽量与当地经济社会发展的布局结构相适应。例如，服务高水平经济带，就需要重点发展与外向型经济紧密相关的国际商贸、物联网、人工智能、现代制造业等相关的重点专业群。三要有“高质量发展”的战略眼光和战术落实能力。社会发展对高质量人才供给的新需求，对院校提出了学制方面的新要求，以培养高科技应用和产业急需的高端科技应用人才成为逻辑和事实的必然。而高质量技术服务，自然要求高职院校建设高质量的产学研创新平台，促进创新成果与核心技术产业化，主动适应新一轮科技革命、产业变革和新经济发展需要。

引领世界职教发展，提供中国思路。高等职业教育要以构建人类命运共同体为指导，制定中国特色、世界一流职业教育体系和标准，培养世界一流职业教育人才，以中国特色影响世界职业教育话语体系，向国际社会贡献优质资源、分享经验。高职院校更要以办人民满意的教育为中心。专业设置与调整要动态化，积极回应人民对更多优质高等职业教育资源的诉求和期盼。人才培养方案与模式要多样化，满足社会成员多样化学习和人的全面发展需要。人才培养过程要有情怀，增强学生和家长的自信心。而这需要依靠人民的伟大力量，引导行业、企业和社会力量都参与到人才培养、技能培训、实训基地和教学资源的建设之中，形成多元办学格局。建设高水平的智库，集合千家万企和千家万校的智慧和力量，群策群力，形成高等职业教育的中国方案。

只要坚信，“我们一切工作的出发点、落脚点，都是让人民过上好日子”，只要坚持“人民对美好生活的向往，就是我们的奋斗目标”，只要立足于服务国家发展，走中国特色的高等职业教育发展之路，就能够走出中国特色高质量高职院校的建设之路，就能够培养多样化人才、传承技术技能、促进就业创业，就能够落实习近平总书记所倡导的“人人出彩”。“人人出彩”让学生拥有一技之长，脱贫致富，家庭骄傲；“人人出彩”让教师的优良作风和精湛技艺得到传承，学校自豪；“人人出彩”让经济与文化得到蓬勃发展，国家富强；“人人出彩”促进与保障社会的稳定与和谐，人民幸福。

（刊于《光明日报》）

第三章　要闻特辑

领导调研

苏州市财政局领导到学校调研指导

3月23日，苏州市财政局副局长邵华、科教文处处长颜晓、副处长彭笑容等领导一行到学校调研指导。学校党委书记王新华、院长王洪法携党政办、财务处主要负责人参加调研座谈会。

座谈会上，王新华首先向邵华一行表示热烈欢迎，并就苏州市财政局长期以来对学校的大力支持和帮助表示衷心感谢，还具体就学校的办学现状、目前发展中存在的主要问题和困难进行了介绍，希望继续关心和支持学校的建设和发展。王洪法对苏州市财政局各级领导多年来关心和支持学校的发展表示感谢，并汇报了学校建设省高水平高职院校的相关工作。

听取工作汇报后，邵华肯定了学校近年来所取得的成绩，并就学校的基础设施建设、师资队伍建设、内涵建设等具体工作提出了意见和建议，还就学校提出的主要困难和问题做了简要的反馈，明确表示将继续全力支持学校未来的建设和发展。

（党政办公室）

苏州市政府研究室到学校调研

4月13日，苏州市政府研究室主任卢宁、副主任毛文元、处长成涛林一行到学校进行社科研究、智库建设调研。院长王洪法出席会议，副院长温贻芳主持会议，高职教育研究所所长苏华及学校社科研究骨干教师代表参加会议。

王洪法代表学校向卢宁一行表示热烈欢迎。温贻芳总体介绍了学校履行高校人才培养、科学研究、服务社会情况，各系（院）面向苏州重点产业发展、面向苏州经济社会需求开展多种方向和领域研究情况，以及以参会教授、博士等为代表的学校科研团队和平台建设情况。各社科研究骨干教师分别汇报了自己近期开展的研究方向、取得的研究成果，以及在研究过程中遇到的困难和希望得到的帮助，并建议政府相关部门在调研路径畅通、调研数据开放、研究成果反馈、研究方向持续、研究价值提高等方面给予社科研究人员支持。

卢宁对学校社科研究水平和成果给予高度评价，他认为学校社科研究近年来取得了一批有影响的成果、培养了一批有影响的研究人员，研究成果高度体现科学性、思想性和实践性。卢宁同时也提出几点建议：第一，高校要加强社科研究，发挥咨政功能，成为市委、市政府决策的有力支撑；第二，社科研究要开展战略性、前瞻性研究，关注社会热点难点和政府研究的盲点，找准自身研究契合点；第三，应充分发挥学校优势，积极与政府要求结合，重视观点创新、思路创新，注重产出有方向性、指导性的应用型成果。

最后，温贻芳副院长代表学校对市政府研究室的深入调研、系统指导给予衷心感谢，要求学校全体教职员工认真学习，有机吸收政府研究室的意见和建议，发挥高校科研人才资源优势为政府提供决策咨询参考和智力支持。希望政府研究室一如既往地给予学校支持和指导，推动学校社科研究服务党政决策能力的提升，形成良好的学术品牌和社会影响力。（高等职业教育研究所）

苏州市人大吴中区代表团第二小组莅临我校调研指导

11月29日下午，市人大吴中区代表团第二小组杜国玲、王鸿声等领导一行莅临我校调研指导。学校党委书记王新华，党委副书记、副院长曹建东参加了汇报会。

会上，王新华书记对市人大吴中区代表团一行的到来表示热烈欢迎，并做了题为“校企合作共享人才，助推苏州创新发展”的汇报。汇报中，王书记就学校的办学理念、办学成果，特别是近几年来随着学校人才队伍整体实力的提升而取得的荣誉成果助力苏州的创新发展进行了详细汇报。

代表团一行对我校近几年来取得的办学成果、校企共享的育人成效给予了充分肯定，并希望学校能够进一步扎根区域沃土，为地方经济社会发展做出更大的贡献。

代表团一行还先后参观了学校实验实训场所和苏州绿地谐波传动科技有限公司。

（党政办公室）

重大活动

学校召开新学期重点工作布置会议

3月4日下午，学校召开新学期重点工作布置会议。学校相关院领导、各职能部门负责人、系（院）党总支书记、行政工作负责人参加了会议。学校党委书记王新华主持会议。

会上，副院长苏霄飞根据《江苏省高水平高等职业院校建设方案》制定要求，布置了具体工作，还进一步分析了省、市主管部门对学校建设省级高水平高职院校提出的具体要求。院长苏益南指出：分管校领导要牵头，与各部门同志一起开展学习和研究，群策群力，形成合力，精准发力；学校将把高水平院校建设工作与职称职务、评奖评优等具体工作相挂钩，在学校营造奋发向上、奋勇向前、奋斗终生的工作氛围。

王新华总结了会议，并提出：高水平院校建设工作是学校当前乃至未来五年工作的重中之重，是全局性、系统性和统领性的工作。全校上下要全力以赴、义无反顾，不折不扣地做好建设工作。王新华强调：在制定任务书和建设方案时要有恰如其分的定位，要有特色鲜明的内涵，要有切实可行的措施，要有目标绩效的考核。

（党政办公室）

学校领导检查指导新学期开学工作

3月5日，学校党委书记王新华，党委副书记、院长苏益南，党委副书记、副院长曹建东，党委委员、副院长苏霄飞、温贻芳，党委委员、纪委书记林长永携相关部门负责同志，检查指导新学期校园环境和教学秩序。

王新华一行先后来到公共教学区、学生食堂、学生宿舍、思政教学部等教学、生活场所。学校教学管理秩序井然，师生精神状态饱满，校园环境整洁有序，课堂纪律严明，学校领导对开学各项工作给予了肯定。

随后，校领导走进课堂，听思政第一课，实地了解教师教学和学生课堂学习的实际情况。

（党政办公室）

学校召开干部大会宣布学校领导调整

3月7日下午，学校召开干部大会，传达省委有关学校领导调整的决定。省委组织部干部五处副处长尹振江，苏州市政府副市长曹后灵，苏州市委组织部副部长、市“两新”工委书记、市老干部局局长张娟等出席会议。学校领导班子成员，正校级老领导，近5年免职的副校级老领导，全体中层干部，具有高级职称的专业技术人员代表，市级及以上党代表、人大代表、政协委员、民主党派主委等参加会议。学校党委书记王新华主持会议。

尹振江代表省委组织部首先宣读了学校领导调整的决定。根据中共江苏省委苏委〔2018〕180号文件精神，王洪法任苏州工业职业技术学院院长，免去苏益南苏州工业职业技术学院院长职务。

曹后灵在会上讲话。他指出，这次省委对学校院长的调整，是省委从高校领导班子建设的全局出发，结合苏州工业职业技术学院的实际情况反复酝酿、听取意见、慎重研究做出的决定。曹后灵充分肯定近年来苏工院所做的工作和取得的成绩，并对学校接下来的工作提出了四点要求：一是学习贯彻十九大精神，强化使命担当；二是坚持正确办学方向，加快人才培养；三是稳妥推进各项改革，激发创新活力；四是主动维护团结协作，进一步加强班子建设。曹后灵指出，省委、市委对调整后的苏工院领导班子寄予厚望，相信在省委、省政府的关心和市委、市政府的正确领导下，新的领导班子一定能够带领全体教职员工，以更加奋发有为的精神状态，同心同力、扎实工作、不断开拓进取，为苏州市勇当“两个标杆”、落实“四个突出”、建设“四个名城”、争做“强富美高”新江苏建设先行军排头兵做出新的更大贡献。

王洪法在会上发言。他表示，感谢省委、省政府的信任和重托，感谢苏工院的接纳，能够在名城苏州开展新的工作感到荣幸，同时深感新岗位压力巨大、责任重大。他说，作为学校新的一员，将按照市委、市政府的要求，坚持党委领导下的校长负责制，以诚心待人，以公心处事，用虚心请教，用恒心谋取发展，用冰心要求自己，把苏工院已经创造的崭新局面做得更好。

苏益南在会上发言，一是感谢组织的信任和培养，感谢市委、市政府对苏工院的关心和厚爱，感谢共事的班子成员的包容，感谢广大师生员工的信任和宽容。二是感慨时间飞逝，感慨时间是有力量的，感慨时间是有个性的。三是表达感想，“执手相看泪眼，竟无语凝噎”，表达了对苏工院的感情和不舍。

王新华在会上讲话并代表党委表了态。他表示，坚决服从省委关于学校院长调整的决定，感谢苏益南为苏工院发展做出的贡献，欢迎王洪法来苏工院任职。全校上下将认真按照曹后灵对学校下一步工作提出的明确要求和殷切希望认真开展工作。当前学校正处在改革发展的关键时期，面临着建设省高水平高职院校的繁重任务。学校将深入学习贯彻习近平新时代中国特色社会主义思想，认真贯彻执行中央、省委、市委的决定和要求，坚持执行党委领导下的校长负责制。作为党委书记，将全力支持王洪法同志工作，紧紧依靠班子成员和广大干部、教职员工，严于律己，开拓进取，努力推动学校各项工作不断向前发展。

（党政办公室）

学校召开全体教职工大会暨建设高水平高职院校动员会

3月21日，学校全体教职工大会暨建设高水平高职院校动员会在天一报告厅召开。学校党委书记王新华，院长王洪法，党委副书记、副院长曹建东，党委委员、副院长殷海芳，党委委员、副院长苏霄飞，党委委员、副院长温贻芳，党委委员、宣传部部长王竝，全体教职工参加大会。会议由曹建东主持。

会上，王洪法做学校工作报告，回顾总结2017年各项工作成绩，客观分析当前面临的形势和存在的问题，并从制定建设方案，快速起步省高水平院校建设；适应发展要求，关注教学质量提升工程；深化产教融合，形成校企协同育人长效机制；重视人才强校，加快打造高素质的师资队伍；依托项目平台，提升服务区域经济发展能力；精准对接需求，高度重视学校招生就业工作；坚持立德树人，大力提升学生综合能力素质；改善办学条件，建设和谐文明的现代化校园等八个方面明确了学校2018年度的重点工作。

苏霄飞就建设省高水平院校做工作部署，从充分认识、全面理解迈入高水平高职院校的重大意义和重大影响；全面认清和深刻把握高水平高职院校建设的目标和方向；全心全意、全力以赴投入高水平高职院校建设等三个方面做了部署，进一步明确了建设任务和工作要求。组织部、教务处、精密制造工程系和经贸管理系4家单位代表围绕建设高水平高职院校做了发言，表明了主动的工作态度和坚定的发展信心。

王新华结合会议精神提出三点要求：一是全面启动高水平高职院校建设，推动我校高质量、特色化、内涵式发展；二是加强党建工作，为学校各项事业发展提供坚强保障；三是迅速行动，合力做好当前各项工作。王新华指出，新学期的教育教学等工作要有新气象、新作为；重点工程项目要尽快启动；建设高水平学院的方案、任务书要做进一步的细化完善。最后，王新华强调了校园安全管理问题，希望大家齐心协力，迅速行动起来，在今年取得各项工作的新成绩，在建设高水平高职院校的起步之年起好步、开好局。

（党政办公室）

苏州市院校纪委工作座谈会在学校顺利召开

4月11日下午，由苏州市纪委七室主办的院校纪委工作座谈会在学校天枢楼三楼第一会议室顺利召开。参与座谈的有市纪委第十派驻纪检监察组、市纪委第十三派驻纪检监察组、苏州市职业大学、苏州工业职业技术学院、苏州幼儿师范高等专科学校、苏州信息职业技术学院、苏州技师学院等单位纪检工作主要负责人及苏州市教育局高教处领导。座谈会由市纪委七室主任龚龙斌主持。

座谈会共两个议程：第一，由各院校介绍本单位纪委工作情况及工作机制，当前纪委工作面临的新形势、新情况和对策建议；第二，与会人员就《苏州市属院校纪委工作规定（试行）》文件稿展开了学习讨论，对“三转”工作深入推进，监督执纪问责职责、程序等进行了深入的交流和探讨。

最后，龚龙斌要求各院校纪委要充分运用监督执纪第一种形态，抓好日常监督，加强改革创

新，加强协作配合，围绕“打铁必须自身硬”专项行动主动加强纪检监察队伍建设。（纪检监察室）

共谋办学治校新特色 共商改革发展新路子——学校党委召开座谈会问计于教职员工

在学校四届一次教代会暨四届一次工代会（简称“双代会”）召开前夕，4月20日、21日、25日，学校党委书记王新华先后主持召开由管理人员、工会工作人员、教师参加的座谈会，听取教职工对学校改革发展、学校党委工作等方面的意见建议，同大家共谋办学治校新路子、共商改革创新新举措，推动省高水平高职院校建设工作全面启动实施。

座谈调研会上，参会人员均围绕师生党建、人才培养方案、师资队伍建设、校园环境改善、教职工民生民情、“双代会”提案等具体工作提出了很多建设性的意见和建议，为学校事业发展踊跃建言，积极献策。王新华就与会同志对学校事业发展的关心和支持表示感谢，并结合“双代会”的召开，就大家关注的主要问题进行了探讨。学校党委副书记、副院长曹建东和校工会、党政办等相关部门同志参加调研座谈。

调研期间，王新华要求大家在已有发言的基础上抓紧形成提案，提交“双代会”讨论。相关职能部门要认真梳理汇总座谈会上收集的意见建议，制定有效措施，分门别类尽快加以解决，一时解决不了的，也要说明原因，给予答复，尽可能做到事事有回音、件件有着落。（党政办公室）

党委书记王新华率队赴杭州宁波3家高校考察调研

在学校四届一次教代会暨四届一次工代会召开前夕，为进一步谋划学校改革发展新思路，5月14—16日，学校党委书记王新华，党委副书记、副院长曹建东率党政办、组织部、纪检监察室、工会、共青团和相关系（院）党总支负责人先后赴宁波职业技术学院、浙江机电职业技术学院、杭州职业技术学院考察调研，重点就建设高水平高职院校，完善教学体制机制，推进国际化办学和校企合作，加强学校党建工作和文化建设，提升党群工作水平等进行了学习考察。

在宁波职业技术学院，考察调研组同该校院长张慧波见了面，听取了该校党委副书记齐小萍等关于党建工作、二级学院党建创新探索和国际化人才培养等方面的情况介绍，调研组就基层党组织建设、工会工作等做了对口交流，还参观了该校创新创业学院、图书馆、漆画工作室、思源文化教育基地等场所。

在浙江机电职业技术学院，考察调研组同该院党委书记黄道平和纪委、组织、宣传等部门进行了座谈，听取了黄道平的详细而全面的介绍，并在黄道平的全程陪同下现场考察参观了该校基层党组织活动室、校园文化建设走廊、数控实训中心、南岸艺术中心等特色亮点。该院即将于近日召开教代会，借此机会，考察调研组深入了解该院教代会的准备情况和会议的主题、安排、议程等。

在杭州职业技术学院调研期间，考察调研组在该校党委书记金波的陪同下首先实地考察了该校友嘉机电学院、学校实训中心暨杭州市公共实训基地、特种设备学院电梯实训基地等，随后听取了金波关于该校办学沿革、办学属性、跨界融合、办学成果和党建工作创新、校企协同育人以及专业实训设施建设等全面、系统的介绍，同时就两校在人才培养和机制创新、校企深度合作办学、党建引领和党政协力推动校园文化建设等方面的做法进行了深入交流。

这次学习考察的3所浙江高职院校都是国家级的示范校、骨干校，基础好、起点高、环境好，工作经验多、创新氛围浓，发展势头强、体制机制活，在教学、科研、管理和党建等各方面都有特色亮点和成熟做法，值得我校学习借鉴的内容是全方位、多层次的。在考察调研结束时，王新华指出，学校要紧紧围绕建设省高水平高职院校，以先进院校为标杆，坚持抓重点、谋全局、强弱项、补短板，努力在教学科研联动、产教深度融合、数字校园建设、国际化办学、校园文化育人、党建品牌创建等方面不断有新的进展和突破。他表示，考察调研虽然结束了，但学习借鉴才刚刚开始，今后我校还可派出专题调研组开展深度交流、全面学习。并要求考察调研组对本次学习考察的内容进行全面梳理，通过比照、分析、消化，把3所高校实践中的好做法、好经验吸收运用到学校今后改革发展中去，推动各项工作创特色、上水平。（党政办公室）

学校召开第四届教职工代表大会第一次会议暨第四届工会会员代表大会

5月23—25日，学校隆重召开第四届教职工代表大会第一次会议暨第四届工会会员代表大会。来自全校各单位的115名正式代表和88名列席代表出席了本次大会。全体教职员工参加了第一次大会。

5月23日下午，大会在庄严的国歌声中拉开帷幕。苏州市教育工会常务副主席陈琳、学校团委书记陈艺分别致贺词。

学校党委副书记、院长王洪法做了《新时代新作为　凝心聚力建设高水平高职院校》的工作报告。王洪法从学校办学内涵有效提升、人才培养质量显著提高、产教融合力度加快推进、科研创新工作成果丰硕、师资队伍结构高效调优、学生素质能力快速提升、招生就业工作成效显著、体制机制改革步伐加快、办学设备条件逐渐完善、和谐校园建设稳步推进等十个方面回顾总结了近三年的工作成效，从“十个着力”方面提出了未来三年的重点工作。提出未来三年，要紧扣学校“十三五”发展规划，紧紧围绕学校第二次党代会确定的奋斗目标，全力推进省高水平高职院校建设，形成更加注重学生成长，更加注重教师发展，更加注重内涵建设，更加注重精准管理，更加注重办学效益的新局面。

会上，代表们听取了工会主席章雯做的《依法履职　务实创新　努力开创工会工作的新局面》的工作报告、财务处处长吴玮做的《学院财务工作报告》和工会经审委员会主任庄剑英做的《工会经审工作报告》。大会以无记名投票方式选举产生了第四届工会委员会委员和经审委员会委员。

5月24日下午，各代表团分组审议《院长工作报告》《工会工作报告》《学院高水平院校建设方案（草案）》等教代会文件。会议期间，代表们本着高度认真负责的态度和精神积极建言献策，提出了61条事关学校建设发展和教职工权益的意见或建议。提案审查委员会认真梳理了代表们的意见或建议，分类、整理，提出立案意见报告，提交大会讨论审议。

5月25日下午，第四届教职工代表大会第一次会议暨第四届工会会员代表大会举行第二次大会，会议以举手表决的方式通过了《提案审查委员会关于提案的审查报告》《关于学院工作报告的决议》《关于财务工作报告的决议》和《关于学院工会工作报告和经审工作报告的决议》。

最后，学校党委书记王新华发表了总结讲话，代表学校党委，对大会的圆满召开表示热烈祝贺，向全体代表致以崇高敬意和衷心感谢！王新华充分肯定了近三年来学校取得的丰硕成果，并对未来三年发展提出了四点意见：一是坚持问题导向，着力提升自我发展能力；二是坚持需求导向，更好服务区域产业发展；三是坚持实践导向，不断锤炼过硬工作本领；四是坚持效果导向，合力推动各项事业发展。王新华最后要求各部门各单位都要以召开“双代会”为契机，进一步理清思路、明确目标、落实任务，推动学校教书育人、立

德树人工作上新水平。（工会）

学校举办“防微杜渐、警钟长鸣——2018年苏州市反腐倡廉警示教育展”

5月21—28日，学校开展了为期一周的“防微杜渐、警钟长鸣——2018年苏州市反腐倡廉警示教育展”，大力营造风清气正的校园廉洁文化氛围。

反腐倡廉警示教育展板以精辟深刻的案例剖析、发人深省的醒悟忏悔、内容翔实的图片资料，从不同侧面形象地再现了苏州市近年来依法查处的腐败分子从发生蜕变到滑向犯罪深渊的堕落历程，发人深省。17幅展板于5月21—28日，分别在天枢楼展厅、天一报告厅展厅、文驷楼展厅展出。5月22日上午，学校领导班子全体成员率先参观学习了在天枢楼展厅展出的反腐倡廉警示教育展板。随后，学校各党总支积极组织全体党员、具有事权的科长及以上干部、发展对象、入党积极分子等前往参观学习。在展板前，参观对象们或驻足留神，静思贪欲之害，或展开讨论，探讨廉洁从政之要。

通过学习，党员们进一步认识到加强反腐败工作的长期性和艰巨性，警示广大党员干部面对诱惑要保持清醒的头脑，防微杜渐，警钟长鸣，进一步强化遵守党纪国法、廉洁自律的意识，做到洁身自好、廉洁奉公，自觉筑牢思想道德建设和党纪国法约束两道防线。（纪检监察室）

学校召开关工委工作会议

5月31日，学校召开2018年关心下一代工作委员会工作会议，学校党委书记、关工委主任王新华，关工委常务副主任顾义元，党委委员、副院长、关工委副主任殷海芳以及学校关工委成员、专门小组负责人出席了会议。

首先，殷海芳宣读了《中共苏州工业职业技术学院委员会关于调整学院关心下一代工作委员会组成的通知》，宣读了有关表彰文件。精密制造工程系辅导员胡渠、关工委老同志陈伟根、机电工程系党总支书记张泠先后发言。关工委常务副主任顾义元同志做了题为《不忘初心　与时俱进　创建优质化关工委》的学校2018年关工委工作报告。

王新华在会上做了总结讲话。他充分肯定了关工委同志特别是老同志对关工委工作及其在学校发展中发挥的作用。结合学校高水平高职院校建设，王新华对学校关工委工作提出了三点意见。他指出，要不断提升做好新形势下关工委工作的责任感和使命感；进一步发挥关工委老同志在人才培养工作特别是在思想政治教育、专业素质教育、文化素质教育方面的作用；要坚持用习近平新时代中国特色社会主义思想和党的十九大精神指导推进关工委工作实践，积极打造学校关工委工作的品牌特色，扎实做好关心下一代工作的常态化建设，以创新的思路、务实的举措和实际的成效做好学校2018年关心下一代工作，为全面贯彻党的教育方针，全面关心青年学生成长成才做出新的贡献。（工会）

党委书记王新华率队赴高新区东渚镇姚江村走访慰问

6月6日下午，学校党委书记王新华、纪委书记林长永同志代表学校党委，带领机关党总支书记吴玮、党委宣传部副部长金昱等同志，走访调研了对口帮扶的高新区东渚镇姚江村，并慰问了低收入困难家庭。

王新华一行首先与姚江村村委主任李郁和高新区区派第一书记曹漪等进行了座谈，详细了解了姚江村经济发展现状，并就下一步工作进行了深入交流。吴玮作为共建支部代表，向姚江村党支部赠送了党员学习书籍。随后，王新华、林长永在李郁和曹漪的陪同下，先后走访慰问了多户贫困家庭，为他们送去党员关爱金。每到一户，王新华都详细询问他们的生活状况、身体情况和医疗保障等，鼓励他们保持积极乐观的心态，努力战胜困难，生活一定会越来越好。

学校党委高度重视此次访贫问苦调研活动，与开展“不忘初心，牢记使命”主题教育活动紧密结合起来，倾听对口帮扶集体经济薄弱村低收入户和特困家庭所思所想，了解群众所需所盼，帮助百姓解决实际困难，切实将党和政府的关心关怀送达基层和贫困家庭。

（党委组织部、党委宣传部）

“青春筑梦新时代　扬帆启航新征程”——学校隆重举行2018届毕业生毕业典礼

6月9日上午，学校2018届毕业生毕业典礼在天一报告厅隆重举行，本次毕业典礼的主题是“青春筑梦新时代　扬帆启航新征程”。学校党委书记王新华，党委副书记、院长王洪法，党委副书记、副院长曹建东，党委委员、副院长殷海芳，党委委员、副院长苏霄飞，党委委员、副院长温贻芳，党委委员、纪委书记林长永，亨通集团人力资源管理中心总监杨骏，各职能部门负责人、各系（院）领导班子成员，全体毕业班辅导员、教师代表，各系（院）毕业生代表600多人参加了典礼活动。典礼由王洪法主持。典礼在国旗队入场和庄严的国歌声中拉开帷幕。

殷海芳宣读了2018届优秀毕业生表彰文件。学校领导为优秀毕业生颁发奖状，并为毕业生代表颁发毕业证书、素质拓展证书，赠送毕业生纪念品。

“2017江苏高校大学生年度人物”入围奖获得者、机电工程系庄涵汀同学，苏州市劳动模范、精密制造工程系殷铭老师，软件与服务外包学院陈程家长陈红梅女士，亨通集团人资管理中心总监杨骏先生依次上台发言。

王洪法指出，2018届毕业生从今天开始有了一个新身份，即“校友”，苏工院是“母校”，希望全体毕业生要爱母校，要为母校争光。

最后，王新华做了毕业典礼致辞。他首先代表学校向圆满完成学业的学子们表示祝贺，向关心学校发展、为学生成长成才付出辛勤劳动的老师、家长和企业朋友致以崇高的敬意和衷心感谢，随后和同学们一同回顾了三年来学校与大家共同成长的点点滴滴，并与同学们分享了10个字，三句话。一是“独立思考”，要不盲从、不追风、不武断，对事情要有自己的判断、分析；要在对身边事物、周边事物了解的基础之上，关心家事、国事、天下事；要思考怎么运用、借助新的技术来为我所用，使自己的效率更高、发挥的作用更大。二是“不抱怨”，不要去埋怨身边的人和事，多从自己身上找原因才是明智的选择；要适应周围的人和事，主动融入进去，了解它、适应它；要向阳而生，择善而行，坚守底线、不踩红线、不碰高压线，始终把握好正确的人生方向；三是“有恒心”，对自己认准的目标要有定力、有恒心；对我们自己所做的工作、所专注的事业要有恒心；对学习要有恒心。王新华化用恩格斯的话来寄语大家：“一个知道自己的目的也知道怎样达到这个目的的人，一个真正想达到这个目的并且具有达到这个目的所必不可缺的顽强精神的人——这样的人将是不可战胜的。”最后，王新华祝福2018届毕业生鹏程万里、前程似锦，不断抒写人生新的篇章！

（学生工作处）

学校赴苏州监狱开展现场警示教育活动

为进一步强化党员干部廉政意识，筑牢拒腐防变的思想道德防线，6月13日下午，学校全体校领导、全体中层正职及部分专兼职纪检干部赴苏州监狱开展廉政警示教育活动。

在警示教育基地，党员干部首先参观了服刑人员的会见区、生活区和监舍。通过目睹、了解服刑人员的生活情况，参加活动的党员干部真切体会到了高墙与现实的巨大反差，心灵受到极大震撼。接着，党员干部听取了2名职务犯罪服刑人员的现身说法。服刑人员讲述了自己因思想松懈、理想信念动摇，从领导岗位走上贪腐之路、最终身陷囹圄的人生路程，表达了对自己给国家、家庭和个人带来巨大伤害的忏悔，以及对自由、美好生活的渴求和向往，声声忏悔，引人深思，为所有在场的党员干部提供了生动的警示教育素材。

利剑高悬，震慑常在。在端午节到来之际，学校开展监狱警示教育活动，再次敲响了“廉洁”警钟。通过一个个鲜活的事例，督促全体干部从思想上增强遵纪守法和反腐倡廉的自觉性，时刻谨记作为中共党员对法律要有敬畏之心，不踩纪律红线、不碰法律高压线；要带头遵守党章党纪，依法依规履行职责，增强“四个意识”，筑牢防腐拒变的思想道德防线。（纪检监察室）

学校召开四届一次教代会代表提案交办会

6月15日下午，学校召开四届一次教代会代表提案交办会，学校党委副书记、院长王洪法，党委副书记、副院长曹建东和相关职能部门负责人参加了会议。

根据学校四届一次教代会审议通过的《代表提案审查报告》，本次教代会确定了《修改学院奖励性绩效工资考核分配方法》《辅导员队伍建设与管理》《改善师生食堂环境》《智慧化校园建设与管理》《改善师生活动场所》等正式提案5件、建议9件、一般意见18件。

会上，曹建东就提案（建设）落实工作开展了具体布置。王洪法在会上提出，各单位要高度重视提案（建议）办理工作，积极落实责任，主动相互配合，通过加强与提案人的沟通，提升办理工作的效果和质量，事事有回应，件件有答复，努力做到让提案人满意，为推进学校民主管理、促进和谐校园建设做出积极贡献。

（党政办公室）

学校开展“进一步解放思想，激励新时代新担当新作为”专题组织生活会

七一前夕，为深入贯彻落实习近平新时代中国特色社会主义思想和党的十九大精神，进一步发挥党的基层组织战斗堡垒作用，严肃党内政治生活，根据上级要求和学校党委统一部署，学校各基层党支部开展“进一步解放思想，激励新时代新担当新作为”专题组织生活会，全校师生党员集体参加组织生活。

组织生活会召开前，学校各党支部开展了集中学习，主要学习内容为《习近平新时代中国特色社会主义思想三十讲》《关于进一步激励广大干部新时代新担当新作为的意见》。同时，有组织地开展谈心谈话活动，党支部班子成员之间、党员之间普遍开展谈心谈话，通过个别谈话、集体座谈、上门走访等多种方式，广泛征求和听取意见，为开好专题组织生活会奠定了良好的基础。

在组织生活会上，党支部班子、班子成员和党员围绕“四个意识”牢不牢、思想解放够不够、担当作为强不强、作用发挥好不好、自我要求严不严等，深入查摆具体问题。学校党委领导班子全体成员以支部成员身份参加了专题组织生活会，会上党员干部和普通党员开诚布公，实事求是，以问题为导向，积极开展批评和自我批评。组织生活会后，学校各党支部和党员个人将对照查摆的问题和党员群众提出的意见，列出整改清单、明确整改事项、做出整改承诺。

（党委组织部）

学校举行综合实训大楼奠基仪式

7月2日上午，学校综合实训大楼举行开工奠基仪式，标志着大楼项目全面破土动工。苏州市

保障性住房建设有限公司党委书记、董事长、总经理何静清，代建单位苏州市保泽建设项目管理有限公司党支部书记、总经理郑健军及副总经理谢舟洋，施工单位江苏五环建设有限公司总经理陆俊忠，设计单位江苏省纺织工业设计研究院有限公司苏州分院副院长刘归群，监理单位苏州城市建设项目管理有限公司副总经理缪玉国等及学校全体校领导参加奠基仪式，共同见证这一意义深远的时刻。

学校综合实训楼的建设对于促进学校更快适应苏州经济转型升级具有重要的意义。大楼是围绕苏州智能制造产业，从智能的加工设备到智能的设备装备，到工业互联网、整个云计算和大数据进行建设。整个建设规划既有生产性功能，又有技术创新的研发功能，更具有创新型小微企业的孵化、培育功能，加快技术技能人才培养。根据规划，实训大楼项目建筑面积3.335万平方米，地下1层，地上4层。预计大楼将于2020年9月投入使用。

（后勤与资产管理处）

学校举办“学习新思想，发展高质量”2018年暑期中层干部培训班

为深入学习贯彻习近平新时代中国特色社会主义思想和党的十九大精神，全面落实习近平总书记关于进一步解放思想、将改革开放进行到底的最新要求，围绕学校高水平高职院校建设要求，全面推进高质量发展，根据《中共苏州工业职业技术学院委员会关于开展解放思想大讨论活动的实施方案》文件精神和学校党委工作部署，7月11—13日，我校举办了2018年“学习新思想，发展高质量”中层干部培训班。

党委副书记、院长王洪法主持开班仪式并做动员讲话，他指出，举办“学习新思想，发展高质量”暑期中层干部培训班，旨在通过培训，引导学校广大干部认真学习、深刻领会习近平新时代中国特色社会主义思想和党的十九大精神，全面落实习近平总书记关于进一步解放思想、将改革开放进行到底的最新要求，围绕学校高水平高职院校建设要求，全面推进高质量发展；引导党员中层联系工作实际，聚力改革创新，聚焦内涵提升，以更新的思路和更高的效能推进学校建设发展。

培训期间，常州大学原党委书记史国栋、苏州工业园区职业技术学院院长单强和市人社局副局长叶峰等领导和专家先后应邀做了题为《专业为王——与专业负责人共商》《高职院校创新发展的探索与思考》和《招才引智与人才高地建设》的专题报告。全体干部前往上海一大会址开展党性教育和革命传统教育，前往市保密局开展党员干部保密教育，同时还围绕“高水平高职院校建设任务推进与落实”的主题以及学校《中层干部选拔任用办法》和《苏州工业职业技术学院专业技术资格评审工作办法》等文件征求意见稿，开展分组讨论。

培训会上，党委书记王新华对本次培训取得的效果给予了充分肯定，他指出，本次培训取得了预期目标，得到党委领导班子高度重视，准备充分、内容丰富、形式多样、主题鲜明，既是学校解放思想大讨论专题活动的一项重要内容，也是党员干部提升素质能力的一次必修课。王新华从“如何推进学院解放思想大讨论活动”和“如何推进学院在新时代的新跨越新发展”等两个方面进行了系统阐述，他指出，深刻认识解放思想大讨论的深刻内涵和重要意义就是要做到提高政治站位、积极顺应时代要求，看清发展的问题所在、找准突破的关键节点，增强本领、提升能力，凝聚合力、猛抓落实。王新华强调，以思想大解放催生发展新作为，实现学校在新时代的新跨越新发展，要重点思考和解决抓好改革创新、推进专业建设、加强立德树人、加强教师队伍建设、提升内部治理水平等8个方面的具体问题。他要求全体干部要立足新时代新起点，不断改革创新，务实进取，凝聚

力量、攻坚克难，为加快学校高水平建设步伐，在新时代迈上新台阶贡献力量。（党委组织部）

学校召开中层干部会议

9月10日是学校新学期开学第一天，恰逢第34个教师节，下午学校召开了中层干部会议。学校党委副书记、院长王洪法，党委委员、副院长殷海芳、苏霄飞、温贻芳，党委委员、纪委书记林长永及全体中层干部参加会议。会议由王洪法主持。

会上，王洪法首先代表学校党委、行政向各位老师送上节日的祝福。接着，传达了全省高校领导干部暑期学习培训班精神，重点学习了省委书记娄勤俭在培训班上的讲话。随后，各分管校领导就各自分管的条线对下半年的工作做了详细的部署，提出了明确的要求。

最后，王洪法做了总结讲话。首先肯定了学校各部门各条线上半年取得的工作成效，明确了下半年各单位要进一步对照学校年度工作目标，把各项工作做细做实。王洪法指出，学校要全面加强党的领导，以习近平时代中国特色社会主义精神和党的十九大精神为指导，加强党建和思想政治工作，扛起“三个责任”，政治责任、安全责任和发展责任；抓住“一个龙头”，省高水平高职院校建设；落实“五个注重”，更加注重学生成长、更加注重教师发展、更加注重内涵建设、更加注重精准管理、更加注重办学效益，不断推动学校高质量、内涵式发展！（党政办公室）

学校喜迎2018级新生

9月15日，苏州工业职业技术学院热情迎接2018级新生，学校党委书记王新华，党委副书记、院长王洪法，党委副书记、副院长曹建东，党委委员、副院长殷海芳、苏霄飞，党委委员、纪委书记林长永等携相关部门负责同志来到迎新现场，与新生和家长亲切交流。

为确保家庭经济困难新生顺利入学，学校专门设置了“绿色通道”服务台提供一站式入学服务。本着“我在乎你”的学校精神和“向阳而生，精工笃行”的校训，今年“绿色通道”的工作开展更加细致有序。学校领导来到“绿色通道”现场，并为家庭经济困难的同学们赠送了爱心用品。校领导们寄语学子要好好学习，自立自强，成长成才，回报父母，回报社会，做中国特色社会主义合格建设者和可靠接班人。

为了让入学的新生更好更快地融入校园生活，学校各系部精心准备了各具特色的迎新活动。

（党委宣传部、学生工作处、各系院）

学校举行2018级新生开学典礼暨军训动员大会

9月18日上午，2018级新生开学典礼暨军训动员大会在学校田径场举行。学校党委副书记、院长王洪法，党委委员、副院长殷海芳、苏霄飞、温贻芳，纪委书记林长永，中国人民解放军某部秦建伟中校和全体参训官兵，学校各部门（系院）负责人，2018级新生班班主任、辅导员，部分教师代表和全体2018级新生共同参加了大会。大会由殷海芳主持。

在庄严的国歌声中，五星红旗冉冉升起。苏霄飞宣读《关于颁发2018级新生“院长奖学金”的决定》，学校领导为10名获奖新生颁奖。温贻芳代表军训团部宣布了军训编制名单及军训纪律。王洪法向承训部队教官代表授予军训团旗。授旗仪式结束后，新生代表、经贸管理系会计18C1班许斌同学，教师代表、电子与通信工程系王栋老师和教官代表秦建伟中校分别发言。

最后，王洪法讲话。王洪法首先代表全体师生员工向近3000名新同学的到来表示热烈的欢迎和衷心的祝贺。他指出，学校将进一步落实全国教育大会精神，坚持中国特色社会主义教育发展道路，培养德智体美劳全面发展的社会主义建设者和接班人,“要在坚定理想信念上下功夫,要在厚植爱国主义情怀上下功夫,要在加强品德修养上下功夫,要在增长知识见识上下功夫,要在培养奋斗精神上下功夫,要在增强综合素质上下功夫”。在9·18这个特殊的日子里,我们更要加强爱国主义教育和国防教育,不忘国耻,警钟长鸣。王洪法向2018级全体新同学提出了四点希望:一是向阳而生,做一名“仁者”;二是穷理致知,做一名“智者”;三是精工笃行,做一名“行者”;四是强身健心,做一名“强者”。他希望2018级新生能够始终坚守追求智慧、真理与美德的这份初心,仁予人,爱乎众,精其事,勤于行,谱写属于时代新人的无悔青春,共创苏工院的光荣与梦想。（学生工作处）

学校顺利通过苏州市档案局行政执法检查

9月25日上午,苏州市档案局副局长虞爱国带领市档案局执法检查组一行,对学校贯彻执行档案法律法规以及档案工作开展情况进行了行政执法检查。学校党委副书记、院长王洪法,党政办公室相关同志陪同检查。

检查伊始,苏州市档案局信息处处长陈亮代表检查组宣读了《苏州市档案局行政执法检查告知书》,对执法检查的内容等事项进行了详细说明。会上,院长王洪法对虞爱国一行表示热烈欢迎,对市档案局长期以来对学校档案管理工作给予的支持和帮助表示感谢。学校党政办主任安婕汇报了学校档案工作的整体情况。检查组一行对学校档案管理工作进行了详细检查,同时实地检查了档案库房、阅档室等工作场所。

在检查反馈会上,陈亮代表检查组对检查情况进行了书面反馈,虞爱国代表检查组对学校的档案工作表示肯定和满意,同时也提出了三点希望:一是要进一步对接苏州市档案局,加强档案管理工作;二是要进一步加强档案的集中统一管理,提升档案管理信息化管理水平;三是要进一步关心档案从业人员,不断提升档案工作人员的业务水平。

在今后的档案管理工作中,学校党委领导班子将进一步加强重视力度,以问题为导向,努力提升档案管理人员综合水平和档案工作的信息化管理水平,努力为学校事业发展提供保障。

（党政办公室）

学校接受2018年全国教育事业统计数据质量实地核查

10月16日上午,教育部2018年全国教育事业统计数据质量实地核查组一行6人,在省教育厅相关部门领导陪同下,对学校教育事业统计工作开展情况进行了实地核查。学校党委副书记、院长王洪法,党委副书记、副院长曹建东,党委委员、副院长殷海芳、苏霄飞、温贻芳,纪委书记林长永及相关部门负责人参加了汇报会。

核查伊始,核查组组长龚卫华就本次教育事业统计数据质量实地核查的背景和要求进行了介绍,还从总结经验、发现问题解决问题、完善制度、规范程序、提高质量等方面强调了本次核查的主要目的。接着,王洪法代表学校向核查组汇报了学校基本情况、学校教育统计管理工作情况、教育事业统计数据自查情况等三方面内容。随后,检查组一行对学校教育事业统计数据和各项原始支撑材料进行了详细检查和交流。

通过检查,学校将进一步提升对教育事业统计工作的认识,通过完善制度建设、深化理论研究、提升队伍能力等方面,切实提高学校教育统计工作的规范化和科学化管理水平,为学校的高水平建设提供坚实的保障。（党政办公室）

学校组织收看全省教育系统学习贯彻全国教育大会精神视频会议

11月8日上午,学校在天枢楼402会议室组织收看全省教育系统学习贯彻全国教育大会精神视频会议，江苏省委常委、宣传部部长王燕文出席视频会议并做专题报告。会议由省教育厅副厅长朱卫国主持。学校全体领导班子成员和中层正职干部收看了视频会议。（党政办公室）

凝聚新时代巾帼力量　谱写高水平建设篇章——学校第一次妇女代表大会隆重召开

11月21日下午，学校第一次妇女代表大会在丛荟厅隆重召开。苏州市妇联主席谢建红、副主席王群宇、组织部部长柳娟，学校党委书记王新华，党委副书记、院长王洪法，党委副书记、副院长曹建东，党委委员、副院长殷海芳、苏霄飞、温贻芳，党委委员、纪委书记林长永，党委委员、组织部部长吴少华，党委委员、宣传部部长王竝和111名妇代会师生代表参加大会。

根据议程安排，大会开始之前召开了预备会议。会议由曹建东主持，筹备组章雯做学校第一次妇女大会筹备工作报告，到会代表们听取并一致通过了学校第一次妇女代表大会的选举办法（草案），通过了选举大会总监票人、监票人的建议名单和学校妇联第一届执委候选人名单，民主选举产生了25名执委。随后，新当选的全体妇联执委在C107召开了第一次会议，选举产生章雯为学校第一届妇联主席，张艳艳为副主席。

王新华主持了全体会议，王洪法宣读了苏州市妇女联合会同意成立苏州工业职业技术学院妇女联合会的批复。谢建红与王新华共同为学校妇女联合会揭牌。新当选的妇联主席章雯在发言中表示，今后工作中，将在学校党委的带领下，团结全校女性师生，共同努力，为学校高水平高职院校建设做出新的更大的贡献！

谢建红对学校妇联的成立表示热烈祝贺，对学校坚持以习近平新时代中国特色社会主义思想为指引，踩准时代节拍，抓住发展机遇，加快推进产教融合力度，不断优化师资队伍结构，科研创新工作成果丰硕，人才培养质量显著提高等方面取得的成绩表示肯定。同时对学校妇联工作提出三点建议：一是坚持正确方向，切实提升做党的妇女群众工作的责任担当；二是围绕中心大局，切实引领妇女发挥“半边天”作用；三是加强自身建设，切实把妇联组织建设成深受广大妇女信赖与热爱的温暖之家。

王新华在讲话中代表校党委对学校第一次妇女代表大会的顺利召开，对新当选的学校第一届妇女联合会执行委员会的全体成员表示热烈祝贺，并对学校的妇联工作提出要求：一是切实增强妇联工作使命感；二是充分发挥妇联桥梁纽带作用；三是着力加强妇联干部队伍建设；四是积极推动妇女工作在学校高水平建设中上新水平。最后，王书记希望我校妇女同志们要坚定理想信念，提升整体素质，紧密联系学校工作实际，积极而富有成效地开展工作。主动参与学校教育教学改革，勇于创新教育实践，学习和探索先进的教育教学方法，提高教学水平、教学质量和服务能力，在江苏省高水平高职院校建设工作中自觉接受锻炼、增长才干、发挥作用。（妇联）

学校召开落实意识形态工作责任制专题会议

11月29日上午，学校在天枢楼三楼会议室召开落实意识形态工作责任制专题会议。学校党委书记王新华，党委委员、副院长殷海芳和全体中层正职人员参加会议。

会上，党委委员、宣传部部长王竝传达了上级有关高校意识形态工作的会议精神。机电工程系党总支书记张泠和思想政治教学部副主任赵永兵分别围绕党总支一刻也不放松意识形态工作和思想政治理论课落实立德树人根本任务做了交流发言。殷海芳就近期意识形态工作提出了具体要求。

最后，王新华做了总结讲话，他结合省委党校的学习、对上级相关会议的理解，厘清并强调了理解和把握什么是意识形态、意识形态工作的重要地位、高校意识形态工作面临的挑战等概念和观点。随后，结合学校意识形态工作现状，对下一步工作提出要求：一是工作总体要求上，要树牢“四个意识”、扛起主体责任、聚焦突出问题、加强监督考核；二是在工作抓手上，要把握好“四个统筹”，即统筹抓好教师、教材、教学各环节，统筹抓好思政课程和其他课程，统筹抓好“全员育人、全过程育人、全方位育人”，统筹抓好对内与对外方面的意识形态工作；三是突出抓好重点工作。

王新华要求深入学习贯彻习近平新时代中国特色社会主义思想和党的十九大精神，按照上级党组织的工作部署要求，全体中层干部对意识形态工作要经常研究、及时布置、加强督促，遇到问题和矛盾要注意引导、稳妥处置，练就过硬本领，在能力上强起来。（党委宣传部）

学校举行“思源·逐梦”纪念改革开放40周年主题座谈会

12月7日下午，学校举行“思源·逐梦”纪念改革开放40周年主题座谈会。学校党委书记王新华，党委委员、副院长殷海芳，党委委员、宣传部部长兼思政部主任王竝，学工部、团委负责人，各系（院）党总支书记、副书记，关工委老师、思政部全体教师，辅导员代表以及学校2018级新生代表共600余人参加了座谈会。

活动共分为“敢为天下先”“浪起小蛇口”“筑梦新时代”三个版块。从不同视角话改革、谈开放，讲四十年过往变迁，畅四十年未来期许。思政部高珊老师主持活动。

座谈会以纪录片《中国一分钟》开场，回顾了改革开放40年来中国的辉煌与成就。在第一版块“敢为天下先”中，思政部副主任赵永兵副教授畅谈了改革开放10年来吃、穿、住、行的变化；思政部李从如副教授和苏州大学博士后郑善文老师结合自身从多个角度阐述了改革开放以来中国的社会变迁和思想巨变。第二版块是“浪起小蛇口”，思政部杨晔老师以深圳蛇口为切入点，讲述了蛇口现代化建设之路；何卫星老师向在座师生阐述了深圳渔民村的发展变化；王周刚老师以魅力横琴岛引题，倡导当代大学生保护自然环境，建设美丽中国；建艺系数媒2018级吴振君同学为大家进行了演讲，忆往昔、话奋斗，去开创下一个绚丽的四十年。“筑梦新时代”为第三版块，学校关工委顾义元老师、精密系殷铭老师和软件学院2016级葛君同学一起回顾了个人和学校共成长的2015年历程，苏工院的发展映射了苏州职业教育快速成长的15年。之后，顾老师深情朗诵了自己创作的诗歌，表达了对2003年升格后的苏工院15周年的深深祝福及对学校未来的期许。

活动最后，王新华做总结讲话，就改革开放40周年谈了四点认识和感悟。一是要充分认识我国改革开放40年来取得的历史性巨变，四组数据表明无论从国家层面、教育系统，还是苏州、苏工院来讲，改革开放40年取得的伟大成果值得我们每个中国人骄傲。二是要对改革开放40年来的巨变进行深入思考，在赞美改革开放成就的同时，要思考或回答两个问题：“我们为什么要改革开放”“我们的改革开放为什么能取得这么巨大的成功”，从而能更深刻理解改革开放是决定当代中国命运的关键抉择，对内改革、对外开放，完全符合党心民心，完全顺应时代潮流，其遵循的方针和道路是完全正确的。三是要明白纪念改革开放的目的在于继往开来，改革只有进行时没有完成时，中国特色社会主义已经进入新时代，我们要继续学习贯彻落实习近平新时代中国特色社会主义思想，高高举起改革开放的伟大旗帜。四是要继续深化学校改革发展，在座师生是改革开放的参与者、见证者，站在新的起点上，我们仍然必须脚踏实地、继续推进学校的改革创新。学校的改革发展，必须牢牢把握总体要求、必须坚持以市场为取向、必须探索教育教学改革、必须始终坚持问题导向，苏工院因改革而生，因改革而兴，今后也必将因改革而强。（思政部）

学校组织集中观看庆祝改革开放40周年大会

12月18日上午10时，庆祝改革开放40周年大会在北京人民大会堂隆重召开。中共中央总书记、国家主席、中央军委主席习近平出席大会并发表重要讲话。学校领导班子、中层以上干部、思政部教师、辅导员代表等集中收看了大会盛况。

观看过程中，广大教职工聚精会神、边听边记，认真聆听习近平总书记的重要讲话，向为祖国做出突出贡献的改革先锋们表达敬意，共同感受国家改革开放40周年的累累硕果。

（党委宣传部）

教育教学

苏工院大讲堂：摒弃工匠认识误区　创造我的工匠人生

1月3日下午，学校机电工程系邀请“全国机械行业劳动模范”、苏州市第十二次党代会党代表、苏州市五一劳动奖章获得者、创元集团金龙联合汽车工业（苏州）有限公司车焊装部部长宋世民开展“摒弃工匠认识误区　创造我的工匠人生”主题讲座。活动由机电工程系党总支书记张泠主持，机电系2017级全体学生、2016级全体学生干部及其他系（院）学生代表参加了此次活动。

宋世民首先简单介绍了自己的工作经历，随后结合党的十九大报告中提出的“建设知识型、技能型、创新型劳动者大军，弘扬劳模精神和工匠精神，营造劳动光荣的社会风尚和精益求精的敬业风气”精神要求，与在场的同学们分享了两位全国劳模的先进事迹和成长历程。宋世民指出，《中国制造2025》、“互联网+”、人工智能、中国新能源的迅速发展，对广大学生来说是难得的历史机遇。他勉励大家要把握大好时机，锁定人生机会，从基础做起，通过踏实肯干、创新奋斗，增强自己的获得感、尊重感和幸福感，创造美好生活。最后，机电工程系党总支副书记张峥为宋世民颁发了“机电系校外辅导员”聘书。

（机电工程系）

学校3部教材获得江苏省高等学校重点教材立项

近日，江苏省教育厅发布了《省教育厅关于公布2017年高等学校重点教材立项建设名单和第五批出版名单的通知》（苏教高函〔2018〕3号），学校3部教材获得省高校重点教材立项。其中，修订教材2部、新编教材1部，分别是：曹建东、龚肖新主编的《液压传动与气动技术（第3版）》，金薇、邵利群主编的《模拟电子技术项目教程》和石皋莲、季业益主编的《NX10.0多轴数控编程典型案例教程》。（教务处）

2018年江苏省高等职业院校技能大赛工业产品数字化设计与制造赛项开赛

3月23日，由江苏省教育厅主办的2018年江苏省高等职业院校技能大赛“工业产品数字化设计与制造赛项”在苏州工业职业技术学院精密制造工程系开赛。本次大赛的主题是“学习十九大，共筑职教梦”，来自全省22所高职院校的44名参赛选手将展开为期两天的竞技。这是学校继去年承办全国技能大赛后，第二次承办该项目的比赛。

（教务处）

学校举办“415国家安全教育日”活动

4月11日上午，吴中经济技术开发区政法办、国安办会同越溪街道政法科、综治610办联合学校保卫处在教学楼举办“415国家安全教育日”活动，让广大师生更加直观了解当前隐蔽斗争形势，学习维护国家安全的技能。

同时，开发区国安办还在教学楼凝华报告厅举办以“警钟长鸣、居安思危”为主题的“国家安全教育巡回展”，师生到场参观并领取相关普法资料。

（保卫处）

苏工院大讲堂：南京大学徐雁教授到校做题为“最是书香能致远”讲座

4月18日下午，由学校党委宣传部主办的“苏工院大讲堂”在天一报告厅举行，南京大学徐雁教授应邀做了题为“最是书香能致远——读物选择与幸福生活”的讲座。党委委员、宣传部部长王竑主持讲座。各相关职能部门、系（院）党总支副书记、辅导员以及学生代表600余人聆听了讲座。

徐雁教授围绕“最是书香能致远”的主题，指出“书香校园”的建设，是学校教育的永恒追求，以及建设学习型社会的意义。随后，徐雁教授着重介绍了高希均先生的“新读书主义”理念，强调当代青年学生“不再为应付考试而读书”，“不再为应付就业而读书”，要读“一流书”，做“一流人”，构建“一流社会”。徐雁教授以娓娓道来的方式展示了读书的魅力，幽默风趣的语言让同学们在欢快的气氛中深刻体会到“最是书香能致远”“天地阅览室，万物皆书卷”的阅读理念。

（党委宣传部、数字化校园与图文信息中心）

学校举办第二期“我的大学”师生面对面座谈会

4月24日下午，学校第二期“我的大学”师生面对面系列活动“院长奖学金获得者”专场座谈会在天枢楼三楼会议室举行。学校党委委员、副院长殷海芳出席会议。本次活动由学生工作处处长贾虹主持，学校学生工作处、团委、各系（院）党总支副书记和“院长奖学金”获得者代表参加了本次活动。

在本次专场座谈会上，师生们面对面交谈，气氛非常热烈。与会同学畅谈了自己入学以来的学习和生活的现状、问题和困惑，内容涉及转本学习、英语考级、班级学风、人际交往、课外活动等方面，同时还提出了自己近阶段目标和未来的规划。与会老师根据参会学生的实际情况和发言内容进行了有针对性地交流指导。同时，老师们也要求与会同学发挥示范引领作用，处理好成绩与成才的关系、贡献力与竞争力的关系、综合素质与综合能力的关系，学会担当，真正发挥榜样带头作用，鼓励同学们坚守初心、继续努力，勇敢担当起家庭的责任和报效祖国的重任。

最后，殷海芳鼓励与会同学要发挥自身优势，提升综合素质，努力成长成才，不辜负学校对同学们的厚爱和期望。她对与会同学提出了三点希望：一是要明确目标，努力学习，提升修养；二是要身体力行，积极实践，提高能力；三是要自加压力，示范引领，成长成才。殷海芳希望通过师生面对面系列活动，进一步发扬教师“爱校如家、爱生如子、爱岗敬业”的“三爱”精神，持续跟踪关注学生的动态发展，提升学生的综合能力，提高人才培养的质量，在立德树人的过程中真正体现“我在乎你”的学校精神。本次活动在热烈而愉快的氛围中圆满结束。

（学生工作处）

学校举行“走近马克思，学习进行时”师生学习座谈会

5月10日上午，学校召开学习习近平总书记在考察北京大学的师生座谈会和纪念马克思诞生200周年纪念大会上的讲话精神座谈会。学校党委书记王新华出席会议。本次会议由学校党委委员、副院长殷海芳主持，学校党委宣传部、学生工作部、团委主要负责人，各系（院）党总支副书记，全体辅导员和优秀学生代表参加了座谈会。座谈会上，与会师生集中观看了习近平总书记的两次重要讲话视频，大家纷纷发言，从各自的角度分享了学习心得。

学校党委书记王新华简要总结了本次学习座谈会，分享了他的学习体会，并对学习贯彻落实习近平总书记的讲话精神提出了要求：一是要继续高扬马克思主义伟大旗帜，认真学习马克思主义思想，坚持社会主义办学方向，贯彻落实习近平总书记对青年学生提出的要求，培养社会主义建设者和接班人；二是要切实开展好马克思主义理论教育，把马克思的基本理论传授给学生，把马克思主义信仰贯彻到育人工作实践中去，让学生切实领悟到马克思主义真理的力量；三是要更加牢固树立共产主义理想，坚定马克思主义信仰，把立德树人作为检验学校一切工作的根本标准，不断提高育人工作水平。

最后，殷海芳就落实王新华讲话要求提出三点希望：一是希望与会人员要履行好岗位职责，深刻领会习近平总书记讲话精神，落实立德树人根本任务，努力提高认识，积极创新举措，构建大思政格局，努力提升育人工作实效；二是希望全体辅导员老师要做有理想信念、有道德情操、有扎实学识、有仁爱之心的“四有”老师，做好学生的知心朋友和人生导师；三是希望广大青年学生要用实际行动践行习近平总书记提出的“爱国、励志、求真、力行”的要求，勤奋学习，积极实践，成为知行合一的时代新人。（学生工作处）

学校举行“立足新时代　担当新使命”理论宣讲活动

5月18日下午，由学校学生工作部主办的主题为“立足新时代　担当新使命”的理论宣讲活动是“红色校园”的组成部分，学校8名辅导员和2名思政部老师担任本次活动的主讲人。学校党委书记王新华，党委委员、副院长殷海芳，党委委员、宣传部部长兼思政部主任王竝出席本次活动。学校党委宣传部、学生工作部、团委主要负责人，各系（院）党总支书记、副书记，全体辅导员和600多名学生代表参加了本次理论宣讲会。活动由建艺系党总支副书记雷冰主持。

“吾是青年当自强，发愤图强做栋梁”，一段由学校大学生表演的《吾是青年》手势舞快闪带领全场进入本次理论宣讲的开篇，精密系辅导员胡渠作为开篇主讲人，介绍了本次理论宣讲会的背景，引出本次理论宣讲的主题。辅导员居晓玮、胡晓红、邓霞、冯成辰、田婷和姚遥等6位老师分别从理论中国、信仰中国、文化中国、美丽中国、幸福中国、青春中国等六个方面，深入浅出地讲解和传达了党的十九大精神。思政部高珊和张艳老师用风趣、幽默的方式介绍马克思的生平，既体现了专业性又不失趣味性，拉近了伟人和学生之间的距离。“少年智则国智，少年富则国富；少年强则国强，少年独立则国独立”，机电系学生倾情朗诵了《少年中国说》。辅导员罗玛最后从爱国、励志、求真、力行四个方面阐述了新时代赋予青年的新使命。

最后，殷海芳对本次理论宣讲会做了精彩点评，与全场师生一起分享了她的观摩感受。一是选题精当，体现了鲜明的时代特征；二是主讲精彩，展现了宣讲老师的风采水平；三是落点精准，回答了当代大学生的人生课题。殷海芳认为辅导员老师把学习十九大精神的学习体会，用通俗易懂的语言，用学生喜闻乐见的方式进行现场宣讲，取得了较好的效果；她要求辅导员不断提升自

己，做有理想信念、有道德情操、有扎实学识、有仁爱之心的“四有”老师；她强调广大学生要践行“爱国、励志、求真、力行”的要求，在实现“两个一百年”的奋斗目标、实现中华民族伟大复兴的中国梦的实践中放飞青春梦想，书写人生华章。

（学生工作部）

国赛工业产品数字化设计与制造赛项在我校开赛

6月4—5日，2018年全国职业院校技能大赛高职组“三维天下杯”工业产品数字化设计与制造赛项在学校正式开赛，此项赛事连续两年在学校举办。

本项赛事由教育部、国家发展和改革委员会、科学技术部、工业和信息化部、财政部等国务院部委联合举办。设立了天津主赛区和江苏、浙江等22个分赛区，由74个大项的常规赛项和8个行业特色赛项组成。来自全国27个省、自治区、直辖市的76支代表队共152名参赛人员参加了高职组工业产品数字化设计与制造赛项的竞赛。值得一提的是，大赛还吸引了来自印度的国际代表队，成为本项赛事的一大亮点。

6日上午，2018年全国职业院校技能大赛高职组“三维天下杯”工业产品数字化设计与制造赛项闭赛式在学校天一报告厅举行。全国机械工业教育发展中心主任、全国机械职业教育教学指导委员会主任陈晓明，江苏省教育厅副巡视员袁靖宇，苏州市副市长曹后灵，江苏省教育厅高教处调研员王建军，苏州市教育局副局长高国华，学校党委书记王新华，院长王洪法以及机械工业教育发展中心董桂桥顾问、黄小东处长、吕冬明副处长，本项赛事专家组赵敬云教授、裁判组申世起教授、监督组童晓云教授、仲裁组李斌教授，学校领导班子全体成员，赛事工作组全体成员，各参赛院校队师生代表，我校师生代表一同参加了闭赛式。大会由王洪法主持。

本赛项共产生一等奖8项、二等奖15项、三等奖23项，有16名指导教师被授予优秀指导教师称号。代表江苏一队参赛的学校选手周东杰和祁昌恒获一等奖第一名，学校石皋莲和殷铭老师获优秀指导教师荣誉称号。来自印度的国际代表队获得了优胜奖。出席本次闭赛式的领导嘉宾依次上台为获奖师生颁发获奖证书和奖杯。

（党委宣传部）

感悟生命真谛，绽放生命光芒——学校开展“生命之美，你我共绘”大学生心理健康主题教育活动

为进一步推动学校心理育人工作，着力培育师生理性平和、积极向上的健康心态，本学期开学以来，学校开展了“感悟生命之美”“发现生命之美”“绽放生命之美”三个系列活动。

“感悟生命之美”，开展“青春健康大讲堂”和心理微文、微海报、漫画比赛。3月19日下午，学生工作处邀请苏州市疾控中心科长、主任医师赵秀萍给300名女生代表进行题为“生命之美，你我共绘”女生心理健康讲座。全校学生积极参与到心理微文、心理微海报、心理漫画系列各项比赛。“发现生命之美”，开展心理健康主题班会和“青春健康，同伴教育”活动。各系（院）开展“生命之美，你我共绘”大学生心理健康主题班会观摩交流活动，以班级为单位开展2017级学生的“青春健康，同伴教育”活动。“绽放生命之美”，开展“三困”学生现状调研，营造“我在乎你”温暖之家。学校大学生心理健康教育中心秉承“我在乎你”的学校精神，尤其关注特殊学生群体，开展人文关怀，提供心理支持服务。同时，在毕业生中着力宣传心理调适方法，疏解就业压力，激发他们走向社会、服务社会、为国家建功立业的积极性。

“感悟生命之美”“发现生命之美”“绽放生命之美”三个系列活动，通过讲座、征文、漫画、

海报、班会、调研活动等形式，让学生们树立了“生命之美”的理念，引导学生增强了“珍爱生命”的意识。不仅为学校大学生健康成长提供坚实有力的保障，而且进一步推进了心理育人工作，丰富了校园文化生活。（学生工作处）

学校召开2018届毕业生座谈会

6月9日上午，学校在天枢楼会议室召开2018届毕业生座谈会，党委委员、副院长殷海芳，学生工作处负责人，各系（院）毕业生代表共20多人参加了本次会议，共话离别。学工处处长贾虹主持本次会议。

座谈会上，毕业生们细数了过往三年的大学生活，表达了对母校的感恩之情；他们分享了作为青协志愿者，参与志愿服务活动的经历；分享了加入创新工作室，在导师的带领下全力备战省赛、国赛的经历；他们畅谈人生的理想目标，希望在未来的人生道路上能够提升学历，积累经验，在工作岗位中实现自我的价值。与会毕业生还从对母校的责任和关爱角度出发，对学校的人才培养、教育管理、实习实践和校园生活等方面提出了自己的建议。

座谈会最后，殷海芳对毕业生提出三点希望。一是希望同学们融入新时代，争取新作为。要志存高远，脚踏实地，与社会的发展和进步同频共振，做一个有思想有作为的时代新人。二是希望同学们努力修身立德，实现人生价值。要不断提升个人素质，承担起家庭和社会的责任，做有担当有责任的社会人。三是希望同学们培养立身之本，成就精彩人生。要不断提升专业技能，做明德精技、敬职尽责的职业人。（学生工作处）

学校隆重举行2018年“毕业生党员集中教育管理月”启动仪式暨“牢记党员身份，争当青年先锋”主题教育活动

6月9日下午，学校举行2018年“毕业生党员集中教育管理月”启动仪式暨“牢记党员身份，争当青年先锋”主题教育活动。学校党委书记王新华，党委委员、副院长殷海芳，党委委员、宣传部部长王竝，相关党委部门、党总支负责人，学生党支部书记，全体毕业生党员，在校学生党员，学生入党积极分子代表等300多人参加本次活动。

活动伊始，嘹亮的国歌在丛荟厅中响起，由学校组织部副部长、团委书记陈艺同志领誓，全体党员面对鲜艳的党旗，庄严地举起右手，重温入党誓词。接着，学校领导向毕业生党员代表赠送了《党员组织关系管理问答》和《党员组织纪律警示卡》。毕业生党员代表、软件与服务外包学院信管15C1班史淑琴同学宣读《致广大毕业生党员的倡议书》，往届优秀毕业生党员代表、苏州食行生鲜电子商务有限公司企业事业部大客户部总监、2011届毕业生党员赵伟巍做了代表发言。

王新华在讲话中指出，毕业生党员教育活动是增强毕业生党员党性意识和组织纪律观念，保持党的先进性和纯洁性的重要举措，是提升党员素质的重要途径。王新华对毕业生党员提出了三方面要求：一是正确认识和深刻理解党员身份重要内涵，要充分认识到党员身份体现了党员对自身的要求、党组织对党员的要求和全社会对党员的期望；二是积极践行习近平新时代中国特色社会主义思想，要做学习践行习近平新时代中国特色社会主义思想，坚定维护习近平同志核心地位、领袖权威和落实习近平新时代党的建设总要求的合格共产党员；三是不忘初心，牢记使命，争当青年先锋，要不断加强自我管理，努力提升自身素质，主动争当青年表率。

仪式结束后，王竝为全体毕业生党员做题为《学习习近平新时代中国特色社会主义思想，争做新时代有为青年》的专题党课。（党委组织部）

守诚于心，立信于行——学校开展资助诚信教育主题活动

为进一步充分发挥资助育人功效，加大诚信教育宣传力度，促进学生提高诚信意识、培育诚信品质，学校开展"守诚于心，立信于行"学生资助诚信主题教育活动，引导学生感恩在心、诚信在行、责任在肩。

"树立诚信观念，遵守信用规则"——做好助学贷款学生毕业确认。5月份，学校组织各系院开展2018届毕业生生源地信用助学贷款网上"毕业确认"工作；6月份，各系（院）召开诚信还款座谈会。"恪守诚信规则，履行还款义务"——做好毕业生诚信还款承诺。"强化诚信意识，普及金融知识"——开展诚信特色主题教育活动。

守诚于心，立信于行，学校共组织242名助学贷款学生进行了毕业确认，组织460位在校学生座谈，在全体学生中开展并宣扬了诚信特色主题教育活动。加强了学生对国家助学贷款及其他资助政策的了解，保证了助学贷款的按时回收，培养了学生自强不息、守信做人、心怀感恩、勇担责任的意识，也在全校形成了诚实守信的良好校园氛围。（学生工作处）

我校成功申报江苏省中等职业学校教师国家级培训基地

根据苏教师〔2018〕7号文《省教育厅关于做好2018年中等职业学校教师国家级和省级培训工作的通知》要求，学校详细研究、制定培训方案，深入开展项目调研和设计，着力创新培训内容和方式，确保项目高效开展，以期提高培训质量。经过精心申报、资格评标、项目评审、网上公示等程序，并综合我校以往项目实施情况，由省中等职业教师培训中心审核、省教育厅批准，学校成为江苏省中等职业学校教师国家级培训基地，并且今年成功申报了国培项目GP-C1-2，即加工制造类专业带头人能力提升专题研修，该项目于7月9日开班。（继续教育学院）

学校两个典型案例入选省高等职业教育质量年报（2018）

在日前出版的《江苏省高等职业教育质量年度报告（2018）》中，学校人才培养工作的两个典型案例成功入选。案例一为学校通过遴选典型企业，针对典型产品，设计典型案例，建设典型企业学院、典型实训室与研发中心，开发典型教材与教案，从供给侧解决专业建设与产业技术发展不适应、教学实施过程与生产过程结合不紧密的难题，构建教材、教师、教室、教案、教风对接企业生产"五教合一"的人才培养新体系；案例二为学校紧扣智能制造产业发展新需求，发挥人才优势，服务苏州智能制造产业。

《报告》中还提及了学校落实省委"人才新政26条精神"，大力实施人才强校、博士倍增等人才工程以及苏州市政府给予学校高层次人才引进的支持政策。（质量保证中心）

学校召开2017—2018学年教学工作总结会

7月6日上午，学校在天枢楼402会议室召开了2017—2018学年教学工作总结会。学校党委委员、副院长苏霄飞，教务处处长何福男，教务处副处长葛晓忠出席会议，各教学单位主任、副主任、专业带头（负责）人、教研室主任、实训中心主任、教学联系人和教务处各科室科长参加了会议。会议由葛晓忠主持。

会上，首先由何福男代表教务处进行了学年教学工作回顾与小结。接着由石皋莲教授、王喜博士、朱祥贤教授和袁芳老师分别以省品牌与骨干专业建设、智能制造特色新专业建设、系部教学常规管理和教研室建设等四个主题进行了工作经验交流。之后针对专业建设、课堂教学大赛、课程建设和技能大赛方面，布置了下半年度教学重

点工作。

最后，苏霄飞做讲话。他肯定了本次教学工作总结会议召开的意义，强调各个基层教学组织要认真组织好下周的总结活动。一是要从思想上重视，结合教师的“六个一”开展总结、思考，赛一赛成绩、找一找问题，谋划好下一阶段的新目标。二是各个基层教学组织要做好基础工作，坚持问题导向，对照职责、对照学校发展战略、对照标杆，找出问题，创新意识，跨越式开展工作。三是要谋划工作、定好目标，基础工作讲规范、重点工作有价值、创新工作讲愿景。苏霄飞希望每位老师都能在学校高水平建设的过程中贡献自己的力量，也收获自身的成长，共创学校美好的明天。

（教务处）

加工制造类专业带头人国培项目在学校开班

7月9日，由学校承办的中职师资专业带头人能力提升研修国培项目，在机电工程系M318会议室举行了开班仪式。学校副院长温贻芳、继续教育学院院长廖文杰、机电工程系副主任于霜，以及来自江苏省内28所中职院校的28位加工制造类专业骨干教师学员出席了仪式。

温贻芳在开班仪式上致欢迎词，热烈欢迎各位学员到学校参加能力提升研修，并介绍了学校的办学思路和近几年的发展情况，希望通过培训能多增进兄弟院校之间的交流。廖文杰对此次第一阶段为期9天的教师研修培训目的、培训内容及培训安排做了详细的介绍，并提出了相关要求，希望每位学员能学有所成、学以致用。

（继续教育学院、机电工程系）

学校成功获批教育部第三批现代学徒制试点单位

教育部发布了《教育部办公厅关于公布第三批现代学徒制试点单位的通知》（教职成厅函〔2018〕41号），按照“自愿申报、省级推荐、部级评议”的工作程序，确定了第三批194个现代学徒制试点。学校成为教育部第三批现代学徒制试点单位。

学校高度重视现代学徒制试点工作，前期申报阶段，积极总结和提炼基于机电工程系博世学徒制项目的工作经验，根据教育部和省教育厅文件要求，认真撰写任务书和建设方案。此次获得试点单位立项建设后，学校将牢牢把握现代学徒制的核心要素、主要内容和发展方向；对照任务书和建设方案，高标准严要求，扎实推进各项试点任务；聚焦重心、汇集力量在试点的重点方向，争取形成突破，取得实实在在的成果；并按照文件要求，接受年度检查和验收，确保试点工作顺利实施。

（教务处、机电工程系）

学校领导视察校园安全和开学准备工作

新学期伊始，为确保学校各项工作正常开展，9月6日上午，学校党委副书记、院长王洪法，党委委员、副院长殷海芳，党委委员、副院长苏霄飞携相关部门负责同志，对校园安全和开学各项准备工作进行了全面视察和指导。

王洪法一行先后来到天波楼、天巧楼和公共教学区，对办公区和教学区的维修改造做出了明确指示。王洪法深入食堂后厨和学生宿舍，与食堂工作人员和返校学生亲切交谈，强调要把食品卫生安全工作放在首位，要保证学生生活区的消防安全。王洪法一行还来到综合实训大楼施工现场，与施工单位负责人进行了现场交流，要求必须在保质保量的前提下，加快项目推进。

视察中，王洪法对各项开学准备工作给予了肯定，并要求相关单位和部门要针对检查中发现的问题，尽早拿出解决方案并及时解决，保障新学期开学各项工作平稳有序运行，努力为广大师生创造一个良好舒适的学习、工作和生活环境。

（党政办公室）

党委副书记、院长王洪法为机电工程系新生讲授“新生第一课”

9月18日晚，学校党委副书记、院长王洪法为机电工程系2018级新生讲授新生第一课。活动由系党总支书记张泠主持，系全体新生辅导员、班主任及2018级554名新生到场听课。

王洪法围绕新生的“衣食住行”和“成长成才”，分别从城市发展、学校精神与校训、专业师资团队、技术技能与学历提升等方面给予详细的阐述和指导，鼓励机电学子们在苏工院的三年里要牢记学校“向阳而生，精工笃行”的校训，以“强身、健心、精技、博爱”为目标，注重精神世界的培养，珍惜在校时光，明确自己的理想方向。随后，王洪法还与新生们进行了现场互动，回答学生们关心的入党、升学、食堂、贫困生帮扶等问题。

近年来，机电工程系始终秉承“我在乎你”的学校精神，全心全意做好每一位新生的教育、规划和服务工作，让更多的青年学生早日出彩。

（机电工程系）

学校举行苏州市2018“青盾行动”启动仪式

9月20日下午，由苏州市公安局、苏州市禁毒委员会办公室、苏州市教育局、共青团苏州市委员会联合指导的2018“青盾行动”——苏州高校公共安全教育开学第一课巡讲活动启动仪式在逊院隆重举行。苏州市公安局、禁毒办、教育局、团市委和学校领导，以及学校2018级全体新生参加了此次活动。

首先，由学校王洪法院长致辞，王洪法希望全体2018级新生积极行动起来，以这次学习为契机，形成“人人关心校园安全”的浓厚氛围，努力增强自我防范能力，做到警钟长鸣，永记心间。随后，由出席活动的领导嘉宾向学生代表发放《2018苏州市青少年公共安全自护手册》以及“青盾行动”徽章，紧接着由苏州市公安局党委委员、副局长金锡奇为“青盾行动”讲师团授旗。最后，学校艺术团进行了舞蹈表演。

启动仪式结束后，“青盾行动”讲师团将奔赴苏州市10余所高校授课，预计宣传教育受众达3万人。接下来的巡讲，将围绕拒毒防毒、反诈防骗、消防安全、交通安全、治安防范、心理疏导等综合性安全教育内容，通过在校园内布置活动宣传海报、宣传展板，设立LED大屏幕滚动播出安全教育主题宣传片和主旋律题材电影等形式展开。

（团委、保卫处）

学校智能控制技术专业教学资源库入选国家资源库备选库

近日，教育部公布了2018年度职业教育专业教学资源库备选库的名单（教职成司函〔2018〕121号）。本次国家教学资源库的评选，经过院校申请、省级推荐、资格审查、材料公示、网络预审和专家评议等多个环节，在全国申报的134个项目中，最终遴选确定81个教学资源库为2018年度国家级备选库。学校独立主持申报的智能控制技术专业教学资源库成功入选。

学校高度重视专业教学资源库建设工作，智能控制技术专业资源库由以机电工程系为主的系院承担建设，并联合了17所院校和16家行业企业参与建设。职业教育专业教学资源库是“互联网+职业教育”的重要实现形式，对于提升教学信息化水平，带动教育理念、教学方法和学习方式变革，提高人才培养质量具有重要意义。学校将以此次成功入选2018年度职业教育专业教学资源库备选库为契机，对照《职业教育专业教学资源库建设工作手册（2018）》，参考专家意见，进一步完善建设方案、落实任务、接受监测，重点强化资源库的使用便捷、应用有效和共建共享机制设计，建立长效的激励机制，保障资源库的资源质量、资源更新、使用效果等，使智能控制技术专业教学资源库明年能顺利入选国家级资源库建设项目，为学校高水平高职院校的建设做出积极贡献。

（教务处、机电工程系）

学校2018年教师课堂教学大赛决赛拉开序幕

11月6日上午第2节课，何卫星老师以“改革创新是青春远航的动力”为题的一节思想道德修养与法律基础课拉开了学校2018年教师课堂教学大赛决赛的序幕。本节课上，兄弟院校专家、评委、教务处处长何福男、宣传部部长王竝、建艺系党总支书记叶文红和思政部老师们参加了听课活动。

为贯彻落实全国教育大会精神，着力推动课堂改革，推进四个回归，全面提升高职教育教学质量，学校组织开展2018年教师课堂教学大赛。9月启动了初赛，以“精彩10分钟”微课展示的形式开展，共有228位教师参与，经各单位组织评审，共推荐决赛参赛教师20位。本次决赛采用随堂听课的形式，邀请了校外专家和各单位教学主任担任评委，将用2周时间完成20位教师的课堂风采展示。

今年是学校举办教师课堂教学大赛的第2个年头，旨在通过大赛促使教师将立德树人、学生主体、能力核心的教学理念落实到教学实践中，重视工匠精神、职业技能培养以及现代信息技术运用，促使教师提升教学技能、专业技能，充分展现教学风采，打造“金课”，淘汰“水课”，培育苏工新名师，切实提高人才培养质量。

（教务处）

苏工院大讲堂：传承非遗文化，“绣”出苏州名片

11月6日，由苏州工业职业技术学院主办，软件与服务外包学院承办的“苏工院大讲堂——苏绣艺术的鉴赏”在学校天一报告厅举行。苏州市工艺美术学会常务理事、秘书长冷坚老师为同学们开讲。学校党委宣传部副部长金昱，软件与服务外包学院党总支书记陈希、党总支副书记张琰、第二党支部书记韩雪芳、分团委书记居晓玮、辅导员代表薛惠敏，以及全校500余名大学生共同聆听讲座。

冷坚老师立足于苏绣起源及历史、苏绣艺术特点、苏绣技法沿革、苏绣名家故事四个方面，用丰富翔实的史料向在场的师生生动地介绍了苏绣这一优秀的传统手工艺的精髓，让大家深刻领略了作为吴文化缩影的苏绣艺术“精细雅洁”的风采。

随后冷坚老师做客学校大学生新媒体中心的“石湖微访谈”活动并向大学生赠送了《苏州工艺美术》期刊。冷坚老师在和大学生们的交谈中阐述了“天时地利人和”是苏绣艺术经久不衰的原因，也指出了优秀传统文化在当今社会面临青黄不接的局面。冷老师希望大学生们在学好专业知识技能的基础上，要提高艺术修养，增强综合素质，为中华优秀传统文化的传承贡献一份力量。

（软件与服务外包学院）

学校协办新一代信息技术人才培养研讨会

由全国工业和信息化职业教育教学指导委员会主办，全国工业和信息化职业教育教学指导委员会、计算机类专业指导委员会、全国云计算大数据职业教育集团承办，苏工院、南京第五十五所技术开发有限公司、江苏一道云科技发展有限公司等协办的新一代信息技术人才培养研讨会在苏召开，百余名专家共商信息技术人才培养大计。

现场，来自全国86所学校院所的百余名专家共同商讨云计算、大数据及人工智能等专业建设，促进产教合作力度、深度与广度。学校院长王洪法出席大会并致辞，副院长苏霄飞做《工

业化与信息化融合　打造专业建设新生态》主题报告。随后，全国人工智能职业教育产教联盟成立，云计算技术与应用专业教学标准开发课题结题颁奖。当天下午，新一代信息技术人才培养方案分论坛在学校丛荟厅举行，并进行了院校建设成果展示。

（党委宣传部、软件与服务外包学院）

苏工院大讲堂：梦想之路，与法同行

11月14日下午，建筑工程与艺术设计系邀请苏州市律师协会公益法律服务工作委员会副主任、苏州市仲裁委员会仲裁员孙永旺律师在丛荟厅为2018级学生开设“不让青春蒙上阴影”法律讲座，建艺系党总支副书记雷冰和全体辅导员参加了此活动。

孙律师首先和大家分享了校园贷、校园暴力、考试作弊，校园外的酒驾、醉驾等案例。接着分析了此类大学生常犯行为的动机及诱因，提出了当今大学生违法犯罪的严重性及大学生增强法律意识的迫切性。最后孙律师提出高校要加强学生的法治教育，帮助学生树立正确的人生观和价值观，以预防学生产生违法犯罪行为，不让青春蒙上阴影，常怀对法律的敬畏之心，知法、懂法、守法，做到梦想之路与法同行，脚踏实地地走好人生的每一步。

（建筑工程与艺术设计系）

苏工院大讲堂：明德崇法，笃行致知

11月21日下午，精密制造工程系邀请北京市惠诚（苏州）律师事务所刘伯成律师在天一报告厅为2018级全体新生开设以“树立宪法意识，远离网贷、毒品”为主题的法治讲座，精密系党总支副书记童钰祥和全体新生辅导员参加了本次活动。

刘律师以一部校园贷法治宣传视频为引子，为同学们开启法律知识的大门。接下来，刘律师根据自己多年的工作经验，列举大量校内外发生的鲜活典型的校园贷案例。刘律师的讲解深入浅出，以案释法，以法论事，将深奥的道理寓于其中，通俗易懂且发人深省。同学们都认真聆听，并积极地参与讨论。刘律师给学生们上了一堂生动的法律知识教育课，为同学们在面对校园贷、毒品等问题，尤其是掉入校园贷陷阱后如何第一时间采取正确的应急处理措施保障权益提供了专业指导，同学们纷纷表示受益匪浅。

童钰祥对刘律师的精彩讲解表示衷心的感谢，并对同学们寄予以下几点希望：一是希望同学们在学好专业知识的同时，也要学好法律知识，只有学法、知法，才能守法、用法，提高自身的法律意识和法律素质；二是希望同学们能够树立正确的消费观，抵制物质上的诱惑，不被金钱迷惑，做新时代好青年；三是希望同学们遇到法律问题时，及时寻求家长、学校或律师的帮助，要通过正规途径解决问题，相信法律的公平公正。

（精密制造工程系）

学校召开海格电控项目教研用研讨会

11月26日下午在软件与服务外包学院I204会议室，学校副院长苏霄飞主持召开了学校海格电控项目教研用研讨会。教务处处长何福男，对外交流与校企合作处处长王震，科技处副处长祝清兰，电子与通信工程系主任章雯及软件与服务外包学院相关领导陈希、罗颖、王喜及项目主要负责人刘文军博士、朱东老师参加此次研讨会。

会议上，刘文军博士等先后汇报了新能源汽车监控项目的技术方案、项目进度以及项目在教学、竞赛、科研等方面的成果。接着，教务处、对外交流与校企合作处、科技处、电信系等部门、系（院）领导分别从教学资源建设、校企沟通机制、经费使用、项目申报、系部合作等角度进行了深入的交流研讨。最后，苏霄飞进行了总结讲话，他在讲话中对项目团队取得的阶段成果给予了充分肯定，并且对后续工作提出了明确要求。

会议结束后，苏霄飞一行参观了工业云大数据中心，并与正在实验室开展研发工作的团队成员进行亲切的交谈，详细了解海格项目研发情况及研发师生团队。（软件与服务外包学院）

学校国旗班开展爱国主义教育活动

12月1日，学校人武部组织2017级国旗班同学赴句容茅山新四军纪念馆，开展主题为“不忘初心，牢记使命，树时代新风，立爱国壮举”的爱国主义主题教育活动。

国旗班成员们瞻仰了茅山苏南抗战胜利纪念碑，参观了新四军纪念馆，了解新四军抗战历史。面对一份份翔实的历史资料、一件件生动的革命文物和一个个激昂的战斗故事，同学们深受感动。

此次活动给同学们上了一堂生动而深刻的爱国主义教育课。参观结束后，同学们交流讨论，感慨万千：祖国的大好河山，无不浸透着革命先烈们的鲜血，只有强军，才能富国。同学们纷纷表示，要做五星红旗的忠诚卫士，继承革命传统，矢志奋发有为，成为拥书自雄、报效祖国的示范标兵，把爱国情怀展现在实际生活中，落实在身边。

（人民武装部）

苏工院大讲堂：循法问律——我与律师面对面

12月4日下午，机电工程系联合苏州高新区司法局开展“循法问律——我与律师面对面”活动，苏州高新区司法局优选聘请了上海市浩信（苏州）律师事务所张宗峦、江苏昊强律师事务所谢玉峰两位律师为在校师生开展法治宣传，机电系党总支副书记张峥，大一、大二辅导员及学校两个年级500多名同学参加了活动，活动由辅导员高小涵老师主持。

活动分为宣传讲座和访谈互动两个环节。首先，张宗峦律师就劳动合同法中关于合同签订与终止、薪酬标准、违约条件、合同解除、工伤认定、劳动仲裁等12个方面结合实例进行了详细讲解。访谈互动环节，3名学生代表分别阐述了网贷、身份信息盗刷、兼职陷阱三段真实经历，由谢玉峰和张宗峦两位律师逐一进行了案件分析和法律条款介绍，并告诫在场的同学们要牢记“天上不会掉馅饼，一夜暴富是陷阱”的警句。两位律师的精彩讲解赢得了同学们的阵阵掌声。谢玉峰律师还特地为同学们带来了200多本自己设计制作的《你最想知道答案的100个法律问题》咨询手册，同学们争相领取。（机电工程系）

苏工院大讲堂：国教院举行大学生网络意识形态安全教育讲座

12月10日晚，国际教育学院邀请了苏州市公安局网络警察支队大队长陈施胤在天一报告厅举办了一场大学生网络意识安全教育讲座。讲座由国教院党总支书记王震主持，国教院2017、2018级全体学生及软件与服务外包学院学生等近600人参加。

陈队长主要围绕中国互联网网络发展概况，互联网安全形势与挑战，依法加强网络安全监督，提高懂法、守法、用法意识，提高自我安全防护意识和能力等方面进行了生动、全面的讲解。同时，陈队长结合真实案例，提出学生们使用手机、电脑进行网络交流和购物等活动时要注意的事项，提醒学生要加强对网络安全意识重要性的认识，安全使用网络。（国际教育学院）

苏工院大讲堂：经管系举办“浅谈苏州书画及装裱文化的发展”讲座

12月18日下午，经贸管理系在丛荟厅举办了“浅谈苏州书画及装裱文化的发展”讲座。经管系党总支副书记、副教授梁青春主持活动，苏州市苏裱技艺研究会常务理事、苏裱非物质文化遗产资料撰写人孟咸昌先生主讲。

孟老先生声情并茂地向同学们介绍了中国裱画的演变、苏州吴门画苑厂史、裱画工艺等。孟老先生不仅对裱画工艺发展历史、文化名人对裱画发展的贡献、裱画对中国书画艺术和文化事业的贡献、苏州裱画的历史地位以及苏州吴门画苑对于苏裱的传承等专业知识如数家珍，还带来了大量的实物与师生们进行了互动交流，让现场观众零距离地接触了裱画工艺。讲座结束后，孟老先生还热情地回答了同学们的提问，勉励大家积极传承大国工匠精神。

孟老先生曾于20世纪80年代末受国务院轻工业部委托参与制定中国第一个“裱画工艺标准”。孟老先生退休前任职于苏州吴门画苑古旧书画修复部，曾为全国20多家省、市博物馆修复古旧书画。孟老先生20世纪60年代就读于苏州工业职业技术学院的前身——苏州市第七中学。本次活动是他第二次回母校做汇报讲座。

（经贸管理系）

科研学术

学校立项建设全国机械行业“机器人与智能制造创新基地”

日前，机械工业教育发展中心和全国机械职业教育教学指导委员会联合发文（机教中研函〔2017〕58号文），学校“机器人与智能制造创新基地”获立项。

“机器人与智能制造创新基地”旨在聚焦机器人与智能制造新技术领域，围绕“人才培养质量一流、创新和社会服务能力一流”的建设目标，打造深化产教融合、校企合作的运行平台。（科技处）

学校三位教师的社科研究成果入选2017年苏州蓝皮书

3月1日，苏州《中国苏州发展报告（2017）》电子书正式发布。2017年苏州蓝皮书《中国苏州发展报告（2017）》共收录30篇研究成果，学校入选3篇，占比10%，分别为盛永华老师的《苏州培育发展独角兽企业基础与路径报告》、周芳老师的《苏州发展服务型制造业的动力机制与对策研究》以及苏华老师的《苏州企业“机器换人”对就业人群的影响和对策研究》。

（科技处）

学校苏州市智能机器人科普馆获批苏州市科普场馆建设

苏州市财政局、苏州市科学技术协会联合发文《关于下达2018年度第一批苏州市级科普项目经费的通知》，学校申报的苏州市智能机器人科普馆获批立项建设，支持建设经费20万元。

（科技处、机电工程系、软件与服务外包学院）

学校多项课题获2018年度苏州市社会科学基金项目立项

中共苏州市委宣传部、苏州市哲学社会科学界联合会公布2018年度苏州市社会科学基金项目（应用对策类）立项项目的通知，学校有12项课题获得立项。

（科技处）

学校教师再获2018年度省自然科学基金（青年基金项目）立项

江苏省科技厅公布了2018年度江苏省自然科学基金项目评审结果。学校李文俊博士报送的“基于时间感知的多样性小众推荐算法技术研究”项目获批青年基金项目。

（科技处）

学校教师获2018年省政策引导类计划(软科学研究)立项

江苏省科技厅公布了2018年省政策引导类计划(软科学研究)项目评审结果。学校王佳博士报送的"创新与开放驱动苏南打造世界级先进制造业集群路径与对策研究"项目获批立项。

(科技处)

学校首次获批2018年度教育部人文社会科学研究项目

2018年度教育部人文社会科学研究项目评审结果揭晓,根据《教育部社科司关于2018年度教育部人文社会科学研究一般项目评审结果的公示》,学校周芳老师申报的"高职院校专业建设与区域产业转型升级融合发展研究——基于丝绸之路核心区的实证分析"获得青年基金项目立项。

(科技处)

学校教师再获国家自然科学基金项目立项

8月16日,2018年度国家自然科学基金项目评审结果正式公布,学校精密制造工程系关集俱博士主持的"笼形纳米碳包合物作为切削介质的冷却与润滑机理研究(E050901)"获批国家自然科学基金青年科学基金项目,获资助金25万元。

(科技处)

学校3项项目获苏州市科技发展计划项目立项

苏州市科技局下发了2018年度苏州市科技发展计划项目立项通知,学校有3项项目获批立项。石皋莲教授主持的"苏州市精密检测技术重点实验室"立项重点实验室;张淑红副教授主持的"FPC线路板自适应AOI收放卷机开发与研究"立项重点产业技术创新前瞻性应用研究项目;陈丽博士主持的"基于人工智能算法的水产养殖环境智能监控及预警系统研究"立项农业科技创新项目。

(科技处)

学校获批为国家自然科学基金依托单位

经过近几年的不懈努力,接国家自然科学基金委员会的通知,根据国家自然科学基金委员会公布的《关于公布2018年国家自然科学基金依托单位注册审批结果的通告》(国科金发计〔2018〕99号),学校正式通过国家自然科学基金依托单位注册申请的审核,获批国家自然科学基金依托单位。

(科技处)

"建艺论坛"开讲啦——以讲促写　以写促学　校企合作　不断提高教师科研教学水平

12月19日,建艺系204会议室里开展了一次别开生面的论文宣讲活动。学校领导王洪法院长、温贻芳副院长,来自合作企业广林建设有限公司的设计总监欧阳志刚、诚信金泰的总经理鲁文华及唐人营造的杨南一同参加了此次活动。

建艺系主任助理郝敬峰博士一马当先拉开了"建艺论坛"的序幕,他条分缕析地介绍了自己撰写的一篇名为《干旱区水景观规划方法初探——以缅甸曼德勒缪达工业园为例》的论文,主要是研究地处热带干燥区的曼德勒生态基础设施建设,并对学校校园规划提出中肯建议。丁晓燕博士的全英文论文*Comparative Study on Properties of Different Straw Fiber Cement Composites*(《不同秸秆纤维水泥复合材料的性能对比研究》),主要介绍了她对几种常见的农作物秸秆(小麦、玉米、水稻)对水泥基材料的性能影响的研究,与会教师们聚精会神地学习。

"建艺论坛"作为建艺系提高教师科研能力的一个平台,将分期分批组织系部教师及企业工程师上台宣讲,旨在给每一位教师提供展现科研成果的平台,既开阔眼界,获得更多学习机会,又增进同事间的了解,增强系部凝聚力。

(建筑工程与艺术设计系)

校企合作

开创无线互联网时代的B2I商业模式——科升无线走进苏工院

3月14日下午，苏州市姑苏领军人才、苏州工业园区科技领军人才、科升无线（苏州）股份有限公司董事长刘晓雷博士在丛荟厅为学校师生做题为《开创无线互联网时代的B2I商业模式——聚众Wi-Fi SDK的研发历史》的学术报告。

学校党委书记王新华，电子与通信工程系、软件与服务外包学院负责人及软件技术、移动互联应用技术、计算机网络技术、通信技术等相关专业300多名同学和专业教师参加了报告会。会上，王新华向刘晓雷颁发学校产业教授聘书。

（对外交流与校企合作处）

苏州市职业院校企业学院建设现场推进会在学校成功举办

3月30日下午，由苏州市教育局主办、苏州工业职业技术学院承办的全市职业院校企业学院建设现场推进会在学校天一报告厅隆重举行，各区（市）教育局领导、中高职院校领导、企业学院领导和企业嘉宾300多人参加了本次推进会。

会前，学校党委书记王新华、院长王洪法与高国华副局长等进行了亲切交流。

学校王洪法院长首先致欢迎词。王洪法对苏州市教育局长期以来关心支持学校事业发展，这次又将全市职业院校企业学院建设现场推进会安排给学校承办表示衷心感谢；对各区（市）教育局领导、各兄弟院校领导和企业嘉宾的到来表示热烈欢迎和诚挚问候，并预祝本次大会圆满成功。来自学校、太仓中专、汇川技术有限公司的代表在本次大会中做了交流发言，他们分别从企业学院建设、现代学徒制培养、校企深度融合等方面做了经验分享。温贻芳副院长代表学校做了专题汇报交流。

教育局副局长高国华在大会中讲话，他提出三点意见。一是全市职业院校产教融合、校企合作取得阶段性成果，企业学院建设初见成效。二是深刻认识加快推进职业院校企业学院建设的重要意义。三是扎实做好全市职业院校企业学院建设的各项工作。

大会结束后，与会领导和企业代表一起参观了苏工院与紧密合作企业共建的23个企业学院建设成果展以及昂拓精密制造学院、汇川机电学院、科伯瑞机器人学院、思瑞精密测量学院和高创电信学院。（对外交流与校企合作处）

学校博士参加“产研融合、智汇吴中”暨第二届“高校青年博士进企业”活动

4月26日，吴中区科技镇长团、人才办、科技局、人社局联合举办的“产学融合、智汇吴中”暨第二届“高校青年博士进企业”双选会在澹台湖大酒店举行，本次活动吸引了25家高校院所的215位青年博士和吴中区72家企业参与，学校组织40余名博士参加了本次活动。

在活动中，学校各系部的博士教师主动对接吴中区企业，结合自身的研究成果和科研方向，与对口企业进行了深度洽谈和交流，初步达成了多项合作意向，并将在之后开展全面合作。

（党委组织部、人事师资处）

学校隆重举行2017年度创元奖教助学金颁奖仪式

5月11日下午，2017年度创元奖教助学金颁

奖仪式在天枢楼402会议室隆重举行。创元集团党委副书记兼创元学院院长薛臻、创元集团人力资源部副经理李云春、学校副院长温贻芳、对外交流与校企合作处处长王震、系（院）党总支副书记和辅导员代表等参加了颁奖仪式。仪式由王震处长主持。

首先，李云春宣读了2017年度创元奖教助学金获得者名单，薛臻、温贻芳等领导分别给创元园丁奖获奖教师和创元助学金获助学生颁发了奖金和证书。

国际教育学院耿欣老师和电子与通信工程系耿畅同学分别作为教师代表和学生代表发言。他们对创元集团和苏工院表达了感激之情、自豪之意、行动之心，并表示今后将努力工作、刻苦学习，以实际行动来报答企业和学校，报答社会。

接下来，温贻芳代表学校全体师生向亲临颁奖仪式的薛臻、李云春表示热烈欢迎，向获得创元奖教助学金的师生表示热烈的祝贺。她希望获得创元奖教金的教师加强学习，树立服务意识，不断提高自身的教育教学和管理水平，为学校高水平院校建设做出应有的更大的贡献；同时希望获得创元奖助学金的同学不辜负创元集团和学校的殷切期望，再接再厉，戒骄戒躁，努力学习，回报社会。

最后，薛臻回顾了创元学院成立以来取得的成绩，勉励师生在今后的工作中要以高度的责任感和精益求精的工匠精神做好每一件事情。他表示，创元集团将携手苏工院，在产学研合作、高技能人才培养、企业员工培训等方面加强合作，扎实推进创元学院各项工作。

（对外交流与校企合作处）

学校召开校企合作及金属3D打印（三维打印）实训基地建设研讨会

6月4—5日，全国职业院校技能大赛高职组工业产品数字化设计与制造赛项的系列同期活动——校企合作及金属3D打印实训基地建设座谈研讨会在学校天枢楼三楼会议室召开。学校苏霄飞副院长、教务处何福男处长、精密制造工程系石皋莲主任，苏州大学机电工程学院王明娣教授，来自南京先进激光技术研究院、中国工程物理研究院、大族激光、永年激光、汉邦激光、铂力特激光、鑫精合激光等研究院和企业的代表，以及精密制造工程系博士教师代表等共30余人参加了本次研讨会，研讨会由教务处何福男处长主持。

研讨会上，苏霄飞首先从发展基础、发展目标和发展举措三个方面介绍了学校的基本情况，以及召开本次实训基地建设研讨会的背景。他希望参会的各家单位能结合学校的发展战略和发展目标，同时结合行业、企业的需求，在人才培养、专业开发、学生实训及就业导向等方面给学校提出建议，并与学校开展校企深度合作，努力把学校金属3D打印实训基地建成国家示范性基地。来自研究院和企业的代表汇报了金属3D打印相关的前沿技术、发展趋势以及他们的产品在金属3D打印技术领域的优势，并研讨了金属3D打印领域校企合作、人才培养、专业建设的模式。

此次研讨会是学校3D打印实训基地建设的良好开端。通过企业提供技术服务、技术创新解决方案，为学校3D打印应用型人才培育示范基地的建设创造条件，在满足学校教学实训及拓展应用要求的同时，为设立新的增材制造专业打下良好基础。另外，学校将依托基地的各项服务，为企业培育专门技术人才，形成适应行业发展需求、产教深度融合，并体现高职先进教育理念，具有特色的现代职业教育体系。（精密制造工程系）

学校师生参加AW（苏州）汽车零部件有限公司首届企业开放日

10月24日下午，学校紧密型合作企业AW

(苏州)汽车零部件有限公司首届企业开放日活动在AW公司会议室举行。学校副院长温贻芳、对外交流与校企合作处处长王震、精密制造工程系党总支书记方一新、企业联系教师和AW冠名班的同学一起参加了活动。

首先,AW公司的总经理前田秀回顾了双方校企合作的历程和取得的成绩,对我校创办AW冠名班表示衷心感谢,并期望今后深化各个方面的紧密合作,把AW班办成培育公司未来人才的摇篮。

学校副院长温贻芳对AW公司每年在我校举办专场招聘会,提供优质实习就业岗位表示感谢。学校近年来在办学质量与效益上明显提升,事业发展上取得长足进步,这些成绩的取得,离不开苏州市政府的大力支持,也离不开包括AW公司在内的数百家合作企业的大力协助。她祝愿AW公司发展越来越好,事业蒸蒸日上,校企双方联合培养出更多更优秀的人才。

AW冠名班的同学参观了公司的生产车间,进行了趣味制图比赛。通过与公司技术人员的深入交流,学生们拓展了专业视野,提高了专业技能。

(精密制造工程系)

校企协同谋发展　合作双赢谱新篇——校企合作签约揭牌仪式暨天丰汽车学院成立

11月14日下午,苏州工业职业技术学院与苏州市汽车工业贸易有限公司在汽工贸旗下吉利旗舰店展示大厅内隆重举行活动,签约建立校企合作关系并依托学校汽车工程系和汽工贸公司联手成立企业学院——天丰汽车学院。学校党委副书记、院长王洪法代表学校与企业签约并为天丰汽车学院揭牌,学校党委委员、副院长温贻芳在仪式上发言。出席活动的还有苏州市汽车工业贸易有限公司董事长江斌忠,苏州市汽车行业流通协会秘书长戴林坤,苏州汽工贸总裁顾峻嘉、副总裁罗乃耀和唐辉,学校对外交流与校企合作处处长王震,汽车工程系党总支书记马俊、副主任张宇峰,汽车工程系师生代表,苏汽工贸企业代表等50余人。

天丰汽车学院的成立是苏工院落实教育部对职业教育提出的“校企合作,产教融合”要求的具体举措,是汽工贸公司对职业教育的关心和大力支持。天丰汽车学院今后将一方面为企业提供各类专业技术技能人才,为企业能够更好地发展给予专业人力资源支持;另一方面将引入企业的人员、技术、培训、设备等优质资源切实提高学生实践能力和综合素质,使学生通过专业知识的学习和专业技能的训练及实际专业设备的操作等获得实际工作能力和社会工作经验,培养出适用于实际社会生产的合格人才。

依托新成立的天丰汽车学院,为了更好更扎实地推进学校的内涵发展,也为了与时俱进地响应国家对创新、创业的要求,苏工院和汽工贸一致决定为天丰汽车学院设立“天丰创新创业基金”,鼓励学生创新、创业;设立“天丰汽车技术研发及运用中心”,紧密追踪汽车技术与应用前沿,为教师、学生、企业技术人员提供科学研究和技术应用平台,提升师、生、企三方科研开发与转化能力。

(汽车工程系)

学校建艺系开展“唐人教育捐赠金”暨“唐人营造奖学金”发放仪式

11月21日下午,第二次“唐人教育捐赠金”授予仪式暨2018年度“唐人营造奖学金”发放仪式在建筑工程与艺术设计系204会议室举行。学校党委副书记、院长王洪法,党委委员、副院长苏霄飞,唐人营造建筑装饰工程有限公司董事长戴卫忠、副总经理张顶兰,学校校企合作处处长王震,建艺系主任陈惠康、党总支副书记雷冰、副主任李明、主任助理郝敬峰博士,系专业负责人和教师代表,获得2017—2018学年“唐人营造奖学金”的12名学生和2018级学生代表参加活动。

仪式由陈惠康主持。首先，陈惠康代表系部致欢迎词，介绍了建艺系与唐人营造建筑装饰工程有限公司自建立唐人学院以来，围绕企业学院这一平台开展的专业建设、师资建设、实训室建设、员工培训、指导竞赛等多方面的紧密合作。接着，戴卫忠向陈惠康授予了第二笔“唐人教育捐赠金”。随后王震宣读了获得2017—2018学年“唐人营造奖学金”的学生名单，校企双方领导为获奖学生颁发证书。获奖学生代表陈兴旺同学发表了获奖感言。戴卫忠在接下来的讲话中，一方面引用习近平总书记的话“青年兴则国家兴，青年强则国家强”来勉励在座的学生，要学出自我，放飞梦想；另一方面也表达了与建艺系在紧密合作的基础上把学生、学校、企业“三赢”的目标做实做稳的信心。

最后，王洪法发言，他对唐人营造建筑装饰工程一如既往的全力支持表示了感谢，对获奖学生的优异表现表示欣慰，对他们获得的成绩和荣誉表示祝贺，也勉励在座的师生代表全身心投入到自己的工作和学习中，谋求自我突破，实现自我成长。（建筑工程与艺术设计系）

攀华冠名班创新专业建设与企业合作新途径

11月29日下午，学校攀华冠名班开班仪式在天巧楼M318会议室隆重举行，学校党委委员、副院长殷海芳，攀华集团副总经理仲伟德、人力资源部部长季承，机电工程系副主任于霜、薛迎春及自动化生产设备应用专业教师和攀华班全体学员出席活动，活动由机电工程系党总支书记张泠主持。

成立仪式上，学生首先观看了攀华集团的企业宣传片，随后张泠介绍了攀华班情况，并宣读了攀华班企业班主任和学校班主任的聘任通知，薛迎春为两位班主任颁发聘书。符旭东同学代表攀华班全部同学，感谢学校和攀华集团为他们搭建这个优秀的学习和实践平台。仲伟德对攀华冠名班的成立表示祝贺，他表示攀华集团多年来一直将校企合作、人才培养作为公司肩负的时代使命和社会责任，对同学们提出了三点建议：把仰望星空与脚踏实地相结合，学习过程中一定要理论联系实践；把校内学习和社会观察相结合；把知识学习和专业技能提高相结合。

最后，殷海芳做了讲话，她说攀华冠名班的成立使学校校企合作迈上了一个新台阶。学校和企业作为利益共同体，将学生培养成为合格的技术技能人才，是企业需要的，也是学校希望的，冠名班的成立是高职发展的必由之路。殷海芳还对攀华冠名班的学生提出要求，希望在毕业时每个学生身上都是带有攀华企业特征的，具有攀华企业的素质，在进入企业之后，能直接融入企业中。（机电工程系）

交流活动

苏州健雄职业技术学院到访学校电信系开展学习交流

1月5日，苏州健雄职业技术学院电子信息学院副院长高飞等一行5人到访学校电信系进行专业建设交流。电信系主任章雯和副主任朱祥贤热情接待并召开座谈会，会议由章雯主任主持，各专业带头人和实训中心主任参加了会议。

座谈会上，章雯主任和高飞分别介绍了各自

系（院）目前的专业建设情况及取得的成果；朱祥贤介绍了专业人才培养方案的修订过程和技能竞赛的组织与管理。双方就应用电子技术、电子信息工程技术、通信技术、移动通信技术、电子测量与仪器和智能产品开发等专业建设工作开展了深入研讨。最后，大家还就专业的转型升级和课程典型产品的选取进行探讨，共同寻求专业建设的突破口。会议结束后，在电信系领导的陪同下，高飞一行参观了各专业的实验实训室。

（电子与通信工程系）

学校组织博士团走进苏州胜利精密制造科技股份有限公司参观交流

1月16日下午，学校党委委员、副院长苏霄飞，党委委员、副院长温贻芳带队携校企合作处、教务处、科技处等部门以及30多名博士组团前往苏州胜利精密制造科技股份有限公司旗下富强科技参观交流洽谈合作，受到公司常务副总缪磊等人的热情接待。

博士团一行实地参观考察了公司的富强科技生产车间以及胜利精密智能制造国家示范工厂，与公司领导和专业技术团队就智能制造项目合作进行了深入交流。接下来双方将围绕共建智能制造学院、共同开展技术人才培养、联合开展科技攻关等开展一系列全面的校企合作，进一步促进双方合作向更高水平、更深层次发展。

（对外交流与校企合作处）

金华职业技术学院莅临学校交流座谈

1月17日下午，金华职业技术学院党委书记胡正明一行19人莅临学校交流座谈。学校领导班子及相关部门负责人给予了热情接待。

座谈会前，胡正明一行参观了学校精密制造工程系和机电工程系教学实训场所，对学校汇川技术实验室、MPS实训室、FMS实验室、工业机器人实验室等实验实训场所给予了高度评价。

座谈会上，学校党委书记王新华代表学校向胡正明一行表示热烈欢迎，结合学校理念就学校根植苏州、依托地方经济扎实推进专业建设、人才培养和科学研究等方面的经验做法做了交流。苏益南院长从师资队伍、创新平台、科研能力、专业内涵、校企合作和办学声誉等方面介绍了学校的发展基础；从指导思想、发展战略和总体目标等方面展示了学校的发展目标；从专业建设、人才建设、技术服务、人才培养、国际合作、智慧校园和院校治理等方面交流了学校的发展举措。胡正明一行对学校在人才培养、师资队伍等方面的做法予以肯定，并对学校清晰的办学思路、明确的办学目标、创新的办学模式予以赞赏。双方还就博士人才引进、校企合作、科研创新和专业建设等方面做了深入交流，希望今后两校加强交流与合作，取长补短，共同为高职院校的事业发展做出积极的贡献。

（党政办公室）

湖南汽车工程职业学院莅临学校交流座谈

1月20日上午，湖南汽车工程职业学院党委副书记、校长罗先进一行12人莅临学校交流座谈。学校院长苏益南、副院长温贻芳、纪委书记林长永及相关部门负责人给予了热情接待。

座谈会前，罗先进一行参观了学校精密制造工程系和机电工程系教学实训场所，对学校汇川技术实验室、MPS实训室、FMS实验室、工业机器人实验室等实验实训场所给予了高度评价。

座谈会上，苏益南代表学校向罗先进一行表示热烈欢迎，并结合学校“建设与苏州经济发展水平匹配的高职院校”的办学方向，围绕“方位”“方向”“方略”三个关键词，从师资队伍、创新平台、科研能力、专业内涵、校企合作和办学声誉等方面介绍了学校的发展基础；从指导思想、发展战略和总体目标等方面展示了学校的发展目标；从专业建设、人才建设、技术服务、人才培养、国际合作、智慧校园和院校治理等方面交流了学校的发展举措。罗先进介绍了湖南汽车工程职业学院的办学思路和发展现状，并对学校清晰的办学思路、明确的办学目标、创新的办学模式予以赞赏，同时希望今后加强两校交流与合作，取长补短，共同为高职院校的事业发展做出积极的贡献。当天下午，双方还就博士人才引进、师资队伍建设、专业建设、校企合作和科研创新等方面做了深入的部门对口交流。（党政办公室）

学校领导走访慰问部队

近期，学校党委书记王新华带队走访慰问了军民共建单位中国人民解放军炮兵某部某旅。

在与部队首长的见面会上，王新华代表学校全体师生向部队官兵致以节日祝贺，并对部队官兵给予学校学生军训工作的大力支持表示感谢。王新华向部队领导介绍了学校创建优质院校及各项工作取得的成绩。王新华谈到，军训是大学生活重要一课，多年来，部队首长和官兵对学校大学生国防教育高度重视，并付出了艰辛努力，促进了大学生思想政治教育的深入开展。他表示，将继续发挥学校优势，加强军地建设，为部队的建设和官兵的文化生活提供最大的优质服务。

炮兵某部某旅王政委代表部队官兵对苏工院领导的到来表示欢迎和感谢，并向学校领导介绍了部队的光辉历程，同时表示将进一步努力，全力保障苏工院新生军训工作和国防教育工作圆满完成。

学校人民武装部负责人陪同王新华书记一同走访慰问。（人民武装部）

日本京都情报大学院大学到访学校

3月21日上午，日本京都情报大学院大学副校长、京都计算机学院校长寺下阳一，留学生业务部室长蒋丹一行访问学校。学校党委副书记、副院长曹建东，党政办（外事办）主任安婕，建艺系主任陈惠康，汽车系副主任张宇峰，软件学校艾旭升博士，国教院耿欣博士一同参加了座谈交流。

寺下阳一介绍了京都情报大学院大学办学历史、专业设置及与国内院校合作模式等情况。日本京都情报大学院大学位于日本京都，是日本第一所IT专职研究生院。留学生业务部室长蒋丹详细介绍了合作办学、师生交流互访、专升硕等项目的具体实施方式和路径。

曹建东指出，学校正处于省高水平高职院校建设的起步阶段，开展国际合作办学及师生境外交流学习项目，是学校重点工作之一。学校与京都情报大学院大学有很多可以对接的专业和项目。双方明确表示，将进一步在师资培训进修、海外游学、交换生、专升硕、国际比赛等方面深入研讨，积极开展合作。（党政办公室）

贵州健康职业学院莅临学校交流座谈

3月26日上午，贵州健康职业学院负责人吴国才一行莅临学校交流座谈。学校领导班子及相关部门负责人给予了热情接待。

座谈会上，学校党委书记王新华代表学校向吴国才一行表示热烈欢迎，并结合学校的发展历程、组织机构、专业设置、人才队伍、科技创新等方面做了介绍。院长王洪法结合两校对口支援工作，进一步表示了深化交流合作的态度。吴国才对学校在人才培养、师资队伍建设等方面的做法予以肯定：贵州铜仁市是苏州市对口支援地区，贵州健康职业学院（铜仁市属学院）是苏工院对口支援的学校，希望两校进一步就校校合作、人员互访、人才培养等方面加强合作，努力探索形成可复制的成功经验。会上，双方还进一步就人才引进、校企合作、科研创新和专业建设等方面做了深入交流。

座谈会后，吴国才一行还参观了学校精密制造工程系和机电工程系教学实训场所，对学校

DMG多轴加工实训室、工业机器人实验室等实验实训场所给予了高度评价。（党政办公室）

曹建东副书记带队赴无锡职业技术学院开展国际交流与合作专题调研

4月12日上午，学校党委副书记、副院长曹建东携党政办（外事办）、经贸管理系相关同志一行5人赴无锡职业技术学院开展国际交流与合作专题调研。无锡职业技术学院副校长冯渊、国际教育学院院长熊英等给予了热情接待。

调研座谈会前，曹建东一行参观了无锡职业技术学院智能制造工程中心。

调研座谈会上，冯渊对学校领导一行表示热烈的欢迎，并结合无锡职业技术学院的发展情况，详细介绍了该校在国际交流与合作方面的具体工作思路和方法；熊英就中外合作办学、国际留学生招生与管理、短期游学等国际合作项目介绍了工作经验。曹建东首先对冯渊、熊英的热情接待表示衷心感谢，就无锡职业技术学院在国际交流与合作方面取得的显著成效表示高度赞赏，并表示要认真学习借鉴无锡职业技术学院在国际交流与合作工作方面的经验和做法，衷心希望两校今后加强联系，促进友谊，进一步在国际交流与合作方面开展深入的交流，共同为省高等职业教育迈上国际舞台努力奋斗。（党政办公室）

南京信息职业技术学院到学校交流

4月12日上午，南京信息职业技术学院机电学院副院长段向军，机电一体化（工业机器人）专业负责人王春峰、赵海峰及专业骨干教师等一行8人到学校机电工程系就机电一体化及工业机器人技术骨干专业建设、实训室建设进行了交流。学校副院长温贻芳、机电系党总支书记张泠、副主任于霜及专业教师代表参加了交流会。

张泠介绍了系部的总体情况和学生的创新训练等，于霜与各位老师交流了机电一体化、工业机器人技术两个骨干专业建设情况。

（机电工程系）

南通职业大学莅临学校交流座谈

4月13日上午，南通职业大学党委书记秦志林等一行莅临学校交流座谈。学校党委副书记、院长王洪法，党委委员、副院长苏霄飞，党委委员、副院长温贻芳及相关部门负责人给予了热情接待。

座谈会上，王洪法对秦志林一行的到来表示热烈欢迎，从学校市属工科性质、机构设置和发展机遇等方面介绍了学校发展概况，并进一步结合学校“三步走”发展战略部署，从围绕苏州产业发展、大力推进校企合作、着力培养受学生欢迎的教师队伍、加强党建和文化建设等方面介绍了学校发展的具体举措和发展成效。随后，双方就教育教学改革、师资分配制度改革、资源配置模式改革、内部管理体制改革、科研制度改革、人才引进等方面进行了深入的交流和研讨。

秦志林一行对学校的热情接待表示感谢，并对学校在教育教学改革、人才引进和培养、科研创新、绩效分配等方面的工作成效表示充分的肯定。秦志林指出，两校作为入围省高水平高职院校建设单位的市属院校，有许多办学经验和具体做法值得互相学习和借鉴，希望两校今后能够进一步加强沟通与交流，共同为高职教育发展做出积极的贡献。（党政办公室）

学校承办云南省职业院校教师素质提高计划国培项目

4月13日，由学校承办的云南省职业院校教师素质提高计划国培项目——机电一体化技术专业“双师型”教师专业技能培训，在机电工程系M318会议室举行开班仪式。学校副院长温贻芳、继续教育学院院长廖文杰、云南省职校教师培训督导孙玉兰、学校机电工程系副主任于霜、培训讲师代表王占山，以及来自云南机电职业技术学院、云南国防工业职业技术学院和云南工程职业技术学院等10所高职院校的25位机电类骨干教师学员出席开班仪式。

首先，于霜致欢迎词，对此次为期一周的教师专业技能培训目的、培训内容及培训安排做了详细的介绍。孙玉兰对苏州工业职业技术学院在此次培训内容及生活上的细致安排给予了肯定，表示学员一定会学有所成，通过此次培训定会加深两地院校的友谊和交流合作。

温贻芳介绍了学校的办学思路和近几年的发展情况，并详细介绍了机电工程系强大的师资团队及社会服务成效和经验。她强调，此次培训搭建了两地骨干教师交流、加深合作的平台，在培训期间，两地教师要在教学能力、校企合作、人才培养等各方面多多交流，共同进步，共同提高业务水平。（机电工程系、继续教育学院）

江苏食品药品职业技术学院教师团队到学校交流

4月17日下午，江苏食品药品职业技术学院财贸学院副院长周兵带领市场营销、审计、会计、电子商务各专业带头人到学校交流工作。学校经贸管理系副主任周芳携相关专业负责人、教研室主任在T301进行了接待。

双方就院系概况、专业设置情况、师资情况、专业建设、课程建设、实训室建设、技能竞赛、中外合作办学等方面进行了系统全面的交流。在校企合作方面，双方就如何通过冠名班、订单班、企业学院等形式高质量、有效率地开展产教融合进行研讨；在实训室建设方面，就如何突破传统的“电脑+软件”模式，探寻建设产教融合实训基地的方式，根据行业企业需求提升学生实操水平，提高就业竞争力进行沟通；在中外合作办学方面，就如何开展留学生的招生、课程安排、教师安排、食宿安排等相关内容进行了交流。

通过本次交流，双方开阔了视野，获得了建设新思路，为后续更好地开展专业建设、国际交流等奠定了良好基础。（经贸管理系）

沙洲职业工学院莅临学校交流座谈

4月19日上午，沙洲职业工学院副院长钱锦东等一行莅临学校交流座谈。学校副院长温贻芳及相关部门负责人给予了热情接待。

座谈会上，温贻芳对钱锦东一行的到来表示热烈欢迎，就三级企业学院立体化协同育人体系的办学经验和办学成果进行了交流，还结合学校“主打产教融合”的省高水平院校建设思路分享了今后企业学院的发展规划。随后，双方相关部门就企业学院的建立机制、助推企业发展、企业文化育人、技能培训项目等方面做了深入的交流。

钱锦东一行对学校的热情接待表示感谢，并对学校在企业学院的建设机制、发展思路和工作成效等方面表示赞赏。希望两校今后加强沟通合作，积极交流分享企业学院建设经验，共同提高职业院校服务企业和地方经济发展的能力，为高职教育发展做出积极贡献。（党政办公室）

新疆昌吉职业技术学院莅临学校交流座谈

4月19日上午，新疆昌吉职业技术学院副院长张琳、副院长刘宏生、计财处处长霍瑞及现教中心技术骨干王立新一行莅临学校交流座谈。学校副院长温贻芳及相关部门负责人给予了热情接待。

座谈会上，温贻芳对张琳、刘宏生一行的到来表示热烈欢迎，简要介绍了学校概况和学校“主攻智能制造、主打产教融合、主谋高职本色”

的办学思路，分享了学校校企合作办学经验和成果。随后，双方就校企共招共育博士人才、专业教师进企业、企业学院体制机制建设等方面做了深入的交流。

座谈会后，张琳、刘宏生一行实地参观考察了学校与紧密合作企业共建的昂托精密制造学院、汇川机电学院、科伯瑞机器人学院等企业学院现场。（党政办公室）

河南职业技术学院莅临学校交流座谈

5月24日下午，河南职业技术学院副院长肖珑等一行莅临我校交流座谈。学校副院长温贻芳及相关部门负责人给予了热情接待。

座谈会前，肖珑一行参观了学校精密制造工程系和机电工程系教学实训场所，对学校DMG多轴加工实训室、工业机器人实验室等实验实训场所给予了高度评价。

座谈会上，温贻芳对肖珑一行的到来表示热烈欢迎，并就学校概况做了介绍。随后，双方就专业建设、实训室建设、师资队伍建设、校企合作、继续教育、技能大赛奖励机制、招生和科研等方面做了深入的交流。肖珑希望两校今后加强沟通合作，共同提高职业院校服务企业和地方经济发展的能力，为高职教育发展做出积极贡献。

苏州托普信息职业技术学院莅临学校交流座谈

6月15日上午，苏州托普信息职业技术学院副院长朱志强，现代服务学院院长顾少康、副院长缪华昌等一行莅临学校交流座谈。学校副院长温贻芳及相关部门负责人给予了热情接待。

座谈会上，朱志强介绍了苏州托普信息职业技术学院的基本情况和来访目的。温贻芳代表学校向朱志强一行表示热烈欢迎，并从学校办学历史、发展现状、院系专业设置等方面介绍了学校的基本情况。校企合作处处长王震详细介绍了学校校企合作发展阶段、组织架构、体制机制以及企业冠名班、企业订单班和企业学院运行的基本情况。经贸管理系主任桂德怀从专业院系的角度介绍了电商、财务等专业校企合作的具体做法和取得的成效。

朱志强对学校的热情接待表示衷心的感谢，他希望两校今后加强互访互助和沟通合作，共同为提高职业院校服务企业和地方经济发展能力做出积极贡献。（党政办公室）

缅甸金耀集团莅临学校考察交流

7月9日上午，缅甸金耀集团总经理Sein Kyaw（张体运）一行莅临学校考察交流。学校党委副书记、院长王洪法，党委委员、副院长温贻芳及相关部门负责人给予了热情接待。

座谈会上，王洪法对Sein Kyaw一行的到来表示热烈欢迎，并从学校历史沿革、办学条件和办学理念等方面介绍了学校发展概况。结合学校的办学方向和发展目标，王洪法从专业建设、人才培养、校企合作、师资队伍、教学科研等方面介绍了近年来学校发展成效。Sein Kyaw一行对学校的热情接待表示感谢，并对学校近年来取得的发展成效表示了高度的赞赏和肯定。金耀集团业务拓展经理Kyi Aung Zin（董诗玉）从企业历程、集团结构和产业发展等方面介绍了集团概况，还就缅甸教育制度和职业教育发展情况进行了介绍。双方还进一步就合作开展技能培训、合作办学等具体工作事宜展开了深入的探讨和研究。

座谈会当天，Sein Kyaw一行考察参观了校内各专业实验实训场所，表达了国际校企合作的意向。会后，学校将与缅甸金耀集团保持长期有效的联系，积极推动技能培训、学历教育等合作项目落实落地。（党政办公室）

中国台湾“修平科技大学”莅临学校交流座谈

7月9日上午，中国台湾“修平科技大学”推广教育处教育长张振龙等一行莅临学校交流座谈，学校党委副书记、副院长曹建东，党委委员、副院长温贻芳及相关部门负责人给予了热情接待。

座谈会上，曹建东对张振龙一行的到来表示热烈欢迎，并就学校概况做了介绍。曹建东回顾了2007年以来学校与该校的友好合作历程，对该校在教师进修和学生交换学习等方面提供的支持表示感谢，并表达了两校进一步深入合作意向。张振龙一行对学校的热情接待表示感谢，并对学校在教学科研等方面的工作成效表示赞赏。张振龙充分肯定了近些年两校交流合作的成果，并希望两校今后加强沟通合作，共同为两校发展和促进两岸交流做出应有的贡献。

座谈会后，张振龙一行还参观了学校与中国台湾嵌入式暨单晶片系统发展协会共建的单晶片系统发展协会能力认证中心，对该认证中心在促进科学研究和人才培养等方面取得成绩给予了高度评价。

（党政办公室）

苏铜两校共携手　切磋交流促成长——殷海芳副院长一行赴贵州健康职业学院工作交流

为深化落实苏州与铜仁的教育交流合作，进一步推进苏州工业职业技术学院与贵州健康职业学院两校结对共建的进程，8月20—24日，学校党委委员、副院长殷海芳，学工（部）处处长贾虹，机电工程系总支书记张泠，汽车工程系党总支书记马俊，软件与服务外包学院党总支副书记张琰，电子与通信工程系党总支副书记徐云飞，团委办公室主任田立苗一行7人赴贵州健康职业学院进行了为期5天的工作交流，受到了贵州健康职业学院党委书记黄霞，党委副书记、院长吴国才，党委副书记龙久和党委委员、副院长吴少华等院领导的热情接待。

殷海芳一行此次受贵州健康职业学院的邀请，参与2018年“苏铜高校携手·助力内涵提升”辅导员培训班的授课工作，团队一行7人为该院85名辅导员和班主任开展了以学生思想政治工作和辅导员队伍建设为主题的系列讲座。殷海芳紧扣习近平新时代中国特色社会主义思想、全国高校思想政治工作会议精神和《高校思想政治工作质量提升工程实施纲要》的要求，做了题为《新时代大学生思政工作新使命新作为》的讲座，阐释了新时代大学生思政工作的新使命新作为。她结合苏工院学生思政工作的探索与实践，重点分享了学校“四全育人”的学生工作理念、学校精神的文化涵育、思政队伍的能力建设和素质教育的品牌打造等方面的思考和实践，既有宏观的理论指导，又有具体的案例说明，为参训的辅导员和班主任上了一堂生动的新时代大学生思政工作教育课。贾虹、马俊、张泠、张琰、徐云飞、田立苗分别做了交流辅导。

8月24日上午，殷海芳一行在吴国才的陪同下，参观了贵州健康职业学院，并参加了“苏铜高校携手·助力内涵提升”的座谈会。会上，吴国才高度评价了苏州工业职业技术学院长期以来的帮扶支持，对本次学生工作讲师团的“传经送宝”表示衷心的感谢，也表达了双方要继续加强合作、资源共享的愿望。随后，双方就高职院校办学定位、人才培养、招生工作、学生工作、辅导员队伍建设等方面的认识和做法进行了热烈交流。贵州健康职业学院的领导和老师们矢志创业、拼搏奋斗的敬业精神给苏工院老师们留下了深刻的印象。

本次赴贵州健康职业学院工作交流既加强了两校的合作交流，拓展了两校的合作途径，也有效地促进了两校学生思政工作的共同进步，实现了双赢。

（学生工作处）

大连职业技术学院莅临学校交流座谈

9月26日上午，大连职业技术学院机械工程学院院长宋昌平、副院长孟庆云、模具专业主任王爱阳一行莅临学校精密制造工程系交流。精密制造工程系党总支书记方一新、主任助理丁云鹏给予了热情接待。

宋昌平介绍说，大连职业技术学院坚持“内涵发展、创新发展、特色发展”的道路，目前正积极推进辽宁省高水平现代化高职院校计划项目建设。随后，双方就人才培养模式创新、科研创新团队建设、校内实训基地建设及校企合作、产教融合等方面进行了交流。宋昌平一行还参观了精密系的加工中心、生产性实训车间等实验实训室。

宋昌平希望两校今后加强互访互助和沟通合作，共同推进两所学校的建设与发展，加深两校的友谊。（精密制造工程系）

贵州健康职业学院莅临学校交流座谈

10月15日上午，贵州健康职业学院党委书记黄霞一行莅临学校交流座谈。学校党委副书记、院长王洪法及相关校领导、部分职能部门负责人给予了热情接待。

座谈会前，黄霞一行参观了学校精密制造工程系和机电工程系教学实验实训场所。

座谈会上，与会双方先观看了贵州健康职业学院宣传片。接着，王洪法代表学校对黄霞一行表示热烈欢迎，并介绍了学校历史沿革、办学理念、办学条件等基本情况，还从专业建设、师资队伍建设、科研与社会服务、学生素质等方面分享了学校近几年的办学成果和学校今后发展方向。随后，黄霞介绍了贵州健康职业学院的建设理念和发展过程，并对苏工院的办学特色和取得的丰硕成果表示赞赏，希望在教师培训、团队建设等方面加大合作力度。会上，双方还回顾了两校对口支援、友好交流的情况，肯定了两校合作的历程和成果，并表达了进一步合作的意向。双方还就高层次人才引进的途径与政策、拓宽学生学历提升路径等问题展开了深入讨论交流。座谈交流会后，黄霞一行还与正在学校进修学习的四名贵州健康职业学院教师进行了座谈交流。

（党政办公室）

辽宁省交通高等专科学校莅临学校交流座谈

10月19日，辽宁省交通高等专科学校机电系党总支副书记吴哲、数控专业主任徐慧、模具专业主任韩海玲一行莅临学校精密制造工程系交流。学校精密制造工程系党总支书记方一新、主任助理丁云鹏给予了热情接待。

辽宁省交通高等专科学校是全国首批国家示范性高等职业院校，也是第二批国家现代学徒制试点单位。本次座谈双方就专业人才培养方案、专业发展方向和现代学徒制等方面进行了交流。吴哲一行还参观了精密制造工程系的加工中心、生产性实训车间等实验实训室，就特色实训基地的内涵建设和发展进行了讨论。

吴哲一行对精密系的热情接待表示衷心的感谢，希望今后能继续加强互访互助和沟通合作。

（精密制造工程系）

长沙民政职业技术学院到访学校电信系学习交流

11月9日，长沙民政职业技术学院电子信息工程学院副院长雷翔霄等一行5人到访学校电子与通信工程系进行专业建设交流。电信系主任章雯和副主任王栋热情接待并召开座谈会，会议由系副主任王栋主持，部分专业带头人、教研室主任和实训中心主任等参加了本次会议。

会前，在系领导的陪同下，雷翔霄一行参观了各专业的实验实训室。座谈会上，王栋和雷翔霄分别介绍了各自院系目前的专业建设情况及取得的成果。随后，应用电子技术专业带头人戴丽华和电子信息工程技术教研室主任蔡成炜分别就应用电子技术专业和物联网应用技术专业的专业定位、人才培养和实训室建设等专业建设工作开展了深入研讨；通信技术教研室主任陈晓磊分享了NB-IOT窄带通信实训室建设情况；王栋介绍了学生的专业技能竞赛和创新创业方面的做法，还邀请了磁力线STEAM教育创始人孙潼帅同学介绍了“互联网+”创新创业项目的开展。

最后，章雯做总结发言。双方就专业建设、课程建设、实验实训室建设和人才培养工作等方面的经验进行了非常好的交流，并且都表示将进一步加强交流合作，提升专业建设水平，提高人才培养质量。（电子与通信工程系）

贵州健康职业学院莅临学校交流座谈

11月8日上午，贵州健康职业学院党委副书记、院长吴国才一行莅临学校交流座谈，随行的还有第二批选派到校进修学习的四名教师。学校党委副书记、院长王洪法，党委委员、副院长苏霄飞及相关职能部门负责人给予了热情接待。

座谈会上，王洪法代表学校对吴国才一行的到来表示热烈欢迎。接着，苏霄飞从跟岗研修、专题研修、学术研修等三个方面介绍了第一批到校进修教师的工作学习情况。随后，第一批到校进修的教师和学校指导教师分享了在校学习和工作体会。吴国才对学校为贵州健康职业学院的发展，特别是教师提升方面做出的贡献表示衷心感谢，认为此次进修学习计划周密、行动有效、收获丰硕，并希望今后两校根据对口合作协议精神保持联系、加强交流，不断促进两校友好合作和共同发展。

会上，吴国才还为学校指导教师颁发了聘书。贵州健康职业学院第一批到校进修的四位老师已圆满完成两个月的学习任务，第二批到校进修的四位老师即将开始在校的工作和学习。

（党政办公室）

湄洲湾职业技术学院到学校电信系交流访谈

11月14日，莆田市湄洲湾职业技术学院产学研与合作交流中心主任蔡雪敏、自动化系副主任陈辉煌副教授一行4人，会同中国台湾TEMI协会（中国台湾嵌入式暨单晶片系统发展协会）理事长陈宏升到学校电信系开展交流访谈活动。

到访人员在电信系主任章雯的陪同下，调研走访了电信系与TEMI协会合作共建的实训基地，详细了解了基地规模、开设课程、证照认证等细节，并观摩了正在基地开展的电创社学生社团活动。

座谈会上，章雯代表电信系对湄职院的客人表示欢迎，并就电信系的人员结构、专业设置、人才培养模式及革新、实验实训基地规划与建设进行了详细介绍。随后，电信系副主任朱祥贤教授就科研、培训、创新创业和继续教育等方面的工作分享了系部的成功案例及经验。蔡雪敏着重介绍了湄职院的院系设置、生源规模、专业建设及发展规划等情况。陈宏升重点介绍了TEMI协会近三年来与大陆院校的学术交流与合作，通过与教育厅的合作在江苏省内推广协会证照与职业资格认证，与教育部合作开展的全国性的海峡两岸职业技能大赛等涉及TEMI协会与大陆职业教育领域内的深度合作案例。

最后，章雯表示将与湄职院在专业、人才、实验实训基地等方面，与TEMI协会在产学研合作、职业技能大赛与职业资格认证等方面进一步加强合作与交流。陈宏升与蔡雪敏对章雯的发言表示认同，并诚邀电信系骨干教师赴湄职院开展专业

交流活动。（电子与通信工程系）

福州职业技术学院莅临学校交流座谈

11月20日上午，福州职业技术学院副院长刘松林、产学研与实训中心副主任林风人一行莅临学校交流。学校副院长温贻芳、精密制造工程系主任石皋莲、科技处副处长祝清兰等给予热情接待。

座谈会上，双方就科技创新团队建设、科研平台建设、科研项目申报管理、实训实验室建设及校企合作、产教融合等方面进行了交流。刘松林一行还参观了精密制造工程系的加工中心、生产性实训车间等实验实训室。

会上，双方希望两校继续加强互访互助和沟通合作，在科研创新、产教融合等方面开展交流，推动两校共同发展。（科技处）

天津滨海职业技术学院到学校经管系交流访谈

12月13日上午，天津滨海职业技术学院物流管理系主任金鑫及系部骨干教师一行到我校经贸管理系开展交流访谈，经贸管理系主任桂德怀、副主任欧阳芳，物流教研室崔亚玲博士给予热情接待。座谈会上，双方就区域经济的差异、专业特色建设、课程体系与教学改革、创新创业平台建设、实训基地建设、校企合作模式与机制等进行了交流探讨。

双方希望两校继续加强互访互助和沟通合作，在校企合作模式机制、创新创业平台建设等方面开展更深一步的交流探讨，互相吸取对方的优秀经验和做法，提升教育教学质量，加强专业建设内涵，推动两校共同发展。（经贸管理系）

团学活动

七彩大篷车，青年志愿行

新学期伊始，恰逢学雷锋纪念日，学校师生志愿者们积极响应上级团组织的号召，进一步传承雷锋精神，在学校、社区、商圈等开展了多次志愿服务活动。志愿者们为别人送去了知识、服务和温暖，给自己带来了难忘又美丽的志愿青春。

3月9日下午，“苏工智造”志愿服务团深入街道社区，开展学雷锋志愿公益集市活动。来自校青协和精密、机电、电信、软件、经管、建艺、汽车等七个分团委的专业服务团队齐聚SM广场，为社区居民提供小家电义务维修、电脑网络义诊、3D打印（三维打印）技术推广、汽车保养培训、绿色环保宣传和禁毒知识普及等多项志愿服务。此次活动由校团委与越溪街道联合开展，市自强服务社还专门设点协助禁毒宣传。“苏工智造”志愿服务团一直以来服务于学校、社区以及福利院等社会公益场所，2017年，“志愿K立方”项目每月一次走进社区，受到了居民的广泛好评。

3月上旬，大学生志愿者们还在校内校外开展了丰富多彩的志愿服务活动。在校内，软件与服务外包学院E猫网络社开展“健康电脑”天使义诊活动，义务帮助老师和同学修电脑、调系统、装软件等；经贸管理系和汽车工程系的青年志愿者协会开展为贫困儿童捐衣捐书的爱心活动。在校外，校青年志愿者协会赴蜗牛宝贝语言研究院开展自闭症儿童关爱服务。

志愿者们用平凡朴实的行动，锻炼了自己的社会实践能力，同时传承和发扬了雷锋精神，为他人带来了实实在在的便利和温暖。（团委）

学校举办“三新四创”好青年座谈会

3月30日下午，由学校团委主办、经贸管理系承办的苏工院“三新四创”好青年座谈会在文驷楼三楼会议室举行，团市委学少部部长陆旸，校团委、各（院）分团委、好青年师生代表们参加了本次座谈会。

会上，好青年学生代表庄涵汀、闫婷婷、蒋友森，好青年教师代表周芳，分别就自己的青春奋斗经历给在座师生讲述了自己的“三新四创”好青年故事，分享了人生格言和成长感悟；经管系分团委书记邓霞和校团委书记陈艺也分别做了交流发言。

最后，陆旸就今年苏州共青团的“三新四创”好青年寻访活动做了总体介绍，并指出学校师生在自己的专业领域深耕细作、创新发展，学校为社会培养输送专业技术人才，都是工匠精神的体现，意义深远。同时，他对学校好青年的选拔过程充分肯定。（团委）

学校举行大学生新媒体中心成立仪式

4月19日下午，苏州工业职业技术学院大学生新媒体中心在天筹楼举行成立仪式。学校党委委员、副院长殷海芳，学校党委委员、宣传部部长王竝，学校团委书记陈艺，软件学院党总支书记陈希，学校团委副书记裘兆远，软件学院党总支副书记张琰以及各系（院）分团委负责人和大学生新媒体中心的师生代表一同参加了此次成立仪式。

首先，殷海芳和王竝为大学生新媒体中心揭牌。学生代表田翊成同学，带领学校领导、老师参观了天筹楼511大学生新媒体中心的工作场所。随后，指导老师卢又来做了题为《新时代、新媒体、新作为》的工作报告，总结了一年来大学生新媒体中心的筹备、建设和工作开展情况。陈艺、陈希分别介绍了学校团委和软件学院合作共建大学生新媒体中心的工作思路和未来规划。最后，殷海芳做了总结讲话，殷切期望大学生新媒体中心要发挥思想引领，紧扣时代主题，强化队伍建设，广泛学习借鉴，全面提升理论技能；要立足服务学生，精心打造学校的网络思政工作品牌；要发挥辐射作用，为全面提升学校网络思政工作水平做出贡献。（团委、软件与服务外包学院）

“志愿K立方”服务进社区——4月走进博雅苑

4月21日上午，校团委组织“苏工智造”志愿服务团又一次开启了“志愿K立方”——科普、科服、科创进社区志愿特色活动，本次走入的是友新街道四季晶华社区所辖的博雅苑。

上午9时，志愿服务团到达博雅苑门口，按照分工开始布置场地摊位，秩序井然。本次“志愿K立方”的服务内容为小家电义务维修、电脑网络义诊、智能手机操作指导、手工创意类社团展示及禁毒知识公益宣传。博雅苑小区物业对志愿服务团的到来表示了热烈欢迎和大力支持，活动过半突然下起了小雨，物业迅速为志愿者们支起了三顶大伞，让志愿服务“满血复活”。

此次活动，加强了校社合作深化智慧社区的构建，志愿者们提高了服务能力，也切实感受到了志愿服务的意义，以自身实际行动宣传志愿精神。

（团委）

学校举行纪念五四运动99周年暨学生表彰大会

5月4日下午，苏州工业职业技术学院纪念五四运动99周年暨学生表彰大会在天一报告厅隆重举行。学校党委书记王新华，学校党委委员、副院长殷海芳，学工处、团委、各系（院）党总支书记和副书记、团学条线工作人员以及受表彰的先进集体和个人等，共600余人参加了表彰大会。

大会在国旗队入场式和庄严的国歌声中拉开了帷幕。会上，表彰了2017年度苏州工业职业技术学院共青团工作先进集体和个人，同时还为获得苏州市“三新四创”好青年、苏州市“一心五同”团干部、苏州市“三敢三勇”团支部、苏州市优秀共青团员、苏州市五四红旗团支部，获得江苏省五四红旗团总支、江苏省大中专学校“活力团支部”、江苏省大中专学生暑期“三下乡”社会实践活动的“优秀团队”“先进工作者”和“先进个人”，以及获得国家奖学金的集体和个人颁发了荣誉证书。

王新华在讲话中代表学校党委对受表彰的先进集体和个人表示了充分的肯定和热烈的祝贺。同时，对学校共青团员提出了三点期望和要求：一是希望全体团员青年坚定理想信念，勇当时代先锋；二是希望全体团员青年不断加强学习，练就过硬本领；三是希望全体团员青年注重品德修养，塑造健康人格。（团委）

不忘初心，青春前行——学校开展“五四献礼”主题教育活动

为纪念五四运动99周年，用实际行动践行习近平总书记对广大青年的殷切期望，苏州工业职业技术学院在全校范围内开展了“不忘初心，青春前行，为五四献礼”主题教育活动，通过座谈学习、表彰先进、集体宣誓、文化展示等形式，为“五四献礼”，为青春添彩。

学习习近平总书记寄语，用青春践行爱国、励志、求真、力行。5月3日，学校举办了第一期“青春热议 · 五四献礼”——学习习近平总书记青年寄语专题学习会，学校团干部和优秀学生代表围绕习近平总书记考察北京大学发表的重要讲话进行专题交流学习。同时，学校团委借助线上平台，同步开展网上学习热议活动，在线下通过组织“习言习语在苏工”专题展，表彰先进典型，鼓励青年勇立一线、勇创一流、勇当标杆。5月4日，学校组织开展纪念五四运动99周年学生表彰大会，对2017年学校涌现的优秀青年学生和青年教师给予表彰。重温入团誓词，在团旗下有梦想、有誓言、有行动。学校各级团组织在五四期间广泛开展“重温入团誓词”主题活动，在仪式教育中不断强化共青团员和广大青年的政治性、先进性与群众性。创新教育形式，“五四献礼”有图、有灯、有声音。学校团委组织团员青年积极采用新形式、新媒体开展主题教育，吸引青年踊跃参与。（团委）

经管系“航信杯”第七届最耀眼班级风采展示圆满落幕

5月30日，经管系“航信杯”第七届最耀眼班级风采展示在天一报告厅举行。学校党委委员、副院长殷海芳，学生工作处处长贾虹，经贸管理系主任桂德怀、党总支书记费江、副主任周芳、党总支副书记梁青春，全系教师及团学组织学生，航天信息江苏有限公司苏州分公司经理陈丽女士、我爱我家人事经理张莉莉女士、顺丰速运（集团）有限公司隋丽娇女士等企业嘉宾及学生家长代表一同观看了演出。

本次展示以“青春梦想飞扬　责任使命担当”为主题，各班级结合专业、学生个性特长、青春的困惑及梦想的方向等，自编、自导、自演，将整个班级的风貌在舞台上进行展示。经过两个多小时的精彩展演，最终评出一、二、三等奖各1、2、3名，“最具创意奖”和“最佳人气奖”各1名。（经贸管理系）

苏工院大学生开展关爱空巢老人“一日义工”系列志愿服务活动

7月2—12日，学校团委组建“苏工博爱青春志愿服务团”，在苏州市吴中区越溪街道多个社区开展了“一日义工”大学生暑期社会实践志愿服务。

志愿服务团走进莫舍社区，开展“一日义工——科技行”志愿服务，为老年居民进行小家电义务维修、小家电保养及电脑装机知识宣传、

无人机航模展示、手工艺品现场制作及展示。志愿服务团走进张桥村和珠村社区，开展“一日义工——健康行”志愿服务，为老年居民们测量身高、体重、体脂、血压、心跳、血糖等体检项目，宣讲小组又在外场进行生活中的健康知识宣讲，分发预防老年病知识手册，并赠送了环保宣传纪念品。志愿服务团走进溪上社区，开展了“一日义工——急救行”志愿服务，为老年居民普及急救知识，演示自救互救技巧，同时为他们测量血压、体重，并结合测量的结果给老人们一些针对性建议。志愿服务团走进龙翔社区，为两户空巢老人进行了“一日义工——陪伴行”的志愿服务，陪伴奶奶聊天解闷，并做简单的室内整理。志愿者们纷纷表示以后会常来这里，要尽自己绵薄力量来给老人们送温暖，多多陪伴他们，与更多的志愿者共同谱写苏工青年志愿行动的新篇章。

（团委）

围绕学生　服务学生　关照学生——学校召开新学期学生工作联席会议

为做好新学期开学工作，9月7—8日，学校在天枢楼三楼会议室分别召开了新学期学生工作联席会和2018级迎新生工作协调会，学校党委委员、副院长殷海芳出席会议并布置工作。学校学生工作处、宣传部、教务处、团委、后勤处、保卫处等相关处室负责人和各系（院）党总支书记、副书记和全体辅导员分别参加了这两次会议。会议由殷海芳主持。

9月7日上午，学校召开新学期学生工作联席会议，宣传部、学工处、教务处、团委、后勤处和保卫处等职能部门分别介绍了新学期本部门的重点工作和开学筹备工作。殷海芳对各部门工作进行了点评，充分肯定了此次学生工作联席会议的意义，指出要精心部署，认真落实新学期开学的各项准备工作，以实际行动落实教书育人、管理育人、服务育人的要求，真正做到围绕学生，服务学生，关照学生。殷海芳对与会的各部门、系（院）负责人和全体辅导员提出了三点要求：一是加强学习，提升自身能力素质；二是学以致用，立足岗位潜心育人；三是以生为本，服务学生成长成才。

9月8日下午，学校召开了新生工作协调会。首先，学工处处长贾虹介绍《2018级迎新生工作方案》《2018级新生入学教育方案》和《2018级新生开学典礼工作方案》，围绕各项工作的主要任务及职责分工、进度安排、工作流程及总体要求进行了梳理和解读。随后，各部门负责人就迎新生和新生入学教育工作中的相关问题进行了现场交流。

最后，殷海芳做了总结，她说，迎新生工作是一项常规而重要的工作，也是展示学校形象和管理水平的最好窗口。她对各部门和各系（院）做好新生工作提出了四点要求：一是高度重视，周密部署；二是分解任务，各司其职；三是加强协调，落实责任；四是各具特色，亮点纷呈。她希望各部门和各系（院）以“我在乎你”的学校精神为引领，满腔热情地做好迎新生工作，确保迎新生工作热情、有序、高效。

（学生工作处）

学校团委组织开展2018年大学生暑期“三下乡”社会实践活动

为深入学习宣传习近平新时代中国特色社会主义思想和党的十九大精神，引领教育广大青年学生勇做担当民族复兴大任的时代新人，以实际行动助力精准扶贫，服务乡村振兴战略，切实在感受改革开放40年取得的新成就、新面貌的生动实践中受教育、长才干、做贡献，暑假期间学校团委根据有关文件精神，在全体学生中开展了大学生暑期文化科技卫生“三下乡”社会实践活动。

除个人实践外，今年暑假，各系（院）分团委以及校青协共派出9支队伍，奔赴淮安、宿迁、徐州、盐城，以及苏州的工业园区、高新区、吴中区、吴江区等地，开展了科技支农帮扶、国情社情调查、教育关爱服务、爱心医疗服务、美丽中国实践等形式多样、丰富多彩的暑期“三下乡”团队实践活动，取得了可喜的成绩。（团委）

苏工一家亲——学校召开2018级少数民族新生代表座谈会

9月21日下午，学校在天枢楼三楼会议室召开主题为“苏工一家亲”的2018级少数民族新生代表座谈会。学校院长王洪法、副院长殷海芳出席会议。本次会议由学工处处长贾虹主持，相关系（院）党总支副书记、辅导员代表和33名2018级少数民族新生代表参加了座谈会。

座谈会上，来自云南、贵州、广西、新疆等省、自治区，包括壮族、藏族、回族、布依族、仡佬族、哈尼族、锡伯族、维吾尔族等21个少数民族在内的新生代表踊跃发言，一一介绍了个人的基本情况，家乡及民族特色美食、美景和地区风俗，分享了在苏州的新生活，表达了对未来大学生活的期待与向往，座谈会现场气氛热烈而温馨。

王洪法在座谈会现场专程慰问了各位少数民族学生代表，表示学校将尽全力为各位少数民族新同学提供优质的职业教育和温馨的后勤服务保障。殷海芳和与会少数民族新生代表进行了交流，她介绍了“我在乎你”的学校精神和“向阳而生，精工笃行”的校训，希望各位少数民族新同学尽快融入大学生活，尽快适应大学校园环境，为未来的专业学习和职业发展打下坚实的基础。

座谈会上，各位与会老师认真听取了少数民族新生的军训和生活情况，并对学生在专业学习、饮食起居和生活习惯等方面遇到的问题做出了详细的解答和说明。与会老师们还就如何适应大学生活这一话题进行了具体细致的指导，勉励同学们用好三年的大学时光，珍惜自己的青春年华，努力在学习和实践中提升自己，培养专业能力和综合素养。会后，学校为每位参会新生代表准备了一个爱心包，让远道而来的少数民族新生代表在中秋节前夕品尝了苏州特色的月饼，共同感受苏工院大家庭的温暖。（学工处）

学校举行军训成果汇报暨表彰大会

9月29日上午，2018级新生军训成果汇报暨表彰大会在学校田径场隆重举行。学校党委副书记、院长王洪法，中国人民解放军某部申广州中校，学校党委委员、副院长殷海芳，党委委员、副院长温贻芳，党委委员、纪委书记林长永，党委委员、宣传部部长王竝，全体参训教官，各系（院）和相关职能部门负责人参加活动。大会由殷海芳主持。大会在庄严的升国旗仪式中正式开始。

王洪法在申广州的陪同下步行检阅了全体方阵，温贻芳宣读表彰决定，主席台就座领导分别为先进军训营、先进连队、优秀指导员及先进个人代表颁奖。一面“汗撒苏工沃土，军民融合育人”的锦旗由林长永代表学校赠予参训部队。

大会最后，王洪法讲话，他对同学们提出了殷切希望。一是要巩固军训成果，强化国防观念。继承发扬以爱国主义为核心的民族精神和改革创新为核心的时代精神，坚定中国特色社会主义道路自信、理论自信、制度自信、文化自信，用实际行动强化青年大学生的爱国之心、报国之情、强国之志，发挥人民解放军的光荣传统和优良作风，为今后的学习、工作和生活打下坚实基础。二是要坚持勤奋学习，把握人生奋斗黄金期，要将自己所学的知识与实践、实际、实例结合起来，做到知行合一、以知促行、以行求知，使自己的学习进入实学、实悟、实用的良性循环，努力把自己培养成优秀高素质技术技能型人才。三是要树立远大理想，开启青春美好时光。

（保卫处、人民武装部）

“创青春·在路上”——苏工青年志愿服务“苏高新杯”创青春大赛

10月10—15日，由团中央主办的“苏高新杯”2018第五届“创青春”中国青年创新创业大赛全国赛在苏州高新区成功举办。学校30名青年志愿者奔赴“创青春”志愿服务第一线，为大赛提供志愿服务。

自9月19日至10月5日，30位青年志愿者经过主办方的精心培训，明确服务内容。学校团委也通过对服务各环节的礼仪、讲解、注意事项进行不断演练，强化青年大学生思想道德素质和志愿服务精神。志愿服务期间，志愿者们相互督促，配合默契。每天12小时的工作强度，同学们脸上始终洋溢着微笑，微笑服务贯穿志愿服务的始终。经过同学们一周的辛勤付出，志愿服务井然有序，同学们在服务中进一步传承和发扬了无私奉献、乐于助人、艰苦奋斗的雷锋精神。

此次志愿服务活动，为学校师生提供了一个良好的锻炼平台。志愿服务增强同学们互助合作意识，树立良好志愿者榜样，推动学校青年大学生志愿者工作规范化、品牌化、项目化和常态化，丰富和提升学校青年志愿服务内涵。（团委）

“百团来袭·风采云集”——学校举办2018社团联合招新活动

10月24日，由校团委主办、校社团联合会承办的“百团来袭·风采云集”——2018苏工院社团联合招新活动在宿舍广场成功举办。全体大一新生以及各社团相关负责人员参与了本次活动。

当天下午，宿舍广场热闹非凡，海报宣传，道具上阵，音乐奏起，T台走秀。为了给社团增加新活力、吸收新成员，每个社团都使出浑身解数，轮滑社成员在人群中灵巧穿梭，吉他社弹奏着一首首美妙的歌曲，cosplay（角色扮演）社团成员化身各类角色“招摇过市”，汉服社成员一个个“古风飘飘”，武道协会直接在摊位前摆开了比武阵势……各式各样夺人眼球的宣传方式，使各个社团的报名摊位前都被围得水泄不通。

本次活动共有130多个社团参与了招新，今年的新会员报名全部采用PU线上报名，相信在之后的校园文化建设中，学校的校园新媒体手段会更加丰富，让学生的第二课堂更加多姿多彩。

（团委）

知爱防艾，我们一直在行动

11月28日中午，学生工作处在宿舍广场举办了“世界艾滋病日”宣传活动。

殷海芳副院长出席了宣传活动，并且为“校园防艾志愿者”代表颁发了聘书。来自全校的500多名学生在“青年先行　让检测成为平常”的横幅上郑重地签上了自己的名字，学生们纷纷举着防艾宣传相框自拍。这周，志愿者们将在每个宿舍的楼道入口处都张贴“世界艾滋病日”宣传海报，利用课余时间去各个宿舍分发防艾宣传材料。

学生工作处秉承“我在乎你”学校精神，关注学生的身心健康，多年来一直在学生中进行青春健康的宣传教育活动。11月中旬，邀请了苏州市疾控中心赵秀萍科长和傅卓华博士开展了六场“青春健康大讲堂”，做到大一学生全覆盖。

（学生工作处）

“青春榜样·苏工风尚”——学校举行“2018大学生年度人物”风采展评活动

12月24日下午，学校在丛荟报告厅举行了“2018大学生年度人物”风采展评活动，相关部门代表和各系（院）学生工作负责人担任本次活动评委。学校副院长殷海芳、学工处处长贾虹和各系（院）党总支副书记、辅导员代表、学生代表300余人全程观摩了展示活动。

学校“2018大学生年度人物”活动由学校学生工作处牵头组织，学校团委、各系（院）共同推进，活动以“青春榜样·苏工风尚”为主题。为了让更多学生了解选手的先进事迹，会前，学生工作处在丛荟厅广场增设先进事迹宣传展板，使每位观摩的同学深受教育。展评会现场，11位苏工学子优秀代表，在舞台上展示了他们的青春风采。最终评选出电子与通信工程系陈丛浩同学为学校“2018大学生年度人物”，建筑工程与艺术设计系董婷等3位同学为学校“2018年大学生年度人物”提名奖，经贸管理系姜欣玥等7位同学为学校“2018年大学生年度人物”入围奖。

（学生工作处）

文艺体育

春·徒步石湖

4月11日下午，学校工会第五届石湖健走活动正式拉开序幕。活动得到了学校领导的大力支持，院长王洪法、党委副书记曹建东、副院长殷海芳、副院长苏霄飞等校领导也参与到活动中来，给健走员工鼓舞“士气”，同时也在这个宽松的环境中与大家亲切交流。当天下午，约430人参加了健走活动，较上次活动参与率提高了15%。（工会）

学校开展“你选书，我买单”书展活动

不负好春光，读书正当时。为鼓励同学们多读书、读好书，4月26日，学校数字化校园与图文信息中心联合图书采购中标单位在学校凝华报告厅前举办了“你选书，我买单”图书展销与荐购活动。（数字化校园与图文信息中心）

学校承办全国青少年校园足球联赛男子高职组（南区）决赛

4月23—30日，全国青少年校园足球联赛（CUFA）男子高职组（南区）决赛在学校成功举行，这是CUFA赛事首次落户苏州。开幕式上，学校党委书记王新华为比赛开球，学校院长王洪法为大赛致开幕词，开幕式由学校副院长苏霄飞主持。

本次大赛由全国青少年校园足球工作领导小组办公室主办，中国大学生体育协会执行，中国大学生体育协会职业教育学校体育工作委员会、江苏省教育厅体卫艺处、康湃思（北京）体育管理有限公司协办，苏州工业职业技术学院承办。大赛突出“育人”的宗旨和教育的特色，充分体现“团结、奋进、文明、育人”的精神。为期8天的比赛中，来自16个省、自治区、直辖市的16支高职高专院校队伍同场竞技，为争夺赛区出线名额展开激烈比拼，比赛队伍实力强劲，比赛场上精彩纷呈。最终，四川工程职业技术学院足球队成功问鼎CUFA高职组（南区）冠军，代表江苏出战的江阴职业技术学院足球队获得第六名。比赛总成绩前八名的队伍获得了参加全国总决赛的资格。

（党委宣传部、体育部）

学校组织观看《厉害了，我的国》

为深入学习贯彻党的十九大精神，5月2日下午，学校组织全体教职工和学生代表在天一报告厅观看了大型纪录电影《厉害了，我的国》。

（党委宣传部）

思政部举办“忆峥嵘岁月——毛泽东诗词朗诵比赛”

6月6日，第一届“苏工之春”校园文化节之“忆峥嵘岁月——毛泽东诗词朗诵比赛”活动在丛荟厅举办，学校党委委员、副院长殷海芳，党委委员、宣传部部长兼思政部主任王竝，学生工作处副

处长马小燕和各系（院）党总支副书记出席活动。

经过班级初赛、系部复赛两次遴选过程，参加决赛的有12个作品。思政部教师精心遴选，将作品按照诗词创作的主题和年代，分为探索篇、长征篇、解放篇和温情篇四个篇章。比赛现场将所有人的思绪带到了几十年前的峥嵘岁月，去追寻伟人的光辉足迹、感悟伟人的雄韬伟略。最后全体思政教师集体朗诵习近平诗作《念奴娇·追思焦裕禄》。（思政部）

建艺系举办2018届毕业设计作品展

6月9日下午，建筑工程与艺术设计系2015级学生毕业设计作品展在文济楼举行。学校领导殷海芳副院长和温贻芳副院长及学校教务处何福男处长、学工处贾虹处长出席了毕业设计作品展。

本届毕业设计作品展的主题：以梦为马，不负韶华。布置一新的文济楼大厅内展示的有学生的手工作品、写生作品、图标设计作品、视频作品等。一件件作品是学生们三年内在苏工院生活、学习而结出的累累硕果。系陈惠康主任主持毕业设计展，他要求同学们要甘愿坐冷板凳，这样才能十年磨一剑；要考虑清楚工作、职业和事业的关系，要把职业当成事业，把技能当作技术来看待。看着被展示的写有自己姓名的毕业作品，捧着“新鲜”的毕业证书，建艺系2018届毕业生的心中满含着幸福和激动。（建筑工程与艺术工程系）

“青春梦想·才艺飞扬”——学校举办2018级新生才艺大赛

10月24日，学校2018级新生才艺大赛在天一报告厅圆满落幕。校团委以及各系分团委的老师担任了本次活动的评委，大一、大二的部分同学观看了本次比赛。

下午4时，报告厅里响起了一首扣人心弦的民族歌曲，李以琳同学以《乌兰巴托的梦》带给大家富有民族风的开场；紧接着小品《白蛇前传》，诙谐的台词逗得现场笑声不断；笑声之后，王若彤同学用歌声给大家讲述了《那些你很冒险的梦》；舞蹈《千古》《入秋》使现场同学沉浸在独具古风的优雅舞姿中；相声《儿时玩伴》赢得连连掌声，同学们纷纷想起了孩童往事；一首《差不多先生》“燃爆”了整个现场；小品《青春变形记》使新生们重温了不久前军训的难忘时光；王海鑫同学的《情非得已》让全场“嗨”了起来；古筝与古舞表演将同学们带入了汉唐时代；最后，王丁同学的萨克斯吹奏获得了全场最热烈反应，本次大赛也在悠扬的旋律中完美落幕。（团委）

学校举办第十一届体育运动会

11月1—2日，学校第十一届体育运动会在田径场隆重举行。

1日上午，党委副书记、院长王洪法，党委副书记、副院长曹建东，党委委员、副院长殷海芳、苏霄飞、温贻芳，党委委员、纪委书记林长永等出席开幕式。苏霄飞主持开幕式。

开幕式上，王洪法宣布运动会开幕，曹建东致开幕词。伴随着雄壮的运动员进行曲，国旗、校旗、会旗、各系（院）方队、教职工方队依次入场。入场式后，各个代表团进行了精彩纷呈的开幕式表演。最后进行了“放飞梦想”气球、航模表演和新生广播操比赛。

运动会历时2天，赛会期间，裁判员坚持原则，公正裁判；运动员顽强拼搏，奋勇争先；工作人员恪尽职守，认真负责；观众文明观赛，热情高涨。

2日下午，运动会举行闭幕式，苏霄飞致闭幕词，主席台成员为获奖代表队和个人颁奖。

各系（院）、各部门负责人参加了开、闭幕式，4000余名师生员工观看了本届体育运动会。此次运动会开幕式采用网络直播形式，有2万余人在线观看。（党委宣传部、体育部）

"校园青春跑·悦动苏工院"——学校师生参加"校园青春跑"活动

11月11日上午，苏州国际教育园"校园青春跑"暨"善跑"2018年苏州市路跑联赛（吴中站）在我校田径场集结开幕，教育园师生以及社会各界运动爱好者参与其中。

开幕式上，首先，学校软件与服务外包学院的100多名同学进行了方阵花球操表演，为整个赛场渲染了活跃的氛围。之后，苏州国际教育园管理办公室综合处处长王云峰致辞。随后，苏州市体育总会秘书处副秘书长韩鼎，苏州工业职业技术学院党委委员、纪委书记林长永，苏州大学文正学院院长助理、学工部部长卞海勇，苏州旅游与财经高等职业技术学校学生处处长计军军共同为本次大赛鸣响了发令枪。

随着开赛的信号枪响，1000多名选手分别踏上了5000米、10000米的征程，他们从苏工院田径场出发，沿着教育园主干道，穿越3所学校，他们青春靓丽，不言放弃，他们敢于挑战，勇于拼搏，青春并不取决于年龄，而是体现在一颗年轻的心。此次赛事中，校团委联合工会组织了体育部社联的定向越野社、无线电测向社、青春健美社等10支社团队伍，精密制造工程系的"悦跑越快"小分队以及学校部分教师，共计100余人参加了比赛。本次活动学校不仅有参赛队伍，还组织了青年志愿者团队为赛事服务。在赛道上，在每一个转弯点，都有身穿绿色马甲的苏工青年。他们包围了整个赛道，怀着虔诚耐心的态度，为参赛者送上最热情的服务。（团委）

学校举办"建行杯"演讲大赛，校企共庆改革开放40周年

11月14日下午，学校"敢为天下先　走进新时代"演讲大赛在天一报告厅隆重举行。比赛由学校党委宣传部、学工处、校团委和思政部联合主办，中国建设银行苏州分行营业部协办。学校党委委员、副院长殷海芳，党委委员、党委宣传部部长王竝，学工处处长贾虹，校团委书记陈艺及各系（院）党总支副书记出席了活动。建行苏州分行营业部总经理助理严典俊、营业部机构业务总经理樊文晔，建行城中营业部总经理顾晓青等企业嘉宾应邀出席。经过前期初赛，来自全校各系（院）的11名学生脱颖而出，建行也选派出两位年轻选手参赛，在400多名师生热情鼓掌下，大赛拉开帷幕。

大赛前，建行嘉宾严典俊做了热情洋溢的致辞，他深情感悟沧海桑田巨变，激励同学们要不负青春、开拓进取、筑梦未来。随后，13位选手依次上场做精彩演讲。经过激烈角逐，建艺系数媒18C1吴镇君同学和经管系会计18C1孙榕同学荣获一等奖。

活动最后，殷海芳做了总结讲话，她衷心感谢建行苏州分行营业部对本次比赛的大力支持。她指出，庆祝改革开放是为了更好开拓未来，希望同学们继承40年改革开放的精神，大力弘扬爱国主义、艰苦奋斗、开拓进取、开放包容等精神品质，把个人理想融入实现中国梦的时代洪流中，刻苦学习，夯实专业知识，练就过硬技能，不断完善自我，在奋斗中成就最美最幸福的人生。

演讲比赛活动在《走进新时代》歌曲中落下帷幕。（思政部）

学校承办江苏省第四届高职高专院校学生足球技能大赛暨体能大赛

11月15—16日，江苏省第四届高职高专院校学生足球技能大赛暨体能大赛在学校举行。来自全省41所高职高专院校的63支代表队569名运动员、226名教练和指导老师参加了本次大赛，200名裁判员和志愿者参与服务赛事。

足球技能赛场尤为精彩。每所学校的6名队员都需要完成颠球、踢准、绕杆射门、定点射门4个赛项的比拼。据了解，这4个赛项都是足球运

动中常见的技能，在场运动员们敏锐的脚感及娴熟的技艺引得围观学生阵阵叫好。体能大赛则主要包括长跑、三级蛙跳、单体引体向上、仰卧起坐等4个赛项。学校最终斩获体能团体一等奖第一名、足球技能团体一等奖第二名，有体能男子全能王2名、女子全能王2名，足球技能女子全能王1名。（宣传部）

学校隆重举行“思源·逐梦”纪念改革开放40周年文艺汇演

12月12日下午，学校在国际教育园图书馆剧场隆重举行“思源·逐梦”纪念改革开放40周年文艺汇演，抒发对伟大祖国母亲的深深挚爱之情，歌颂对改革开放伟业的无比自豪之意。

学校党委书记王新华，党委副书记、院长王洪法，党委副书记、副院长曹建东，党委委员、副院长殷海芳，党委委员、副院长苏霄飞，党委委员、副院长温贻芳，党委委员、纪委书记林长永，党委委员、组织部部长吴少华，党委委员、宣传部部长王竝，全体教职工，离退休教师代表和学生代表，共计600余人参加活动。

文艺汇演在学校短片《致敬改革开放40周年》中拉开序幕。机电系党总支乐队带来了开篇表演《我爱你，中国》。文艺汇演共分为三个篇章：“饮水思源·爱国情”“不忘初心·岁月情”“砥砺前行·事业情”。学校雷冰老师、汤小兰老师、王赛同学和安柏羽同学，贵州健康职业学院到校交流的果楚惠老师一起主持了活动。

在第一篇章——“饮水思源·爱国情”中，教辅党总支的朗诵《40年的中国》、精密系党总支的合唱《我的中国心》、团委的歌伴舞《国家》、离退休支部的朗诵《凝聚明天的力量》，回顾了中国改革开放40年的求实探索、开拓奋进和累累硕果，展示了学校凝心聚力、锐意前行和丰硕收获，激发了师生强烈的爱国、爱校情怀。

团委的群舞《芳华》、经管系党总支的朗诵《我的北方和南方》、国教院党总支的排舞《迈进新时代》和建艺系党总支的音乐情景剧《儿行千里》组成了第二篇章——“不忘初心·岁月情”，展现了在如歌岁月中，经过40年拼搏、40年努力，在党的领导下，我们始终不忘初心，一起迎着壮丽的朝阳迈进一个崭新的时代。

“砥砺前行·事业情”是第三篇章，软件学院党总支的朗诵和合唱《我宣誓》、汽车系党总支的小组唱《光阴的故事》、团委的情景音乐剧《你好，我叫苏小能》、电信系党总支的歌舞《走进新时代》、机关党总支的合唱《不忘初心》，展现了党员教师不忘初心，牢记使命，砥砺前行的铮铮誓言，展现了老师们、学生志愿者们的无私奉献和倾情投入。

整场文艺汇演精彩纷呈，声乐高昂，舞姿绚烂。学校党委领导班子、教职工代表、退休教师代表和学生代表都参加了演出，每一位出演人员都全情投入，力求用完美的表演表达在改革开放40年历程中苏工院人的新作为和新风貌，表明苏工院人在新时代将进一步增强“四个意识”、坚定“四个自信”，积极投身新时代中国特色社会主义伟大事业，践行“向阳而生，精工笃行”的校训，凝心聚力建设省高水平高职院校，在新起点上书写学校发展的新篇章。（党委宣传部）

“共筑青春梦·启航新征程”——学校举行2019迎新年文艺汇演

12月26日下午，学校2019迎新年文艺汇演在国际教育园图书馆剧场举行，学校党委书记王新华，党委副书记、院长王洪法，党委委员、副院长殷海芳，党委委员、副院长苏霄飞，党委委员、纪委书记林长永，党委委员、组织部部长吴少华，党委委员、宣传部部长王竝和各职能部门、系（院）干部代表和师生代表一同观看了演出。

本次汇演以“共筑青春梦·启航新征程”为主题，共分“校园掠影·青春行”“回首往昔·改革路”和“砥砺奋进·新征程”三个篇章。师生演员们用诙谐幽默的群口相声《我的大学生活》演绎了丰富多彩的校园生活；用唯美的乐器伴奏情景表演《校园版·剑侠情缘》向文学大师致敬；用激情澎湃的爵士舞*Rhythm Ta*展现了青春风采；用阳刚激昂的军旅表演《校园绿影》展示了学校热血青年的勇气和毅力。演出中，婀娜多姿的舞蹈《芳华》、技艺精湛的独舞《小草》、情怀饱满的音乐金曲捞《40年难忘的旋律》和深情热忱的情景剧《你好，我叫苏小能》等表演一次次点燃现场观众们的热情，特别是由青年教师代表组团表演的群舞*Good Boy*热力四射，动感十足，“嗨翻”全场，将演出气氛推向高潮。最后，汇演在气势磅礴的歌舞《国家》中落下帷幕。（团委）

招生就业

学校顺利完成2018年江苏省对口单招机电类专业技能考试

2018年江苏省普通高校对口单招机电类专业技能考试于3月10—11日在学校圆满完成。本次考试，学校考点承担了南通地区共487名考生的考试工作。（教务处）

学校成功举办“博思堂杯”苏工院第十一届大学生职业规划大赛

5月16日下午，2018职业教育活动周系列活动之“博思堂杯”苏工院第十一届大学生职业规划大赛决赛在天一报告厅隆重举行。学校党委委员、副院长温贻芳，对外交流与校企合作处处长王震，博思堂地产综合服务股份有限公司总经理陈鑫泰以及各系（院）部分领导和指导教师出席了本次大赛。大赛邀请了博思堂地产综合服务股份有限公司常务副总经理陈希文、人力资源总监周龙萍，销客学院院长郑斌，苏州市劳动就业管理服务中心高级生涯规划师束妍敏，苏州安信国际投资顾问有限公司国家二级人力资源管理师、国家认证生涯规划师黄静，万德地产（香港）投资有限公司首席运营官、ICDC生涯规划师、CETTIC职业生涯规划师谢琪明担任评委。

在比赛开始前，学校党委委员、副院长温贻芳教授致欢迎词，对博思堂地产综合服务股份有限公司的大力支持表示感谢，并鼓励学生通过校企联合冠名的职业规划大赛，增强对职业的认知，在今后的工作岗位上发挥苏工院学子的才能。

本次大赛历时一个多月，经过系（院）初赛、校级复赛的层层选拔，来自8个系（院）的11位选手站上决赛舞台。最终，机电工程系的曹飞宇、陆凡，经贸管理系的杜文丽分获本次大赛的前三名；经6位评委的一致认定，他们将代表学校参加江苏省第十三届大学生职业规划大赛。

陈鑫泰在比赛最后发表了精彩讲话，他用讲故事的方式讲述了自己自2005年加入博思堂大家庭至今的五个重要转折时刻和一步步从基层销售人员到博思堂总经理的人生经历，勉励莘莘学子：努力不一定会成功，不努力一定不会成功；机会永远留给那些有准备的人。

学校已连续十一年与紧密型合作企业联合举办大学生职业规划大赛，通过大赛，引导大学生树立正确的就业观、成才观和价值观，帮助学生认清自我、完善自我、科学规划，提高个人素质，促进毕业生充分就业。

（对外交流与校企合作处）

学校师生参加第四届江苏省“互联网+”大学生创新创业大赛“青年红色筑梦之旅”活动启动仪式

第四届江苏省“互联网+”大学生创新创业大赛之“青年红色筑梦之旅”活动全省启动仪式在淮阴工学院举行，学校入围的学生创业项目“锦煜航植保服务”团队参加了现场开幕式、路演和现场签约。

“互联网+”大赛“青年红色筑梦之旅”启动以来，教务处、对外交流与校企合作处、团委等部门积极组织项目筹备、申报，择优推送由张峥、张泠老师指导，庄涵汀、邹祥宇等学生创建的锦煜航科技创业团队参赛。江苏省教育厅结合“青年红色筑梦之旅”实践项目要求和淮安乡村振兴、扶贫需求，组织专家评审，在全省134支报名队伍中，遴选出南京大学、南京航空航天大学、扬州大学和苏工院等院校的14个项目参加现场路演。为进一步深化校地合作，现场组织7个高校创业项目与淮安地区农场企业签约，学校“锦煜航植保服务”分别与淮安市淮安区双木林农机专业合作社、淮安市淮安区张超家庭农场进行了现场签约，占7个签约项目的2个。（团委）

学校承办“江苏省职业学校创业教育及指导能力提升培训”

7月13日，由学校承办的“江苏省职业学校创业教育及指导能力提升培训”在苏盛宾馆举行了开班仪式。学校党委委员、副院长温贻芳，继续教育学院院长廖文杰出席开班仪式。

温贻芳为开班仪式致欢迎词，热烈欢迎各位学员到学校参加能力提升培训，并介绍了学校的办学思路和近几年的发展情况，希望通过培训能多增进兄弟院校之间的交流。

廖文杰对此次为期7天的创业教育指导的培训目的、培训内容及培训安排做了详细介绍，并提出了相关要求，希望通过培训每位学员能学有所成、学以致用，进而提高创业指导的水平，更好地探究创业项目孵化的有效落实。

（继续教育学院）

省教育厅就业创业工作专项督查组到校督查指导

9月20日上午，由江苏省高校招生就业指导服务中心主任胡建平任组长的第九督查组专家一行4人莅临学校，对学校毕业生就创业工作进行了专项督查。学校院长王洪法、副院长殷海芳和温贻芳以及教务处、学生工作处、团委、对外交流与校企合作处部门领导、辅导员代表等参加了督查会议。汇报会由殷海芳主持。

汇报会上王洪法对督查组一行的到来表示热烈欢迎，并向专家组介绍了学校的基本情况以及学校最近几年取得的成绩。胡建平介绍了督查的目的。温贻芳代表学校从就创业工作探索、就创业工作成效、就创业工作特色、就创业工作思考等方面向专家组详细汇报了学校2017年以来毕业生就创业工作。随后，督查组通过查阅就创业工作材料、召开辅导员座谈会和在校学生座谈会、电话核查调研2018届毕业生、实地考察学校就业工作场地和大学生创业活动中心等进一步深入了解学校毕业生就创业工作情况。

在督查反馈会上，督查组充分肯定了学校就创业工作的做法以及取得的成绩，认为学校就创业工作有以下亮点：一是学校高度重视就创业工作，做到机制、人员、场地、经费四到位，强有力地保障了毕业生高质量就业；二是学校充分发挥专业优势、区域优势，校企协同育人，促进了毕业生高质量就业；三是学校建立招生、培养、就业联动机制，围绕《中国制造2025》设置新专业，服务区域经济发展；四是能很好地落实困难学生、少数民族学生帮扶机制。同时，督查组对加强学校就业工作人员高水平培训、加强就业指导过程中学生价值观的培养等提出了意见和建议。学校将按照督查组的意见和要求，进一步改进就创业工作，努力使学校毕业生就创业工作再上新台阶，为区域经济发展输送更多更优的技能型人才。

（对外交流与校企合作处）

学校成人教育校企合作自主招生考试顺利举行

10月17日，苏州工业职业技术学院2018年成人教育校企合作自主招生考试在文绍楼举行，3个专业的校企合作企业考生参加了考试。这是学校持续加强校企合作、建设高水平职业院校、提升社会服务水平的重要举措。

今年，学校积极申报，获得机电一体化技术、汽车检测与维修技术和汽车营销与服务3个专业招生资格。为了进一步规范工作程序，做好资格审查、考试报名、考试命题、考试组织、招生录取等环节的工作，确保试点工作顺利实施，在学校招生考试领导小组领导下，成立了由分管领导温贻芳副院长、校纪检部门领导、相关系（院）领导以及继续教育学院领导组成的工作组，在学校各部门的共同协作下，各项工作都顺利开展，按时圆满完成。

自主招生考试结束后，学校将严格按照省招生主管部门的有关招生录取工作政策和规定，实施“公平、公正、公开”录取。（继续教育学院）

表彰奖励

学校荣获2017年度“在苏高校优秀学生资助项目”一等奖

1月3日，“在苏高校优秀学生资助项目分享会”在苏州大学独墅湖校区音乐厅顺利举行。来自全市范围内的26所院校进行了激烈角逐，我校喜获“在苏高校优秀学生资助项目”一等奖。

（学生工作处）

我校承办的中职省培项目获2017年全省“优秀培训项目”

近日，全省2018年中等职业教育教师培训工作会议在南京举行。省教育厅和各市教育局领导出席会议，各培训基地的代表和学校继续教育学院相关人员参加会议。会议对2017年省级培训优秀项目、优秀管理者及优秀学员进行了表彰。由学校继续教育学院承办的“创业教育指导及管理者能力提升培训”项目管理规范、成效显著，被评为2017年“优秀培训项目”。

（继续教育学院）

学校科研平台连续三年获吴中区表彰

近日，吴中区召开了全区作风效能建设暨综合表彰大会。会上，学校苏州工业机器人众创空间被授予吴中区2017年度优秀科技服务平台，这是学校科研平台连续三年在吴中区作风效能建设暨综合表彰大会中获表彰。（科技处）

学校喜获2018年江苏省高等职业院校技能大赛5个一等奖

在2018年江苏省高等职业院校技能大赛中，在指导教师的精心指导下，参赛学生认真训练，顽强拼搏，学校12个参赛项目均获奖，其中一等奖5个、二等奖4个、三等奖3个。英语口语技能赛项摘得专业和非专业组2个一等奖，为全省高职院校唯一双冠。（教务处）

学校荣获2017年度“吴江经济技术开发区优秀校企合作单位”称号

根据吴开发〔2018〕10号《关于表彰2017

年度吴江经济技术开发区优秀校企合作单位的通知》文件，学校列吴江经济技术开发区表彰的17所2017年度优秀校企合作单位之一。

（电子与通信工程系）

学校在2017年省毕业设计评优中获奖数综合排名全省高职院校第三

近日，江苏省教育厅公示了“2017年江苏省普通高校本专科优秀毕业设计（论文）评选结果”，学校推荐的9项毕业设计（论文）全部获奖，其中一等奖2项、二等奖4项、团队优秀毕业设计3项，各奖项综合排名全省第三。（教务处）

学校近五年多项科研成果位列全国高职院校前列

近日，教育部职业技术教育中心研究所所长王扬南的《2013—2017年职业教育科研情况综述》在《中国职业技术教育》发表，以数据阐述了职业院校科研成果情况。根据文中的资料，学校近五年多项科研成果位列全国高职院校前列。

（科技处）

学校殷铭老师光荣地被命名为“苏州市劳动模范”

4月26日下午，苏州市委、市政府在市人民大会堂隆重召开庆祝“五一”国际劳动节暨劳模命名表彰大会。大会命名表彰了297名2018年“苏州市劳动模范”。苏州市委副书记、市长李亚平宣读劳模命名决定。学校殷铭老师被命名为“苏州市劳动模范”。（工会）

学校学生获第四届“LSCAT杯”江苏省笔译大赛一等奖和江苏省十佳“笔译之星”称号

5月19日上午，第四届“LSCAT杯”江苏省笔译大赛颁奖典礼在苏州大学举行。专家多轮评审后，学校商英16C2班吴亚青同学（指导教师陈海彬）获专科组一等奖，并被评为江苏省十佳“笔译之星”。（国际教育学院）

学校参加省第十九届运动会高校部定向越野比赛获佳绩

5月28日，江苏省教育厅、江苏省体育局主办的江苏省第十九届运动会高校部定向越野比赛在盐城工学院落下帷幕。学校定向越野队经过4天的激烈角逐，夺得男子接力赛第一名、女子接力赛第一名、男子团队赛第一名和男子短距离第一名等。（体育部）

学校获“苏州国际教育园—吴中区第三届校企技能PK大赛”机器人赛项一等奖

近日，由苏州国际教育园与吴中区人力资源和社会保障局主办，学校承办的“苏州国际教育园—吴中区第三届校企技能PK大赛”机器人赛项在机电工程系M216机器人实训室开赛。学校机电工程系机器人16C2班蒋经涛、钱毅武团队获得一等奖的好成绩。（机电工程系）

学校在2018年全国职业院校技能大赛中取得佳绩

2018年全国职业院校技能大赛5—6月在天津主赛区和北京、江苏等22个分赛区举行，共设置82个赛项，学校共有6个赛项代表江苏省参加本次大赛，全部参赛项目均获奖，其中精密制造工程系和软件与服务外包学院分别参加的工业产品数字化设计与制造和云计算技术与应用赛项获得了一等奖，已经连续两年获得全国职业院校技能大赛这两个赛项一等奖。（教务处）

学校参加2018年“挑战杯——彩虹人生”江苏省决赛获佳绩

6月8—10日，2018年“挑战杯——彩虹人生”江苏省职业学校创新创效创业大赛决赛在南通航运职业技术学院举行。由学校团委选送，精密制造工程系的“离心式空气压缩机整体叶轮制造工艺优化与实施”项目在决赛中发挥出色，荣获一等奖，并获得代表江苏省参加全国职业学校创新创效创业大赛的资格。（团委）

学校师生获“省大学生年度人物”和“省高校辅导员年度人物”入围奖

6月13日下午，以“聚力青春梦，奋斗新时代”为主题的“2017江苏省大学生年度人物暨高校辅导员年度人物”颁奖典礼在东南大学九龙湖校区举行，学校机电工程系机电一体化专业机电15C2班庄涵汀同学和精密制造工程系辅导员胡渠老师分别获得“2017江苏省大学生年度人物”和“2017江苏省高校辅导员年度人物”入围奖。（学生工作处）

学校学生获2018年全国大学生英语竞赛一等奖

近日，2018年全国大学生英语竞赛（NECCS）决赛在东南大学举行。经过两轮激烈的角逐，学校数维16C1班陈浩同学（指导教师高丰）和电信16C1班陈丛浩同学（指导教师韩婧）均获得D类一等奖。（国际教育学院）

学校再次荣获“全国高等职业院校服务贡献50强”称号

7月15日，《2018中国高等职业教育质量年度报告》发布会在北京隆重召开。学校荣获“2017年全国高等职业院校服务贡献50强”称号，这是我校继2016年度再次获得该项殊荣。

（科技处、质量保证中心）

省师资培训视导组对学校承担的国培、省培项目高度肯定

日前，省职业院校教师培训项目视导组莅临学校视察指导国培、省培项目。专家们对学校培训基地的工作给予充分肯定，一致认为：培训方案全面、完善，前期准备充分；教学组织体系形式多样，学习内容饱满充实；后勤保障和组织安排秩序良好、管理到位！（继续教育学院）

学校在2018年江苏省高职院校信息化教学大赛中喜获一等奖2项

近日，2018年江苏省高职院校信息化教学大赛传出喜讯，学校提交的11项作品全部获奖，其中一等奖2项、二等奖2项、三等奖7项。胡霞、陈园园、朱东老师的《图像的数字化》和王栋、戴丽华、程雪敏老师的《小A爱跳舞——姿态设计与舞蹈控制》获得一等奖。（教务处）

慧聚青春展风采，梦想彩虹绘未来——学校学子在挑战杯赛场取得新突破

8月13—17日，2018年“挑战杯——彩虹人生”全国职业学校创新创效创业大赛决赛在江苏南京隆重举行。由学校团委选送，精密制造工程系的“离心式空气压缩机整体叶轮制造工艺优化与实施”项目，经过重重选拔，最终在决赛中发挥出色，喜获一等奖，实现了学校在此项国赛奖项中零的突破。（团委）

教师节前夕，学校再获市教学成果奖特等奖

9月7日上午，苏州召开庆祝第34个教师节座谈会，表彰一批优秀教师和优秀教学成果。时任江苏省委常委、苏州市委书记周乃翔，苏州市委副书记、市长李亚平出席座谈会。学校作为2018年苏州市教育教学成果奖特等奖获奖单位代表获奖者出席座谈会，并接受市领导的颁奖。本次评奖中，学校经贸管理系申报的“智能工厂物流技术技能人才‘校企协同、工商并重’培养模式研究与实践”项目获得高等教育类教学成果奖

特等奖。（教务处、经贸管理系）

学校连续两年获评江苏省学生资助工作绩效评价优秀单位

近日，从江苏省教育厅、财政厅联合印发《关于公布2017年度全省学生资助绩效评价结果的通知》（苏教助〔2018〕1号）获悉，学校再度被评为2017年度江苏省学生资助工作绩效评价优秀单位。（学生工作处）

学校人武部获得省政府、省军区表彰

江苏省人民政府、江苏省军区日前下发文件，表彰全省征兵工作先进单位和先进个人，学校人民武装部获得省先进单位光荣称号。

（保卫处、人民武装部）

学校获评“苏州市文明校园”荣誉称号

近日，2015—2017年度“苏州市文明校园”评选结果揭晓，根据苏州市精神文明建设指导委员会《关于命名2015—2017年度苏州市文明行业、文明单位、文明村镇、文明社区、文明校园的决定》（苏文委〔2018〕6号），学校获评“苏州市文明校园”荣誉称号。（党委宣传部）

学校志愿服务项目获2018年苏州市高校“博爱青春”暑期志愿服务项目三等奖

9月29日，2018年苏州市高校红十字会“博爱青春”暑期志愿服务项目评审展示在苏州市职业大学归耕楼举行。学校“博爱青春”项目指导老师及部分志愿者参加了本次活动。学校团队在苏州市各高校14个项目的展示汇报中，排名第五，获得三等奖。同时，本次“博爱青春”项目的负责人赵婷同学，获得了苏州市“优秀红十字志愿者”称号。（团委）

学校创元学院荣获首批苏州市职业院校优秀企业学院称号

近日，从苏州市教育局下发的《关于公布首批苏州市职业院校优秀企业学院遴选结果的通知》（苏教高职〔2018〕27号）获悉，由学校申报的企业学院创元学院被评为首批苏州市职业院校优秀企业学院。（对外交流与校企合作处）

学校获“中慧杯”Web应用软件开发技能竞赛特等奖

10月28日，“中慧杯”全国高等职业院校Web应用软件开发技能竞赛在南京工业职业技术学院举行。来自全国各地的29支代表队齐聚古都南京，赛场上切磋技能。苏州工业职业技术学院一队（李飞、马兆鹏、徐嘉玮，指导老师：伊雯雯、密海英）获得特等奖，二队（陈晨、徐霁、郑仕阳，指导老师：朱东、陈莉莉）获得一等奖。

（软件与服务外包学院）

学校风信子禁毒社项目获苏州禁毒宣传“双百计划”优秀项目

11月2日，由团市委、市禁毒办联合主办的2018年青少年禁毒宣传教育“双百计划”验收评估会在苏州市禁毒社会化工作培训基地——苏州开放大学召开。学校精密系风信子禁毒社“青少年分类模块化禁毒宣传教育计划”获得苏州市青少年禁毒宣传教育“双百计划”优秀项目。

（团委、精密制造工程系）

学校获第二届全国智能制造应用技术技能大赛省选拔赛一等奖

10月24—26日，学校师生参加了江苏省人力资源和社会保障厅举办的第二届全国智能制造应用技术技能大赛江苏省选拔赛，由机电系周信老师、精密系殷铭老师指导，两系学生戴文杰、陈继飞、郭庆晗组成的团队，在比赛中取得一等奖的好成绩，并将于11月10日参加在济南举行的第二届全国智能制造应用技术技能大赛决赛。

（机电工程系、精密制造工程系）

学校老师获得2018年全国职业院校技能大赛优秀工作者称号

11月6日，在天津召开了2018年全国职业院校技能大赛总结会。教育部、各省（区、市）教育厅（教委）、各计划单列市教育局、新疆生产建设兵团教育局、各赛项执委会、承办院校、合作企业等代表齐聚一堂，学校精密制造工程系党总支书记方一新荣获了优秀工作者称号。

（教务处、精密制造工程系）

学校参加苏州市第四届校园舞蹈大赛荣获三等奖

11月10日，苏州市第四届校园舞蹈大赛在苏州大学存菊堂举行。学校大学生艺术团选送的舞蹈《小草》荣获高校组三等奖。（团委）

学校获评2018年全省高校毕业生就业创业工作考核优秀单位

日前，从江苏省教育厅发布的《省教育厅关于2018年全省高校毕业生就业创业工作专项督查考核情况的通报》（苏教学函〔2018〕16号）中获悉，学校获评“2018年高校毕业生就业创业工作考核优秀单位”。（对外交流与校企合作处）

学校学子在第二届全国智能制造应用技术技能大赛中斩获银牌

11月14—18日，2018年中国技能大赛——第二届全国智能制造应用技术技能大赛决赛在山东济南举行，来自全国27个省级赛区的196支参赛队伍588名选手进入决赛。比赛由理论部分和实际操作部分组成，经过四天的激烈角逐，由学校机电工程系、精密制造工程系学生共同组成的团队斩获“切削加工智能制造单元安装与调试”赛项学生组银牌。

（机电工程系、精密制造工程系）

学校荣获首批“全国机械行业服务先进制造高水平骨干职业院校”称号

11月22—24日，2018年度先进装备制造业产教融合发展论坛暨机械行指委工作会议在青岛隆重召开。会上，学校被授予首批“全国机械行业服务先进制造高水平骨干职业院校”称号。

（精密制造工程系）

学校学子喜获省第十三届大学生职业规划大赛特等奖

11月28日，“武进人才杯”江苏省第十三届大学生职业规划大赛决赛在常州落下帷幕，学校机电工程系陆凡同学荣获专科组特等奖，机电工程系曹飞宇同学与经贸管理系杜文丽同学荣获专科组二等奖，机电工程系马晓云老师荣获优秀指导教师称号。

（对外交流与校企合作处、机电工程系、经贸管理系）

学校师生在苏州国际教育园汽车维修技能比赛中获佳绩

12月15日，由苏州国际教育园主办的汽车专业大学生汽车维修技能比赛在苏州建设交通高等职业技术学校尹山湖校区隆重举行。由汽车工程系杨晓峰老师和刘森老师指导的葛威、马越谷和吕和赟三人最终获得了团体二等奖。

（汽车工程系）

学校教师家庭获“苏州市最美家庭”荣誉称号

近期，中共苏州市委宣传部、苏州市精神文明建设指导委员会办公室、苏州市妇女联合会共同举办了“爱满苏城·第四届寻找苏州最美家庭”活动。学校国际教育学院范莉萍老师家庭荣获“苏州市十大最美家庭”荣誉称号。学校妇联主席章雯与范老师家庭共同参加了揭晓颁奖仪式。

（妇联）

学校获得2018年国家级教学成果奖一等奖

近日，教育部发布了《教育部关于批准2018年国家级教学成果奖获奖项目的决定》（教师〔2018〕21号）文件，由温贻芳副院长主持，苏益南、苏华、龚肖新、高新浩、江建春、周保廷、于霜、石皋莲、薛迎春、杨扬、储建华等老师参与的“高职机电类专业‘五教合一’的产教融合人才培养模式创新与实践”获得国家级职业教育教学成果奖一等奖。

（教务处）

学校在2018年苏州市文化创意设计大赛中荣获佳绩

近期，“创元杯”2018年苏州市文化创意设计大赛结果揭晓，由建艺系王譞老师指导，甄雨、陈都迎，来自企业的王小峰完成的作品“冰心玉壶”荣获优秀入选作品称号（总排名第65），同时学校荣获优秀组织奖。（建筑工程与艺术设计系）

第四章　组织机构与人员

管理机构

2018年苏州工业职业技术学院管理机构一览表

序号	部门名称	内设机构
1	党政办公室（外事与港澳台办公室）	秘书与信息科
		档案中心（保密科）
		接待与外事科
2	党委组织部（党委统战部）	组织科
		统战科
3	党委宣传部	宣传科（网信办）
		思政教育科
4	纪检监察室	综合科
5	人事师资处（教师工作部）	师资管理科
		人事档案与劳动工资科
6	财务处（审计处）	会计核算科
		财务管理科
		审计科
7	教务处	教务科
		教学科
		实践教学与设备管理中心
8	学生工作部（学生工作处、招生办公室）	学生管理科
		公寓管理中心
		招生就业科
		思政与心理健康教育科
9	科技处	科技服务中心
10	对外交流与校企合作处	校企合作与创业科
		对外交流与校友中心
11	后勤与资产管理处	综合管理科
		资产管理科
		后勤服务中心
		基建科
12	保卫处（人民武装部）	综合管理与治安消防管理科（军事理论教研室）
13	工会（妇联）	工会办公室
14	团委	团委办公室

教辅机构

2018年苏州工业职业技术学院教辅单位一览表

序号	部门名称	内设机构	序号	部门名称	内设机构
1	高等职业教育研究所（学报编辑部、质量保证中心）	高职研究室与学报编辑室	2	数字化校园与图文信息中心	图文管理科
		质量保证科	3	继续教育学院（培训管理中心）	综合办公室
					教务科
2	数字化校园与图文信息中心	信息化管理科			

中层以上干部名单

2018年苏州工业职业技术学院中层以上干部名单

1.校党委

书　记：王新华

副书记：苏益南（2018年4月免　苏委人〔2018〕82号）

　　　　王洪法（2018年4月任　苏委人〔2018〕82号）

　　　　曹建东

委　员：殷海芳

　　　　苏霄飞

　　　　温贻芳

　　　　林长永

　　　　吴少华

　　　　王　竝

2.校行政

院　长：苏益南（2018年2月免　苏委〔2018〕180号）

　　　　王洪法（2018年2月任　苏委〔2018〕180号）

副院长：曹建东

　　　　殷海芳

　　　　苏霄飞

　　　　温贻芳

3.纪律检查委员会

书　记：林长永

副书记：庄剑英

4.党政办公室（外事与港澳台办公室）

主　任：安　婕

副主任：曹　瑾

5.党委组织部（党委统战部）

部　长：吴少华

副部长：陈　艺

6.党委宣传部

部　长：王　竑

副部长：金　昱

7.纪检监察室

主　任：庄剑英

副主任：徐　敏

8.机关党总支

书　记：吴　玮（兼）

9.工会

主　席：章　雯

副主席：王　晓

10.团委

书　记：陈　艺

副书记：裘兆远

11.人事师资处（教师工作部）

处　长：钟　克

副处长：计翼倩

　　　　许秀芝

12.教务处

处　长：何福男

副处长：葛晓忠

　　　　苏　华（兼）

13.学生工作部（学生工作处、招生办公室）

部　长：贾　虹

副部长：马小燕

14.科技处

处　长：温贻芳（兼）（2018 年 5 月免　苏工院党委〔2018〕18 号）

副处长：祝清兰（2018 年 5 月　主持工作　苏工院党委〔2018〕18 号）

15.对外交流与校企合作处

处　长：王　震

副处长：邵利群

16.财务处（审计处）

处　长：吴　玮

17.后勤与资产管理处

处　长：刘　晓

副处长：张大圣

　　　　汤鸿波

18.保卫处（人民武装部）

处　长：徐　立

副处长：汤鸿波（兼）

19.高等职业教育研究所（学报编辑部、质量保证中心）

所　长（主任）：苏　华（2018 年 1 月任　试用期一年　苏工院党委〔2018〕2 号）

20.数字化校园与图文信息中心

主　任：何旭明

副主任：陆　布

21.继续教育学院（培训管理中心）

院　长（主任）：廖文杰

22.教学教辅机构党总支

书　记：王　晓

23.离退休教职工直属党支部

书　记：吴少华（兼）

24.精密制造工程系

主　任：石皋莲

副主任：耿　哲

党总支

书　记：方一新

副书记：童钰祥

25.机电工程系

主　任：温贻芳（兼）

副主任：于　霜

　　　　薛迎春（2018 年 5 月任　试用期一年　苏工院党委〔2018〕17 号）

党总支

书　记：张　泠

副书记：张　峥

26.电子与通信工程系

主　任：章　雯

副主任：朱祥贤

王　栋（2018 年 5 月任　试用期一年　苏工院党委〔2018〕17 号）

党总支

书　记：钱　涛

副书记：徐云飞

27.软件与服务外包学院

副院长：罗　颖

党总支

书　记：陈　希（2018 年 5 月　代理院长职责　苏工院党委〔2018〕19 号）

副书记：张　琰

28.经贸管理系

主　任：桂德怀

副主任：周　芳

欧阳芳（2018 年 5 月任　试用期一年　苏工院党委〔2018〕17 号）

党总支

书　记：费　江

副书记：梁青春

29.建筑工程与艺术设计系

主　任：陈惠康

副主任：李　明

党总支

书　记：叶文红

副书记：雷　冰

30.国际教育学院

院　长：唐祥金

副院长：邓　忍（2018 年 12 月免　苏工院党委〔2018〕50 号）

耿　欣（2018 年 5 月任　试用期一年　苏工院党委〔2018〕17 号）

党总支

书　记：王　震（兼）（2018 年 5 月任　苏工院党委〔2018〕19 号）

唐祥金（兼）（2018 年 5 月免　苏工院党委〔2018〕19 号）

31.汽车工程系

副主任：马　俊

张宇峰

党总支

书　记：马　俊（2018 年 5 月　主持行政工作　苏工院党委〔2018〕19 号）

32.思想政治教学部

主　任：王　竝（兼）

副主任：赵永兵（2018 年 5 月任　试用期一年　苏工院党委〔2018〕17 号）

33.体育部

主　任：刘　晓（兼）

副主任：黄月勤

校工会委员会及各分工会组成人员名单

苏州工业职业技术学院工会第四届委员会组成人员名单

主　席：章　雯

副主席：王　晓

委　员：王　勤　刘　向　刘　玲　吴小艳　吴照春　张佳磊　诸莉雅　黄月勤　盛晓兰

苏州工业职业技术学院工会第四届经费审查委员会组成人员名单

主　任：庄剑英

委　员：许月琳　杨　飞

苏州工业职业技术学院工会第四届女职工委员会组成人员名单

主　任：章　雯

委　员：丁依萍　吕亚男　王莉君　许　岚　刘　玲　张伟华　张雪红　林　洁　居敏花　范莉萍

苏州工业职业技术学院工会第四届劳动法律监督委员会组成人员名单

主　任：王　晓

委　员：刘江平　陆逸菁　盛昌华　周　斌

苏州工业职业技术学院分工会主席名单

机关分工会	盛昌华
精密制造工程系分工会	刘江平
机电工程系分工会	许月琳
电子与通信工程系分工会	王　勤
软件与服务外包学院分工会	张佳磊
经贸管理系分工会	盛晓兰

建筑工程与艺术设计系分工会　　　　吴小艳
国际教育学院分工会　　　　诸莉雅
汽车工程系分工会　　　　刘　玲
教学教辅单位分工会　　　　周　斌

苏州工业职业技术学院妇女联合会第一届执委名单

主　席：章　雯
副主席：张艳艳
执　委：王　勤　刘　玲　刘　慧　许月琳　许　岚　李颖华　吴小艳　吴丽琴　张佳磊　张　艳　张雪红　张璠争　陆逸菁　陈　荔　林　洁　周红英　徐忠兰　诸莉雅　黄　璟　梁青春　刘　璐（电信 17C1）　赵　婷（移动 17C1）　曹　娜（网络 17D1）

校团委组成人员及各系分团委书记名单

共青团苏州工业职业技术学院委员会组成人员名单

书　记：陈　艺
副书记：裘兆远
办公室主任：田立苗

苏州工业职业技术学院各系（院）分团委书记（负责人）名单

精密制造工程系：胡　渠
机电工程系：马晓云
电子与通信工程系：冯成辰
软件与服务外包学院：居晓玮
经贸管理系：邓　霞
建筑工程与艺术设计系：田　婷
国际教育学院：王晓翠
汽车工程系：叶倩辉

各类议事机构人员名单

苏州工业职业技术学院对口支援贵州健康职业学院领导小组

组　长：王新华　王洪法

副组长：曹建东　殷海芳　苏霄飞　温贻芳　林长永

成　员：安　婕　吴少华　王　竝　庄剑英　钟　克　何福男　贾　虹　王　震　章　雯　陈　艺　苏　华　何旭明　石皋莲　方一新

注：领导小组办公室设在党政办公室，安婕同志任办公室主任，陈艺同志任办公室副主任。

苏州工业职业技术学院高水平高等职业院校建设领导小组

组　长：王新华　王洪法

成　员：曹建东　殷海芳　苏霄飞　温贻芳　林长永　吴少华　王　竝

注：领导小组下设办公室，安婕兼任办公室主任，庄剑英、陈艺、何福男、钟克担任办公室副主任。

苏州工业职业技术学院高水平高等职业院校建设指挥部

总指挥：王洪法

副指挥：曹建东　殷海芳　苏霄飞（常务）　温贻芳

成　员：（按姓氏笔画排序）

于　霜　马　俊　王　晓　王　竝　王　震　方一新　石皋莲　叶文红　庄剑英　刘　晓　安　婕　苏　华　吴　玮　吴少华　何旭明　何福男　张　泠　陈　艺　陈　希　陈惠康　罗　颖　钟　克　祝清兰　费　江　桂德怀　贾　虹　钱　涛　徐　立　高　翔　唐祥金　黄月勤　章　雯　廖文杰

注：建设指挥部下设办公室，苏华兼任建设指挥部办公室主任，办公室工作人员根据需要由指挥部在院内抽调。

苏州工业职业技术学院招生工作领导小组

组　长：王新华　王洪法

常务副组长：殷海芳

副组长：曹建东　苏霄飞　温贻芳　林长永

成　员：安　婕　王　竝　庄剑英　何福男　贾　虹　何旭明

注：领导小组办公室设在学校招生办公室，贾虹兼任办公室主任。

苏州工业职业技术学院四届一次"双代会"筹备工作领导小组

一、"双代会"筹备工作领导小组

组　长：王新华

副组长：曹建东

成　员：（按姓氏笔画排序）

马　俊　王　晓　王　竝　方一新　叶文红　庄剑英　安　婕　吴　玮　吴少华　张　泠
陈　艺　陈　希　费　江　钱　涛　唐祥金　章　雯

二、"双代会"工作小组

1. 秘书组：安　婕　王　晓　曹　瑾　盛晓兰

负责印发通知、文件，完成领导讲话稿，准备会议材料等。

2. 宣传组：王　竝　金　昱　周　瑾　吴小艳

负责大会宣传报道、氛围营造等。

3. 会务组：刘　晓　汤鸿波　陆逸菁　王智会　吴照春

负责会场布置、灯光音响、印制代表证等。

4. 提案工作组：章　雯　庄剑英　黄月勤　王　勤

负责教代会提案征集，起草提案工作报告。

5. 代表资格审查组：陈　艺　计翼倩　诸莉雅

负责教职工代表资格审查，起草审查报告。

苏州工业职业技术学院人才工作领导小组

组　长：王新华　王洪法

副组长：曹建东　殷海芳　苏霄飞　温贻芳　林长永　吴少华　王　竝

成　员：（按姓氏笔画排序）

马　俊　王　晓　王　震　方一新　石皋莲　叶文红　庄剑英　刘　晓　安　婕　苏　华
吴　玮　何旭明　何福男　张　泠　陈　艺　陈　希　钟　克　费　江　桂德怀　贾　虹
钱　涛　徐　立　唐祥金　章　雯　廖文杰

注：领导小组下设办公室，办公室设在党委组织部（统战部），具体负责人才工作日常事务。吴少华兼任办公室主任，钟克、陈艺兼任办公室副主任。

苏州工业职业技术学院关心下一代工作委员会

一、学院关心下一代工作委员会

主　任：王新华

副主任：顾义元（常务）　殷海芳

秘书长：王　晓

副秘书长：涂必澄

委　员：（按姓氏笔画排序）

马　俊　王　竝　王　震　方一新　方锦姿　叶文红　闫丽华　安　婕　吴　玮　吴少华　何福男　张　泠　陈　艺　陈　希　陈伟根　赵铭冠　费　江　袁济华　贾　虹　钱　涛　倪瑞红　崔荔民

二、专门工作小组

党建辅导：吴少华　陈伟根　彭　薇

理论宣传：王　竝　顾义元　周　瑾

教学督导：何福男　涂必澄　沈涵颖

心理咨询：贾　虹　金世炯　朱建荣

帮困助学：马小燕　袁济华　曹慧秋

校企合作与就业指导：王　震　顾仁芳　刘　向

社团活动：陈　艺　方锦姿　田立苗

注：各系（院）结合工作实际，成立或调整系（院）关心下一代工作委员会组成，开展相应工作。

苏州工业职业技术学院妇联组建筹备工作小组

组　长：曹建东

成　员：（按姓氏笔画排序）

王　晓　安　婕　吴少华　陈　艺　贾　虹　章　雯

苏州工业职业技术学院专业技术职务评审工作领导小组

组　长：王新华　王洪法

副组长：曹建东　殷海芳　苏霄飞　温贻芳　林长永

成　员：（按姓氏笔画排序）

王　竝　王　震　庄剑英　苏　华　吴少华　何福男　钟　克　祝清兰　贾　虹

注：领导小组下设办公室，办公室设在人事师资处（教师工作部），具体处理专业技术资格评审日常事务，钟克兼任办公室主任，许秀芝任办公室副主任。

苏州工业职业技术学院校园规划与基本建设工作领导小组

组　长：王新华　王洪法

副组长：苏霄飞　林长永

成　员：（按姓氏笔画排序）

王　竝　庄剑英　刘　晓　吴　玮　何福男　陈　艺　贾　虹　章　雯

注：领导小组下设办公室，办公室设在后勤与资产管理处，刘晓兼任办公室主任，汤鸿波兼任办公室副主任。

苏州工业职业技术学院实验实训规划与建设工作领导小组

组　长：王洪法

副组长：苏霄飞

成　员：（按姓氏笔画排序）

王　震　刘　晓　吴　玮　何福男　祝清兰

相关系（院）负责人

注：领导小组下设办公室，办公室设在教务处，何福男兼任办公室主任，葛晓忠兼任办公室副主任。

苏州工业职业技术学院学生工作领导小组

组　长：殷海芳

成　员：王　竑　贾　虹　何福男　刘　晓　徐　立　陈　艺　马　俊　童钰祥　张　峥　徐云飞　张　琰　梁青春　雷　冰　吴丽琴

注：领导小组下设办公室，办公室设在学生工作处（部），贾虹兼任办公室主任。

苏州工业职业技术学院华美电子机械厂历史遗留问题处置协调小组和工作小组

一、华美电子机械厂历史遗留问题处置协调小组

组　长：王新华　王洪法

成　员：曹建东　殷海芳　苏霄飞　温贻芳　林长永

二、华美电子机械厂历史遗留问题处置工作小组

组　长：温贻芳

成　员：（按姓氏笔画排序）

庄剑英　安　婕　吴　玮

注：工作小组下设办公室，办公室设在财务处（审计处）。张大圣、杨飞、陆逸菁、杨培生等为办公室工作人员。

苏州工业职业技术学院民族宗教工作领导小组

组　长：王新华　王洪法

副组长：曹建东　殷海芳　苏霄飞　温贻芳　林长永

成　员：（按姓氏笔画排序）

马　俊　王　晓　王　竑　王　震　方一新　叶文红　庄剑英　刘　晓　安　婕　苏　华　吴　玮　吴少华　何旭明　何福男　张　泠　陈　艺　陈　希　钟　克　费　江　贾　虹　钱　涛　徐　立　章　雯　廖文杰

注：领导小组下设办公室，办公室设在党委组织部（统战部），具体负责民族宗教工作日常事务。以上成员中如有职务变动，由新任负责人接任履职，不再另行发文。

苏州工业职业技术学院保密工作委员会

主　任：王新华

副主任：曹建东

成　员：（按姓氏笔画排序）

马　俊　王　晓　王　竝　王　震　方一新　叶文红　庄剑英　刘　晓　安　婕　苏　华
吴　玮　吴少华　何旭明　何福男　张　泠　陈　艺　陈　希　钟　克　祝清兰　费　江
贾　虹　钱　涛　徐　立　章　雯　廖文杰

注：学院保密工作委员会办公室设在党政办（外事办），安婕任办公室主任，曹瑾任办公室副主任，工作人员：陆逸菁、丁永尚、庄轲。

在各级人大、政协担任代表、委员名单

2018年苏州工业职业技术学院教职工在各级人大任职情况一览表

类别	姓名	性别	所在部门	职务/职称
苏州市人大代表	王新华	男	校党委	党委书记
苏州市人大代表	曹建东	男	校党委	党委副书记、副院长/副教授
吴中区人大代表	殷海芳	女	校党委	党委委员、副院长/副教授

2018年苏州工业职业技术学院教职工在各级政协任职情况一览表

类别	姓名	性别	所在部门	职务/职称
苏州市政协委员	陈　艺	男	团委、党委组织部	团委书记、党委组织部副部长/高校讲师
吴中区政协委员	张红梅	女	思想政治教学部	教师/副教授

在校外学术机构（团体）任职名单

2018年苏州工业职业技术学院教职工在校外学术机构（团体）任职名单

序号	隶属部门	姓名	任职机构	职务
1	院长室	温贻芳	苏州市机械工程学会	秘书长
2			江苏省机械工程学会	常务理事
3			江苏省机械行业协会	理事
4			江苏省高等教育学会产教融合研究会	理事
5			中国职业技术教育学会	理事
6			苏州市科学技术协会	常委

续表

序号	隶属部门	姓名	任职机构	职务
7	精密制造工程系	石皋莲	全国机械职业教育教学指导委员会数控技术专业指导委员会	委员
8			全国机械职业教育教学指导委员会资源建设管理类专业指导委员会	委员
9			机械行业数字化设计与增材制造职教集团	副秘书长
10		熊越东	全国高等职业院校机械制造专业指导委员会	委员
11		耿　哲	全国机械职业教育教学指导委员会材料工程类专业指导委员会	委员
12		屠春娟	全国机械职业教育教学指导委员会信息化专业指导委员会	委员
13		方一新	苏州市中文信息学会	监事
14	机电工程系	储建华	中国机电一体化技术协会智能机器人分会	高级会员
15		葛晓忠	机械制造类专业教学指导委员会	委员
16	软件与服务外包学院	罗　颖	苏州市人工智能学会	理事
17			苏州市计算机学会青年论坛	候任 AC 委员
18			苏州市计算机学会	常务理事
19		王　喜	苏州市人工智能学会	副秘书长
20			苏州市计算机学会青年论坛	候任副主席
21	国际教育学院	唐祥金	江苏高校外国语教学研究会	常务理事、副会长
22			“江苏省外国语言学会”职业院校应用外语研究会	副会长
23	继续教育学院	廖文杰	中国现场统计研究会综合评价分会	常务理事
24			江苏省文化产业学会	常务理事
25			江苏省职业教育创新创业教科研中心组	副组长
26			苏州市政府研究室	特约研究员
27	党委组织部	吴少华	全国机械职业教育教学指导委员会模具设计与制造专业指导委员会	委员

第五章　系（院、部）简介

精密制造工程系

概　况

精密制造工程系是苏工院师资力量、科研能力和人才培养实力最强，最具吸引力的系（院）之一，教学科研成绩斐然，毕业生遍布苏州乃至长三角地区，成为精密制造领域和地方经济建设的中坚力量，以高技能和高素质在社会上享有盛誉，毕业生就业率多年保持在99%以上。

精密制造工程系现有在职教师65人，其中，专任教师56人，行政人员9人。专任教师含教授3人、副教授17人，具有博士学位教师16人、硕士学位教师37人，企业兼职教师40多人，“双师型”专任教师占80%以上。拥有数控技术江苏省优秀教学团队，国家技能竞赛裁判员1人，江苏省技术能手2人，江苏省五一劳动奖章获得者1人，全国职业技能大赛优秀指导教师4人，江苏省“333高层次人才培养工程”培养对象1人，江苏省“青蓝工程”优秀青年骨干教师培养对象3人，省第五批产业教授1人。

教师在2016—2018年获国家自然科学青年基金1项、江苏省自然科学青年基金2项、江苏省高校自然科学青年基金2项，结题江苏省自然科学基金面上项目1项，获授权发明专利43项，授权实用新型专利155项，发表SCI、EI、中文核心期刊论文59篇，科研和技术服务到账经费330.2万元。团队为苏州30余家中小企业维修保养数控机床2000余次，创造价值近500万元。

精密制造工程系设有数控技术、模具设计与制造、数控设备应用与维护和机械制造与自动化专业。其中，数控技术专业是江苏高校品牌专业，数控设备应用与维护专业是江苏省高等职业教育高水平骨干专业。精密制造工程系牵头成立机械行业精密制造与智能化产教协同创新联盟、机械行业数字化设计与增材制造职教集团，是智能制造产教联盟副理事长单位。

精密制造工程系教学成果突出。“多轴数控编程与仿真加工（NX CAM）”“计算机应用基础”2门课程获评国家精品在线开放课程；新开发“五轴联动加工技术实训”“车铣复合加工技术实训”等3门新技术、新工艺、新规范课程；引进国际认证标准，开发了“德国AHK机械切削工认证实训”课程、“西门子NX-CAD/CAM中级工程师认证实训”课程、“海克斯康PC-DIMS初级工程师资格认证实训”课程等。《NX10.0多轴数控编程典型案例教程》《典型机械零件数控加工项目教程——首件加工与调试》等3部教材获评江苏省重点建设教材；获评全国机械行业职业教育精品教材1部、优秀教材2部。以数控技术专业为典型案例的“五重构、五典型、五融合”的教学改革先后荣获国家级教学成果奖一等奖、江苏省教学成果奖一等奖、全国机械行业职业教育教学成果奖一等奖等共4项奖项。

精密制造工程系现有实验实训场所1万多平方米，专业实验实训室近30个，仪器设备总值达5200万元。2017—2018年承办全国职业院校技能大赛工业产品数字化设计与制造赛项，2018年申获苏州市精密检测技术重点实验室，新建了生产关键核心零部件的离散型智能车间、增材制造（3D打印）实训室、机械创新设计实验室、智能夹具实训室、精密磨削实训室。建立专业企业学院2家，校企共建航空发动机燃油系统工程技术研发中心、高铁座椅研发中心、切削液净化设备研发中心。

精密制造工程系人才培养成效显著。学生获得全国职业院校技能大赛工业产品数字化设计与制造、多轴联动加工技术赛项一等奖2项、二等奖1项，其中，连续2年荣获全国、省职业院校技能大赛工业产品数字化设计与制造赛项一等奖第1名；获“挑战杯——彩虹人生”全国职业学校创新创效创业大赛团体一等奖，省一等奖2项、三等奖1项，机械创新设计大赛一等奖等17项；获江苏省毕业设计一等奖3项、二等奖3项、团队优秀奖2项；学生创新项目参加中国台湾彰化国际青少年发明竞赛获金奖2项、银奖1项等82项奖项。

教学工作

办学特色

秉承“我在乎你”学校精神，坚持“向阳而生、精工笃行”校训，以培养拥护党的基本路线，德、智、体、美、劳全面发展，适应产业转型升级的高素质、复合型、创新型技术技能人才为目标，围绕先进技术和职业素养，打造基于“双师”混编的教学团队，开发项目化的课程教材，实施学做一体的教学教案，建设训练、生产、研发、创新的产教深度融合实训平台，培育“精益求精、密益加密”的系部文化，实现精密制造工程系在人才培养、科学研究、社会服务、文化传承等方面的全面协调发展。

专业设置

2018年苏州工业职业技术学院精密制造工程系专业设置一览表

序号	专业名称	负责人	职称	学历（位）
1	数控技术	石皋莲	教授	研究生（硕士）
2	模具设计与制造	黄晓华	副教授	本科（硕士）
3	数控设备应用与维护	黄华栋	副教授	本科（硕士）
4	机械制造与自动化	丁云鹏	讲师	研究生（博士）

专业介绍

◎数控技术专业——江苏高校品牌专业建设一期工程项目、江苏省特色专业、江苏省示范高职院校重点建设专业、江苏省“十二五”高等学校重点建设专业群（数控装备应用技术）核心专业

数控技术专业开设于2003年，是江苏省高

校品牌专业，建有江苏省数字化智能制造与精密检测技术产教深度融合实训平台，与本科开展“3+2”专本衔接项目，至今已为社会培养了13届高职毕业生，平均就业率达98%以上。

数控技术专业拥有江苏省优秀教学团队、全国技能大赛优秀指导教师、江苏省“青蓝工程”优秀青年骨干教师、省第五批产业教授、苏州市劳动模范、苏州市“四创”好青年、苏州市优秀党员、学校教学名师、师德模范等。

数控技术专业依托江苏省产教深度融合实训平台、江苏省数控技术实训基地、苏州市精密检测技术重点实验室，目前建成DMG MS多轴数控加工与仿真、西门子NX授权培训中心、增材制造（3D打印）等实训室，拥有与企业生产接轨的数车、数铣、多轴加工中心、车铣复合数控机床、卧式加工中心等先进设备，为培养拥有一技之长的高素质技术技能人才提供了基本保障。专业拥有强生医疗器材（苏州）有限公司、克诺尔车辆设备苏州有限公司、昂拓科技（苏州）有限公司等紧密型的校外实训基地25个。

培养方向：本专业培养拥护党的基本路线，德、智、体、美、劳全面发展，具有一定的科学文化水平、良好的职业道德和工匠精神，掌握产品数字化设计、数控加工工艺、CAM编程、精密制造与检测等专业知识，面向苏州乃至长三角地区的机器人制造、汽车制造、航空零部件制造等领域，能够从事数控设备操作、数控程序编制、产品质量检测等智能加工关键岗位工作，具有多轴数控加工、CAD/CAM、三坐标精测量等方面技能，能适应产业转型升级的高素质、复合型、创新型技术技能人才。

专业特色：本专业注重对学生综合素质、创新能力和高端数控设备操作、数控工艺与程序编制、产品数字化设计与制造、三坐标测量等技术应用能力的培养。历届学生参加国家、省、市各类技能大赛，获全国职业院校技能大赛一等奖第一名、“挑战杯——彩虹人生”全国职业学校创新创效创业大赛全国一等奖等多项好成绩，并可取得AHK切削机械师证书、西门子NX-CAD/CAM证书或PC-DIMIS三坐标测量初级工程师证书。本专业还与昂拓科技（苏州）有限公司共建了昂拓精密制造学院，合作开展现代学徒制人才培养项目。

职业定位和人才流向：近三年本专业的年终就业率均为100%。毕业生主要面向车辆控制、航空、医疗器械、机器人等高端装备制造领域，从事数控机床操作、数控工艺与程序编制、产品数字化设计、零部件质量检测、生产现场技术管理、数控设备及附件的营销等方面的工作。本专业与强生医疗器材（苏州）有限公司、克诺尔车辆设备苏州有限公司、纽威数控装备（苏州）有限公司、昂拓科技（苏州）有限公司等知名企业建立了稳定的顶岗实习基地，每年向苏州及周边地区的校企合作企业输送大量合格人才。

◎数控设备应用与维护专业——江苏省高等职业教育高水平骨干专业、江苏省“十二五”高等学校重点建设专业群（数控装备应用技术）核心专业、苏州市优秀新专业

数控设备应用与维护专业开设于2010年，是江苏省高等职业教育高水平骨干专业和苏州市优秀新专业，至今已为社会培养了6届高职毕业生，平均就业率达97%以上。

数控设备应用与维护专业拥有江苏省“333高层次人才培养工程”第三层次培养对象、江苏省高等学校“青蓝工程”中青年学术带头人培养对象、江苏省优秀教育工作者、江苏省教育科技工会劳模和工匠人才讲师团讲师、江苏省五一劳动奖章获得者、江苏省高等学校“青蓝工程”优秀青年骨干教师培养对象、江苏省第六批产业教授、苏州市劳动模范、姑苏高技能重点人才等。

数控设备应用与维护专业建有数控机床电气装调维修实训室、数控机床机械部件拆装实训室、

大师劳模工作室等，拥有与企业生产接轨的数车、数铣、德西数控机床调试维修实验台、亚龙YL-558型维修平台、Oi mate TD亚龙YL-569型数控车床实训平台等先进设备，为培养拥有一技之长的高素质技术技能人才提供了基本保障。专业拥有纽威数控装备（苏州）有限公司、苏州珈玛自动化科技有限公司、程泰机械（吴江）有限公司等紧密型的校外实训基地20个。

培养方向：本专业培养拥护党的基本路线，德、智、体、美、劳等方面全面发展，具有一定的科学文化水平、良好的职业道德和工匠精神，掌握数控机床操作、编程、安装、调试、测试和维修保养等方面工作能力，面向苏州乃至长三角地区高端装备制造业，重点是数控机床的制造和应用领域，能在生产一线从事数控机床的机械安装与调试、电气安装与调试、机床测试、机床维修保养等岗位工作，具有职业生涯发展基础的高素质、复合型、创新型技术技能人才。

专业特色：本专业注重对学生综合素质、创新能力和数控设备操作、数控设备的装调与维护、数控设备的故障诊断与维修能力的培养。历届学生参加国家、省各类技能大赛，获全国职业院校技能大赛高职组“数控机床装调与技术改造”赛项二等奖、“挑战杯——彩虹人生”江苏省职业院校创新创效创业大赛二等奖、江苏省高校优秀毕业设计一等奖及二等奖等多项好成绩。学生在校学习期间可取得数控车床操作工或西门子NX-CAD/CAM证书。

职业定位和人才流向：近三年本专业的年终就业率均为100%。毕业生主要面向高端数控机床、航空、机器人等高端装备制造领域，从事数控机床的机械安装与调试、电气安装与调试、机床测试、机床维修保养等方面工作。本专业与纽威数控装备（苏州）有限公司、苏州珈玛自动化科技有限公司、程泰机械（吴江）有限公司等知名企业建立了稳定的顶岗实习基地，每年向苏州及周边地区的校企合作企业输送大量合格人才。

◎模具设计与制造专业——江苏省“十二五”高等学校重点建设专业群（数控装备应用技术）重点专业

模具设计与制造专业开设于2004年，是中国模具工业协会人才培训基地和苏州市模具行业协会先进单位，与中职开展中高职衔接项目，至今已为社会培养了12届高职毕业生，平均就业率达96%以上。

模具设计与制造专业拥有全国技能大赛优秀指导教师、江苏省“青蓝工程”优秀青年骨干教师、苏州市青年岗位能手、华东区大学生CAD应用技能竞赛优秀指导教师。

培养方向：本专业培养拥护党的基本路线，德、智、体、美、劳等方面全面发展，具有一定的科学文化水平、良好的职业道德和工匠精神，掌握汽车塑料/冲压模具及其成型制品的工艺优化、模具结构设计、模具零件加工数控编程等专业知识，面向苏州乃至长三角地区的汽车塑料/冲压零部件模具制造与设计领域，能够从事模具设计、模具加工、模具检测、模具装配与调试等模具关键岗位工作，具有塑料/冲压模具数字化设计、塑料/冲压模具智能制造等方面技能，能适应产业转型升级的高素质、复合型、创新型技术技能人才。

专业特色：本专业注重对学生综合素质、创新能力和高端模具数控设备操作、模具数字化设计、模具先进制造技术应用能力的培养。历届学生参加中国台湾彰化国际青少年发明竞赛获金奖，参加江苏省职业院校模具数字化设计与制造大赛获三等奖，参加全国机械行业职业院校模具数字化设计与制造大赛获三等奖，参加苏州市3D打印大赛获二等奖，学生毕业论文（设计）获省级团队优秀奖。学生在校学习期间可取得三维模具设计应用工程师证书、加工中心操作工证书或西门子NX-CAD/CAM证书。

职业定位和人才流向：近三年本专业的年终

就业率均为99%以上。学生毕业后可在企业从事模具数字化设计、模具零部件生产、产品研发与销售、管理等方面的工作。本专业与劳士领汽车配件（昆山）有限公司、苏州佳世达电通有限公司、苏州赫比机械有限公司、苏州欧普精密模具科技有限公司等知名企业建立了稳定的顶岗实习基地，每年向苏州及周边地区的校企合作企业输送大量合格人才。

◎机械制造与自动化专业

机械制造与自动化专业开设于2016年，是精密制造工程系的“老牌新专业”。现有专任教师7名，全部为博士研究生学历。

培养方向：培养思想政治坚定、德技并修、全面发展，具有一定的科学文化水平、良好的职业道德和工匠精神，掌握机械加工工艺编制、数控机床编程与操作、机械零件检验检测、生产管理等专业技术技能，具备认知能力、合作能力、创新能力、职业能力等支撑终身发展、适应时代要求的关键能力，具有较强的就业创业能力，面向汽车制造、航空装备等领域，能够从事智能车间一线生产工作，具有智能工装设计、开发与调试技能的高素质、复合型、创新型技术技能人才。

专业特色：本专业注重对学生综合素质、创新能力及产品工艺设计、夹具设计、数控设备操作、零件检测技术应用能力的培养。学生在校学习期间可取数控车操作工证书、加工中心操作工证书或西门子NX-CAD/CAM证书。

职业定位和人才流向：毕业生主要面向区域内航空航天、汽车、模具等高端装备制造领域，从事工艺设计、数控机床操作、产品质量检测、生产现场技术管理、数控设备及附件的营销等方面的工作。

师资介绍

石皋莲，女，1967年4月生，教授，工程师。精密制造工程系主任，江苏省高校“青蓝工程”

优秀教学团队带头人，江苏高校品牌专业建设工程一期项目数控技术专业带头人，国家精品在线开放课程主持人。主持省级以上项目及教改研究课题15项；主编出版教材4部，获评江苏省重点建设教材3部，获评首届全国机械行业精品教材1部。获授权发明专利21项、实用新型专利30多项。指导学生参加全国职业院校技能大赛获一等奖、第一名等13项奖项，个人获评全国职业院校技能大赛优秀指导教师，参与研究的成果获2018年国家优秀教学成果奖一等奖。

耿哲，男，1985年6月生，2014年毕业于中国科学院金属研究所，获材料学博士学位，2014—2016年在清华大学机械工程系从事博士后研究工作。精密制造工程系副主任，讲师。主要研究方向为特殊工况条件下的材料摩擦学行为和材料表面工程。主持江苏省青年自然科学基金、江苏省高校自然科学研究面上项目，发表SCI论文8篇、EI论文4篇。数控技术江苏省优秀教学团队成员之一，获得2017年全国机械行业职业教育教学成果奖一等奖。

丁云鹏，男，1988年1月生，2016年毕业于哈尔滨理工大学，获机械制造及其自动化专业工学博士学位。精密制造工程系主任助理，讲师。主要研究方向为数字化精密加工与检测技术，参与国家863重点项目、国家科技重大专项、国家自然科学基金重点项目等国家项目6项，发表学术论文14篇。国家精品在线开放课程“多轴数控编程与仿真加工”主要建设人员之一，参编教材2部，获江苏省微课比赛三等奖1项。

王勇，男，1979年5月生，硕士，中共党员，副教授，高级工程师，维修电工高级技师。研究方向：数控机床维修与升级改造、机电一体化控制。江苏省“青蓝工程”中青年学术带头人培养对象，苏州市劳动模范，省五一劳动奖章获得者，省优秀教育工作者，省“333工程”第三层次培养对象，省职业院校技能大赛先进个人。主持省高水平骨干专业建设。指导学生获数控机床维修升级改造全国技能大赛二等奖2项，获省优秀毕业设计论文一等奖2项。获授权实用新型专利26项、发明专利4项。

季业益，男，1980年2月生，2004年毕业于东南大学机械设计制造及自动化专业，硕士。模具设计与制造专业主任，副教授，工程师。主要从事CAD/CAM的教学与研究工作。省优秀青年骨干教师，省高校高级访问工程师，全国职业院校技能大赛优秀指导教师，西门子NX-CAD认证教员。编写省重点教材等5部，主持国家精品在线开放课程1门，省信息化教学大赛获奖2项，获授权发明专利6项，指导学生在技能竞赛中获全国、省级一等奖等30余项。

顾涛，男，1977年12月生，硕士。副教授，工程师，高级技师。2015年获评姑苏高技能人才，2016年获评校优秀教育工作者，2017年获评校优秀共产党员。在教育教学方面，指导学生参加全国职业学校创新创效创业大赛获一等奖，指导学生参加全国职业院校技能大赛获一等奖；获省微课比赛一等奖，主编省重点建设教材一部。科研方面，在省级以上中文期刊发表论文12篇，其中在中文核心期刊上发表4篇；获授权发明专利4项，获授权实用新型专利9项。参与省自然科学基金青年基金项目1项。主持并完成企业横向课题4项。

屠春娟，女，1982年1月生，硕士。副教授，工程师，主要从事数控工艺、编程等课程的教学工作及先进制造技术方面的研究工作。2016年被评为苏州市优秀共产党员。主持江苏省教改课题1项，校级教科研课题6项；发表论文11篇，其中核心期刊/EI收录6篇；获授权发明专利1项、实用新型专利6项；参编教材2部；曾获江苏省高等职业院校信息化教学大赛信息化教学设计赛项一等奖、信息化课堂教育赛项二等奖，江苏省微课比赛一、二等奖，全国机械行业职业教育教学成果奖一等奖，江苏省高校优秀毕业设计团队优秀奖等。

孔茗，男，1977年12月生，硕士。精密制造工程系实训中心主任，副教授，工程师，技师。主要从事加工中心实训、铣工实训等课程的教学与相关科研工作。主持完成校级及以上科研、教改项目3项；主编教材1本，参编教材2本；发表教科研论文18篇，其中核心期刊收录8篇，CSCD收录1篇；获授权发明专利2项、实用新型专利8项，指导学生获大学生“挑战杯”全国竞赛一等奖1项；指导学生获得华东区大学生CAD竞赛一等奖6项。

殷铭，男，1979年12月生，2003年毕业于天津职业技术师范大学机械制造工艺教育专业，硕士。副教授，高级技师，工程师，长期从事理论和

实践教学、先进制造技术研究工作。2006年获评江苏省技术能手，2014年获评姑苏高技能重点人才，2016年获评江苏省高校“青蓝工程”优秀青年骨干教师培养对象，2017年获评苏州“四创”好青年，获评2017、2018年全国职业院校技能大赛优秀指导教师，2018年获评苏州市劳动模范。工作以来主持企业技术项目5项，发表核心期刊论文5篇，申获专利12项，作为骨干参与江苏省重点专业等教改和建设项目。

黄晓华，女，1981年7月生，2003年毕业于徐州师范大学机械电子工程教育专业，硕士。精密制造工程系模具设计与制造专业带头人，副教授，工程师，长期从事机械设计与先进制造技术教学与科研工作。2015年获评江苏省社会实践活动先进工作者、苏州市青年岗位能手；发表论文13篇，其中核心期刊/EI收录4篇；获授权发明专利2项、实用新型专利4项；参编教材2部。指导学生获中国台湾彰化国际青少年发明竞赛金奖1项，获江苏省高校优秀毕业设计一等奖1项；主持江苏省信息化课堂教学大赛获二等奖1项，主持江苏省微课比赛获三等奖1项，获学校首届教师课堂教学大赛一等奖1项；主持各级教科研课题6项，作为骨干参与省级教改课题1项、苏州市教改课题2项，主持企业技术项目6项。

校企合作

精密制造工程系坚持深化校企合作、走产学研结合发展道路的办学方针，以提高质量为核心，以增强特色为重点，以“合作办学、合作育人、合作就业、合作发展”为主线，创新机制体制，深化教育教学改革。

企业参与人才培养全过程

2018级人才培养方案制定过程中，系部专业负责人多次深入紧密合作企业调研，了解企业工作岗位需求变化及未来发展趋势，苏州思瑞测量技术有限公司、昂拓科技（苏州）有限公司、苏州意可机电科技有限公司等多家企业参与了2018级人才培养方案的修订工作，提出了宝贵意见。企业工程师积极参与了核心课程建设与教材修订工作。校企双方共同建设的“多轴数控编程与仿真加工”在线开放课程获评国家精品在线开放课程，同步建设的教材《多轴数控编程与加工案例教程》获评省级重点教材。

持续推进校企人才多渠道培养

2018年，精密制造工程系继续推进多渠道校企人才培养。2018级11个班级全部完成企业冠名，精心设计了冠名班教室的企业文化墙、企业信息栏，让学生在学习的同时及时了解冠名企业的基本信息与动态。本年度开展冠名班活动41次，引入企业文化、职业道德、企业精神进课堂，开展专业识岗讲座8场。2018年，系部共开展订单班10个、学徒班2个，其中米巴学徒班是第二届开班，共18名学生。每周三下午企业安排工程师给学生上课，通过理论考核，淘汰不合格学生，通过者进入企业进行第三阶段培养。第一届米巴学徒班的学生于7月进入企业顶岗实践，获得企业一致好评。

完成省级产教融合实训平台年度建设任务

2018年，精密制造工程系深入开展校企合作共建江苏省数字化制造与精密检测技术生产性实训平台建设，德马吉森精机机床贸易有限公司、昂拓科技（苏州）有限公司、苏州思瑞测量技术有限公司参与实训平台的建设工作，在设施设备、实训资源建设、师资队伍建设、生产消耗等方面累计投入114万元。同时，系部与苏州菲斯科精密科技有限公司开展深入合作的探索，校企合作共建菲斯科精密制造学院，充分发挥双方优势，通过开展数控高精高效智能加工生产性实训基地共建项目、数控高精高效智能加工技术课程开发及教材资源开发项目、数控高精高效智能加工技术骨干学徒班等项目，提升教师高端设备运用的工程实践能力、资源整合能力及教育教学能力，培养企业急需的高素质数控高精高效加工技术技能人才。

学生工作

2018年，精密制造工程系全面落实学校意识形态工作责任制专题会议精神，重视思政教育，明确工作方向，把抓大学生意识形态工作的职责扛在肩上、落在行动上。学生工作始终牢牢抓住学生思想政治教育这根主线，以党和国家最新的方针、路线、政策和习近平新时代中国特色社会主义思想等为内容，开展了“十九大宣讲”“平语近人”主题系列活动、纪念马克思诞生200周年主题系列活动、“不忘初心，青春前行，为五四献礼”主题教育活动、“思源·逐梦”庆祝改革开放40周年系列活动等，通过竞赛、主题演讲、主题征文、大合唱等形式将社会主义核心价值观入耳入脑入心，不断提高学生的政治觉悟、理论修养，为社会主义事业培养德、智、体、美、劳全面发展的建设者和接班人。

精密制造工程系在早锻炼、晚自习、课堂出勤、宿舍等方面勤加检查、及时记录、注重反馈，在系辅导员中树立“日常管理数据化”的观念，健全日常管理，夯实工作基础，将日常行为、晚自习管理、教学日志、早锻炼管理和宿舍管理五大块内容整合，为每个学生、每个宿舍、每个班级建立起数据档案，并且这些数据直接与学生的评奖、评优、大三留宿等稀缺资源的分配挂钩。这种管理模式使大一新生晚自习时95%以上的学生能做到自觉不使用手机；95%以上的宿舍能随时接受推门检查。大二近三分之一的学生选择转本、接本，大三学生稳定顶岗实习深受企事业单位欢迎。

2018年，继续推进实践育人，打造品牌工作。持续开展“悦跑越快”“孝道之声”“知心姐姐”“悦读青春”“精言益语”等品牌工作，还重点开展了“无毒青春，你我同行”——“青少年分类模块化禁毒宣传”系列实践活动。系部风信子禁毒社申报的“青少年分类模块化禁毒宣传教育计划”项目获评“苏州禁毒宣传双百计划”优秀项目，此系列活动先后被“引力播”“今日头条”等媒体报道，产生了较大的社会影响。进一步完善校地融合、校企联合协同育人模式，构建多层次的社会实践服务体系。以系部青年志愿者协会为引领、感恩志愿服务实践团队为支撑，保证苏州轨交公司、穹隆山接驾社区、怡养护理院等素质教育实践基地常规活动以外，不断深化交流和拓展合作。增设每周学生志愿打扫实训车间，推行感恩实践卡。

精密制造工程系重视学生党团组织建设，以从严治团为工作抓手，完善团的制度建设，加强团学干部队伍建设，建立完善的学生干部选拔、约束、激励和考核机制。夯实团支部建设，进一步规范团员发展和管理，增强基层团支部的战斗力，狠抓辅导员队伍建设，统一思想观念，提高认识水平，改进工作方法，增进执行能力。定期召开辅导员工作例会，做到学期有计划、每周有活动、每月有主题。鼓励辅导员撰写思政工作案例、论文，积极申报课题，打造学习型、研究型、专业型的学生管理队伍。

2018年，精密制造工程系学生获奖颇丰，工作成效显著。2016级祁昌恒同学获国家奖学金；2015级陈旭同学获江苏省三好学生；2015级周东杰、2016级祁昌恒同学获2018年全国职业院校技能大赛高职组工业产品数字化设计与制造赛项一等奖，2016级龚雨章、陈嘉懿同学获2018年全国职业院校技能大赛高职组复杂部件数控多轴联动加工技术赛项二等奖；2016级陈嘉懿、龚雨章、杨雨婷等同学获“挑战杯——彩虹人生”全国职业学校创新创效创业大赛一等奖；2017级郭庆晗同学获第二届全国智能制造应用技术技能大赛决赛银奖；2015级叶朋，2016级张露、张山林、杨浩，2017级刘胜莉等同学在江苏省第十九届运动会高校部定向越野比赛中斩获男子接力赛第一名、女子接力赛第一名、男子团队赛第一名等多项荣誉；2016级陈浩同学获2018年全国大学生英语竞赛（NECCS）决赛D类一等奖；2017级李泽方获江苏省学宪法演讲“苏锡常镇通”片区二等奖。在学校举办的第十一届体育运动会上，获得团体总分第一、女子总分第一、广播操比赛第一、开幕式表演第二等多项佳绩。2018届毕业生中有36人成功转本到心仪学校，年终就业率达到了99.76%。学生在专业、文体等各个领域均有斩获，展示了系部良好的育人成效。

科研服务

2018年，精密制造工程系教师共发表论文65篇，其中SCI、EI收录4篇，核心期刊收录23篇；授权发明专利14项、实用新型专利50项、外观设计4项；立项国家自然科学基金、苏州市重点实验室建设基金和江苏省高校自然科学基金等重大课题3项，到账经费约65万元；立项横向课题44项，到账经费72.12万元。

机电工程系

概　况

机电工程系于2003年伴随着苏州高级工业学校（含苏州市电子学校）、苏州市虎丘中等专业学校、苏州市机械学校合并升格为苏工院而成立，是苏工院建立最早的四个系部之一。

机电工程系现有全日制在校生1312名。系部在编教职工55人，其中，专任教师45人，教授2人、副教授11人，博士19人，"双师"素质教师35人。系部拥有江苏省优秀教学团队1个，江苏省教学名师1人，江苏省"333工程"第三层次培养对象1人，"六大人才高峰"高层次人才1人，江苏省高校"青蓝工程"科技创新团队1个，江苏省高校"青蓝工程"中青年学术带头人培养对象1人，江苏省高校"青蓝工程"优秀青年骨干教师培养对象3人。机电工程系现开设机电一体化技术、电气自动化技术、自动化生产设备应用、工业机器人技术、智能控制技术5个专业，由5个专业组成的"机电一体化技术专业群"为江苏省重点建设专业群，主要面向智能制造行业培养机电设备安装、调试与维护的高技能人才。机电一体化技术专业为中央财政重点支持建设专业、全国职业院校装备制造类示范专业点，机电一体化技术、工业机器人技术专业为江苏省高水平院校建设骨干专业，电气自动化技术专业获批中央财政重点支持建设基地。

2018年，已获批江苏省工业机器人与智能装备制造业创新中心、江苏省工业机器人与智能装备产教融合实训平台、江苏省机器人众创空间、江苏省工业机器人工程实验室、教育部工业机器人应用人才培养中心、第三批教育部现代学徒试点项目。获得国家教学成果奖一等奖1项，获批国家职业教育教学资源库（备选库）建设，获得全国职业院校技能大赛制造单元智能化改造与集成技术赛项二等奖、江苏省高等职业院校技能大赛"亚龙杯"现代电气控制系统安装与调试赛项三等奖、江苏省高等职业院校技能大赛"汇博杯"工业机器人技术应用二等奖、全国智能制造应用技术技能大赛二等奖、"挑战杯——彩虹人生"江苏省职业学校创新创效创业大赛三等奖。

教学工作

2018年，机电工程系按照高素质技术技能人才培养要求，细化人才培养质量目标，调整和完善人才培养方案，积极优化教育管理，注重教学常规工作管理，严格规范教师行为规范，平时加强教学督导和检查，及时发现和解决运行中存在的问题，全年无教学事故。

办学特色

通过竞赛成果的积累与拓展，开发国家教学资源库。在资源库建设过程中，将竞赛理念、内容、考核方式融入日常教学，将现代生产工艺流程、技术标准、服务规范引入教学内容，将学校教学过程和企业生产过程结合。联合行业骨干企业及专业院校，对接智能制造技术发展方向，完善专业课程体系；开发体现智能制造机电一体化"新技术、新工艺、新方法"融企业案例于专业教学的"双元"项目课程，新编与专业课程配套的、体现信息化先进水平的新形态一体化教材，引进和实施双语教学试点课程，开发微课、校内外共享网络课程，推动专业的全面发展。2018年共建设有"PLC应用与实践""工业机器人现场编程"等10门课程，组建智能控制技术资源库，入选教育部国家资源库备选库。

增强国际合作，促进国际化人才培养，服务“一带一路”建设。适应苏州外向型经济、外资企业智能化发展需要，开展国际合作项目，与国外院校联合开展机电一体化专业人才培养，为“一带一路”企业提供员工培训服务，提升专业人才的国际化服务能力。成立“中英合作班”，加强国际院校合作办学，培养适合地区经济发展、具有较高素质的、具有国际视野的应用型专门人才；引进吸收国际职教模式，选派专业带头人和专业骨干教师到国外名牌院校以及从事智能制造生产的实体企业进修学习，接受世界先进的职业教育及工程教育理念培训；围绕智能制造系统相关前沿技术开办国内外高水平学术会议、技能竞赛，校企联合开发智能制造技术推广及应用相关培训项目。

专业设置

2018年苏州工业职业技术学院机电工程系专业设置一览表

序号	专业名称	负责人	职称	学历（位）
1	机电一体化技术	龚肖新	教授	本科（硕士）
2	工业机器人技术	于　霜	副教授	研究生（博士）
3	电气自动化技术	张广才	讲师	研究生（博士）
4	自动化生产设备应用	薛迎春	副教授	本科（硕士）
5	智能控制技术	高新浩	讲师	研究生（博士）

专业介绍

◎机电一体化技术专业——教育部全国职业院校装备制造类示范专业点、中央财政重点支持建设专业、江苏省高水平院校建设专业、江苏省“机电一体化技术专业群”核心专业、江苏省高水平骨干专业

机电一体化技术专业是苏工院开设最早、最热门的工科专业，2003年至今已招收16届3200余名学生。本专业拥有省级优秀教学团队，获得国家级教学成果奖一等奖、全国机械行业和省级教学成果奖特等奖。本专业与卡特比勒、艾默生、百得等世界500强企业，与汇川、亨通、苏净等地方知名企业，联合建立近百个实习就业基地，共建了省级智能制造装备技术实训基地及产教融合实训平台7个。与博世汽车部件（苏州）有限公司合作成立博世学徒班，建立国家级现代学徒制试点，实施“双元制”人才培养模式。学生参加各类技能竞赛和毕业设计获一等奖20余项，毕业生就业率100%，学生的就业竞争力、可持续发展能力名列全省前茅。

培养目标：专业主要面向机电行业及智能制造领域，培养具备良好职业道德和工匠精神，掌握机电一体化技术基础理论和专业技能，具备从事机电一体化设备的操作运行、安装调试、维护维修、辅助设计等综合职业能力，能适应柔性生产线的运行和维护、生产现场管理和产品辅助设计等职业岗位工作，具有职业生涯发展基础的高素质技术技能人才。

主要课程：机械制图与计算机绘图、钳工、机械零件的切削加工、电工电子技术及应用、电机与电气控制、机械零部件的选型与装配、液压气动系统的构建与调试、PLC编程与控制、工业传感与检测、计算机机械三维设计、自动化生产线安装与调试、工业机器人编程与控制、机电设备维修。

职业前景：智能制造与自动化生产领域，机电一体化设备的安装调试、维护维修，机电产品生产现场管理及售后服务，机电产品辅助设计。

◎工业机器人技术专业——江苏省高水平院校建设骨干专业（获批江苏省工业机器人工程实验室、江苏省工业机器人与智能装备产教融合

实训平台）

工业机器人技术专业开设于2014年，是国内最早开设的工业机器人技术专业之一。专业现有专任教师7名，其中博士6人。专业与上海ABB工程有限公司共建“苏工院—ABB机器人”实训室，与苏州博众共建工业机器人集成技术实训室，配备在装配、焊接、码垛等领域广泛应用的ABB工业机器人实训系统、安川机器人系统、库卡机器人系统20余台（套）。与江苏科伯瑞工业技术有限公司等多家企业合作，以订单班等形式为企业定向培养工业机器人技术人才。

培养目标：专业主要面向区域内智能制造领域，培养具备工业机器人工作站安装调试与维护的能力，能胜任工业机器人工作站的安装操作、现场调试、设备维护及提供售前售后技术支持的岗位工作，具有职业生涯发展基础的高素质技术技能人才。

主要课程：PLC编程与控制、自动化生产线安装与调试、工业机器人现场编程、工业机器人离线编程、工业机器人工作站系统集成、工业机器人系统维护。

职业前景：智能制造行业的工业机器人本体制造、系统集成、系统应用企业的工业机器人安装与操作、编程与调试、运行与维护及售前售后和技术支持。

◎电气自动化技术专业——“电气自动化技术——中央财政重点支持建设基地”依托专业、江苏省“机电一体化技术专业群”骨干专业

电气自动化技术专业是苏州工业职业技术学院招生高分聚集、热门的工科专业，从2006年至今已招收13届1300余名学生。电气自动化技术专业教研室现有专任教师14名，其中硕士以上学历93%，博士2人，副教授3人，江苏省“青蓝工程”优秀青年骨干教师2人，高级技师9人，省级优秀教学团队成员3人。专业获得江苏省优秀教学成果奖二等奖。专业与亚智、卡特彼勒、施耐德、莱克、友达光电、亨通等世界、地方知名企业联合，共建“电气自动化技术——中央财政重点支持建设基地”。与亚智系统科技（苏州）有限公司、卡特彼勒（苏州）有限公司、莱克电气股份有限公司等多家企业以订单班、冠名班等形式合作，为企业定向培养电气自动化专业技术人才。毕业生就业率达100%，近五年学生参加各类技能竞赛和毕业设计获奖20余项，升本转本率达30%，学生的就业竞争力、可持续发展空间无限。

培养目标：培养思想政治坚定、德技并修、全面发展，具有一定的科学文化水平、良好的职业道德和工匠精神，掌握电气自动化设备安装调试、维护维修、控制运行、技术改造等专业技术技能，具备认知能力、合作能力、创新能力、职业能力等支撑终身发展、适应时代要求的关键能力，具有较强的就业创业能力，能胜任工业电气设备调试与维护、电气自动化设备操作运行、电气设备制造与生产、供配电系统运行与维护、电气控制设备技术改造等职业岗位工作，具有职业生涯发展基础的高素质、复合型、创新型技术技能人才。

主要课程：机械制图与计算机绘图、钳工车工、电工电子技术及应用、电机与电气控制、机械零部件的选型与装配、液压气动系统的构建与调试、PLC编程与控制、工业传感与检测、工业机器人现场编程、PLC综合应用、视觉伺服控制系统、计算机机械三维设计、电气辅助设计（EPLAN）、工业控制组态软件编程与应用、单片机应用与实践、电工中级认证。

职业前景：智能制造业，电气自动化设备安装调试、维护维修、控制运行，电气控制设备技术改造，自动化产品技术服务。

◎自动化生产设备应用专业——江苏省“机电一体化技术专业群”依托专业

自动化生产设备应用专业自2011年开设至

今已招收8届800余名学生。专业借助省级、国家级实训基地和苏州市装备制造自动化技术公共服务平台，建有汇川、菱欧、卡特彼勒、博众等10多个校外实训基地，与多家企业建立紧密合作关系。与苏州菱欧自动化设备有限公司合作成立菱欧自动化学院和菱欧冠名班，设置菱欧企业奖学金，每年开展多项企业识岗、习岗、顶岗活动，为自动化领域培养从事设计制造、安装调试、维护维修、运行管理等方面的宽口径、复合型高端技能型专门人才。

培养目标：自动化生产设备应用专业旨在培养拥护党的基本路线，适应新型工业化生产、建设、服务和管理第一线需要的，德、智、体、美等方面全面发展的，具备自动化生产设备技术应用能力和较强的实践技能，具有从事自动化机械及自动化生产线的安装、调试、运行、维护、维修、管理所必备的知识和能力，具有良好职业道德和创新精神的高素质技能型专门人才。

主要课程：电机与电气控制、液压气动系统的构建与调试、PLC编程与控制、微控制器应用与实践、电气故障诊断与维修、自动化生产线安装与调试、自动化设备编程与控制、工业组态软件编程与应用。

职业前景：智能制造与自动化生产领域，自动化生产设备的安装调试、维护维修。机电产品生产现场管理及售后服务。

◎智能控制技术专业——江苏省高水平院校建设专业、江苏省“机电一体化技术专业群”核心专业、国家级智能控制技术教学资源库备选库依托专业

智能控制技术专业是苏工院面向“十三五”发展规划和省高水平高职院校建设规划所设立的新专业，切合学校“主攻智能制造”的特色发展方向，也符合当前社会发展所亟需的人才培养要求。入选江苏省高水平院校建设专业，与学校机电一体化技术专业、工业机器人技术专业共同构成了江苏省“机电一体化技术专业群”，具有良好的发展前景。智能控制技术专业从2018年开始招生。师资团队阵容强大，目前拥有专任教师7人，具备博士学位6人，苏州市高技能领军人才1人，江苏省科技创新团队成员4人，获得江苏省教学成果奖特等奖1人、苏州市科技进步一等奖1人。目前，智能控制技术专业已经与苏州汇川、胜利精密等多家苏州知名企业建立校企合作关系。与江苏哈工海渡工业机器人有限公司共建工业运动控制实验室，与北京华航唯实机器人科技股份有限公司共建制造单元智能化改造与集成实验室等，为专业的后续发展打下了坚实基础。

培养目标：智能控制技术专业培养理想信念坚定，德、智、体、美、劳全面发展，具有一定的科学文化水平，良好的人文素养、职业道德和创新意识，精益求精的工匠精神，较强的就业能力和可持续发展的能力，掌握本专业知识和技术技能，面向通用设备制造业、专用设备制造业的电气工程技术人员、可编程序控制系统设计师、设备工程技术人员职业群，能够从事智能制造控制系统的安装调试、维护维修、改造与集成应用及售前售后服务等工作的高素质技术技能人才。

主要课程：机械制图与计算机绘图、钳工、机械零件的切削加工、电工电子技术及应用、电机与电气控制、机械零部件的选型与装配、液压气动系统的构建与调试、PLC技术与应用、工业传感与检测、工业运动控制技术、制造单元智能化改造与集成、工业机器人编程与控制、智能控制系统综合应用。

职业前景：电气工程技术人员、可编程控制系统设计师、设备工程技术人员，智能制造控制系统的集成应用，智能制造控制系统的装调、维护维修，智能制造控制系统的售前、售后服务等技术岗位。

师资介绍

温贻芳，女，1975年2月生，副院长兼机电系主任，教授，机械工程研究方向。获国家教学成果奖一等奖、全国机械行业和江苏省教学成果奖特等奖、省科学技术奖三等奖、高校科技进步奖一等奖；省教学名师、省“333工程”和“六大人才高峰”高层次人才、省科技创新团队带头人。主持教育部现代学徒制试点项目、国家教学资源库备选库项目、装备制造示范专业点项目、国家众创空间、发改委工程实验室、国家高水平骨干专业、省重点专业群、省自然科学基金项目、省高校重大自然科学基金项目；主编江苏省重点教材1部；指导学生获全国职业院校技能大赛三等奖、江苏省技能大赛二等奖、省毕业设计一等奖各1项。

张泠，男，1962年5月生，机电工程系党总支书记，副教授，机械工程研究方向。参与江苏省高等学校重点专业群建设、现代学徒制试点等重点专业建设任务，获得江苏省教育厅教学成果特等奖；发表论文6篇，其中核心期刊收录3篇；获授权发明专利1项、实用新型专利10项；主编教材1本，主持省、市级课题2项。近年来从事大学生创新创业教育研究，指导大学生创新创业训练和“互联网+”比赛，5个项目入选江苏省大学生创新创业训练项目，2个项目分别获得江苏省大学生“互联网+”比赛二、三等奖。

张峥，男，1980年10月生，机电工程系党总支副书记，讲师，机电一体化、学生管理、创新创业教育研究方向。参与江苏省工业机器人众创空间、博世现代学徒制等项目建设；负责学生创新创业教育具体工作，承担学生创业课程开发、模拟培训、职业规划、竞赛辅导等工作。指导学生获2017年第三届“互联网+”大学生创新创业大赛二等奖、2018年江苏省大学生优秀创业项目、江苏省“创青春”创新创业大赛铜奖等诸多奖项。从事高职学生工匠精神培养途径的研究，2017年主持的“高职院校工匠精神核心素养培育途径研究”获江苏省高校哲学社会科学研究项目立项。

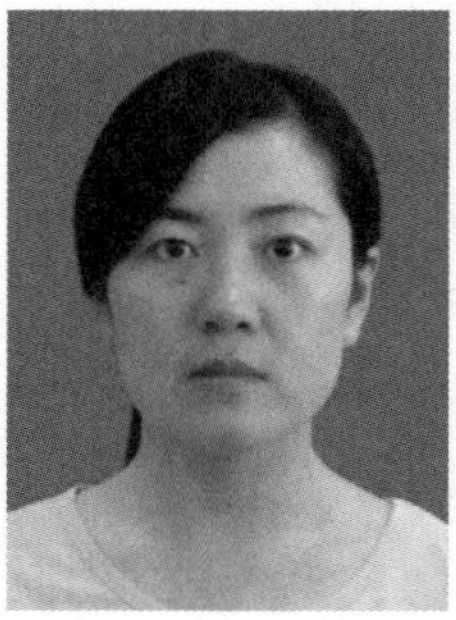

于霜，女，1981年9月生，机电工程系副主任，副教授，工业机器人与智能控制技术研究方向。工业机器人技术专业带头人，省“青蓝工程”优秀青年骨干教师。参与国家职业教育教学资源库工业机器人技术课程资源建设；参与江苏省自然科学基金面上项目1项；获中国机械工业科学技术奖三等奖1项、江苏省机械工业科技进步奖一等奖2项；获江苏省教学成果奖特等奖1项、国家教学成果奖一等奖1项；在学术期刊发表论文16篇，其中SCI收录论文2篇；获授权专利5项。

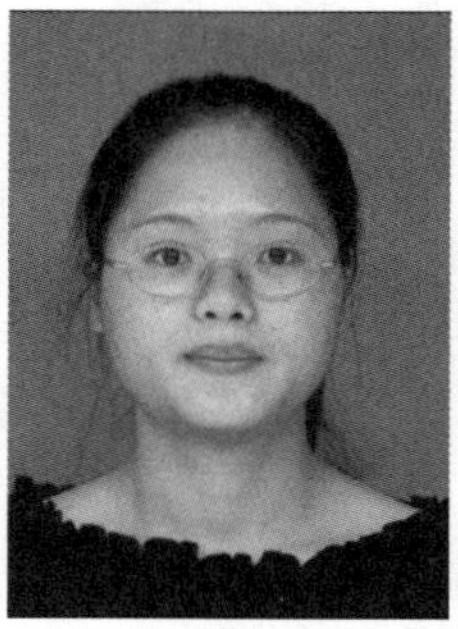

薛迎春，女，1981年5月生，机电工程系副主任，副教授，机自动化控制研究方向。自动化生产设备应用专业负责人，教研室主任。承担专业核心课程的课程标准制定工作。主持省大学生创新训练项目1项，参与省职教课题和苏州市科技项目课题2项，主持校级课题6项。先后荣获学校优秀教育工作者、优秀共产党员等称号。指导学生论文获“2014年江苏省大学生优秀毕业设计评选”一等奖；指导学生参加2015年江苏省高等职业院校技能大赛获三等奖；作为副主编参编教材2

部；主持省专业群建设课程“电气故障诊断与维系”，主持完成校级教学成果1项。发表省级以上专业学术论文11篇，其中核心期刊收录3篇、EI收录1篇。主持企业横向课题4项。

龚肖新，女，1965年9月生，机电工程系机电一体化技术专业带头人，教授，机械工程研究方向。承担中央财政重点支持项目、江苏省高等学校重点专业群建设、江苏省现代职教模式试点、现代学徒制试点等重点专业建设任务，获得省教育厅教学成果奖特等奖和国家级教学成果奖一等奖；负责省级精品课程“液压传动与气动技术”建设项目，主编并出版省级精品、重点教材《三维机械设计项目教程》等4本教材。主持省、市级教科研项目5项；获授权国家专利15项，其中发明专利2项；发表核心期刊论文20余篇。

王熙雏，女，1978年1月生，机电工程系电气自动化技术专业主任，讲师，控制理论与控制工程研究方向。自2015年担任电气自动化教研室主任，一直工作在教学第一线，对本职工作尽心尽责。指导学生参加第三届、第四届、第五届华东地区大学生CAD应用技能竞赛获一等奖，并获得优秀指导教师称号；以独著或第一作者身份在省级以上刊物公开发表教学与专业学术论文15篇，其中核心期刊收录8篇；主持并完成科研课题3项、教改课题1项、企业横向课题6项；以第一发明人身份获得授权实用新型专利6项，以第一发明人获得授权发明专利2项；参与完成江苏省职业教育教学改革研究课题1项，课题排名第3。

朱巍峰，男，1980年5月生，工业机器人技术研究方向。承担“工业机器人现场编程”“工业机

器人离线编程”以及“工业机器人编程与控制”课程。参与国家级资源库工业机器人技术专业建设；参加江苏省信息化教学设计大赛获三等奖；参与教材《PLC应用与实践》的编写；参与在线课程“PLC应用与实践”的建设以及课程实施。获学校课堂教学大赛一等奖。目前正在对“工业机器人编程与控制”课程进行混合式教学改革。

张广才，男，1982年9月生，机电工程系电气自动化技术专业带头人，讲师，人工智能、机器人技术、工业自动化研究方向。2017年、2018年担任电气自动化技术专业负责人，承担“机械制图”“工业控制组态软件编程与应用”的课程教学任务。在校期间指导学生参加江苏省高等职业院校技能大赛工业机器人技术应用赛项获二等奖；指导学生获校级优秀毕业论文1次；以第一作者身份在省级以上刊物公开发表学术论文1篇；主持并完成科研课题1项、企业横向课题2项。

吕亚男，女，1983年10月生，工业机器人和高职教育教学教改研究方向。参与学生日常管理和校企合作相关工作。参与多项国家级科研项目、企业项目，参与江苏省教学教改项目1项和苏州市教学教改项目1项；出版教材1部；发表SCI论文5篇、EI论文1篇、中文核心期刊论文7篇。

储建华，男，1982年5月生，副研究员，机器人控制技术研究方向。中国科学院研究生院博士毕业，东南大学博士后出站，国家重点研发计划项目首席科学家及总负责人，江苏省“双创”博

士，江苏省中青年学术带头人，苏州市姑苏“双创”领军人才，苏州市“四创”青年。获授权专利28项；主持国家自然科学基金、江苏省自然科学基金等课题12项；荣获2018年国家级教学成果奖一等奖；发表核心期刊论文30余篇；出版学术专著1部。

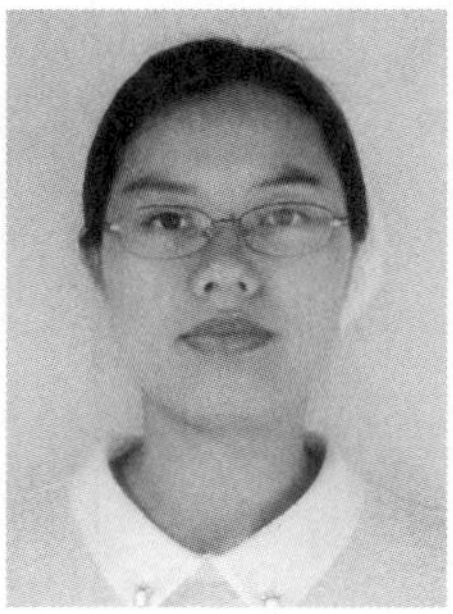

胡静，女，1984年3月生，电检测及应用研究方向。2015年毕业于江苏大学农业装备与工程研究院。主持完成江苏省普通高校研究生科研创新计划项目；参与国家自然科学基金重点项目、“十二五”国家科技支撑计划资助项目等；完成校级课题2项，横向课题到账经费6万余元；获授权发明专利3项、实用新型专利20项；发表EI论文6篇、CPCI论文5篇、核心期刊论文8篇。

陈歆，女，1979年9月生，机电工程系机电一体化技术专业主任，副教授，机电一体化技术研究方向。2002年7月至2005年6月担任江苏大学农机学院教师；2005年7月起担任苏州工业职业技术学院教师。2010年获党员承诺活动先进个人，2011年获校优秀党员，2013年获江苏省首届微课比赛高职组三等奖。从教17年，发表论文15篇，其中核心期刊论文6篇；获授权实用新型专利7项；主、参编教材3部；主持市级课题1项。

马晓云，女，1982年1月生，机电工程系分团委书记，讲师，学生思想政治教育及就创业教育研究方向。2007年9月起从事辅导员工作，兼任系部就业专员；2012年起兼任机电工程系分团委

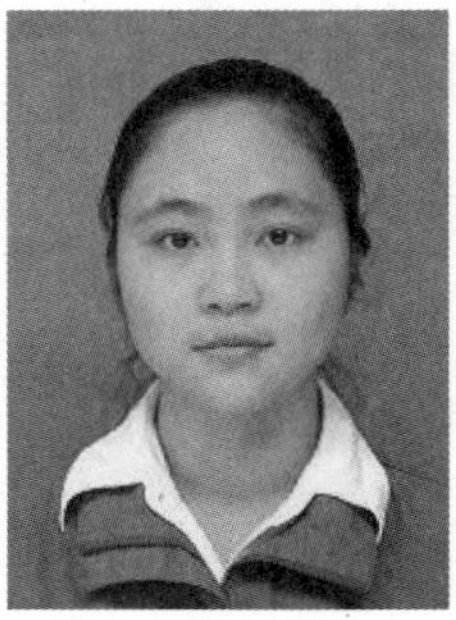

书记及系学生党支部书记，组织开展系部学生党建工作，指导系社团、学生会和团委工作，全面开展大学生思想政治教育、就业指导和贫困生资助工作。获“辅导员年度人物”提名奖等个人省级竞赛奖3项、校级以上荣誉17项。发表论文7篇；主持省教改课题1项，参与省级课题3项，参与市级课题1项；参编教材1部。作为苏州市创业导师团导师指导学生获得省、市级奖项15项；成功扶持创业项目3项。

杨扬，男，1982年8月生，工业机器人研究方向。曾在晟碟半导体（上海）有限公司任研发工程师，主要研究方向为微电子互连和机器人焊接。参与国家自然科学基金项目1项、江苏省自然科学基金项目2项；以第一作者身份发表学术论文10余篇；参与工业机器人技术专业混合式教学改革课程。

周信，男，1987年7月生，工业机器人技术与集成应用研究方向。2018年获评苏州市高技能领军人才。主要负责“工业机器人工作站系统集成与维护”“制造单元智能化改造与集成”课程建设。2016—2018年期间，指导学生参加各级各类比赛，累计获得国家二等奖3项、江苏省一等奖1项、江苏省二等奖2项、江苏省三等奖2项、江苏省教学成果奖特等奖1项、苏州市科学技术进步一等奖1项；获授权实用新型专利1项。

张淑红，女，1976年6月生，副教授，电气设备自动控制与仿真研究方向。江苏省“青蓝工程”

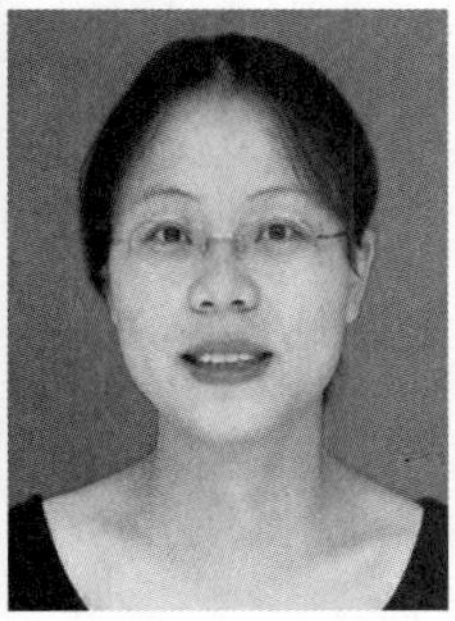

培养对象，获江苏省教学成果奖二等奖。所带班级被评为江苏省先进班集体。主持2项苏州市科技计划项目、1项江苏省职业教育教学改革课题、1项江苏省高等学校大学生创新创业训练计划项目，主持完成校级课题7项，主持完成企业横向课题8项。以第一作者身份公开发表论文14篇，其中核心期刊论文7篇；完成论著1篇。获授权实用新型专利3项、发明专利3项。

崔秋丽，女，1978年8月生，自动控制研究方向。主要任教课程有“PLC应用与实践”“单片机应用技术”“电机与电气控制”“VC++”等。2018年发表中文核刊论文《基于PSCAD的微电网控制系统建模与仿真》《基于人工蜂群算法的微网并网优化运行》；获授权发明专利“适于8位单片机的经度、纬度和高程数据的处理方法”“一种用于轮胎厂橡胶片冷却的全自动控制系统”；完成校级课题1项、横向课题1项。2016年、2018年年度考核优秀，在学校论文评比及教学设计比赛中获奖。

校企合作

依托汇川机电学院瞄准智能制造产业发展新方向，建设优质品牌专业。系部瞄准智能制造成套装备的关键技术创新及发展方向，深化产教融合人才培养模式。对接区域内典型智能制造企业，紧跟智能制造典型机电产品的升级换代和生产工艺提升，及时更新典型企业项目案例，丰富典型教材内容及教学资源，优化体现智能制造新元素的典型教学设计。依托汇川机电学院、汇川自动化实验室及智能装备综合实训中心，校企联合开展智能制造成套装备的技术及产品研发，提升专兼职混编师资团队的教研能力，提升企业技术创新能力。科技反哺教学，实施校企“双导师制”项目，提升机电一体化技术专业人才的创新能力。深化产教融合人才培养模式，校企协同育人，为智能制造业企业提供高素质技术技能型人才，提升专业建设服务产业发展的能力。

建立“ABB机器人技术技能人才工作站”，深化产教融合人才培养模式。根据区域内智能制造产业发展对机电专业人才技能的要求，面向智能制造装备及系统应用，联合智能制造产业链企业，创新校企协同育人人才培养机制，深化产教深度融合人才培养模式，提升对接智能制造前沿技术的专业建设内涵，为智能制造企业关键岗位输送紧缺的高端复合型人才，提高专业建设的贡献度和影响力。与上海ABB工程有限公司合作建设“ABB机器人技术技能人才工作站”，通过项目建设，为工业机器人与智能制造企业输送满足岗位需求的高素质技术技能型人才。

产业教授领军混编师资团队。聘请行业内有影响力的企业专家江苏省汇博机器人技术股份有限公司总经理王振华博士和苏州市奥普斯等离子体科技有限公司总经理王红卫博士作为系部兼职教授，指导专业建设和课程建设；系部协助二位兼职教授成功申报省级产业教授。聘请上海ABB及苏州博众精工资深工程师及技术专家担任本专业的企业兼职教师，与校内专任教师组成混编师资团队，共同承担专业核心课程的建设及教学实训任务。

校企合作工作是机电工程系工作重点之一，2018年9月，机电一体化技术专业“博世班”获批教育部第三批现代学徒制项目。与博世汽车部件（苏州）有限公司扎实推进现代学徒制试点项目教育教学工作，不断完善校企协同育人机制、教学管理、标准体系等方面建设。与博世企业共同制定2018年现代学徒制招录标准，完成2018

年现代学徒制自主招生报名组织、资格审查、考试、录取等工作，共招收15名学徒。

系部在紧密合作企业建立“教师企业实践工作站”，校企共同培养教师实践技能，了解企业最新技术发展。安排王占山、胡静、史飞飞、李健、张广才五位博士分别前往上海ABB工程有限公司、哈工大机器人集团、江苏哈工海渡工业机器人有限公司、江苏科伯瑞工业技术有限公司、苏州绿的谐波传动科技有限公司等紧密合作企业担任访问工程师。

机电工程系注重发挥企业学院在人才培养过程中的重要作用。通过学校职业教育周系列活动，带领2017级和2018级企业冠名班进入冠名企业进行交流参观联谊活动，让学生提前进入企业了解企业文化、企业技术岗位需求；邀请创业的杰出校友到校进行交流座谈活动。在学校承办的苏州市校企合作推进会上，重点宣传典型企业学院代表汇川机电学院、福伊特机电学院、菱欧自动化学院、科瑞恩机器人学院等合作案例；在菱欧冠名班、订单班中选拔优秀学生发放菱欧企业奖学金。

学生工作

2018年，机电工程系学生工作积极践行全国高校思想政治教育工作会议精神和十九大报告精神，坚持“立德树人”，坚持“以学生为中心”，完善党建工作室、劳模工作室、创新工作室、晓云姐工作室的“四室一体”育人项目。在全系教职工和学生干部的共同努力下，积极打造“三全育人”特色品牌项目。

系部积极谋划开展项目活动，坚持走进学生群体，分层次、分业务、抓重点地开展学生干部培训，调研学生在学习生活上的各种问题和困难并及时解决。积极学习探索，努力打造好辅导员队伍、班主任队伍和学生干部团队。

系部依托各种合作平台，着力培养学生的工匠精神，用劳模精神和工人阶级的伟大品格引导学生、启迪学生、鼓舞学生，用他们的亲身经历和现身说法感召和引领学生。

以党建工作室为引领，坚定理想信念。聘请企业先进党员担任机电工程系学生校外辅导员和素质督导员，开展企业参观、现场采访、主题班会等活动，充分利用时代楷模、亨通集团党委书记崔根良产业报国的先进事迹教育感染同学，用企业劳模、技能大师成长成才的典型事例引导学生，把爱国情、强国志、报国行融入日常教育。

以劳模工作室为平台，传承工匠精神。工作室邀请苏州创元集团吴建康、苏州亨通集团陆春亮和学校殷庆纵等18位劳动模范、技术能手参加工作室活动20余次。通过报告会、师徒结对等教育形式，将国家级技能大师韦冬工作室、金慧琴劳模工作室作为大学生校外素质教育基地，致力于用他们的亲身经历和现身说法感召引领学生，让学生们深刻理解只有不断用心钻研、勇于创新、精益求精、用心服务，才能成功。

以创新工作室为载体，提升“三创”能力。依托创新机电社、复特班、博士指导团队搭建各级各类技能竞赛平台，组织开展比赛，以赛促练，以赛育人，不断提升学生的创新创业创效能力。通过组织复特班学员参观上海工博会和苏州电博会，让他们拓宽视野，了解科技发展前沿技术；通过组织大学生暑期无人机植保“三下乡”服务，让他们将所学技术服务新农村建设。

以晓云姐工作室为抓手，创新育人形式。从认知过程、情绪调控和行为训练三个维度指导职业规划大赛、开展心理健康教育、科学制订学业规划，将中国梦融入青春梦，将工匠精神落到个体发展。从“青年学习社”活动到“党员三助岗”成立，让思政教育更有血有肉有思想；从组织“送‘无人机’进务工人员子弟学校”到“送‘无人机植保’下乡”服务，搭建学生爱国、奉献的平台。联合苏州高新区司法局，开辟“循法问律”栏目系列活动，全面提高机电工程系大学生法治意识。

机电工程系学生工作在2018年取得以下显性成效：“锦煜航‘三网惠农’植保服务”创业项目获评2018年省大学生优秀创业项目，获江苏省“创青春”创新创业大赛铜奖、第三届“郑和杯”中德青年创新创业大赛二等奖、省大学生创新创业训练项目结题；“云帆公益”创业项目成功入选“青年创业梦之帆”项目；系部育人典型——庄涵汀同学获“江苏省大学生年度人物”入围奖和苏州市“三新四创”好青年称号；陆凡同学获“武进人才杯”江苏省第十三届大学生职业规划大赛特等奖；多位辅导员和学生干部在各级比赛中均获奖。

科研服务

机电工程系注重加强人才团队建设，校企协同技术攻关。2018年，机电工程系引进博士3名，现有博士（含在读）21名。围绕机器人与智能制造领域的智能控制、精密传动、先进传感、系统集成等4个方面组建科研团队，针对行业关键共性技术的研发、推广与应用等方面开展科研活动。

2018年，系部培育“科研项目教学案例——成果进课堂育创新人才”。与汇川共建控制器关键技术研发中心，与江苏汇博共建机器人工作站系统集成研发中心，强化了校企的技术研发能力，通过研发中心，共同转化科研成果，反哺教学。与江苏汇博通过机器人工作站系统集成研发中心合作开发的装配机器人工作站系统，成为工业机器人专业的典型案例，形成的教学资源成为工业机器人和智能控制技术国家教学资源库的重要支撑案例材料。

系部以“导师制+项目化”方式开展定制化学生培养。导师带领学生开展项目研发，教师将项目科研成果转化为典型教学案例，并将项目案例编入典型教材，开展课堂教学。通过双导师制、典型项目及典型案例的教学转化，将科研项目实施与案例教学过程有机结合，实现科研反哺教学。

2018年，机电工程系承办云南省职业院校教师素质提高计划国培项目——机电一体化技术专业“双师型”教师专业技能培训，10所高职院校的25名骨干教师参加培训；承办“苏州国际教育园——吴中区第三届校企技能PK大赛”，由苏州市5所高职院校和3家机器人企业组成的15支队伍参赛；承办吴中区第四届“吴中技能状元”大赛，苏州市制造类相关企业13人参加了竞赛。

系部团体及个人取得的显性成效有：“产研融合、智汇吴中”暨第二届“高校青年博士进企业”活动，15名博士与企业达成深入合作；获江苏省科学技术三等奖1项；发表核心期刊论文17篇；完成企业横向课题29项，到账经费67万元；获授权发明专利6项、实用新型专利34项；立项市级科研课题2项；获“挑战杯——彩虹人生”江苏省职业学校创新创效创业大赛三等奖1项。

电子与通信工程系

概　况

电子与通信工程系创建于2004年，多年来系部为电子信息产品制造业及服务业培养了5000多名高素质高技能型专门人才，大多数毕业生进入知名企业工作，就业率一直保持在98%以上。

电子与通信工程系现设有6个主要专业：应用电子技术专业（江苏省高水平骨干专业、江苏省示范性高等职业院校建设重点专业）、通信技术专业（中央财政支持的重点专业）、电子信息工程技术专业、智能产品开发专业（江苏省优质院校重点建设专业）、移动通信技术专业、电子测量技术与仪器专业。全日制在校学生近1300名。“电子信息技术专业群”为江苏省重点建设专业群。

系部师资力量雄厚，现有专任教师51名，其中教授3人、副教授16人，博士10人，“双师”比例达90%。有省“青蓝工程”中青年学术带头人和优秀青年骨干教师5人，省“333工程”培养对象1人，“六大人才高峰”培养对象1人，省政府留学基金获得者3人，苏州市劳模、姑苏高技能人才8人。

系部具有完备的实验实训条件。现建有国家级电工电子与检测技术实训基地、江苏省网络电视工程研发中心、苏州市嵌入式技术公共服务平台，建有40余间实验实训场所和师生创新实验室，设备总值达3600余万元。在校内外建有多个实训基地。另建有爱智客、磁力线等5个创新研究工作室，为师生提供了个性化发展空间。

系部在创新人才培养方面成绩突出。每年从大一学生中选择富有创新精神的学生进入创新工作室，采用“导师制”教学。近年来，学生获专利19项，省级大学生实践创新计划立项50余项，连续三年获得江苏省优秀毕业论文一等奖，获得国家和省职业技能大赛一等奖2项、二等奖6项。此外，系部通过专转本、专接本等多种方式为成绩优异、有志于继续提升学历的同学提供了进一步深造的机会。

教学工作

办学特色

电子与通信工程系主动适应区域经济，构建符合地方社会经济发展要求的专业体系标准。服务于智能制造的信息化升级改造，形成专业定位适应工业物联网产业，培养对接岗位群需求，过程渗透企业文化，教学形式贯穿信息化和虚实融合的专业群特色。

专业群建设在校企合作平台、校企协同育人和实践教学体系等方面取得了显著成效。开发面向移动学习和碎片学习的“互联网+信息化”实训资源；对接职业标准与行业规范，构建模块化、多阶段、动态替换和量化考核的柔性适应、产教课程体系；依托政府、行业、企业联动，培养校企互兼互聘、教学与生产相融合的“双师型”教学队伍。“行企校联动，改革与创新应用电子技术专业人才培养模式”获评江苏省教学成果奖二等奖。

以社团、创新工作室、创意工坊构成创新能力培养主体。以专业技能竞赛、创新课程、大学生创新项目和社会服务项目作为创新能力培养的多途径支撑载体。通过技术研修、头脑风暴、创新创业指导、项目孵化和竞赛等多种手段培养学生的创新和创业能力。

系部主动开拓，实现校企产教融合“双元”育人。坚持走产学研合作人才培养的道路，通过企业学院、订单班、苏州市现代电子信息职业教育集团等多种模式，实现“益在学生、利在企业、誉在学校”的多方共赢。

专业设置

2018年苏州工业职业技术学院电子与通信工程系专业设置一览表

序号	专业名称	负责人	职称	学历（位）
1	应用电子技术	戴丽华	讲师	研究生（博士）
2	电子信息工程技术	陈丽	讲师	研究生（博士）
3	通信技术	朱祥贤	教授	本科（硕士）
4	移动通信技术	吴冬燕	副教授	本科（硕士）
5	智能产品开发	程小荣	讲师	研究生（博士）
6	电子测量技术与仪器	金薇	副教授	本科（硕士）

专业介绍

◎应用电子技术——江苏省高水平骨干专业、中央财政支持的高等职业教育实训基地依托专业、省示范性高等职业院校建设重点专业、江苏省电子信息专业群核心专业、江苏省高水平院校重点建设专业

应用电子技术专业建有江苏省网络电视工程技术研究开发中心、苏州市电子信息类产品和专业环境控制设备公共检测技术服务平台，以及苏州市中小企业嵌入式技术公共服务平台；拥有中央财政支持的电工电子信息与检测技术综合实训基地，全国高职院校首家电磁兼容实验室；与中国台湾嵌入式暨单晶片系统发展协会共建联合认证中心，成为其首批在大陆合作共建的认证中心。

应用电子技术专业师资力量雄厚，专任教师11名，其中副教授5名，博士2名；团队获得江苏省高等学校优秀科技创新团队1项，有江苏省“青蓝工程”优秀青年骨干教师培养对象1人、江苏省优秀教育工作者1人、江苏省职业教育先进个人1人等。学生在省毕业设计评优和各类技能大赛中取得优秀成绩。近年来，本专业学生毕业设计获省级一等奖2项。在全国职业院校技能大赛中获得团体一等奖2项、二等奖1项。

培养目标：本专业主要面向计算机、通信和其他电子设备智能制造业、软件和信息技术服务业等行业的嵌入式人工智能前端采集人员，采集端测试装配调试人员、嵌入式人工智能技术整合辅助人员等岗位群，培养能够从事嵌入式人工智能前端采集、测试、安装调试与质量管控，嵌入式人工智能设备技术整合、操作与维护、售后服务与应用技术服务等工作的高素质技术技能人才。

主要课程：电路分析基础、电子元器件的焊接工艺、模拟电子技术、数字电子技术、EDA技术及应用、C51单片机编程与应用、Arduino创意设计、STM32单片机应用技术、虚拟仪器测试技术（含传感器检测与控制技术）、Python编程与应用、电子产品的品质管控、电子产品组装、调试与维修）、单片机嵌入式开发实践、智能电子产品辅助设计与开发等。

职业前景：在计算机、通信和其他电子设备智能制造业、软件和信息技术服务业等行业，从事嵌入式人工智能装备数据采集、测试与分析、操作与维护、技术整合辅助开发等工作。

◎电子信息工程技术——江苏省高水平院校重点建设专业

电子信息工程技术专业扎根苏州，面向长三

角地区，服务智能制造行业，围绕工业物联网技术及应用，培养具备良好的职业素质和职业道德的高技能人才。专业挑选优质的师资力量组建教学团队，有专任教师9人，其中教授1人、副教授2人，高级工程师1人，博士1人。大部分教师具有多年的企业一线实践经验及教学经验，重视培养学生创新创业能力，曾指导学生在各级创新创业、职业技能等大赛中取得亮眼成绩。专业与天孚光通信、中移物联网、凌鸟科技、艾信智慧医疗等企业进行深度合作，充分发挥校企合作优势，针对性培养满足市场需求的人才。

培养目标：主要培养可以从事物联网系统集成方案设计、工程实施、设备维护、质量管理、技术支持、市场营销等工作的高素质技术技能型人才。在培养职业技能的同时，进一步加大学生创新创业能力培养力度。

主要课程：传感器检测与控制技术、嵌入式技术与应用、C51单片机编程与应用、智能识别技术、传感网技术与应用、物联网智能终端应用开发、物联网云平台应用开发、物联网应用、物联网综合应用实践、物联网整体解决方案设计与开发等。

职业前景：面向物联网、智能制造、新一代电子信息等行业，从事物联网系统集成、项目规划及物联网设备安装与调试、物联网设备检测与维修、物联网系统集成、物联网工程方案辅助设计等技术岗位工作，也可从事该领域产品销售、技术支持等工作。

◎通信技术——中央财政支持重点建设专业、江苏省电子信息专业群核心专业

通信技术专业建有科达学院、江苏省网络电视工程技术研究开发中心、华为学院、华为通信设备先进实验室及学术创新创业工程训练中心。与亨通集团、苏州科达、天孚光通信、深圳讯方、中国赛宝华东分所、苏州计量测试研究所等建立良好校企合作关系。专业教学团队为江苏省优秀教学团队，有专任教师10人，其中，教授2人，博士1人，“青蓝工程”中青年学术带头人1人，大部分教师具有多年的企业一线实践经验。

培养目标：本专业主要服务苏州，面向长三角通信行业，培养具备良好综合素质，掌握通信网络和通信系统基本知识，具备通信设备运行维护与工程监理能力，适应电子通信产品测试、终端维修、设备安装维护、工程实施、工程监理、产品营销等职业岗位任职要求的，熟悉工程管理法律法规，具有职业生涯发展基础的高素质技术技能人才。

主要课程：电路分析基础、模拟电子技术、数字电子技术、EDA技术及应用、电子装配工艺、高频电路安装与调试、数据通信网络运行与维护、数字通信电路安装与调试、光传输设备运行维护、通信线路工程、移动通信设备运行与维护、通信工程制图、通信工程监理实务、通信工程项目管理等。

职业前景：在通信和其他电子设备智能制造业、软件和信息技术服务业等行业，从事通信设备安装、调试、维护升级和改进等工作。

◎移动通信技术——江苏省电子信息技术专业群核心专业

移动通信技术专业建有新海宜电信学院、思博伦网络测试学院、江苏省网络电视工程技术研究开发中心、苏州市电子信息类产品和专业环境控制设备公共检测技术服务平台。专业师资力量雄厚，专任教师8名，其中，教授1名、副教授1名，博士1名，江苏省“333工程”第三层次培养对象1人，江苏省高校“青蓝工程”中青年学术带头人1人。团队获得江苏省职业院校技能大赛二等奖1项、江苏省大学生电子设计竞赛二等奖1项、江苏省高职院校教师信息化教学大赛二等奖2项。

培养目标：本专业主要服务苏州，面向电子信息行业，培养具备移动通信基站维护及网络规划能力，能在移动基站勘测设计、设备运行维护

以及移动网络规划优化技术支持等岗位工作，具有职业生涯发展基础的高素质技术技能人才。

主要课程：电路分析基础、电子元器件的焊接工艺、模拟电子技术、数字电子技术、EDA技术及应用、C51单片机编程与应用、数字通信技术、数据通信技术、高频电子技术、接入网技术、移动通信网规网优、移动基站勘察设计、通信线路工程、移动通信技术等。

职业前景：在电信、移动通信相关企业以及其他电信设备智能制造业、软件和信息技术服务业等行业，从事移动通信设备调试、移动通信网络规划优化、移动基站勘察设计与维护等工作。

◎智能产品开发——江苏省高水平院校重点建设专业

智能产品开发专业设立于2017年，是江苏省较早成立的智能产品开发专业。现建有智能产品移动互联、智能感测技术、智能场景等专业实训室。与江苏省智能制造行业领先企业苏州莱克电气股份有限公司合作关系良好，建立了校企三级学院、教师企业实践工作站等。专业教学团队有专任教师9人，其中，副教授1人，博士2人，大部分教师具有企业实践经验。智能产品开发专业校企合作产教融合促进人才培养，与智能服务机器人行业领先企业建立深度合作。引进企业典型产品作为教学载体开设课程，培养学生岗位意识。

培养目标：本专业主要服务苏州，面向智能产品设计制造行业，培养具有良好职业道德、创新创业能力，能在智能电子产品开发、外观以及功能模块设计、智能化生产线管理等岗位工作，具有职业生涯发展基础的高素质技术技能人才。

主要课程：电子调试技术、物联网感知层技术、自动识别技术及应用、智能感测系统开发与应用、智能产品前端设计开发、智能产品移动互联技术、无线传感网络技术与应用、智能场景系统安装与应用等。

职业前景：在智能制造以及新一代电子信息类制造企业，从事的岗位主要有智能产品设计开发、智能产品智能化产线运维以及企业的相关工程技术工作。

◎电子测量技术与仪器——江苏省重点专业群建设专业

电子测量技术与仪器专业成立于2005年，2009年与苏州市电子产品检验所有限公司合作，在全国高职院校中建立了第一个电磁兼容实训室，2011年与电子信息行业协会所属企业群共同进行“电磁兼容标准制订及检测技能培训”，课程建设中引入企业标准。2013年增加产品认证方向。与康普通讯技术（中国）有限公司合作设立实习就业基地，与苏州恒久光电科技股份有限公司合作设立生产性实训基地，固纬电子（苏州）有限公司作为长期合作伙伴在学生识岗、企业工程师讲座、兼职教师授课等方面全方位参与本专业的学生培养。专业教学团队有专业教师9人，其中，副教授1人，博士2人，大部分教师具有多年的企业一线实践经验。团队指导学生在江苏省大学生电子设计竞赛中获一等奖1项。团队教师在第二届全国高校（高职高专）微课教学比赛江苏省赛区中获一等奖1项，编写的《电子测量与仪器》和《模拟电子技术项目教程》获江苏省重点教材立项。

培养目标：本专业主要服务苏州，面向电子信息行业，培养具备电子测量应用、电子仪器检测能力，能从事电子产品的认证测试、质量检测、性能测试，电子测量仪器的调试、维修及售后服务等工作，具有职业生涯发展基础的高素质技术技能人才。

主要课程：电路分析基础、模拟电子技术、数字电子技术、EDA技术及应用、电子装配工艺、电子测量技术、单片机原理与应用技术、传感器检测与控制技术、电子整机分析与测量、电子产品的品质管控、电子调试技术、EMC检测技术、虚拟仪器技术、电子产品检测试验、平板电视检测与维修等。

职业前景：在电子信息行业，从事电子信息产品维修、性能测试、质量检测、产品认证等工作。

师资介绍

章雯，女，1974年4月生，电子与通信工程系主任，教授，工程师，主要研究方向为电子信息工程技术。获评江苏省高校“青蓝工程”优秀教学团队带头人、优秀青年骨干教师培养对象，江苏省职教先进个人，苏州市优秀教育工作者等。主持国家级实训基地、国家级重点专业、省高水平骨干专业；获江苏省教学成果一等奖、苏州市教学成果奖特等奖；主持市厅级以上纵向课题6项；以第一作者身份在SCIE源期刊发表论文8篇；获授权发明专利1项。

钱涛，女，1976年3月生，电子与通信工程系党总支书记，副教授，主要研究方向为通信技术。主持并参与省、市级课题共9个；主持省大学生创新训练项目2项；发表教育教学论文共20多篇，其中中文核心期刊收录4篇，EI收录1篇；获授权实用新型专利2项；作为副主编参编教材2部；作为主讲教师参与建设省级精品课程“EDA技术”。获江苏省优秀党务工作者和苏州市优秀教育工作称号，获江苏省教育工委高校党建工作创新奖三等奖，获苏州国际教育园优秀区域党建品牌项目一等奖。

朱祥贤，男，1963年11月生，电子与通信工程系副主任，3级教授，主要研究方向为通信与物联网应用技术。获评江苏省“青蓝工程”中青年学术带头人、江苏省大学生毕业设计优秀团队指导教师、江苏省职业技能大赛先进工作者、校级教学名师、学校科研先进个人等，获江苏省教育教学成果奖一等奖等荣誉。同时担任江苏省网络通信技术优秀教学团队负责人、中央财政重点支持建设专业带头人、江苏省品牌专业负责人、江苏省重点建设电子信息技术专业群负责人、苏州市中小企业嵌入式技术公共服务平台负责人等。主持建设国家级实训基地、省级实训基地2个；主持省级以上教科研项目8项；发表核心期刊论文9篇，其中EI收录3篇；主编出版教材5部，其中江苏省精品教材1部、重点教材1部；获授权专利5项。

王栋，男，1981年11月生，电子与通信工程系副主任，副教授，主要研究方向为嵌入式及智能产品开发技术。获评江苏省高校“青蓝工程”优秀青年骨干教师培养对象。主持参与省级项目2项、市厅级课题6项；发表论文10余篇，其中核心期刊收录4篇；获授权实用新型专利10项、发明专利1项；获得江苏省教学成果奖二等奖1项；获得江苏省高等职业院校信息化教学大赛一等奖；指导学生获得全国职业院校技能大赛一等奖1项、二等奖1项、三等奖1项；指导学生参加其他省级以上竞赛获奖20余项；指导学生获得专利8项；出版教材4部，其中《单片机技术及应用》获评江苏省精品教材。

卜树坡，男，1963年6月生，电子与通信工程系专业教师，教授，主要研究方向为物联网应用技术。2011年

3月进入苏州工业职业技术学院工作，为学校引进人才。主持省级项目及科研平台4项、市厅级课题5项；发表论文30余篇，其中SCI、EI论文3篇；获授权发明专利4项；参与编制国家电工仪器仪表标准2项；出版教材2部。

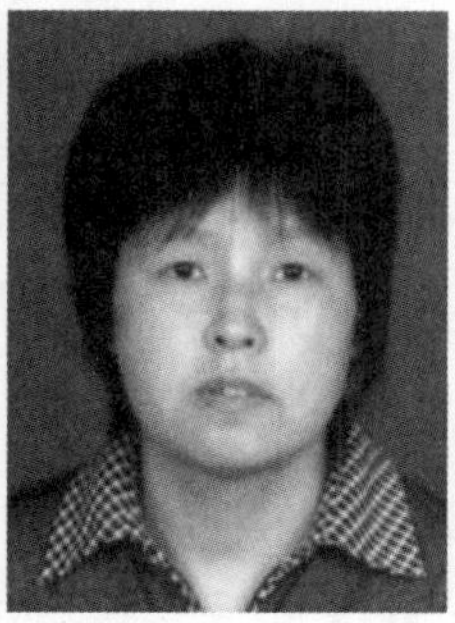

邵利群，女，1966年2月生，对外交流与校企合作处副处长，电子与通信工程系兼职教师，副教授，主要研究方向为应用电子技术。获评苏州市电子学科带头人、学校科研先进等。主持市厅级课题9项；发表论文30余篇；完成校企合作研究项目1项；获各类教学成果奖2项；主编出版教材《电子元器件焊接工艺项目教程》《数字电子技术项目教程》《模拟电子技术项目教程》等3部，其中1部获评江苏省“十二五”高等学校重点建设教材，2部获评江苏省“十三五”高等学校重点建设教材；指导江苏省高校大学生创新创业训练计划项目2项，其中1项入选江苏省大学生创新创业成果展示会，并获“最具潜力创业奖”。

吴冬燕，男，1980年11月生，电子与通信工程系移动通信技术专业带头人，副教授，主要研究方向为嵌入式及窄带物联网技术。获评江苏省高校“青蓝工程”中青年学术带头人培养对象、优秀青年骨干教师培养对象、苏州市姑苏高技能重点人才等荣誉。主持省级项目2项、市厅级课题7项；发表论文20余篇，其中EI及核心期刊收录8篇；获授权发明专利4项、软件著作权3项；参与4项国家电子行业标准编制工作；出版教材4部，其中《NB-LOT应用技术项目化教程》为江苏省重点建设教材。

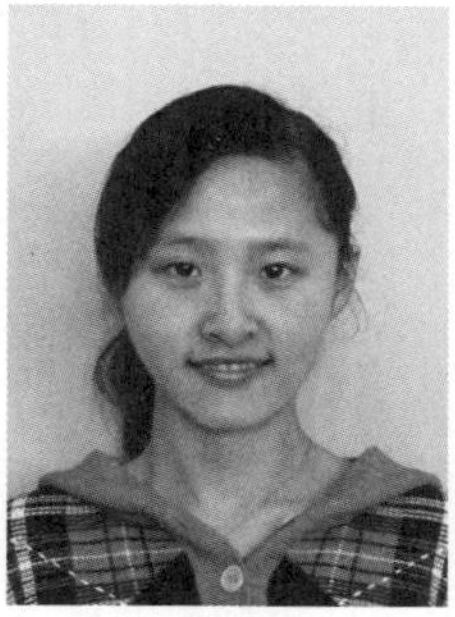

戴丽华，女，1986年2月生，电子与通信工程系应用电子技术专业带头人，主要研究方向为嵌入式技术开发及传感测量技术。2013年7月毕业于南京师范大学物科院物理电子学专业，工学博士。发表论文10余篇，其中SCI收录1篇、EI收录2篇；主持市厅级课题2项、校级课题1项，参与市厅级以上科研项目4项；获授权发明专利1项、实用新型专利2项。

陈丽，女，1983年7月生，电子与通信工程系物联网应用技术专业带头人，主要研究方向为显示技术、颜色特性算法、物联网通信技术。2013年毕业于东南大学电子科学与工程学院物理电子学专业，工学博士。发表论文16篇，其中SCI收录1篇、EI收录3篇；主持市厅级课题5项；获授权发明专利1项、实用新型专利10项、软件著作权3项、外观专利1项。

程小荣，男，1980年10月生，电子与通信工程系智能产品开发专业带头人，主要研究方向为新能源材料应用。参与国家自然科学基金项目1项、江苏省自然科学基金项目3项；发表SCI论文8篇；获授权发明专利3项。参与“电子组装工艺”国家精品课程建设。

孙岚，女，1976年2月生，电子与通信工程系应用电子技术专业教研室主任，副教授，主要研究方向为应用电子及电气自动化应用。2014年9月至2015年9月为苏州

大学访问学者；2017年7月至2018年1月在苏州润声电子科技有限公司实践。主持省、市级课题4项；主持完成横向课题5项，共到账经费10余万元；发表论文15篇，其中中文核心期刊收录2篇；获授权实用新型专利2项；主持“电子产品品质管控”课程建设，并主编配套教材。

蔡成炜，男，1980年6月生，电子与通信工程系电子信息工程技术专业教研室主任，副教授，主要研究方向为嵌入式技术应用。2015年入选姑苏高技能重点人才；主持或重点参与多个省、市级教科研项目；主持完成横向课题2项，到账经费10余万元；发表论文10篇，其中中文核心期刊收录3篇；获授权发明专利1项、实用新型专利7项、软件著作权4项；指导学生竞赛获得省级一等奖2项、二等奖6项；指导省大学生创新创业训练计划项目2项，获省优秀毕业设计团队2项。

陈晓磊，男，1981年6月生，电子与通信工程系通信技术专业教研室主任，主要研究方向为物联网窄带通信技术。2014—2015年在中兴通讯有限公司实践，负责4G网络的建设与维护。主持校级科研课题3项、教改课题2项；主持横向课题4项；发表论文8篇，其中EI收录1篇，中文核心期刊收录1篇；参与市厅级以上课题4项；获授权实用新型专利2项；获2017年江苏省高等职业院校信息化教学大赛二等奖；指导江苏省大学生创新创业训练计划项目2项。

金薇，女，1974年10月出生，电子与通信工程系智能产品开发专业教研室主任，副教授，主要研究方向为应用电子及电子信息技术。主持省、市级课题5项；主持横向课题4项，共到账经费8万余元；发表论文20余篇，其中中文核心期刊收录3篇；获授权发明专利1项、实用新型专利6项；主编出版的教材《电子测量与仪器》获2017年省级重点教材立项，主编出版的教材《模拟电子技术项目教程》获2018年省级重点教材立项；指导学生参加江苏省大学生电子设计竞赛（TI杯）获一等奖1个、二等奖2个。

姜颖韬，男，1977年7月生，电子与通信工程系实训中心主任，主要研究方向为无线通信技术。获评苏州市无线电测向优秀教练员等。主持纵向课题3项，参与课题研究4项；主持完成横向课题3项，到账经费11万元；发表论文10余篇，其中中文核心期刊收录2篇；申报发明专利1项。担任苏州市职业技能鉴定中心电工项目考评员、PLC程序设计考评员；担任苏州市就业指导中心计算机应用考评员、CAD考评员；担任中兴通信学院兼职讲师。

程雪敏，女，1976年8月生，电子与通信工程系应用电子技术专业专任教师，副教授，主要研究方向为嵌入式及虚拟仪器技术。多次获评校优秀教育工作者，2015年、2018年获省信息化教学大赛一等奖。2018年指导学生参加“首届2018海峡两岸产业核心技能素养大赛”获一等奖。主持省级项目2项、市级课题1项；主持完成横向课题4项，到账经费10余万元；发表论文10余篇，其中核心期刊收录1篇；授权实用新型专利1项；主编教材《虚拟仪器技术》，作为副主编参编的教材《单片机原理及应用》。

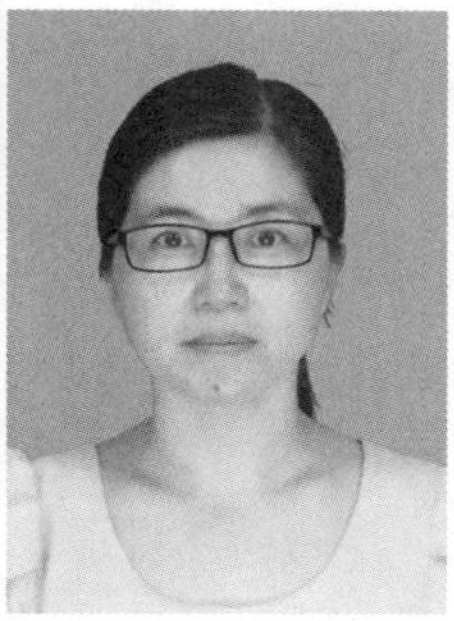

荣雪琴，女，1979年1月生，电子与通信工程系电子信息工程技术专业专任教师，副教授，主要研究方向为电子信息技术及自动化。参与省、市级课题4项；主持完成横向课题4项，共到账经费8万余元；主持“数电与PL”课程建设；作为副主编参编教材《电子产品组装调试与维修》和《EDA技术及应用》；发表论文10篇，其中核心期刊收录3篇；获授权发明专利1项、实用新型专利10项。

罗红艳，女，1978年12月生，电子与通信工程系专任教师，主要研究方向为电子信息技术与通信技术。2013年2—5月，赴美国弗吉尼亚大学参加双语教学进修；2018年2—8月在中兴克拉科技（苏州）有限公司实践。主持省、市级课题3项；主持完成横向课题6项，共到账经费10余万元；发表论文9篇，其中，中文核心期刊收录1篇，EI收录1篇；获授权发明专利1项；主持“光传输设备运行维护”课程建设。

张明玉，男，1987年4月生，电子与通信工程系专任教师，博士，主要研究方向为高性能通信材料的制备。2016年3月毕业于哈尔滨理工大学材料学专业，工学博士；2018年11月进入江苏省苏州太湖电工新材料股份有限公司企业博士后工作站，承担耐电晕聚酰亚胺复合薄膜的制备与应用研究课题。参与国家自然科学基金面上项目1项、黑龙江省自然科学基金项目3项，负责4项复合材料类科技项目；发表论文20余篇，其中SCI/EI收录8篇；获授权发明专利1项。

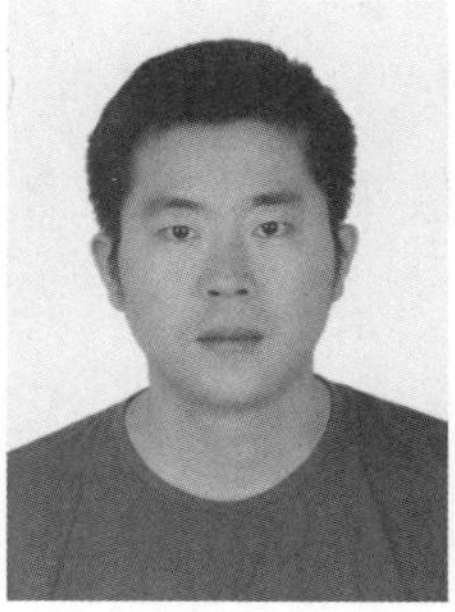

赵展，男，1979年9月生，电子与通信工程系校企合作专员，主要研究方向为嵌入式技术及电力电子技术应用。获2017年度“创元园丁奖”、ARM中国认证讲师、学校个人考核优秀等荣誉。主持省级教研项目3项、市厅级课题2项；主持完成横向课题4项，到账经费8万元；发表论文15篇，其中，中文核心期刊收录2篇，EI收录1篇；获授权实用新型专利12项；编写教材2部，其中《模拟电子技术项目教程》为江苏省重点建设教材；指导学生获全国职业院校技能大赛二等奖，获江苏省职业院校技能大赛一等奖2项，获全国大学生电子设计竞赛江苏赛区二等奖2项，获“蓝桥杯”电子设计与开发高职高专组江苏赛区二等奖2项；指导学生团队完成江苏省大学生创新训练项目2项。

居敏花，女，1979年10月生，电子与通信工程系专任教师，主要研究方向为传感器检测技术。主持市厅级教科研课题2项，参与市厅级教科研课题4项；主持横向课题2项，共到账经费5万元；发表论文10余篇；作为副主编参编规划教材1部，参编教材1部；获授权发明专利2项、实用新型专利5项、软件著作权3项。指导2017届学生毕业设计（论文）获评省优秀毕业设计团队；获江苏省微课比赛三等奖；指导学生获“蓝桥杯”电子设计与开发高职高专组江苏赛区一等奖、全国赛区二等奖。主持“传感器检测与控制技术”课程建设，获批学校首批混合教学改革课程。2012年起担任系教工第一党支部书记，多次被评为学校优秀共产党员、优秀党务工作者，带领支部荣获“学校先进基层党组织”和“江苏省教育系统创先争优先进集体”称号。

吴琦，女，1981年7月生，电子与通信工程系专任教师，主要研究方向为通信及移动通信技术。主持省、市级课题4项；完成横向课题4项，共到账经费8万余元；主持“移动通信网规网优项目化教程”课程建设，并主编配套教材；发表论文8篇，其中核心期刊收录1篇；指导学生参加江苏省技能大赛4G全网建设项目，获2017年三等奖。

校企合作

电子与通信工程系以服务发展为宗旨，以促进就业为导向，以建设现代职业教育体系为引领，以提高技术技能型人才培养质量为核心，以深化“产教融合、校企合作”为重点，充分发挥行业企业推动和主流市场引导作用，努力构建适合专业建设、人才培养、教师发展、课程建设的校企合作新模式，继续完善“会企校”的工作机制，与高创电子、固锝电子、天孚光通信、佳世达电通、嘉盛半导体等知名企业持续深化合作，取得了一系列的合作成果。

与苏州科达科技股份有限公司、莱克电气股份有限公司成立科达电信学院和莱克电信学院三级企业学院，同时成立教师实践工作站。通信技术专业和智能产品开发专业依托企业学院这个平台，在人才冠名订单培养、教师企业实践、企业员工培训和联合项目开发等方面开展一系列的合作。

与高创（苏州）电子有限公司成立的三级企业学院高创电信学院获吴江经济技术开发区表彰并获得5万元办学奖励金。校企双方共同开展人才培养，深化产教融合，促进校企合作育人，助力区域的经济发展。

电子与通信工程系在嵌入式和物联网等新一代电子信息技术基础上，进一步紧密跟踪嵌入式人工智能领域发展新趋势，努力加深与教育合作伙伴安芯教育、百科融创等知名企业的合作。在示范基地基础上，培育教师团队，开展课程建设、案例开发、实践实训、技术培训等活动，推动学校人才培养和产学研融合的新生态。

物联网应用技术专业带头人陈丽博士与苏州市福根植物水处理有限公司联合申报的2018苏州市农业科技创新项目“基于人工智能算法的水产养殖环境智能监控及预警系统研究”成功立项。

电子与通信工程系持续推进企业学院模式的探索与实践，以高创电信学院为例，截至目前，累计已有187名毕业生在高创（苏州）电子有限公司专业对口岗位实习和就业，分别担任PE助理工程师、制造助理工程师、OQA助理专员、CQS助理专员等。已有3名专业教师赴高创（苏州）电子有限公司开展企业实践，企业向系部赠送8套液晶显示设备。2018年成立企业冠名班7个、订单班4个。苏州易泰勒电子科技有限公司捐赠工业显示器、调光玻璃等一批设备，用于专业平板显示课程的教学；苏州佳世达电通有限公司冠名赞助第八届CAD电子设计大赛，高创（苏州）电子有限公司冠名赞助第一届嵌入式设计与开发大赛；举办企业专场招聘会6场、电子与通信校园专场招聘会1场。

学生工作

截至2018年12月31日，电子与通信工程系共有3个年级30个班级1190名全日制在校学生。系学生工作围绕习近平总书记在全国高校思想政治工作会议上的重要讲话，以立德树人为根本任务，以学校江苏省高水平高职院校创建为契机，以系仁爱教育为基础，通过多种活动形式加强学生的思想理论教育和价值引领，践行社会主义核心价值观，培养学生综合素质，提升学生综合能力。

组织开展“奋斗在当下，让青春出彩”“爱国”“端正学习态度，树立优良学风”等主题升旗教育活动3次；组织党团日活动36次，在党员和团员中开展“四进四信”“党的十九大精神”“学习习近平新时代中国特色社会主义思想三十讲”等理论学习活动；举办以诚信、感恩、安全、学风、就业、毕业、职业规划、迎新、军训、廉洁、心理、禁毒等为主题的教育系列活动50余次；通过烈士陵园扫墓、参观革命博物馆等形式，弘扬和培育学生爱国主义精神；开展“校园十佳歌手比赛”“电信系辩论赛”等活动，丰富校园文化；拓展学生实践基地，新增苏州市皮划艇协会作为学校素质教育实践基地，参与胥虹社区、苏州市皮划艇协会素质教育基地活动10余次，参与活动人次达到200多；继续开展育才学校支教活动30次，参与活动人次达到300多。

积极组织学生参加各项专业竞赛，唐茂淞、邹壮志、陈家成获2018年全国职业院校技能大赛嵌入式技术应用开发赛项二等奖、2018年江苏省高等职业院校技能大赛嵌入式技术应用开发赛项一等奖；卜书闯等10人参加第九届“蓝桥杯”全国软件和信息技术专业人才大赛单片机设计与开发省赛，分获一、二、三等奖；吴华彬、戴亚洲获第九届“蓝桥杯”全国软件和信息技术专业人才大赛单片机设计与开发国赛三等奖；蔡成田等9人获2018年TI杯江苏省大学生电子设计竞赛二等奖；陈国华等4人参加中国台湾海峡两岸产业核心技能素养大赛拆焊比赛分获一、二、三等奖。2018年，学生党支部开展的主题党日活动获评江苏省委教育工委高校“最佳党日活动”；2018年，电子16C1班被评为省优秀班集体；陈丛浩同学获国家奖学金，获评“学校2018年大学生年度人物”、三好学生标兵；耿畅同学获评校优秀学生干部标兵；杜京倍等45位同学获国家励志奖学金；李明珠等51名同学被评为学校三好学生；吕仿仿等43名同学被评为学校优秀学生干部；栗广博等56名同学被评为学校2018届优秀毕业生；电信17D1、通信17C1两个班级被评为学校“志知行”十佳班集体；电子16D1等6个班级被评为学校先进班集体；91个宿舍被评为学校五星宿舍，41个宿舍被评为学校文明宿舍。

完成2018级88名家庭经济困难学生的认定和入库工作；完成生源地助学贷款申请及审核工作，90名学生成功申请生源地信用助学贷款；完成35名毕业生生源地贷款确认工作；配合完成系部孤儿、残疾、低保学生的建档立卡和学费减免工作；216名同学按国家政策办理了国家助学金申请，资助学生64.8万元；为系贫困学生提供了12个勤工俭学岗位。

2018届毕业生毕业率94.2%，107名毕业生通过转本、接本继续学业，年终就业率达98.95%。

科研服务

系部高度重视科研工作，积极鼓励教师提升科技研发水平。2018年全年发表核心期刊论文10篇，其中，SCIE论文2篇，EI论文1篇，CSCD论文3篇，中文核心期刊4篇；各类其他期刊50余篇。获授权发明专利11项、实用新型专利35项、软件著作权2项。系部教师横向课题到账经费20余万元，市级以上项目立项和结项课题达32项，教师参加学术交流会议10余次。

软件与服务外包学院

概　况

软件与服务外包学院于2004年7月成立，建立时名称为信息工程系，是学校最早成立的3个系部之一。2012年1月，因学校系部调整，更名为软件与服务外包学院。

软件与服务外包学院现有教职工49人，其中，专任教师39人，辅导员5人，行政教辅人员5人；专任教师中高级职称9人，博士6人，姑苏区高技能人才1人，省“青蓝工程”优秀青年骨干教师培养对象1人。现有计算机应用技术、计算机网络技术、软件技术、计算机信息管理、移动互联应用技术、云计算技术与应用、大数据技术与应用7个专业。其中，软件技术专业为江苏省骨干专业、省高水平高职院校建设骨干专业、校级品牌专业；计算机信息管理专业为苏州市高职院校优秀新专业；云计算技术与应用专业和大数据技术与应用专业为省级高水平高职院校建设新专业。现有江苏省精品教材1部，江苏省精品在线课程1门，江苏省教学成果奖1项，苏州市教育教学成果奖特等奖1项，“十二五”国家职业教育规划教材立项建设2项，校企合作单位50余家。在研国家自然科学基金青年科学基金项目1项，申获江苏省自然科学基金项目1项。

截至2018年12月，学院校内实训场地面积达1.2万余平方米，共40间实训室。2018年投入480余万元用于实训室建设，拥有工业云计算实训室、Oracle Java实训室、云安全实训室、公有云计算实训室、移动Android开发实训室、虚拟现实实训室等专业实训室。各类实验实训室为学生的实训教学提供必要的设备保障和锻炼专业技能平台，为开展学生科技创新活动以及参加国内各类专业赛事并获奖提供有力支持。还建有大学生新媒体中心、大学生众创空间，为师生创新创业提供良好的软硬件平台。

软件与服务外包学院2018年有在校大专学生1135人，专接本学生83人。紧扣苏州地区制造业企业用人特点和需求，以提升学生就创业能力为导向，注重每位学生的可持续发展能力，各专业人才培养致力于一技之长的培养与综合素质同步打造，根据学生个性化的发展需求，提供展示平台，为苏州及周边地区提供受企业欢迎的高素质技术技能型人才。2018年，为当地培养了291名优秀的毕业生，就业率达98.4%。

教学工作

办学特色

2018年，软件与服务外包学院主动适应苏州地方经济建设和社会发展对人才的需求，秉承“向阳而生，精工笃行”的校训，以生为本，立德树人，围绕学校高水平院校建设与骨干专业建设任务，以工业互联网应用领域高技术技能人才需求为导向，设定专业培养目标，着力解决苏州智能制造产业发展中数据分析、数据处理、应用软件开发等人力瓶颈。确立专业服务制造行业的总目标，形成了工业云与大数据专业群建设的总基调：工业云与大数据专业群建设中选取“典型企业”——海格新能源汽车电控系统有限公司，分析企业软件开发（数据可视化）“典型岗位”以及大数据分析及应用的“典型能力”，融入远程车辆实时数据采集、数据传输、大数据处理和分析、多终端信息呈现等“关键技能”，根据制造业需求动态调整专业群课程体系的设置，全面提升学生的综合素质和创新实践能力。专业课程体系形成了“底层共享，中层分列，高层互选”的结构。近年来，在国家、省级各类技能大赛、创新大赛中学生屡获佳绩，赢得广泛的社会声誉。

专业设置

2018年苏州工业职业技术学院软件与服务外包学院专业设置一览表

序号	专业名称	负责人	职称	学历（位）
1	软件技术	栾咏红	副教授	本科（学士）
2	云计算技术与应用	王　喜	讲师	研究生（博士）
3	大数据技术与应用	艾旭升	讲师	研究生（博士）
4	计算机信息管理	陈园园	副教授	本科（硕士）
5	计算机应用技术	何福男	副教授	本科（学士）
6	计算机网络技术	刘宝莲	副教授	本科（硕士）
7	移动互联应用技术	罗　颖	副教授	本科（硕士）

专业介绍

◎软件技术专业——江苏省骨干专业、校级品牌专业

软件技术专业开设于2006年，2011年就被确立为江苏省级示范性高职院校重点建设专业，2015年以优秀成绩通过验收，同年被确立为苏工院品牌建设专业。2017年立项江苏省高等职业教育高水平骨干专业。专业建有江苏省服务外包人才培训基地。与海格电控（含其子公司蓝盛电子）、甲骨文（苏州）、冠博软件、盟拓软件、宏智科技、苏州创采、昆信通等本地软件企业建立长期合作关系。2014年以来与冠博软件签订了订单式培养协议，并落实订单培养项目。与紧密合作企业共同开展企业冠名班级活动，冠博冠名班、创采冠名班在每年学校评比中均获得五星冠名班的荣誉。

培养目标：面向苏州乃至长三角地区的软件及智能制造相关软件服务企业，培养具备软件开发的专业知识，熟悉软件开发规范和标准，拥有智能化软件开发、测试与维护等能力，能从事Java、Java Web开发、软件测试、软件维护和销售等工作，具有职业生涯发展基础的高素质技术技能人才。

主要课程：关系数据库基础与应用、面向对象程序设计、Web设计交互技术、Java Web应用开发、小型Web项目开发、数据可视化技术、数据可视化项目综合实战、软件质量保证与测试、框架编程技术、项目开发实战、Linux系统管理、Android应用程序开发等。

职业前景：毕业生能够在IT行业、电信行业、智能制造等行业从事Java程序开发、Web系统开发、软件测试、数据库设计、系统运维等方面工作。主要就业岗位：Java开发工程师、Web开发工程师、软件测试工程师、软件售后服务人员、技术支持人员等。

◎云计算技术与应用专业——江苏省高水平高职院校建设新专业

云计算技术与应用专业开设于2017年，2018年立项为高水平高职院校建设新专业。专业紧跟苏州市制造业转型升级步伐，以智能制造工业云产业需求为导向设置专业方向。2017年起，与紧密型合作企业南京第五十五所技术开发有限公司共同开展企业冠名班级活动。专业拥有博士教师3名；教师指导学生荣获职业院校技能大赛云计算技术与应用赛项国赛一等奖2项、省赛一等奖1项，Web应用开发行业赛特等奖1项。专业教师承担国家自然科学基金项目、江苏省自然科学基金项目、国家博士后基金项目、江苏省高校基金面上项目、江苏省博士后资助项目等高水平课

题6项。

培养目标：面向长三角地区的软件和信息服务业以及使用云计算系统的中小企业，培养具备云计算技术与应用专业及相关领域必备的基础理论与专业知识，能在生产、服务第一线从事云计算系统的部署、管理与维护，从事培训教育机构的云计算教育与培训等工作，具有职业生涯发展基础的高素质技术技能人才。

主要课程：云计算基础架构平台应用、云计算基础架构平台应用实训、云计算网络技术与应用、公有云综合运维管理、HTML5云应用开发、Java Web云应用开发、Java Web云应用开发实训、网络安全技术、Android云应用开发等。

职业前景：毕业生可在企业从事云计算系统的部署、管理与维护，培训教育机构的云计算教育与培训等工作。主要就业岗位：云计算系统运维工程师、云计算系统实施工程师、企业网络管理员、信息技术专员、软件测试员等。

◎大数据技术与应用专业——江苏省高水平高职院校建设新专业

大数据技术与应用专业所属专业群为“工业云与大数据专业群”，专业主要方向是大数据应用开发。大数据应用开发的岗位职责是采集互联网、数据库、文件等多种数据源，经过清洗、转换、格式化等环节，加以分析后以可视化形式呈现有用的信息。从事该行业的人才非常稀缺，就业前景广阔。据统计，未来3—5年我国对于大数据人才缺口将达到150万左右，市场人才需求一直呈现上升状态。专业重视校企合作，教师和企业工程师一起设计课程和授课，共同培养学生动手实践能力。

培养目标：面向互联网和智能制造行业，培养政治坚定、德技并修、全面发展，具有一定的科学文化水平、良好的职业道德和工匠精神，掌握数据采集、数据标注、数据清洗、应用开发、数据可视化、系统运维等专业技术技能，具备认知能力、合作能力、创新能力、职业能力等支撑终身发展、适应时代要求的关键能力，能够从事数据处理、系统运维、应用开发等岗位工作，具有职业生涯发展基础的高素质技术技能人才。

主要课程：大数据开发基础、Linux系统管理、大数据运维基础、大数据存储技术、大数据采集和预处理、工业数据采集和存储、数据分析和挖掘、数据可视化编程和操作、大数据应用测试技术和工具等。

职业前景：毕业生可在互联网或智能制造企业从事数据采集与预处理、大数据系统运维、Hadoop应用开发、数据可视化、数据标注等工作。主要就业的职业岗位：初级运维工程师、爬虫程序员、Hadoop程序员、数据标注员、NOSQL数据库管理员等。

◎计算机信息管理专业——苏州市高职院校优秀新专业

计算机信息管理专业开设于2010年，2015年立项建设苏州市高职院校优秀新专业，以优秀等次通过终期验收。专业全面贯彻实施学校校企合作战略和“十百千”工程，紧跟苏州经济转型升级步伐，以服务外包产业需求为导向设置专业方向，先后与中银商务、汇通金融、信雅达、同程等多家企业签订了订单式培养协议，并落实订单培养项目。2014年起，与紧密型合作企业江苏汇通金融数据股份有限公司共同开展企业冠名班级活动，汇通金融冠名班得到了学校系部的高度认可，每年在学校评比中均获得五星冠名班的荣誉。

培养目标：面向长三角地区的软件和信息服务业以及具有信息管理系统的中小企业，培养具备企业信息化专业知识，熟悉企业的运作流程，拥有信息、数据的处理分析能力，系统运作维护等能力，能从事企业管理软件的实施、应用和维护等工作，具有职业生涯发展基础的高素质技术技能人才。

主要课程：MIS系统实施、客户需求调查与分析、小型MIS系统开发、ERP沙盘模拟演练、ERP供应链管理、ERP生产制造计划管理、IT项目管理沙盘实训等。

职业前景：毕业生主要就业岗位为信息系统实施员、信息系统维护工程师、软件测试员、客服、售后服务人员、技术支持人员等。

◎计算机应用技术专业——校级骨干专业

计算机应用技术专业开设于2003年，是苏工院历史最悠久的专业之一。紧跟互联网IT技术革命的浪潮，以用户体验和交互需求为导向设置专业方向为Web前端开发。与仕德伟、企优托等多家企业合作签订了教师工作站及学生校外实习基地。制定了合理的人才培养方案和前端开发课程体系，核心课程采用整体式项目教学与任务驱动相结合的教学方式。专业拥有高素质的师资队伍，丰富的教学资源和实践条件。在师生技能竞赛中均取得了省级以上的奖励，获得省级教学成果奖一等奖，专业教研室被评为学校优秀教研室。

培养目标：面向信息技术服务外包、互联网等行业，针对Web前端开发领域，培养具备网站设计、网页制作、网站发布与维护、网站优化、网站运维、网站推广、信息优化、信息编辑、服务器端程序设计等能力，能在软件前端设计、网站开发、网站运维等岗位工作，具有职业道德、合作意识、质量意识、服务意识、学习意识等职业素养的高素质技术技能人才。

主要课程：计算机网络基础、网站设计与网页制作、Web用户界面制作、HTML5+CSS3网页设计、JavaScript程序设计、响应式网页设计、HTML+CSS+JS网站设计实训、客户端脚本框架应用、网站运营及维护、面向对象程序设计（C#）、Web应用程序开发（ASP.NET）、关系数据库基础与应用、软件测试、网站开发综合实训等课程。

职业前景：毕业生能够从事网站规划与设计、网页设计、网站编辑、网页制作、响应式页面搭建、移动网站开发、动态网站搭建、网站运维与推广等方面的工作，也能够胜任软件测试、计算机维护、办公自动化管理等信息服务行业的工作岗位及自主创业。

◎计算机网络技术专业

计算机网络技术专业开设于2005年，专业全面贯彻实施学校校企合作战略和“十百千”工程，紧跟苏州经济转型升级步伐，以服务外包产业需求为导向设置专业方向，先后与江苏天创科技有限公司、新华三集团苏州办事处、江苏龙旗科技有限公司、江苏建策科技有限公司等多家企业签订了订单式培养协议，并落实订单培养项目。2014年起，与紧密型合作企业江苏天创科技有限公司共同开展企业冠名班级活动，天创冠名班得到了学校对外交流与校企合作处的高度认可，在学校评比中获五星冠名班的荣誉。

培养目标：面向网络系统集成商、信息技术外包企业、企事业单位，培养熟练掌握综合布线技术、实用组网技术、网络管理与性能优化技术，能检测、排除常规网络故障，具备从事网络工程实施、网络与系统维护、信息安全管理等方面的专业技能，具有职业生涯发展基础的高素质技术技能型专门人才。

主要课程：计算机网络基础、Windows服务器配置与管理、Linux系统管理、网络互联技术、网络安全技术、云计算架构技术与实践、Web安全渗透、网络系统集成等。

职业前景：毕业生可在网络公司、相关企业单位、科研部门从事IT网络产品销售、IT运维、网络安全检测、网络安全管理、网络工程实施、网络系统集成等工作，同时具备一定自主创业能力。

◎移动互联应用技术专业

移动互联应用技术专业开设于2014年，面向苏浙沪地区，紧跟产业发展需要，以智能终端软件开发为导向进行专业规划。全面贯彻实施学校校企合作战略和“十百千”工程，紧跟苏州经济转型升级步伐，以服务外包产业需求为导向设置专业方向，2016年起与盟拓软件（苏州）有限公司共同开展企业冠名班活动，盟拓冠名班在学校评比中获得五星冠名班的称号。

培养目标：面向长三角地区的移动互联软件开发产业、现代信息技术服务业，培养掌握移动互联网应用的相关理论知识和实践技能，具有从事基于Android系统的软件开发、Web网站制作、网站营销与运营、手机游戏开发方面基本能力，具有良好的服务意识、较强的客户沟通能力，能胜任移动互联应用软件开发、推广、运维等工作的高素质技术技能型专门人才。

主要课程：C语言程序设计、典型数据结构与算法、关系数据库基础与应用、面向对象程序设计（Java）、图形图像处理、智能终端应用程序开发（Android）、Java Web开发、移动终端UI设计、App Inventor开发等。

职业前景：毕业生可在盟拓、科升无线、华硕、寿带鸟等大中小型企业担任Android软件开发程序员、Android软件开发工程师，从事Android软件测试、移动应用软件推广运营维护、手机Wap网站开发运行维护以及其他IT相关工作等。

师资介绍

何福男，男，1968年5月生，教务处处长，计算机应用技术专业带头人。长期从事计算机类专业建设和专业教学工作，与企业有良好合作关系。积极从事项目化课程改革和项目课程教学实践，主编教材2部，被列入国家“十二五”职业教育规划教材；“服务于软件人才培养的‘知能并进’项目教学平台及其资源建设”获省教学成果奖一等奖，“‘企业学院’：协同育人的实践创新与理论探索”获苏州市教育教学成果奖特等奖。主持10多项省教育教学改革、市科技支撑计划等课题。曾获江苏省职业院校技能大赛先进个人、苏州市职业教育先进个人、学校优秀共产党员等荣誉称号。

刘宝莲，女，1969年9月生，软件与服务外包学院副教授，计算机网络技术专业负责人。自2002年以来，一直从事职业教育一线教学和管理工作，先后主讲计算机网络基础、Windows Server服务器配置、网络互联技术、网络工程实训、网络系统集成等10余门课程，主持参与省、市级课题5项，主持完成多项横向课题，编写出版教材1部，发表教学与专业论文10余篇。多次获评教学质量考核优秀和校先进教育工作者；指导学生参加江苏省高等职业院校技能竞赛，多次获省三等奖。

栾咏红，女，1971年6月生，软件与服务外包学院副教授，软件技术专业带头人，计算机学会会员，《计算机测量与技术》杂志编委。2014—2015年，在苏州大学担任高级访问学者。2017年，所负责的软件技术专业获评江苏省高水平骨干专业立项建设项目。从事一线教学工作，主讲C语言程序设计、Java面向对象编程、数据库基础与应用等课程。近三年，指导30多名学生毕业设计；主持、参与校市级以上科研项目多项；主编、参编教材2部；发表教学、科研论文20多篇，其中核心期刊收录5篇；申请实用新型专利1项，获软件著作权5项；指导江苏省大学生创新创业训练计划项目2项。

罗颖，女，1976年12月生，软件与服务外包学院副院长，副教授，研究方向为移动互联应用软件开发。2014年以来，主持并参与市厅级以上项目多项，其中主持结项苏州市科技发展规划项目课题“面向养老服务业的人体行为智能化分析

技术研究与应用”,在研江苏省教育厅科技项目“基于递归型数据中心网络的限制容错性研究”、江苏省科技计划体系项目“基于时间感知的多样性小众推荐算法技术研究”等。主编教材《Java Web云应用开发项目式教程》。发表论文多篇。历任中国计算机学会(CCF)苏州会员活动中心委员、CCF YOCSEF苏州分部候任AC、苏州人工智能学会教育专委会常务理事等社会职务。

胡霞,女,1979年11月生,2010年获苏州大学计算机应用技术硕士学位,软件与服务外包学院软件技术专业教师,讲师,研究方向为软件技术及智能信息处理。主编或参编教材4部;发表教育、科研论文15篇,其中核心期刊收录2篇;获得实用新型专利1项、软件著作权6项;主持或参与横、纵向课题18项;指导学生参加“蓝桥杯”大学生竞赛,获省一等奖、国家三等奖;指导学生完成2014年、2016年江苏省大学生创新创业训练计划项目;2016年,指导学生获江苏省优秀毕业设计(论文)三等奖;2018年,获江苏省信息化教学大赛一等奖。曾获校教坛新苗、教坛新秀、优秀教育工作者称号。

刘文军,男,1981年2月生,2014年12月获苏州大学计算机应用专业博士学位,研究方向为无线传感器网络、大数据与人工智能算法分析与应用。获2018年江苏省高等职业院校信息化教学大赛三等奖。先后参与4项国家自然科学基金项目;主持或参与省、市科技、教改及横向课题5项,其中江苏省教改课题1项、苏州市科技课题1项、横向课题1项。发表相关学术论文30余篇,其中EI及核心期刊收录20余篇。申请发明专利3项、实用新型专利2项,获得软件著作权5项。

陈园园,女,1982年3月生,软件与服务外包学院副教授,计算机信息管理专业带头人。自2003年起工作至今,先后被评为苏州市优秀教育工作者、苏州市教学“六认真”优秀教师、校“教坛新秀”和2008年度江苏省高校“青蓝工程”优秀青年骨干教师培养对象。主持的“计算机应用基础”课程被认定为国家精品在线开放课程;负责的计算机信息管理专业在苏州市优秀新专业项目中验收优秀;参加2018年江苏省高职院校信息化教学大赛,获一等奖,排名第二。

何亮,男,1982年4月生,软件与服务外包学院计算机网络技术专业教师,副教授,研究方向为计算机网络安全、云计算技术。先后主讲Linux系统管理、云计算架构与实践、网络安全技术等多门课程。近年来,在核心期刊发表论文2篇,EI期刊收录论文1篇,获授权实用新型专利1项,主持教改、横向课题多项。2015年,获评姑苏高技能重点人才。2017—2018年,指导学生获全国职业院校技能大赛云计算技术与应用赛项一等奖2项,并获全国技能大赛优秀指导教师2次。

黄金晶,女,1984年8月生,软件与服务外包学院云计算技术与应用专业教师,讲师,主要从事图计算与数据挖掘方面的研究。先后主

讲HTML5云应用开发、软件工程与建模等多门课程。指导学生参加全国职业院校技能大赛云计算与应用赛项，获一等奖，被评为优秀指导教师；3次指导学生参加江苏省大学生创新创业训练计划项目；指导学生参加江苏“互联网+”大学生创新创业大赛，获三等奖；发表论文多篇，其中核心期刊收录2篇，EI收录1篇；获授权实用新型专利2项、软件著作权5项。主持和参与课题多项，其中主持苏州市课题2项、江苏省现代教育技术课题1项。

李文俊，男，1987年7月生，软件与服务外包学院云计算技术与应用专业专任教师，主要从事推荐系统、用户时序行为分析和云计算技术研究。2017年，博士研究生毕业于电子科技大学计算机软件与理论专业，随后加入苏州工业职业技术学院云计算技术与应用专业团队。2018年，申请获批江苏省自然科学基金青年基金1项、江苏省高校自然科学基金1项。与上海苏翔信息科技有限公司苏州分公司合作，为苏州工业园区社会保险基金和公积金管理中心开发医保大数据分析系统，产生了良好的经济效益和社会效益。

王喜，男，1988年4月生，工学博士，苏州大学在职博士后，现任软件与服务外包学院院长助理，云计算技术与应用专业带头人，研究方向为数据中心网络。目前担任苏州市人工智能学会人工智能教育专委会副秘书长、CCF YOCSEF苏州学术秘书。指导学生获职业院校技能大赛云计算技术与应用赛项国赛和省赛一等奖各1项，并获国赛优秀指导教师奖。近年来，作为第一作者发表SCI源刊论文6篇，其中CCF-B类推荐论文5篇；核心期刊、EI期刊收录论文5篇，教改论文3篇。获授权实用新型专利7项、软件著作权3项。主持或结题包括国家自然科学基金青年科学基金项目、国家博士后科学基金面上资助项目、江苏省高等学校自然科学研究面上项目、江苏省博士后科学基金资助项目在内的市厅级以上课题6项。

校企合作

加强企业学院建设。汇通金融外包学院安排教师到企业创新发展中心学习1次，开展大数据与机器学习培训1次、校内培训3次，申请发明专利2项，获授权实用新型专利1项。企业导师人事部智丽经理为信管17H1学生分组召开座谈会，组织实习岗位体验活动；H3C网院安排企业导师为网络2017级学生做H3C企业认证培训讲座。计算机网络技术专业、云计算技术与应用专业16名同学参加了企业Linux认证考试。

打造校企合作协同创新中心。软件与服务外包学院与苏州海格新能源汽车电控系统有限公司共同成立的苏工院新能源汽车智能应用技术协同创新中心运作良好。创新中心“车辆数据监测与诊断平台”横向课题项目一期已经完成企业验收，项目实现了远程车辆实时数据采集和传输、大数据处理和分析、多终端信息呈现等功能模块，取得企业好评；校企共建的工业云大数据中心实验室一期完成验收，已经投入使用。

夯实校企协同育人。软件与服务外包学院与华硕科技（苏州）有限公司合作组织的“华硕科技进校园”暨“华硕杯”程序设计大赛，吸引了软件与服务外包学院、机电工程系和电子与通信工程系近百名同学参赛。软件与服务外包学院与汇通金融、南京第五十五所等9家冠名企业合作组织大数据专题讲座、企业识岗活动、素质拓展活动、职业规划座谈等40多项活动，覆盖各年级学生；与天创科技、建策科技、龙旗科技、新华三等7家公司签订了三方合作协议，成立企业育人工作站，开展合作育人。李良老师荣获2018年学校“创元园丁奖”。

承办产教融合会议。11月17日，由全国工业和信息化职业教育教学指导委员会主办的“新一代信息技术人才培养研讨会”成功在苏召开，百余名专家共商信息技术人才培养大计。苏州工业职业技术学院王洪法院长出席大会并致辞，苏霄飞副院长做《工业化与信息化融合 打造专业建设新生态》主题报告。随后，全国人工智能职业教育产教融合联盟成立，苏工院成为副理事长单位。新一代信息技术人才培养方案分论坛在学校丛荟厅举行，八十多名与会专家参观了软件与服务外包学院工业云大数据中心实验室，调研学校校企协同创新中心——新能源汽车智能应用技术协同创新中心，以及“车辆数据监测与诊断平台”运行情况。

学生工作

注重学生活动的特色创新，促进学生身心发展。

开展丰富多彩主题教育活动。加强学生党团建设，软件与服务外包学院开展“厉害了我的国——十九大精神宣讲”“纪念马克思诞生200周年师生座谈会”“百万师生同上一堂课”“不忘初心，青春前行，为五四献礼”“争当三敢三勇、三新四创好青年”等活动；围绕学生成长成才，开展“开学第一课”“我向国旗展风采——升国旗活动”、2018届毕业典礼等丰富的主题教育及素质拓展活动。

积极探索和实践网络思政工作。2018年4月19日，与学校团委合作共建的苏州工业职业技术学院大学生新媒体中心在天筹楼511室挂牌成立，开启软件与服务外包学院新媒体工作和网络思政工作的新征程。在“青春软件院”公众号良好运营基础上，10月份，软件与服务外包学院辅导员谈心谈话线上线下空间“软软下午茶”正式开启，“聊聊宿舍那些事”“吹响红色信仰号角”两期活动均受到师生好评。

全面指导团学组织开展工作。凸显“强身、健心、精技、博爱”的素质目标，努力提升人才培养质量，全年有序推进软件与服务外包学院两个辅导员特色品牌活动“石湖微访谈”“看苏州史记 品苏州味道”的创建工作，苏州特色文化逐步辐射校园和社区。

学生竞赛成绩斐然。软件与服务外包学院学生在各个赛项表现突出，获得诸多奖项。学生葛君、左卫林、谢展宏获2018年全国职业院校技能大赛高职组“先电杯”云计算技术与应用赛项团体一等奖；徐嘉玮、李飞、马兆鹏获2018年“中慧杯”全国高等职业院校Web应用软件开发技能竞赛特等奖，陈晨、徐霁、郑仕阳获一等奖；戴科、唐啸虎、朱子育、沈世琦、陈晨、刘婷获2018年第七届“中国软件杯”大学生软件设计大赛三等奖；凌霞、马兆鹏、严俊获金砖国家大数据创新应用技能大赛中国区三等奖；吴雨毅获评江苏省优秀学生干部；殷国芹获2018年江苏省无线电测向短距离3.5MHZ测向团队大学女子组一等奖；刘国英获2018年江苏省无线电测向锦标赛短距离3.5MHZ测向个人赛第一名等。

科研服务

2018年，软件与服务外包学院李文俊博士报送的“基于时间感知的多样性小众推荐算法技术研究”项目获批江苏省自然科学基金青年科学基金项目（编号：BK20180209），盛永华老师报送的“苏州建立绿色低碳循环发展经济体系研究”获批苏州市社科联课题项目。立项市厅级课题6项，结题市厅级课题2项；立项横向课题10项，到账金额36.5万元；获授权实用新型专利12个、软件著作权27项；发表SCI论文1篇、EI论文1篇、核心期刊论文8篇、省级期刊论文25篇、其他论文7篇。

经贸管理系

概　况

经贸管理系大力倡导“我在乎礼，也在乎理，更在乎你”的办学精神，弘扬“与时俱进，开拓创新”的办学思想，践行“创新、创业、创优”的发展理念，瞄准“优生、名师、强内涵”的发展愿景，贯彻“一本四联、实施两轮驱动、弘扬三爱精神、搭建四级平台、落实五化管理”的发展思路。围绕现代物流、商贸业、电子商务等重点领域，聚焦“互联网+商贸、物流”，培养面向现代服务业，业务流程熟、操作技能强、综合素质高，具备基层管理和初步创业潜力的技术技能人才。

经贸管理系现有教职工35人，其中，教授3人、副教授13人，博士5人；有江苏省“青蓝工程”优秀教学团队1个，江苏省“六大人才高峰”培养对象1人，江苏省“333高层次人才培养工程”第三层次培养对象2人，省级“青蓝工程”中青年学术带头人培养对象1人，省级“青蓝工程”优秀青年骨干教师培养对象2人。

经贸管理系与江苏玄通供应链股份有限公司合作共建玄通物流与电商学院，与苏州航天信息有限公司合作共建航信财会学院，与博思堂地产综合服务股份有限公司合作共建博思堂营销学院。校企合作推进冠名班、订单班、创业班等多种人才培养模式。

经贸管理系现拥有物流综合实训室、虚拟国际物流园、SPA ERP实训室等12个实训室；拥有电商创业孵化基地、田园创客空间、无人机物流创新工作室等多个创新创业和科研平台，科研成果名列学校前茅。

2018年本系有在校生1030人。近几年来，在省级技能大赛、“互联网+”创业大赛等重大赛事中共89人次获奖；毕业生深受企业欢迎，就业率高达98%以上，呈现招生旺、就业畅、内涵强的良好发展态势。

教学工作

2018年，物流管理、电子商务、市场营销和会计信息化管理4个专业深入推进课程改革，完善课程体系，研制课程标准，开发项目化教材，深化校企合作，提升专业内涵，取得了一系列改革创新成果：“工商并重的现代物流技术应用人才‘五教合一’培养体系创新与实践”获全国物流行指委优秀教学成果奖一等奖，“智能工厂物流技术技能人才‘校企协同、工商并重’培养模式研究与实践”获2018年苏州市教育教学成果奖（高等教育类）特等奖；“智能工厂物流”教学团队获评省“青蓝工程”优秀教学团队，《创新思维与方法》获江苏省优秀新教材建设立项，《拣货作业区域规划》教学设计获江苏省教师信息化教学大赛三等奖；物流一体化方案设计获省物流技能大赛二等奖第一名，《大学生网上订餐行为影响因素分析——基于苏州国际教育园的调查》《基于受众偏好视角的融媒体创新发展路径研究》获江苏省大学生优秀毕业设计（论文）评比二等奖；4个项目立项为江苏省大学生创新创业计划训练项目，跨境电商专业获苏州市跨境电商综试区50万元专项资金资助建设。

办学特色

经贸管理系现有物流管理、电子商务、市场营销、会计信息化管理4个专业。其中，物流管理专业是江苏省高水平院校建设、省级示范性高等职业院校建设重点建设及校品牌专业，“市场营销专业群”是学校重点建设专业群。面对新技术、新商业，适应苏州经济社会发展需求和产业转型升级发展趋势，系部正全力推进新商科建设——服务工业企业及生产性服务企业，紧扣智能经营管理服务主线，建设“人（人力资源）、财（财务信息管理）、物（物流管理）、流（市场营销）”为架构的具有智能管理服务特色的专业群。

专业设置

2018年苏州工业职业技术学院经贸管理系专业设置一览表

序号	专业名称	负责人	职称	学历（位）
1	物流管理	崔亚玲	助教	研究生（博士）
2	电子商务	赵春燕	教授	本科
3	市场营销	周　芳	副教授	研究生（硕士）
4	会计信息化管理	张琦英	讲师	研究生（硕士）

专业介绍

◎物流管理——江苏省高水平院校建设、省级示范性高等职业院校建设及校品牌专业

物流管理专业创建于2005年，现有在校生367人，专任教师11名，经过14年的建设和发展，形成了较扎实的发展基础和良好的发展态势。专业历经夯实基础、强化内涵、打造特色三个发展阶段，在规范管理、队伍建设、课程建设、校企合作、社会服务等方面下功夫，在素质教育、技能训练、创新创业等方面做文章。专业先后被评为校级重点建设专业、省示范院校专业群重点建设专业、校级品牌专业，旨在打造省级品牌专业。

培养目标：本专业主要面向苏州及周边地区的物流企业或企业物流部门，培养具有良好的职业素质和沟通合作能力，扎实的专业知识和实践操作能力，积极的创新思维和职业生涯发展能力，能从事采购管理、仓储管理、配送管理、货运代理、进出口报关和物流方案设计、物流数据分析、物流信息技术服务等工作的高素质技术技能人才。

主要课程：国际贸易实务、仓储服务操作与管理、快递业务操作与管理、采购与供应管理、报关报检业务操作与管理、国际货物运输实务、ERP操作实务（SAP）、物流方案设计与营销、供应链管理以及工商管理等。

职业前景：毕业生可在物流企业、港口、海关、货运公司、商贸企业等就业，就业前景良好。

◎电子商务

电子商务专业创建于2004年，现有在校生273人，专任教师5名，其中，教授1名、副教授2名，博士1名，阿里巴巴资深讲师4名，“双师型”教师达100%；校外兼职教师6名，其中，企业高管3名，电子商务运营专家4名，淘宝金牌讲师2名。近5年来，电子商务专业围绕电商、电商创业等主题立项4项省部级课题、20多项市厅级课题，形成了“校企协同、工学结合”的人才培养模式，“三层递进、课岗衔接”的课程体系，“校内专项实训、企业顶岗实习、项目创业孵化”的叠加式实践训练体系，被授予苏州市电子商务人才培养基地、苏州市电商创业孵化基地称号，实现了产教对接，为各行业输送电商人才1387人。

培养目标：本专业主要面向苏州智能制造电子商务领域，培养具备网络营销策划与推广、网络客户服务与维护、商品管理、电商运营、电商图文处理、电商数据分析、电商物流管理等能力，能在网络客服、网络运营、网络推广、电商美工等岗位工作，具有职业生涯发展基础和创新创业素养的高素质技术技能人才。

主要课程：电商产品管理、电商图文处理、电子商务运营、网络营销实务、网络客服与管理、电子商务物流管理、电商数据分析与处理、跨境电

商平台运营等。

职业前景：毕业生可在电子商务企业、企业电子商务部门的网络客服、网络运营、网络推广、电商美工、数据分析等岗位就业。

◎市场营销

市场营销专业创建于2006年。13年来，始终坚持以就业为导向，根据苏州及长三角地区营销人才的需求变化，开展校企深度合作，及时调整授课内容，注重实践技能的培养，为社会提供了大量高素质的营销技能人才，深受企业欢迎。

培养目标：本专业主要面向苏州及周边地区的销售型（含中介、代理）企业，培养具备从事信息采集、市场分析、营销策划、产品销售、市场推广及客户服务等工作能力，能胜任产品销售、市场分析和营销企划等市场营销相关岗位的工作，具有职业生涯发展基础的高素质技术技能人才。

主要课程：市场营销基础、市场调查与预测、消费心理学、谈判与营销技术、网络营销实务、商务礼仪训练、营销策划与项目管理、客户开发与维护、营销数据分析与决策等。

职业前景：毕业生可在销售型（中介、代理）企业的产品销售、市场分析与营销策划岗位就业。

◎会计信息化管理

会计信息化管理专业自2012年起开始招生。该专业在经济管理（财务咨询管理方向）专业的基础上发展而来。从2012年起，累计招生人数达1000多人。在专业教学改革、师资队伍建设、实验实训建设、校企合作、科学研究等方面取得了良好的成绩。

培养目标：本专业主要服务于地方经济发展，培养具有诚信、敬业良好职业素质和扎实会计基本理论知识，熟悉国家财经法律法规，能熟练运用计算机等信息化手段从事会计信息管理工作，面向企业出纳、会计核算、纳税申报、基础财务管理、内部审计和中小企业会计主管等岗位的复合型高素质高技能会计专门人才。

主要课程：投融资核算与管理、纳税实务、财务分析、财务管理、产品成本核算与分析、会计实务、审计实务、会计信息化综合实训等。

职业前景：可担任中小企业、事业单位的会计、出纳，成本会计，财务管理员及ERP管理员等。

师资介绍

桂德怀，男，1970年12月生，博士，教授，经贸管理系主任，兼任物流管理专业带头人，全国物流职业教育教学指导委员会校企合作专业委员会委员，江苏省职业教育教科研中心组发展战略组成员。先后被评选苏州市教育科研学术带头人、江苏省教科研先进工作者、江苏省“六大人才高峰”培养对象、江苏省“333高层次人才培养工程”培养对象、江苏省优秀教学团队“智能工厂物流”教学团队负责人。近几年，主持江苏省哲学社会科学基金项目“江苏民营经济创新发展研究”等省、市级课题20余项；出版《江苏省经济转型升级与高技能人才培养联动性研究》《新常态下高职院校人才培养创新实践研究》等专著3部、教材3部；发表核心期刊论文20余篇；获江苏省教学成果奖一等奖1项、二等奖1项，全国物流职业教育教学成果奖一等奖1项，苏州市优秀教学成果奖特等奖1项。

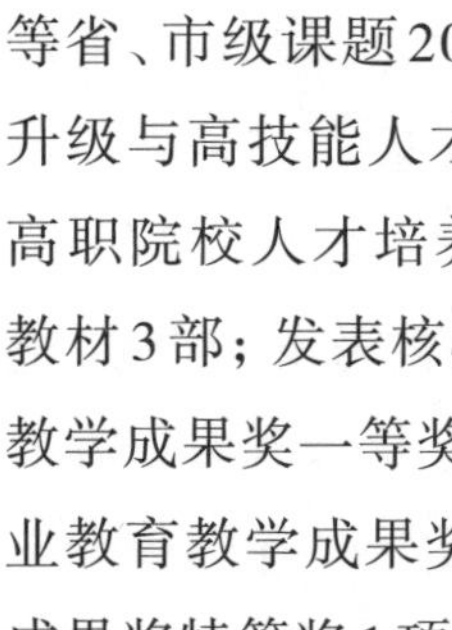

周芳，女，1980年6月生，在读博士，经贸管理系副主任、市场营销专业负责人，主要承担“电子商务运营”“网络营销实务”等课程的授课。曾获学校十佳教师、“创元园丁奖”、优秀教育工作者等荣誉；主持的电商创业孵化基地获评苏州市优秀创业平台；指导学生参加省优秀毕业论文

评比、省“互联网+”大学生创新创业大赛、苏州国际教育园电商创业大赛、省“电子商务”技能竞赛等获得二、三等奖。近5年主持省部级课题2项、市厅级课题10余项；发表论文28篇，其中核心期刊论文17篇；研究报告四次被《苏州蓝皮书　中国苏州发展报告》收录；科研成果获2017年度苏州市第三届“社科应用研究精品工程”优秀成果奖二等奖；论文获省优秀论文评比二等奖1次、三等奖2次，苏州市优秀论文评比一等奖1次、二等奖3次，学校优秀论文评比一等奖4次。

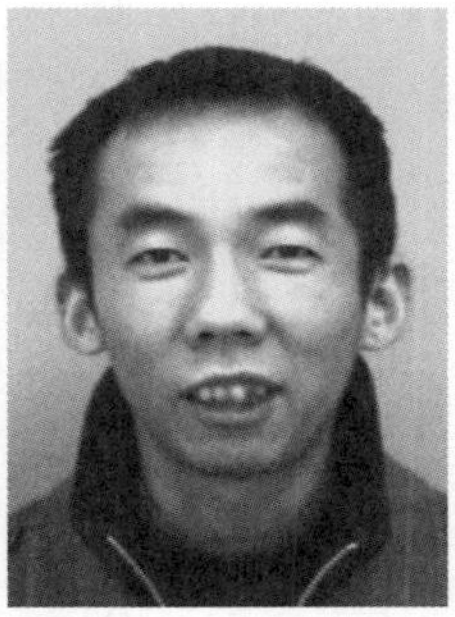

王晓征，男，1975年11月生，经贸管理系市场营销教研室主任。主要承担课程有“经济学基础”“市场调查与预测”。在省级以上期刊发表论文10余篇，其中核心期刊收录1篇。指导学生参加2017年江苏省高等职业院校技能大赛市场营销赛项，获三等奖。指导学生参加吴中区校企技能PK赛，获第一名。

李凤珍，女，1963年7月生，副教授，经贸管理系市场营销教研室教师。先后承担的课程有“基础会计”“市场营销基础”“营销策划与项目管理”“市场营销综合实训”“零售经营与管理”等。在《商业经济研究》等核心期刊发表多篇论文，多次主持校级教育教学课题，参与多项省、市级课题。

张琦英，女，1981年6月生，博士，会计师、企业培训师，研究方向为企业财务管理和新型城镇化建设。发表的主要论文有《新型城镇化背景下农村合作经济组织创新发展研究》《新型城镇化背景下农村合作经济组织发展的瓶颈及其路向选择》《新型城镇化背景下新型农业经营主体培育的创新路径研究》《现代学徒制保障机制研究》等；主持的主要课题有“新型城镇化背景下苏州创新型乡镇建设研究”“苏州新型城镇化建设与农业现代化协同发展路径研究”等。

张玉琴，女，1967年8月生，副教授，毕业于苏州大学会计学专业，研究方向为财务管理和会计信息系统。发表的主要论文有《我国可转债融资选择的实证研究》《苏州民营经济转型升级的对策》《苏州民营经济转型升级的重点与难点解析》《中小企业私募股权融资的作用与风险》等；主持的主要课题有“面向中小企业的财务信息管理应用型人才培养模式的实践与研究”“金蝶K/3ERP系统（供应链）方向应用人才鉴定标准研究”等。

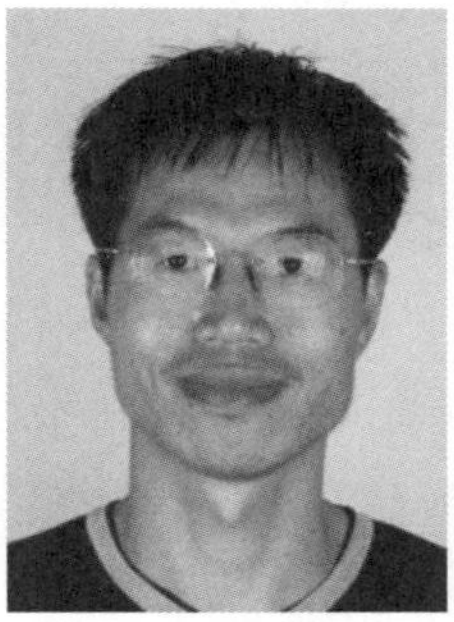

唐金龙，男，1964年3月生，副教授，经贸管理系会计信息化管理专业教师，有在代理记账公司一线工作的丰富经验，熟悉金蝶KIS、金蝶K3、用友T3、用友U8等多种财务信息系统，对“互联网+代理记账”有一定的研究。主要教授的课程有“出纳业务核算与资金管理”“会计信息系统”“Excel在会计中的运用”“财税一体化实训”等。

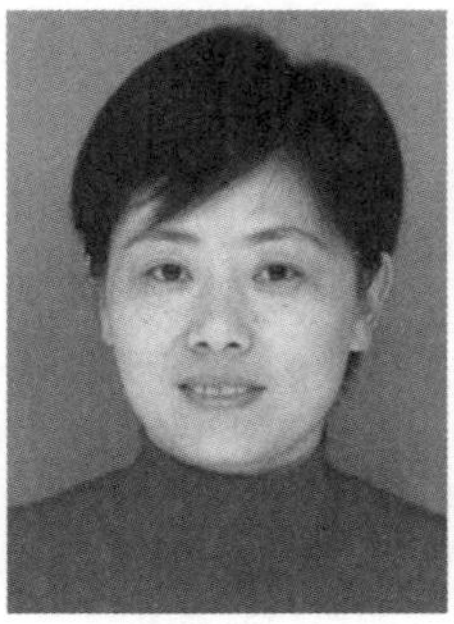

丁依萍，女，1966年1月生，副教授，经贸管理系会计信息化管理专业专任教师，毕业于苏州大学会计教育学专业。先后任教的课程有“基

础会计”“财务管理”“会计信息化综合实训”“财产物质核算”“成本核算”“收入与费用核算”“现金与出纳核算”“税收学”。

黄正，男，1980年11月生，讲师，经贸管理系会计信息管理专业教研室主任，注册会计师、资产评估师、税务师、审计师。本科毕业于南京师范大学汉语言文学专业，研究生毕业于南京理工大学工商管理专业，研究方向为审计、税收筹划。

赵春燕，女，1963年3月生，教授，经贸管理系电子商务专业带头人，研究方向为电子商务。发表的主要论文有《基于“互联网+”的苏州农业与二三产业融合对策》《原产地农产品产销对接机制——基于阳澄湖大闸蟹、洞庭山碧螺春的深度分析》《基于混沌理论的原产地农产品品牌忠诚度概念模型构建》《基于动态反馈分析的原产地农产品品牌保护实证研究——以阳澄湖大闸蟹为例》《高技术服务业研究述评》等；主持的主要课题有“大数据推动苏州制造业向智能化发展的路径及典型案例研究”“科技推动苏州农业供给侧结构性改革策略研究”“基于农村电商发展视角的苏州农业与二三产业融合路径研究”等。讲授的主要课程有“电子商务实务”“电子商务案例分析”“电子商务网站设计”等。

肖坤梅，女，1976年4月生，副教授，“网络营销”“跨境电子商务操作”主讲教师。主持完成市级课题1项，核心参与省、市级课题10项；主持完成江苏省大学生创新创业项目1项；指导学生参加“博导前程杯”电子商务运营技能竞赛，获学校优秀教师奖。

凌彩金，女，1978年12月生，硕士，经贸管理系电子商务教研室主任，研究方向为电子商务网络运营。主要任教课程有“电子商务运营”“网络营销”“电商图文处理”等。

崔亚玲，女，1987年10月生，博士，助教，经贸管理系物流管理专业教研室主任。2010年、2012年两次赴美国辛辛那提大学交流学习，2014年苏州大学博士毕业后就职于苏州工业职业技术学院经贸管理系。先后主持江苏省高校哲学社会科学、江苏省社科联、苏州市科技局、苏州市社科联的纵向课题5项，参与纵向、横向课题近10项。参加省信息化教学大赛并获奖1项，参加省培及企业培训近5次，指导完成江苏省大学生创新创业项目1项，指导学生参加省级技能竞赛并获奖1项。教学科研工作中能较好地把理论和实践结合起来，挖掘学生核心能力，因材施教，培养学生的学习思路和方法。

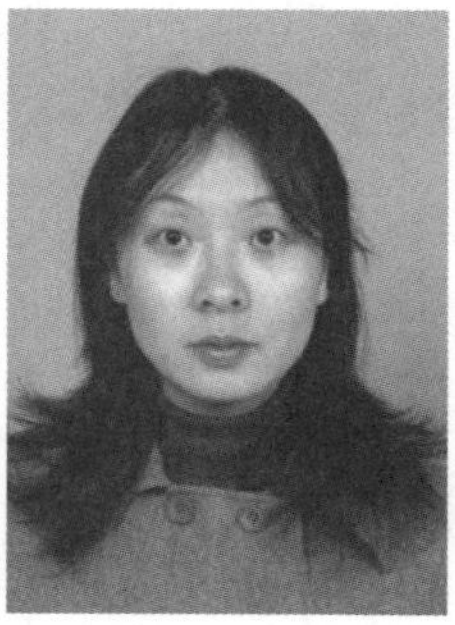

欧阳芳，女，1973年4月生，副教授，高级工程师，高级物流师，经贸管理系副主任。在欧美企业工作13年，深度熟悉企业对人才的规格要求与岗位核心能力。先后在《中国流通经济》《生态经济》《对外经贸实务》等刊物上发表中文核心期刊论文近10篇，其中2篇被人大复印报刊资料全文转载，发表EI期刊论文1篇；主编出版教材《供应链管理实务与训练》；主持江苏省教育科学规划、江苏省高校哲学社会科学、江苏省社科联、苏州市科技局的课题近20项；作为第一发明人取得专利3项；指导完成江苏省大学生实践创新项目2项；主持完成校级精品课程2门。作为省高级访问工程师带领学生团队全程参与企业的ERP系统实施与流程再造（BPR），能较好地把理论和实践结合起来，梳理学生核心能力的培养思路、流程和方法。

夏云超，男，1983年1月生，博士，物流管理专业讲师。任教课程包括“管理理论与实务”“采购与供应管理”“人力资源管理”“电商产品管理”及“网络营销”等。指导学生参加江苏省物流技能大赛，获三等奖。授课通俗，擅长“翻转课堂”。

姚卓顺，女，1983年8月生，硕士，物流师，经贸管理系实训中心主任，物流管理专业讲师，研究方向为物流服务业。主授“国际货运操作与管理”“国际物流管理”“进出口贸易”等课程。近年来，主持和参与多项市厅级课题，发表论文10余篇，主编教材1部，参编教材1部。多次指导学生参加省级技能竞赛和省级毕业论文并获二等奖；参加省级信息化教学大赛获三等奖。

校企合作

2018年，经贸管理系依托玄通物流与电商学院、航信财会学院、博思堂营销学院等企业学院，深入推进校企合作工作，实施产教融合“七典型”实施路径，极大地提升了商科人才培养与新技术、新模式、新业态发展的匹配性。

1.依托玄通物流与电商学院，培养高质量物流与电商人才

借助现有的物流管理和电子商务品牌专业的师资、设备、实训基地、科研成果等资源，通过加强商流、物流和信息流“三流”融合，紧密对接电子商务、跨境电商和现代物流行业最重要的业务、最先进的技术、最前沿的领域，面向苏南地区电商物流行业，以人才培养为主线，以创新、创业为支撑，建成电商物流教育培训中心、技能培训中心、技术研发中心和公共技术服务中心。

通过玄通物流与电商学院工作平台，对接电商物流企业的关键岗位、核心岗位的职责和技能要求，完善硬件设施，开发培训课程，加强师资培训，通过单项技能强化训练、综合技能轮岗训练等方式，扎实培养一大批适应电商物流行业发展需求的技术技能人才和高端领军人才。

充分发挥玄通物流与电商学院企业导师的优势和资源，通过对电商物流设备、技术、信息的优化与改进，通过创新创业课程植入人才培养方案、创业人才培训、创新创业竞赛、产业基地孵化等一系列举措，培养了一批电商物流方面的创新创业人才。2014年成立玄通物流与电商学院并建立年度战略合作研讨例会机制，确认双方的年度合作目标、合作内容、合作形式等，包括：建立企业学院的培训协议与台账制度；建立企业学院“教育奖励金”制度及发放流程；建立企业学院兼职教师进课堂的机制等，切实推进“八个一”工程（博思堂冠名班在人才培养中推进“八个一”，即一批企业文化进教室、一次企业经理做报告、一个企业骨干来兼课、一次学生企业识岗活动、一个技能竞赛指导项目、一个创新创业合作项目、一项企业助学金奖教金、一次师生企联谊活动），将企业文化引入课堂，全方位对接企业的人才需求2018年，玄通物流与电商学院通过e企创校企协同创新中心，全面推进学生创新创业的孵化工作。

2.依托航信财会学院，强化会计人才的综合技能培养

加强学生对企业日常业务的模拟训练，掌握企业财税管理的业务流程和企业整体经营活动，为学生提供真实的企业账目实务操作和技能训练，让学生真正掌握企业财务管理的流程和技能。

开发相应课程，使学生适应产业结构调整和优化升级的需要，强化综合素质和职业技能培养，满足学生实训岗位多样化、实训布局体系化、专业应用综合化，使学生具备较强的适应产业发展和岗位迁移能力，培养学生综合业务能力和通用管理能力。

通过增值税防伪税控开票系统，结合防伪税控操作系统及办税实务，对教师专业知识和教学技能进行提升，对学生专业知识和操作技能进行培训，培训后通过考核获得相关证书，满足学校“双师型”教师发展和技能型学生发展需求。

3.依托博思堂营销学院，打造高素质复合型营销人才

2018年，市场营销专业与苏州市房地产经纪业商会联合举办“石湖房产论坛”，围绕“落实国家政策、规范苏州市场、提升服务质量、关注人才培养”主题，关注行业发展动态，提高专业建设水平，提升人才培养质量。

2018年，营销能手训练营项目是博思堂营销学院开展市场营销人才培养的新模式，是强化产教融合、校企合作办学特色的新途径，旨在推进专业内涵建设，切实提高人才培养质量，打造一批“站得住脚、走得稳、跑得快和行得远”的合格营销人才。

学生工作

为培养高素质技术技能型人才，提升学生综合职业素养，使学生成为全面发展的人，着力涵育“敬业乐群，励志敦行”素质教育品牌，系部始终坚持“立德树人”宗旨，在“一核四全”学校育人工作思路和“我在乎你”学校精神的指导下，遵循知行合一、实践育人原则，重点从“有志”“有爱”“有趣”“有用”的四个模块提升学生素养，通过思想引领，突出正能量引导，积极搭建育人平台，利用多样化载体，着力培养学生诚信、奉献、敬业、友善、创新、尚美等品质和情怀，激发学生学习专业技能的兴趣和学好专业的信心，达到“优生”“强内涵”的培养目标。

1.“有志”——志存高远，志愿启航

“有志”意在从思想的高度对学生行为进行教育和引导，系部深入开展大学生理想信念教育，不断完善学校“357”教育平台，践行社会主义核心价值观教育。利用“国旗下讲话”“与辅导员有约”“乐群学干论坛”、系分团委微信公众号“团团说”等平台，通过讲座、主题班会、座谈会、讨论会、“头脑风暴”等形式，举办“诚信”“感恩”主题教育等系列活动，开展“颂革命精神，铸忠党之魂”系列主题党团活动等，做到明志、立志。以雷锋月为契机，开展“学雷锋精神，做敬业达人”“学身边榜样，做标兵先锋”“我的青春，我的梦”“给力青春”等系列活动，以典型榜样为引领，使每位同学在入学之初即树立一个观念：中国梦的实现，要靠每一位青年的努力，要在服务他人、服务社会的行动中才能成就自己的美好梦想。

2.“有爱”——奉献爱心，向善向上

系部培养学生在“乐群”中的爱与奉献意识，通过爱的教育、爱的传承、爱的行动、爱的演绎，培育爱的情怀，传承爱的精神，践行爱的承诺，传递爱的力量。经管学子的口号是：我奉献、我快乐、我成长。首推青年志愿者协会，走访千余户协助溪江社区开展业委会代表的选举工作，全心投入省第九届园艺博览会的服务工作，“六一”为自闭症儿童送去关怀，端午为金塘社区老人送去节日的祝福。“远离雾霾，低碳出行”宣传活动，系部携手“衣再生”公益环保服务中心先后开展了“衣分温暖，爱心传递”和“公益环保在心，轻装文明离校”等大型公益环保活动，大家在参与环保的同时受到爱心的洗礼，将温暖传递给边远山区的孩子们。“无偿献血社”和“小动物保护社”一届一届地接力，奉献爱心、传递爱心。

3.“有趣”——情趣康健，志趣盎然

系部以学生社团为依托，以宿舍家园为阵地，通过“社团巡礼节”“志汇爱寝海”等活动，培养兴趣爱好，展示学生独特风采；搭建“心晴乐园”心灵驿站，线上线下为学生的阳光健康成长保驾护航；通过“读而慎思”阅读节等活动，激发学习兴趣，举办“我是健身王”“趣味运动会”以强身健体，奠定快乐生活根基；开设“商务礼仪活动”课程班，举办“美丽也是生产力”讲座，在美的追求中，提升学生职业素养与形象；“最耀眼班级”风采展则让班级每位同学登台表演，尽显班级风采，增强自信心，展示个人魅力。利用节假日和寒暑假，系部学生进社区、到乡村表演歌舞、普法宣传，送去欢乐，带去知识。只要兴趣所在，只要能增强美的内涵，学生的行动力、执行力和创造力就从不缺乏，一个个充满情趣的活动展现出一位位新时代青年学子志趣盎然的形象。

4.“有用”——七彩实践，铸就梦想

系部加大学生管理与教育教学工作的联系，双轮驱动，让学生在学中做，在做中学，增长专业知识，开启心智，练就专业技能。搭建学生创新工作坊、电商创业孵化基地、“航信杯”职业技能大赛平台，借助学校的“公益创业孵化营”“挑战杯——彩虹人生”等项目，积极参加学校各级各类创新创业创效大赛，在实践中培养学生创业创新的精神与能力。校企合作的识岗、习岗、顶岗环节，让学生置身真实的企业环境，切身体验企业的工作与生活，在生产劳动中、在服务社会中，拼搏进取，体现自己的价值。

2018年，学生工作成绩突出。市场营销16C2班荣获苏州市“三敢三勇”团支部称号；“星煜志愿邦”服务团队荣获省三下乡“优秀志愿服务团队”称号；青益环保社荣获江苏省“百优社团”称号；纵横辩论社成功举办大学生辩论赛，经管系荣获第一名。市场营销16C2班姜欣玥同学荣获2018年度省三好学生称号；2018届校优秀毕业生达63位，优秀毕业生人数在学校名列前茅；获校“三好”“优干”88人。

科研服务

2018年，经贸管理系教师成功立项教育部人文社科项目（青年基金）、江苏省科技厅软科学研究项目等省部级课题2项；成功立项江苏省社科联研究课题、江苏省高校哲学社会科学研究项目、江苏省教育信息化研究课题、苏州市科技局软科学项目、苏州市社科规划项目等市厅级课题17项；合作出版专著1部，出版专业教材2部；发表SCI论文1篇、中文核心期刊论文8篇；为苏州地区企业开展技术服务11项，开展苏州企业员工技术技能培训，累计培训近2000人次。

建筑工程与艺术设计系

概　况

建筑工程与艺术设计系组建于2015年，是苏州工业职业技术学院服务于苏州地方经济发展的专业教学单位，旨在培养建筑工程技术、数字媒体设计与制作、环境艺术设计的高素质技术技能人才。

系部现有教职员工37人，专任教师34人，其中教授1人、副教授8人，具有博士学位的老师5人，硕士及以上学位的老师32人。设有建筑工程技术、工程造价、数字媒体艺术设计与制作、环境艺术设计等4个专业，以及人文与艺术教研室、数学教研室。

建筑工程与艺术设计系现建有装饰材料展示实训室、工程项目管理实训室、工程造价实训室、建筑绘图实训室、工程测量实训室、工程力学实训室、高清数字影像实训室、平面设计与模型实训室、素质训练教室和学生创新实训室及2间专用画室。系部拥有紧密合作企业20余家，在江苏通力建设工程有限公司、苏州广林建设有限责任公司、苏州市唐人营造建筑装饰工程有限公司、江苏纺织工业设计研究院有限公司（苏州分院）、苏州市金泰建设咨询有限公司、苏州三川营造环境艺术有限公司、润居装饰设计公司等10多家企业设立教师工作站和学生实习实训就业基地。2018年，普通全日制专科毕业生200人，就业签约率98%。

教学工作

办学特色

致力于培养复合型、应用型、创新型高技能人才，以市场需求及行业发展趋势为导向进行专业设置。强化项目化教学的人才培养特色，建立了较为完备的实践教学方案，通过企业工程师进课堂、学生进企业学院进行项目实训为学生提供了真实的项目案例，并取得了较好成效。力求教学内容与行业无缝接轨。同时注重以赛促教、以赛促学，积极参加国家级、省级以及行业内各种技能竞赛，切实提升了教与学的效果。在职业素养方面，通过课程思政教学方式将思想政治学习与专业课程学习紧密结合，培养学生成为具有工匠精神及家国情怀的新时代社会有用之才。

专业设置

2018年苏州工业职业技术学院建筑工程与艺术设计系专业设置一览表

序号	专业名称	负责人	职称	学历(位)
1	建筑工程技术	朱晓蕾	讲师	研究生（硕士）
2	工程造价	包茜虹	讲师	研究生（硕士）
3	环境艺术设计	郝敬锋	讲师 / 工程师	研究生（硕士）
4	数字媒体艺术设计	徐厚华	讲师	本科（硕士）

专业介绍

◎建筑工程技术专业

建筑工程技术专业坚持以建筑市场为导向，注重培养在土木工程及相关领域的应用型技术及管理人才；保持与企业合作，通过校企合作、实习基地建设和项目研究等方式，构建建筑工程技术专业与苏州及周边市区的校企深度合作的育人体系。

培养目标：建筑工程技术专业培养思想政治坚定、德技并修、全面发展，具有一定的科学文化水平、良好的职业道德和工匠精神、掌握建筑行业生产基础知识和综合职业能力知识，具备建筑施工、质量监督、安全管理、造价审计能力，能够从事建筑工程施工、建筑工程监理、工程造价审计、工程质量检测、工程项目管理等岗位工作的高素质技术技能型人才。

主要课程：建筑识图与绘图、建筑结构、平法识图、建筑施工技术、施工组织与管理、施工组织实训、建筑工程计量与计价、建筑工程法律法规、工程资料管理、工程招投标与合同管理、BIM建模与应用、建筑节能技术、工程事故分析与处理等。

职业前景：毕业生就业范围较广，主要就业方向为施工技术管理（施工员、技术员、测量员、材料员、资料员等），施工现场质量监控（质检员），施工现场安全监控（安全员），工程造价审计（造价员），工程监理（监理员），工程质量检测（试验员）。毕业生目前工作单位主要分布在苏州、无锡、南通等地国家及省级大型企业。

◎工程造价专业

工程造价专业始终坚持以专业核心技能培养为主线，注重手工作业及信息化操作水平同步发展，突出造价实践应用能力的培养，构建“知识、能力、素质三要素”并重的课程体系，以造价员职业岗位能力和综合素质培养为目标的实践教学体系，以校企共建实训基地、共做实际项目的校企合作育人体系。

培养目标：专业主要面向建筑工程中的工程造价岗位，培养具备建筑工程造价专业及相关领域必备的基础理论与专业知识，具备从事建筑工程预决算、工程审计、招投标、BIM建模与应用等技术与管理工作的能力，能在造价员、施工员、资料员、BIM建模员等岗位工作，具有职业生涯发展基础的高素质技术技能人才。

主要课程：建筑识图与绘图、建筑结构、平法识图、建筑施工技术、施工组织与管理、建筑工程计量与计价、安装工程计量与计价、BIM建模与应用、工程造价软件应用、工程招投标与合同管理、工程造价的确定与控制、建筑、安装工程预算编制实训等。

职业前景：毕业生可进入工程咨询公司、建筑施工企业（乙方）、建筑装潢装饰工程公司、工程建设监理公司、房地产开发企业、设计院、BIM技术服务公司、会计审计事务所、政府部门企事业单位基建部门（甲方），从事工程造价招标代理、建设项目投融资和投资控制、工程造价确定与控制、投标报价决策、合同管理、工程预（结）决算、工程成本分析、工程咨询、工程监理以及工程造价管理相关软件的开发应用和技术支持等工作。

◎环境艺术设计专业

环境艺术设计专业培养具有扎实的室内外环境艺术设计、策划的基础知识，掌握环境艺术设计的基本原理，具有较强的实践能力的高素质技术技能人才。强调工学结合的教学方式，在案例教学过程中强调“假的真做”“真的实做”的理念，致力于给学生创造一个真实的项目训练环境。

培养目标：专业主要面向建筑环境与装饰设计、景观园林设计及效果图制作行业的人才需求，坚持以传统工艺美术与现代建筑装饰结合，以空间设计能力为核心，结合苏州古典园林特色，培养“能设计、会装饰、善技能、熟工艺”的高素质、高技能人才。

主要课程：环艺制图与快题设计、居住区空间设计、庭院景观设计、装饰材料与工艺构造、工程招投标与合同管理、景观工程施工与管理、计算机辅助设计（效果图+VR）、计算机辅助设计Auto CAD、模型设计与制作等。

职业前景：毕业生面向环境设计、室内外空

间设计、模型与制作设计、模型与制作庭院景观设计、园林景观设计、施工及相关工程管理技能岗位，能够在与环境和空间设计、景观园林设计相关的设计院、企业工作。

◎数字媒体艺术设计专业

以沪、杭、苏为龙头的数字产业带已成为中国数字产业的领头羊，国家出台了相关扶持数字产业的政策。根据苏州市政府对数字游戏产业的发展目标及相关扶持政策，发展数字游戏产业将是苏州近几年来服务业发展的重点方向。数字媒体艺术设计专业所培养的专业人才具备数字艺术制作方面的理论知识，有较高审美和艺术修养，能熟练掌握游戏设计、影视制作方法和技能，具有较强创新能力和实践能力，能在游戏开发公司、影视制作公司、广告公司等从事游戏美术设计与制作、游戏策划与开发、团队项目管理。

培养目标：本专业主要面向数字表现和广告设计行业，培养具备计算机动画设计、数字声像合成技术能力，计算机二维动画、三维广告设计、影视短片拍摄与制作能力，能够在新媒体动漫产业中胜任动画设计、互动动画设计、动态交互界面设计、游戏动画设计、游戏动画制作等岗位的高素质技术技能人才。

主要课程：素描基础、色彩、速写、漫画创作、平面设计、PhotoShop、原画设计、动画概论、Flash动画制作、三维建模、影视后期制作等。

职业前景：毕业生可在各级电视台、影视动画制作单位、传媒与广告公司、数码艺术公司、展示设计公司、形象企划公司工作，在多媒体与网页设计、室内装修设计、产品造型设计等热门行业就业。

师资介绍

包茜虹，女，1989年10月生，硕士，建筑工程与艺术设计系工程造价专业负责人，讲师，主要研究方向为工程造价、BIM技术应用。连续两年

学校教学质量考核优秀；连续多年指导学生参加技能大赛建筑工程识图赛项，2017年获省赛二等奖，2018年获省赛一等奖、国赛二等奖；指导省级大学生创新创业训练计划项目1项；主持苏州市社会科学应用研究课题1项，参与3项市级课题和1项省级课题研究；发表省级以上教改论文1篇、专业论文1篇；参与编写国家级行业技术标准《幼儿园室内装饰装修技术规程》1部。

朱晓蕾，女，1990年8月生，硕士，主要研究方向为建筑结构。在国家核心刊物上发表学术论文2篇，主持并完成苏州市社科规划课题1项。指导学生参加省和国家高职院校技能大赛建筑工程识图赛项并于2017年获得省赛二等奖，2018年获省赛一等奖、国赛二等奖。

丁晓燕，女，1982年6月生，博士学位。建筑工程技术专业带头人，讲师，研究方向为绿色建筑及结构工程。国家注册一级结构工程师，一级建造师。主持江苏省结构工程重点实验室课题1项，主持苏州市科技计划项目1项，主持苏州市社科课题1项，主持苏州市教育局课程思政教改课题1项。在国内外期刊发表论文多篇，申请专利2项，参编《村镇砌体结构建筑抗震技术手册》，指导学生参加江苏省创新创业大赛2次。

郝敬锋，男，1984年5月生，博士，建筑工程与艺术设计系主任助理，环境艺术设计专业带头人，主要从事城乡规划、景观设计方面的教学与研究。在国内外重要期刊发表论文11篇。指导学生参加

江苏省紫金奖建筑及环境设计大赛，获二等奖；指导学生参加教育部职业院校艺术设计类专业教学指导委员会举办的全国职业院校艺术设计类大赛，获三等奖。主持苏州市科技局项目1项；参与校企合作项目3项，其中国际竞标中标1项。

孙启新，男，1971年10月生，副教授，工艺美术师，从事工业设计、建筑装饰工程设计等方向教学与研究。在国内外重要期刊发表论文12篇，主编出版教材4部，主持参与省、市级相关课题5项。2013年8月，《高职院校室内设计课程教学方法》荣获全国高职院校教师优秀学术论文评选三等奖。2016年8月，获江苏省高等职业院校信息化教学大赛二等奖。2017年7月，指导学生获全国高校数字艺术设计大赛别墅室内设计一等奖。

徐厚华，男，1983年4月生，硕士。发表核心论文多篇，在苏州恒创文化传播有限公司担任企业工程师多年。主持项目曾服务中共苏州市委宣传部及各区（市）委宣传部、苏州体育局、苏州海关、苏州联通、上海公安局、中共上海浦东区委组织部、苏州高新区等客户。2015年参加省技能大赛获优秀指导教师称号，主持建设“影视后期制作”在线开放课程，主持建设“艺术衍生品实训室”“数字视觉实训工作室”等实训室建设。

陈月萍，女，1985年9月生，硕士学位，建筑工程与艺术设计系数字媒体艺术设计教研室主任，讲师，主要研究方向为艺术设计。发表论文5篇，参与完成横向课题5项，出版图书6册。任教以来多次指导学生参加各类比赛并获得奖项。主持建设模型实训室。

校企合作

2018年建筑工程与艺术设计系校企合作项目列表

序号	合作企业名称	面向专业	实习实训项目	
			总数（个）	主要项目
1	苏州广林建设有限责任公司	工程造价（540502）、建筑工程技术（540301）	4	工程造价、施工管理、装饰施工、预算
2	诚信金泰建设管理（苏州）有限公司	工程造价（540502）、建筑工程技术（540301）	3	工程造价咨询、工程监理、建设项目管理
3	江苏长建建设有限公司	工程造价（540502）、建筑工程技术（540301）	2	建设项目管理、土建施工
4	苏州市金宇建设有限公司	工程造价（540502）、建筑工程技术（540301）	2	建设项目管理、土建施工
5	江苏通力建设工程有限公司	工程造价（540502）、建筑工程技术（540301）	2	建设项目管理、土建施工
6	苏州市唐人营造建筑装饰工程有限公司	工程造价（540502）、建筑工程技术（540301）、环境艺术设计（650112）	4	室内设计、装饰施工、预算编制

续表

序号	合作企业名称	面向专业	实习实训项目	
			总数(个)	主要项目
7	圣都家居装饰有限公司	环境艺术设计(650112)、数字媒体艺术设计(650104)	2	室内设计、效果图制作
8	苏州三川营造环境艺术有限公司	工程造价(540502)、环境艺术设计(650112)、数字媒体艺术设计(650104)	4	景观设计、景观施工、预算编制、软装设计
9	苏州恒创文化传播有限公司	数字媒体艺术设计(650104)	3	视频拍摄、剪辑、后期制作
10	苏州市卡梦动漫有限公司	数字媒体艺术设计(650104)	3	填色、背景、渲染
11	苏州松鼠汇信息科技有限公司	数字媒体艺术设计(650104)	3	影视策划、摄影、后期制作

系部依托企业学院、教师企业实践基地、学生校外实训基地、学生实习就业基地等多种校企合作模式,围绕专业建设,"双师型"师资队伍建设,学生职业能力、实践能力及创新能力培养,指导学生就业等方面不断拓展思路,紧密联系企业,实现双赢。

依托广林学院,参与由苏州广林建设有限责任公司主编的《幼儿园室内装饰装修技术规程》,这是建筑工程与艺术设计系首次参与全国性行业标准的编制,有助于相关教师专业水平的提升,也有助于建工专业在行业中知名度的提升,是系部校企合作的一大标志性成果。

依托唐人学院,企业能工巧匠多次联合指导系部师生参加省紫金奖建筑及环境设计大赛,共上报参赛作品14项。最终,参赛项目"海绵南海港,生态丽家园"荣获省学生组二等奖。依托唐人学院稳定的外聘师资,由公司造价部部长谢银娟和刘亚伟,为造价专业学生培训"建筑材料与检测""建筑施工技术"课程。依托"唐人教育捐赠金"项目,奖励优秀学生15人,资助"唐人杯"学生风采展示等学生专项活动。

依托现代学徒制的圣都班,拜师学艺,了解企业氛围、企业文化、行业需求。系统制订合作培养教学计划,定期由企业讲师团进行校内授课和工地现场教学,缩短了学生与企业用人需求之间的距离。

学生工作

2018年,建筑工程与艺术设计系在籍学生746人,18个班。2016级辅导员为张二玲,2017级辅导员为田婷,2018级辅导员为王宛平,6名专业老师任班主任。系部认真落实重点工作,努力打造特色亮点工作,扎实做好常规工作。带领学生学习、宣传、贯彻习近平新时代中国特色社会主义思想和党的十九大会议精神。积极组织系团学条线师生参与学校江苏省高水平高职院校建设相关子项目;召开系学生管理总结表彰大会,树立先进典型。

成立系青年马克思主义哲学学习兴趣小组,邀请专家、专业人士定期开展讲座和讨论学习,撰写心得。举办"知哲悉政,砥砺自我"时政知识竞赛、书画作品展、廉洁微小说赛、廉洁广告宣传片展示等结合专业的系列活动。顾鑫鑫、孔沁春等21人次获高等职业院校技能大赛建筑工程识图赛项江苏省一等奖、全国二等奖等专业技能奖。数媒17C1获江苏省活力团支部、校"志知行"十佳班集体荣誉。有江苏省优秀学生干部1人,苏州市及校各级各类先进集体和个人108人次。

组织开展纪念改革开放40周年系列活动。开展"书香满校园,悦读伴成长"系列读书活动。

以“诚信”为主线，带领学生开展各种形式的践行社会主义核心价值观的教育活动。持续深入开展“一系一品”建设活动，引导大学生塑造诚信品质，培育感恩意识。

以“节日”为主线，带领学生开展各种形式的中华优秀传统文化教育活动。

依托系党建品牌项目——青春志愿服务，引领促进学生成长成才，体现“五育人”（文化育人、实践育人、管理育人、组织育人、绩效育人）新亮点。组织开展“美丽社区”“书香吴中”“运动青春”三大系列文化、体育社会实践志愿活动30余项，服务近800人次。携手公益组织行知社开展以“幸福”为主题的暑期“三下乡”社会实践服务活动等，孙悦等371人次荣获“优秀志愿者”称号。

指导学干队伍开展贫困生调研，进行摸底调查，建立档案。通过助学贷款、贫困补助、勤工助学岗、寒假送温暖等工作，减轻贫困生压力。学生100%无欠费，认定困难学生210人，获国家励志奖学金24人，学费减免32人，各类奖助学金199人次。

注重学生心理健康教育，以“四室一体”（教室、寝室、办公室、工作室、新媒体）为渠道，以人文关怀为核心，正确开导学生。

学生党支部发展、转正各8名学生党员。召开2016级学生实习动员会，组织开展系专场招聘会，联系、邀请50多家企业参会，提供实习就业岗位1000多个。学生年终就业率达98%以上，就业质量高。

学术科研

2018年，建筑工程与艺术设计系发表论文29篇；申报纵向课题12项，其中省部级课题6项、市厅级课题6项；申报横向课题9项，到账资金21.375万元。

2018年建筑工程与艺术设计系重点科研项目一览表

负责人姓名	项目名称	项目来源
孙启新	校园视觉文化环境整体设计与创新方案研究	省教育厅哲社课题
徐小丽	新常态下小微企业技能人才发展问题研究	省教育厅哲社课题
陈卫萍	社会主义核心价值观与中国当代婚庆文化融通研究	省教育厅哲社课题
郝敬锋 王　譞 丁晓燕	乡村振兴背景下的苏州特色小镇生态保护研究	苏州市科技局
包茜虹 朱晓蕾	苏州古城数字化保护对策研究	苏州市社科联
成秀萍	苏州高端产业链与高技能人才链融合发展对策研究	苏州市社科联
王　譞	基于产教融合视域下的反馈型资助创新模式研究	江苏省教育科学规划办公室
成秀萍	企业学院深度协同育人的保障机制研究	江苏省教育科研“十三五”规划课题
李　明	江苏高职院校创新创业教育现状与精准实施策略研究	江苏省教育科学“十三五”规划课题(重点资助)

国际教育学院

概　况

为适应时代的发展变化，积极服务苏州地方经济发展，2012年1月，国际教育学院从原来的管理工程系中分离出来，独立组建教学系部。

国际教育学院现有教职工57人，承担着全校高职英语教育教学和专业群育人工作。其中，教授2人，享受国务院津贴教授1人，副教授10人，博士1人、硕士40人，省“青蓝工程”培养对象1人，“双师”占比90%。学院为中国职业技术教育学会教学工作委员会理事单位、江苏高校外国语教学研究会常务理事单位、江苏高职外语教学研究会副会长单位、江苏高职外语研究分会副会长单位。

国际教育学院现有商务英语、商务日语、旅游管理、旅游英语（2016年最后一届招生）4个专业及公共外语教研室。学院设有外贸模拟实训室、口语工作坊、协同协作中心、商务翻译实训室、虚拟场景实训室、导游服务技能实训中心、酒店模拟实训室、OPERA实训室等实验实训场所，为师生教学与实践提供了优越的硬件设施。

国际教育学院与苏州同程网络科技股份有限公司、苏州创元集团、苏州恒润进出口公司等企业建立了广泛合作与交流关系，与企业合作共建实训基地，为培养学生实践能力打下坚实基础。

国际教育学院以“商务+语言”人才培养模式为核心，不断提高教学质量，着重培养学生综合素质和创新能力。学生在历年的省、市级外语口语演讲、写作和翻译技能竞赛中屡获佳绩。学院大批学生通过转本、接本等途径提升学历层次，转本率在学校名列前茅。2018年共6个班222名毕业生，毕业生年终就业率达99.1%。

教学工作

国际教育学院以人才培养为中心，始终把提高教学质量和培养学生的综合素质、学生创新精神作为主要目标。各专业以学生就业需求为导向，根据市场需求准确定位培养目标。人才培养强化特色：以职业能力培养为主旨，创建实验实训室，同时与合作企业深度合作，通过冠名班、订单班等平台构建实践教学体系，优化实践教学模式。

商务英语、商务日语专业以“商务+语言”为特色，融入电子商务软件组建专业课程体系。学生在学习的课程中不仅提高了自己的语言知识，了解了跨文化交际，还熟悉了商务操作流程。旅游管理专业（酒店和旅游两个方向）结合地方经济的发展，以底蕴深厚的吴文化为背景，携手苏州市地标名企同程旅游共建企业学院同程国际学院深度合作育人，与苏州市各大旅行社和星级酒店紧密合作培养既懂实操，又懂理论知识的专业人才。2018年，2名同学（非英语专业和英语专业各1名）在省技能大赛英语口语赛项荣获一等奖。在其他各类国家级、省级的英语口语、写作、演讲、翻译等外语竞赛中荣获佳绩。

国际教育学院结合专业设置，通过建设实验实训室、校企合作等方式提高人才培养质量。建有1个校级重点建设的高职应用外语专业群、3D模拟导游实训室、口语实训室、商务谈判与函电实训室、语言综合实训室等，与苏州恒润进出口有限公司、丰武光电（苏州）有限公司、创元集团旗下的书香集团等知名企业深度合作，冠名式和订单式共育一线蓝领。

专业设置

2018年苏州工业职业技术学院国际教育学院专业设置一览表

序号	专业名称	负责人	职称	学历（位）
1	商务英语	尹玖红	副教授	本科（硕士）
2	商务日语	耿　欣	副教授	研究生（博士）
3	旅游管理	唐祥金	教授	本科（硕士）
4	旅游英语	唐祥金	教授	本科（硕士）

专业介绍

◎商务英语专业

商务英语专业于2003年开始招生，与苏州恒润进出口有限公司、同程旅游、乔治费歇尔汽车产品（苏州）有限公司等开展冠名和订单式合作育人。本专业主要面向苏州及周边地区有涉外业务的企事业单位，培养具有良好职业道德和跨文化交际意识，掌握商务管理、外贸业务等专业技术技能，具备良好英语语言运用能力、计算机操作能力、国际商贸业务处理能力、日常办公行政管理能力，具有团队意识和协作精神的技术技能人才。

主要课程：综合英语、英语口语、商务英语听力、剑桥商务英语、外贸英语函电、国际贸易理论与操作、职场英语会话、商务英语口笔译等。

职业前景：外贸业务员、商务助理、涉外企事业单位行政文员等岗位。

◎旅游管理专业

旅游管理专业于2012年开始招生，与同程旅游、创元集团旗下书香集团、苏州和平国旅、苏州青旅、石湖金陵酒店、太湖新天地等企业冠名或订单式合作育人。其中，旅行社导游方向主要培养具备中英文导游带团能力，中英文景区讲解能力，实体及在线旅游公司客户沟通能力、计划调度能力，能胜任中英文导游、出境游顾问等岗位群的高素质技术技能人才。涉外酒店方向主要培养具备涉外酒店服务能力、酒店基层管理能力，能胜任涉外酒店前厅、餐饮、客房等部门的服务员、领班、部门主管等岗位群的高素质技术技能人才。

主要课程：走进旅游、导游基础知识、旅行社管理、线路设计实训、导游讲解实训、酒店运营与管理、OPERA实训、酒店服务艺术、酒店基础技能实训等。

职业前景：面向旅行社、线上旅游电商以及高星级酒店、度假村等旅游相关企业，能够从事初级导游员（中英文）、旅行社计调、星级酒店服务员及初级管理人员等工作。

◎商务日语专业

商务日语专业于2003年招生，面向日资企业、中日合资企业等一线岗位，培养具备良好的政治素质、职业理想与职业精神及终身学习理念，具有较扎实的日语专业基础，能胜任商务助理、外贸业务类岗位工作的高素质技术技能人才。主要合作企业有丰武光电（苏州）有限公司、同程旅游、苏州恒润进出口有限公司、苏州鑫宏网络贸易有限公司、苏州泰发花线织造有限公司等。

主要课程：初级日语、中级日语、高级日语、进出口贸易操作、商务日语、外贸日语函电、日本概况、日语听说、基础会计等。

职业前景：面向日资企业、中日合资企业等一线岗位，能够从事商务助理、外贸业务员等岗位的工作。

◎旅游英语专业

旅游英语专业于2015年招生，面向旅游服务行业，培养具备良好的政治素质和职业素养，较强的计算机操作能力、英语综合应用能力、旅游服务与管理基础知识、涉外导游业务能力、酒店涉外业务能力，能在出境游计调、涉外导游、涉外酒店服务与管理等岗位工作，具有职业生涯发展基础的高素质技术技能人才。

主要课程：综合英语、导游基础知识、旅行社管理、导游政策法规、导游从业技能、酒店运营与管理、英语听力、英语口语、旅游英语、酒店英语等。

就业方向：旅行社导游专业方向，从事中英文导游带团，中英文景区讲解，实体及在线旅游公司客户沟通、计划调度、出境游顾问等工作；涉外酒店专业方向，涉外酒店基层管理岗位，如前厅、餐饮、客房等部门的服务员、领班、部门主管等。

师资介绍

唐祥金，男，1966年7月生，教授，国际教育学院院长，旅游管理专业带头人，2006年享受国务院特殊津贴专家，江苏高校“青蓝工程”1998年跨世纪学术带头人，江苏省“333工程”第三层次2002年培养对象。2017—2020年任教育部职业院校教学指导委员会旅游专委会委员，江苏高校外国语教学研究会常务理事，江苏高校外国语教学研究会高职高专分会副会长，江苏省外国语言学会职业院校应用外语研究会副会长。

王震，男，1963年10月生，国际教育学院党总支书记，研究员。主要研究方向为高等职业教育，从事学校大学生职业发展、创业指导教育与实践工作。主持并完成省市级课题项目3项，作为主要成员参与省、市级项目6项。以第一作者身份发表论文10余篇，其中8篇发表在核心刊物上；作为主编编写教材3部。指导学生参加江苏省大学生职业规划大赛并获奖3项，指导学生参加省、市级创新创业大赛并获奖3项。每年组织开展学校大学生职业规划大赛，选拔优秀选手参加全省就创业比赛，获“十佳规划之星”、最具潜力创业项目、最佳组织奖等荣誉。负责学校校企合作与大学生就业工作，学校多次获评省高校大学生就业工作先进集体。校企合作方面探索建立具有学校特色的企业学院和冠名班模式，并获得市优秀企业学院等称号。

耿欣，女，1973年3月生，副教授，博士研究生，国际教育学院副院长，商务日语专业主任，主要研究方向为日语教学、日本经济、日本高等职业技术教育。主持并完成校级及以上科研、教改项目4项，作为主要成员参与省、市级项目3项。以第一作者身份发表论文30余篇。主持校精品课程“初级日语”，并申报了省在线开放课程。指导学生参加2016年、2017年教指委技能大赛，均获优秀奖；指导学生参加2018年江苏省大学生跨文化交际能力大赛，获优秀指导教师奖。

尹玖红，女，1973年11月生，副教授，商务英语专业带头人、教研室主任，主要研究方向为外语教育与教学、外国语言文学。主持并完成校级及以上教研课题4项，作为主要研究人员参与省、市级课题4项；以第一作者身份发表论文17篇，其中9篇为核心期刊论文；作为主编编写教材1部、著作1部。指导大学生创业创新项目2项并结题；指导学生获英语写作国家二等奖1项、省特等奖1项，口语技能大赛省一等奖2项，英语演讲赛省一等奖1项、二等奖2项。

丁金珠，女，1975年12月生，副教授，主要研究方向为英语语言文学。主持并完成校级以上科研、教改课题8项，作为主要成员参与省、市级项目9项。以第一作者身份发表省级以上论文近20

篇，其中有1篇发表在核心刊物上；所撰写的论文获中国职业技术教育学会论文征文比赛一等奖1项，中国教育学会优秀成果评比三等奖1项；2010年被评为江苏省高校“青蓝工程”优秀青年骨干教师培养对象；被评为苏州市优秀教育工作者1次；作为指导教师参加江苏省青年教师授课竞赛获二等奖1项。

顾菁，女，1972年4月生，副教授，主要研究方向为英语教育、旅游英语。主持并完成校级科研、教改项目2项，省、市级项目2项。以第一作者身份发表论文10余篇；作为副主编编写教材1部，参编教材1部。

胡晓红，女，1972年10月生，副教授，主要研究方向为学生思想政治教育。担任学生思想政治辅导员，一直兼任学生党支部书记。以第一作者身份发表学术论文7篇，其中1篇被核心刊物收录。主持并完成校级以上课题4项。长期担任职业规划比赛指导教师，每年都指导学生参加职业规划比赛并获奖。2009年11月，获得江苏省高职院校学生工作研究会授予的“优秀辅导员”称号。2016年，获得校级“辅导员标兵”称号。

金娴，女，1972年8月生，副教授，主要研究方向为二语习得、词汇习得、英语教学研究。主持并完成了校级及以上科研、教改项目5项，其中作为主要成员参与省级项目2项。以第一作者身份发表论文10余篇，其中市职业教育优秀论文获奖1项；作为主编编写教材1部。指导学生参加江苏省大学生英语竞赛和江苏省高职院校学生英语写作、听说、翻译比赛等获奖4项。

李玲，女，1971年12月生，副教授，主要研究方向为语言与文化、高职教育。曾主持完成校级以上教研课题1项、横向课题2项，完成专业市场调研报告1项，参与完成省级课题1项，指导江苏省大学生创新创业训练计划项目1项，指导学生参与大学生英语竞赛并获一等奖。曾被评为校先进教育工作者、优秀班主任等，所带班级曾被评为江苏省先进班集体。

陆小鹿，女，1966年10月生，副教授，主要研究方向为跨文化交际、教师教育、大学英语教学。主持并完成校级及以上科研、教改项目6项，并作为主要研究人员参与项目3项。以第一作者身份在省级及以上刊物发表论文13篇，其中核心刊物收录2篇。指导学生参加江苏省高职高专大学生英语竞赛获奖1项，指导学生参加江苏省高职高专英语口语比赛获奖1项，指导学生参加江苏省高职高专英语演讲比赛获奖1项。

张书健，男，1974年1月生，副教授，主要研究方向为英语教学、人机翻译对比。主持并完成校级以上科研、教改项目3项，参与7项；主编出版教材1部；在省级以上期刊发表论文10篇。指导学生参加江苏省职业技能大赛获二等奖，多次指导学生获全国大学生英语竞赛、苏州市英语写作大赛一、二等奖。曾获省优秀班主任、苏州市优秀共产党员、学校先进教育工作者等荣誉称号。

诸莉雅，女，1981年11月生，公共外语教研室主任，讲师，主要研究方向为英语口语、跨文化交际等。主持或参与校级以上课题4项。主要负责“大学英语”省在线开放课程建设，负责“高职英语”课程教学改革。指导学生参加江苏省技能大赛英语口语赛项获三等奖2次，多次指导学生参加大学生英语竞赛并获得一等奖，指导学生参加英语写作、翻译大赛等均成绩斐然。获校先进教育工作者、优秀党员等多项荣誉称号。

殷勤，女，1981年9月出生，主要研究方向为二语习得。参与校级教改项目1项，参与江苏省社科应用研究精品工程外语类课题1项，以第一作者身份发表论文6篇，主持或参与横向课题3项。获江苏省高职院校信息化教学大赛信息化教学设计赛项三等奖。指导学生参加第九届“外研社杯”全国高职高专英语写作大赛江苏省复赛，获得公共组二等奖；指导学生参加第五届“LSCAT杯”江苏省笔译大赛（英语），获一等奖。

虞江，男，1978年9月生，主要研究方向为酒店英语、酒店定向技能习得。主持并完成校级科研、教改项目2项，作为主要成员参与省、市级项目2项。以第一作者身份发表论文10余篇，其中2篇被外文期刊ISTP收录。指导学生参与省英语演讲大赛获奖1项，指导学生参与省导游服务技能大赛获奖1项。

校企合作

国际教育学院始终秉承人才培养的“地方性”“应用性”“职业性”三原则和“一本四联”办学思路，在人才培养目标的制定，课程的开设，学生的识岗、习岗、项岗等方面与行业、企业紧密合作，共同培养企业所需的人才。

校企协同、合力推进冠名和订单式联合培养。2016级苏工美冠名班，企业专设奖学金、奖教金。2016级旅游顾问订单班，为企业量身定制一线蓝领。2018级同程班、书香酒店班、港中旅·维景班、苏工美班、石湖金陵班等，与深度合作企业冠名培养，新生入学伊始企业文化就进教室、进教材、进课堂，校企文化融合、共育一线人才。

依托同程国际学院等，做实合作招生与就业、合作开发课程与教材、合作实习与实践、合作开发项目等共建项目。专业教师去企业实践和服务，学生在校、企双导师的指导下完成“三岗”实践。

近年来，校企合作实现互选互聘互兼。同程旅游人事总监王南南及办公室主任、市政协委员靳彩娟，书香人事总监钱恩妮等受聘为企业专业（群）带头人。省“青蓝工程”培养对象丁金珠副教授、旅游管理专业顾菁副教授、市优秀教育工作者吉小红及商务英语教研室胡敏老师等组团赴亚智和创元集团轴承公司为企业培训员工。完成校企合作出版教材2部，其中与恒润蒋岚主任、龚赢经理和朱建芳专员等合作编写的教材《外贸英语函电》，直接应用于国际贸易方向专业的教学。近年来校企合作课程共有12门获奖及被学校认定，1部校企合作教材荣获校优秀教材评比三等奖。

学生工作

学生党建。2018年，国际教育学院注重学生党建工作，深入贯彻落实党的十九大精神。在广大青年学生中开展了“学讲话、悟初心”“坚定理想，人人担当”“学习十九大，争当青年先锋”等主题党日活动，“牢记党员身份，争当青年先锋”主题教育活动，观看“首都百万师生同上一堂课活动”启动仪式暨首场授课活动。全体师生党员学习观摩廉政微党课，走访贫困生家庭，组织参与“十九大党的知识竞赛”；积极开展毕业生党员集中教育管理，对全体毕业生党员组织关系进行转移和回访。

团学工作。国际教育学院分团委在学校团委和系党总支的正确领导下，团结和带领广大团员青年，紧紧围绕学院的中心工作，在团员青年思想政治教育、社会实践，繁荣校园文化和团的自身建设等方面开展了一系列活动，为国际教育学院团员青年提供了成人成才的广阔舞台。分团委注重学生干部培养，扎实开展团员推优工作，严格执行推优程序，充分调动广大团员努力学习、积极投身于第二课堂活动的积极性，促使广大同学在实践中增强综合素质，提高思想理论水平，达到了良好的教育效果。

分团委以重要节假日为契机组织团日活动。在重阳节、宪法日等重要时间节点举行系列主题活动与社会实践服务，参与活动人数占学生总数100%。分团委和青协组织积极引导青年学生参加各类志愿服务，如“怡养之行，感恩有你”“2018苏州（太湖）马拉松志愿活动”“中国城市卡丁车赛志愿服务活动”“状元博物馆志愿服务活动”等特色活动。

毕业生工作。国际教育学院2018届毕业生共6个班222人，国际教育学院积极做好毕业生资格审查和思想教育工作，毕业生求职创业补贴申报工作，贷款学生的诚信教育和毕业确认工作，毕业生的就业指导和就业材料收缴等工作，毕业生年终就业率达99.1%。

科研服务

申报省哲社课题1项；成功立项苏州市社会科学基金项目1项；申报大学生“互联网+”大赛4项；省信息化教学（教学设计、课堂教学）各1项并分获三等奖；发表核心期刊论文3篇，省级以上论文41篇。横向课题到账资金14万元。2016级旅游管理12位学生取得导游资格证书。

技能竞赛有历史性突破。国际教育学院2018年取得了3项省一等奖：尹玖红副教授指导2016级同程班潘政杰同学获2018年省技能大赛英语口语赛项专业组一等奖；韩婧老师指导2016级电信16C1陈丛浩同学获2018年省技能大赛英语口语赛项公外组一等奖；2018年9月，唐祥金教授指导旅英14C1陈婷获省毕业设计（论文）一等奖。

汽车工程系

概　况

汽车工程系成立于2015年，是苏州工业职业技术学院重点建设教学单位之一。三年来，汽车工程系快速发展，办学规模逐年扩大，内涵建设水平显著提升。

汽车工程系现有在职教师22人，其中专任教师19人。专任教师中，正高职称2人，副高职称4人，中级职称8人；博士1人，硕士及以上学位16人。系部拥有江苏省高校“青蓝工程”中青年学术带头人1人、优秀青年骨干教师1人，苏州市技术能手1人，苏州市高技能重点人才1人，获技师及以上5人。教师队伍荣获江苏机械工业科技进步奖一等奖、江苏省第十三届哲学社会科学优秀成果奖三等奖、苏州市第十二次哲学社会科学优秀成果奖一等奖各1项，其余校级以上奖励30余项，承担省、市级项目和企业产品研发项目40余项，拥有发明专利20余项、实用新型专利50余项，在国内外发表论文90余篇，其中核心期刊论文40余篇。

汽车工程系现设有汽车检测与维修技术、汽车电子技术、汽车营销与服务3个专业。教学、实践、科研与服务领域涉及汽车检测、维修、改装与销售，新能源与智能网联汽车技术，汽车保险，二手车鉴定与汽车企业管理等。系内建有新能源汽车实训室、汽车底盘实训室、汽车变速器实训室、汽车电气实训室、汽车空调实训室、汽车发动机拆装实训室、汽车发动机电气实训室、汽车维修车间、车身修复实训室等9间实训室（车间），设备总价值近1000万元。满足各专业人才培养需要，可用于汽车维修中、高级工等技能人才培训与鉴定。

汽车工程系坚持人才培养的“地方性”“应用性”和“职业性”。与苏州市汽车工业贸易有限公司合作成立“天丰汽车学院”，共同设立“天丰创新创业基金”和“天丰汽车技术研发与运用中心”，与苏州汽车人汽修管理有限公司合作建立大师钣喷（Fix Auto）华东培训基地，与清华大学苏州汽车研究院、广汇汽车、苏州金龙、苏汽、龙捷、名骏百盛、苏汽苏新、中园丰田、中迪奥迪、中捷捷豹等企业紧密合作，通过冠名班、订单班、实训基地共建等举措积极探索人才培养和产教融合路径，为苏州乃至长三角地区的汽车行业培养高素质技术技能型人才。汽车工程系2018年有全日制专科生604名，普通全日制专科毕业生178名，就业主要集中于江苏地区，就业率98%以上。

教学工作

办学特色

秉承“我在乎你”的学校精神，坚持人才培养“地方性”“应用性”和“职业性”的办学理念，围绕现代汽车产业，构建汽车技术专业群；加强校企合作、工学结合，不断深化教育教学改革，构建“先宽后窄”“分层分类”人才培养模式；以汽车产业各技术岗位必需能力为出发点，构建底层共享、中层分立、高层互选的课程体系；重视师资队伍建设，构建一支结构合理、治学严谨、素质优良、富有活力的师资队伍；培养面向汽车产业，熟悉企业现场管理，掌握汽车技术应用必备的基础理论和专业知识，能利用汽车检测设备和工具，从事汽车的生产装配与调试、性能检测与维护、故障诊断与排除及技术管理工作，具备一定的创新能力和开拓精神的高素质技术技能型人才。

专业设置

2018年苏州工业职业技术学院汽车工程系专业设置一览表

序号	专业名称	专业带头人	职称	学历(位)
1	汽车检测与维修技术	高　翔	教授	研究生(博士)
2	汽车电子技术	张宇峰	讲师	研究生(硕士)
3	汽车营销与服务	刘　慧	教授	研究生(博士)

专业介绍

◎汽车检测与维修技术

本专业建有汽车发动机拆装、汽车发动机电气、汽车底盘、汽车变速器等4间实训室，以及车身修复和汽车维修2间实训车间。专任教师8名，兼职教师4名。注重对学生综合素质、创新能力和汽车维修技术的培养，鼓励学生积极参与各级各类比赛，荣获2017年中国汽车工程学会巴哈大赛职业院校年度一等奖，2018年中国汽车工程学会巴哈大赛襄阳站职业院校三等奖，2018苏州国际教育园大学生汽车维修技能比赛团体二等奖。学生可获得汽车维修工四级证书、汽车驾驶证等职业技能证书。

培养目标：本专业旨在培养面向汽车行业，具备德、智、体、美等全面发展的综合素质，能够使用仪器、设备对车辆进行检测、故障诊断、排除，能在企事业单位的机电维修、售后服务和生产管理等岗位工作，具有良好职业道德的高素质技术技能人才。

主要课程：汽车机械基础，汽车电工电子技术，汽车传感器与执行器，汽车维修四级强化实训，汽车维护与保养，汽车构造与拆装Ⅰ（发动机），汽车构造与拆装Ⅱ（底盘），汽车发动机机械系统检修，汽车发动机电控系统检修，汽车动力传动系统检修，汽车转向、制动和行驶系统检修，汽车电气设备检修，汽车综合故障诊断，电动汽车结构原理与检修。

职业前景：毕业生能够从事汽车机电设备检测、汽车机电维修、汽车配件管理、汽车装配调试等技术工作。

◎汽车电子技术

本专业建有新能源汽车电气实训室、汽车空调实训室和汽车电气实训室。专任教师6名，兼职教师3名。注重对学生综合素质、创新能力和汽车维修技术的培养，鼓励学生积极参与各级各类比赛，荣获2017年中国汽车工程学会巴哈大赛职业院校年度一等奖，2018江苏省高职院校技能大赛新能源汽车技术与服务赛项二等奖，2018苏州国际教育园大学生汽车维修技能比赛团队二等奖。学生可获得汽车维修工四级证书、汽车驾驶证等职业技能证书。

培养目标：本专业面向汽车电子和汽车服务领域，培养具备汽车电气系统安装、调试、日常养护、故障诊断及检修、辅助设计等能力，能在汽车电气系统的安装、调试、维修、设计和技术支持等岗位工作，具有良好职业道德的高素质技术技能人才。

主要课程：汽车机械基础，汽车电工电子技术，汽车维修四级强化实训，汽车维护与保养，汽车构造与拆装Ⅰ（发动机），汽车构造与拆装Ⅱ（底盘），纯电动汽车电池管理系统检修，汽车空调检修，纯电动汽车整车控制系统检修，车载网络技术，汽车转向、制动和行驶系统检修，汽车电气设备检修，汽车底盘电子控制系统原理与检修，汽车发动机电控系统检修。

职业前景：毕业生能够从事新能源汽车检修、电池测试、电机调试、汽车电气设备检修、汽车质量检验等技术工作。

◎汽车营销与服务

本专业专任教师5名，其中教授1名，副教授

2名，讲师2名；兼职教师2名。注重对学生综合素质、创新能力和汽车销售能力的培养，鼓励学生积极参与各级各类比赛，荣获2015年江苏省高职院校技能大赛汽车营销赛项三等奖，2017年中国汽车工程学会巴哈大赛职业院校年度一等奖，2018年中国汽车工程学会巴哈大赛襄阳站职业院校三等奖。学生可获得汽车维修工四级证书、二手车鉴定评估师职业资格证、汽车驾驶证等职业技能证书。

培养目标：本专业着力培养面向“汽车后市场”，具有良好的思想品德和职业道德，掌握扎实的专业理论知识和专业技能，具有汽车销售能力、汽车使用与维护能力、汽车配件的营销和管理能力、汽车售后服务能力，具备一定的经营管理及业务拓展能力的高素质技术技能型人才。

主要课程：汽车维修企业管理、汽车维护与保养、汽车构造与拆装Ⅰ（发动机）、汽车构造与拆装Ⅱ（底盘）、汽车销售、汽车配件与营销、二手车鉴定评估与交易、汽车保险与理赔、汽车销售专案策划、市场营销沙盘训练、商务活动训练。

职业前景：毕业生能够从事汽车销售、汽车配件管理、汽车保险理赔、汽车维修业务接待、二手车鉴定评估等技术工作。

师资介绍

马俊，男，1973年10月生，汽车工程系主任，教授。研究方向为机械制造与自动化及先进制造技术。是江苏省力学学会教育科普工作委员会首届高职高专教学分委员会委员，江苏省力学学会创新创业指导老师，获评江苏省高校“青蓝工程”优秀中青年骨干教师、江苏省高校优秀共产党员。主持或参与市厅级以上项目6项；发表论文30余篇，其中中文核心期刊论文10篇；主编并出版教材2本，立项江苏省重点教材1本；获授权发明专利7项、实用新型专利11项；获江苏省机械行业协会机械工业科技进步奖一等奖1项。

张宇峰，男，1982年3月生，汽车工程系副主任，讲师。研究方向为汽车电子技术。美国北卡罗来纳州立大学访问学者，荣获江苏省职业院校技能大赛优秀指导教练称号，获苏州市优秀教师称号，获江苏省教学成果奖二等奖。指导学生参加2010年全国职业院校技能大赛获一等奖，2014全国职业院校技能大赛高职组嵌入式技术应用开发赛项获二等奖，2018年江苏省职业院校技能大赛新能源汽车技术与服务赛项获二等奖。参编教材2门，立项省精品课程1项，发表核心期刊论文2篇，获授权实用新型专利1项，完成横向课题4项。

陆文灏，男，1980年10月生，工程硕士，现任汽车工程系汽车检测与维修技术专业主任，讲师。主要研究方向为机电一体化、汽车机电检测与维修。2011年3—8月参与苏州华辰电气有限公司企业实践；2018年3—8月参与苏州汽车人汽修管理有限公司企业实践。2010年江苏省“机电一体化技术专业”优秀教学团队成员。2011年参与省级精品课程“液压与气动”建设。完成横向项目3项，在核心期刊及省级以上刊物上发表论文5篇，申请专利4项。

李洪群，男，1974年2月生，工程硕士，汽车工程系汽车电子专业带头人，副教授。研究方向为电气自动化应用、汽车电子技术。“双师型”骨干教师。主持苏州市优秀新课程“电子产品组装调试与维修”，主编配套江苏省重点教材。

主编由高等教育出版社出版的《PLC应用与实践教程（三菱）》新形态一体化教材，是江苏省“十三五”重点教材。与苏州新马净化科技、苏州扬明实业等多家企业合作，联合设计开发教学设备和生产设备及系统，联合申报科研课题，完成横向项目10余项。主持市级教科研项目4项，在核心期刊及省级以上刊物上发表论文15篇，申请专利10项。

张译匀，女，1981年10月生，硕士研究生，汽车工程系汽车营销与服务专业教研室主任，讲师。荣获学校“先进教育工作者”称号。美国弗吉尼亚大学访问学者。围绕“科技创新与产业转型”这一研究方向，主持省、市级课题20余项，其中省社科应用课题1项，省哲社课题2项，苏州市科技局课题5项，苏州市社科项目3项，苏州人社局课题2项，横向课题3项。发表论文20余篇，6篇载于北大核心期刊，1篇被SCOPUS数据库检索。出版“十二五”规划教材2本。关注学生职业技能与创新训练，指导学生获省技能竞赛奖项2项，指导省大学生创新创业项目2项，指导学生发表论文2篇。作为第一发明人，获授权专利2项。荣获江苏省社科联优秀论文二等奖1项，苏州市社科联优秀论文二等奖3项。

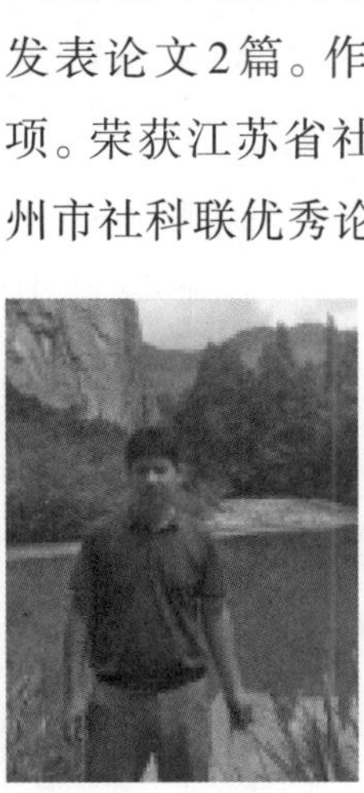

臧华东，男，1979年9月生，汽车工程系实训中心主任，高级工程师。研究方向为信号与信息处理。获苏州市技术能手、苏州市高技能重点人才称号；获校教学成果奖一等奖、省教学成果奖二等奖。主持校级精品课程“电子元器件的焊接工艺”，主编教材《电子元器件的焊接工艺》获评省级重点建设教材，编写教材《可编程控制器原理与实践》。主持苏州市高技能人才培养研发课题“风光互补发电系统技能鉴定标准及培养方案”的研究，主持苏州市高技能人才培养研发课题“新能源应用技术高技能专门人才培训”项目研究，主持“电子元器件的焊接工艺”校级教学资源库建设，主持品牌专业核心课程“汽车传感器与应用”建设，主持苏州市装备制造自动化技术公共服务平台课题“风光发电互补自动化控制系统的设计”。

刘慧，女，1970年1月生，博士研究生，汽车工程系汽车营销与服务专业专任教师，教授。研究方向为区域经济管理。近年来出版学术专著1部，作为副主编编写教材1部；在北大核心期刊上发表学术论文20余篇；主持或主要参与完成国家社科基金项目2项、省级科研项目6项、市厅级科研项目31项；指导学生完成江苏省教育厅大学生创新创业项目1项。作为主持人获得江苏省政府颁发的哲学社会科学优秀成果奖三等奖1项，江苏省教育厅优秀教学成果奖二等奖2项，苏州市政府颁发的哲学社会科学优秀成果奖一等奖和三等奖各1项，中国物流学会课题优秀成果奖三等奖3项，江苏省高教学会优秀论文三等奖1项。获评江苏省“青蓝工程”中青年学术带头人。

冯巧云，女，1968年7月生，汽车工程系汽车营销与服务专业专任教师，副教授。研究方向为市场营销、人力资源管理。近年来在北大核心期刊上发表论文3篇，在省级刊物发表学术论文和教研论文10余篇；参与编写教材1本；主持完成校级及以上科研项目6项，作为主要成员参与省、市级科研项目6项，主持横向课题4项，参与横向课题若干项。2014—2015年作为校级企业访问学者在苏州金龙访学一年。2012年8月参加为期一个月的中国台湾“修平科技大学”的骨干教师培训。2017年参加省培项目“移动互联背景下市场营销骨干教师教学能力提升培训”。2017年作为主要成员参加江苏省高校微课教学比赛获三等奖。

胡海侠，女，1976年9月生，硕士研究生，汽车工程系专任教师，副教授。研究方向为市场营销、汽车营销。作为主要成员参与省、市级项目5项，在国内核心刊物发表论文2篇，省级刊物发表论文10余篇。指导学生获得省级优秀毕业设计团队，指导学生参加江苏省高等职业院校技能大赛汽车营销赛项三等奖。微课作品获得省级微课大赛三等奖、校级微课比赛一等奖。

校企合作

成立企业学院——天丰汽车学院

2018年11月14日，苏州工业职业技术学院与苏州市汽车工业贸易有限公司签约建立校企合作关系，并依托学校汽车工程系和汽工贸公司联手成立企业学院——天丰汽车学院。天丰汽车学院的成立是苏工院落实教育部对职业教育提出的“校企合作，产教融合”要求的具体举措，是汽工贸公司对职业教育的关心和大力支持。天丰汽车学院一方面为企业提供各类专业技术技能人才，为企业能够更好地发展给予专业人力资源支持；另一方面引入企业的人员、技术、培训、设备等优质资源切实提高学生实践能力和综合素质，使学生通过专业知识的学习和专业技能的训练及实际专业设备的操作等获得实际工作能力和社会工作经验，培养出适用于实际社会生产的合格人才。

依托天丰汽车学院，为了更好、更扎实地推进学校的内涵发展，也为了与时俱进地响应国家对创新、创业的要求，苏工院和苏汽工贸公司为天丰汽车学院设立“天丰创新创业基金”，鼓励学生创新、创业；设立“天丰汽车技术研发与运用中心”，紧密追踪汽车技术与应用前沿，为教师、学生、企业技术人员提供科学研究和技术应用平台，提升师、生、企三方科研开发与转化能力。

与多家企业合作签约

2018年，汽车工程系通过多种方式与多家企业合作签约。分别与苏州苏新汽车销售服务有限公司、苏州中园丰田汽车销售服务有限公司、广汇汽车服务集团股份公司、苏州市吴江区汽车流通协会、苏州市汽车工业贸易有限公司、名骏百盛汽车服务连锁、苏州汽车人汽修管理有限公司等7家企业建立紧密合作关系。同年，与世界500强企业之一的广汇集团、苏州苏新等企业组建订单班，合作培养学生100多人。

共建实训与培训基地

与苏州汽车人汽修管理有限公司合作建立大师钣喷（Fix Auto）华东培训基地，承担学生实训与企业培训任务。重点打造“高效全方位测量拉伸复合钣金工位，结合中央集成无尘干磨，水性漆喷涂的软流水精益化喷涂体系，铝汽车车身维修系统和新能源汽车车身维修”等方面的技能特色，力争将该基地建成国内一流、国际上有影响力的汽车车身维修技术卓越实训与培训中心，中心按照企业生产运行规范、作业流程和员工的职业标准，组织教学和实践技能训练，实现教学内容、教学环节与生产岗位需求无缝对接。

校企协同开展人才培养

2018年，汽车工程系与合作企业在一年级组建“广汇班”“宝达班”“中迪班”“中园班”等冠名班，合作进行冠名班活动，增强学生与企业互动，使学生更早了解企业的需求，了解自己奋斗的方向。在二年级组建“广汇班”“苏新班”“名骏班”等订单班，根据企业需求，合作开设相关课程，协同开展人才培养，为企业输送大量优秀人才。

学生工作

围绕习近平总书记在全国高校思想政治工作会议上的重要讲话，以立德树人为根本任务，以江苏省高水平高职院校创建为契机，为全面推进素质教育，弘扬核心思想理念、中华传统美德、中华人文精神，引导学生树立正确的历史观、国家观、文化观，坚守中华文化立场，坚定文化自信，增强文化自觉，增进文化担当。同时为了丰富大学生的课余生活，促进大学生综合素质能力提高，开展以“知书尚礼”素质教育品牌为引领的系列活动。

组织学生参加发展对象和新党员标准化培训班共2期，14名同学顺利结业；时任系党总支书记的马俊老师为2018级新生做党的基础知识教育、理想信念教育的专题讲座。学生志愿服务开展烈士陵园扫墓、2018苏州国际女子半程马拉松暨女王跑苏州站等17项志愿活动。毕业生党员教育活动中对3名毕业生党员进行组织教育和组织关系转接介绍，将党组织的关怀与培养落实到每一个学生。党员发展方面，严把质量关，全年发展学生预备党员4名。

汽车工程系共有1名学生获校“2018大学生年度人物”入围奖，21名学生获国家励志奖学金，2名学生获创元励志帮困助学金，3名学生获苏州市党员关爱基金。2018年度2个班集体获评校先进班集体，1名学生获校三好学生标兵称号，2名学生获校优秀学生干部标兵称号，12名学生获三好学生称号，22名学生获优秀学生干部称号。2名学生在江苏省高等职业院校技能大赛中获奖，2个团队在中国汽车工程学会巴哈大赛中获奖。

2018届专科毕业生184人，年终就业率达99.46%。2018年度学生在专业教师的带领下积极参加各级各类创新创业项目、比赛，取得一些成绩，如2018年江苏省大学生创新创业训练计划项目立项2项，苏州市国际教育园“互联网+”大学生创新创业大赛入围半决赛。

科研服务

2018年，汽车工程系教师共发表论文12篇，其中核心期刊论文2篇；立项江苏省教育厅高等学校哲学社会科学研究项目2项，完成江苏省科技厅项目1项，苏州市科技局项目2项，苏州市社科联项目2项，中国物流学会教改教研课题1项；指导学生参加江苏省大学生创新创业训练计划项目2项；获授权国家发明专利3项、实用新型专利5项，申报国家发明专利4项；完成企业横向课题7项，到账经费12.2万。

思想政治教学部

概　况

思想政治教学部是2011年设立的思想政治理论课教学科研二级机构，从事思想政治课程的教学和研究工作，负责本部门教师队伍建设和教学管理工作。

思想政治教学部现有教职工11人。其中副教授4人，高级职称占比36.4%；讲师7人，讲师中1人享受副教授待遇，中级职称占比63.6%；博士1人，硕士2人，硕博占比27.3%；学士8人，学士占比72.7%。

思想政治教学部设有2个教研室：思想政治教育教研室、形势与政策教研室。思想政治教育教研室开设思想道德修养与法律基础、毛泽东思想和中国特色社会主义理论体系概论课程，形势与政策教研室开设形势与政策、军事理论、就业指导和大学生心理健康教育课程。

教学工作

思想政治教学部根据课程特点多形式推进教学方式方法改革，提升教学实效。以项目为教学载体，运用辩论、调查、讨论等多种手段，让学生动起来，激发其学习动力，使其获取积极体验。收集典型案例，运用到课堂教学中，让学生愿意听、听得懂，激励学生发现问题、思考问题和解决问题。鼓励教师发扬个人风格，目前多位教师的课堂各具特色。

组织教师参加2018年江苏省高等职业院校信息化教学大赛获三等奖（张艳、何卫星、高珊团队），参加江苏省教职委组织的省教学比赛获三等奖（袁芳），在学校组织的教学能力比赛中何卫星和王周刚均获一等奖。

坚持理论联系实际，积极开展师生实践教育教学改革，创新实践教学模式。围绕纪念马克思诞生200周年，组织思政教师深入上海一大会址参观考察，重温历史，深刻感受马克思主义和中国实际相结合的历史过程。围绕庆祝改革开放40周年，组织教师赴广东多地，实地感受改革开放给中国带来的巨大变化，认真领会和宣讲“四个全面”战略布局。

师资介绍

李从如，男，1962年2月生，副教授。主要研究方向为经济形势与经济政策、中国特色社会主义思想。主持并完成校级及以上科研、教改课题5项，以第一作者身份发表论文15篇，其中有4篇为北大中文核心期刊论文。主编教材4部。

张红梅，女，1970年3月生，副教授。主要研究方向为马克思主义理论和思想道德教育。主持并完成6项省教育厅和苏州市社科联教改、社教课题，在研2项省教育厅和苏州市社科联课题。以第一作者身份发表论文近20篇，作为主编之一编写教材一部。参加江苏省高等职业院校信息化教学大赛获奖1项。指导学生完成江苏省大学生创新创业训练计划项目1项。2018年被致公党中央委员会评为参政议政先进个人。

赵永兵，女，1972年10月生，副教授。主要研究方向为大学生思想政治教育。主持校级课题1项，作为重要成员参与市厅级课题2项。以第一作者身份发表论文近15篇，作为主编之一编写教材2部。2017年参加江苏省高校微课教学比赛，获二等奖。

杨晔，女，1976年3月生，副教授。主要研究方向为大学生思想政治教育。主持并完成校级及以上科研、教改项目4项，作为主要成员参与省、市级项目2项。以第一作者身份发表论文10余篇，作为主编编写教材1部。

王周刚，男，1984年8月生，博士研究生。主要研究方向为马克思主义中国化。主持省级课题2项，作为重要成员参与国家社会科学基金重点项目1项。以第一作者身份发表论文10篇，其中4篇发布在核心刊物上。2018年参加江苏省高校“形势与政策”课教学展示，获教学能手的称号；在学校第二届教师课堂教学大赛中获得一等奖。

校企合作

为深刻学习领会习近平新时代中国特色社会主义思想，深入贯彻党的十九大精神，纪念改革开放40周年，11月7日下午，思政部教师带领学生赴吴中规划展示馆进行社会实践，感受吴中特色，体会改革开放40年来吴中区的发展变化；11月28日下午，分批组织学生到苏州东山洞庭山水文化体验馆和苏州市吴中区旺山村基地实践学习，坚定学生保护绿水青山的决心；12月5日，组织学生赴江苏亨通高压电缆有限公司开展社会实践，感受企业在改革开放浪潮取得的巨大发展成就。

科研服务

申请立项市级课题“用融合思想对苏州打造旅游名片提升旅游品牌的路径研究”，结题“苏州教育高质量发展路径研究”。校级课题“小微企业知识产权利用问题”立项。省社科联课题“高职院校思政课课堂、实践、网络‘三维一体’教学创新案例研究——以《毛泽东思想和中国特色社会主义理论体系概论》为例”顺利结题。发表论文7篇，其中教改论文2篇。

体育部

概　况

体育部是由主管教学副院长分管的二级单位。体育部下设：综合办公室、教研室、体质测试中心、场馆中心。现有教职工17人。其中：教授2人，副教授6人；获得硕士学位的有11人；另有国家级裁判员1人，国家一级裁判员6人，其中1人参与了2008年北京奥运会、2010年广州亚运会、2011年北京铁人三项世界锦标赛等赛事的裁判工作。

在学校党委、行政的正确领导下，体育部全体教师兢兢业业、积极创新，认真贯彻《中共中央国务院关于加强青少年体育增强青少年体质的意见》的文件精神，树立以生为本、全面发展、健康第一、终身受益的体育教育理念，遵循学生的身心发展规律，以身体练习为主要手段，以增进学生身心健康和提高应职、任职能力与素养为主要目的，不断进行体育教学改革，以适应社会发展和培养高等素质人才的需要。

体育部主要承担全校体育课程教学、运动队训练、体质健康测试群体活动指导、体育竞赛等学校体育工作。开设足球、篮球、排球、田径、羽毛球、乒乓球、网球、瑜伽、形体、体育保健等专项课教学项目，设有乒乓球、篮球、羽毛球、垒球、网球、舞龙、足球7个常年训练队。成立体育社团14个。将体育运动与健康教育相结合、课内学习与课外活动相结合、竞技与健康相结合。培养学生健康的身体和健全的人格。

近年来，苏工院的体育工作先后被江苏省体育局、江苏省教育厅授予：江苏省群众体育先进集体、江苏省体育工作先进学校、公共体育课程考核优秀学校等称号。获江苏省第十八届运动会高校部定向越野比赛高职高专组团体总分第一名、羽毛球男子团体第一名、竞速舞狮第三名、舞龙规定套路第五名，并以总分第六的成绩获“校长杯”奖。2018年获江苏省第四届高职高专院校学生足球技能大赛暨体能大赛足球技能一等奖、体能一等奖。2018年“基于‘大健康’理念的高职体育教学改革与实践”项目斩获江苏省教学成果奖一等奖，也是学校唯一的体育类一等奖。

教学工作

办学特色

以“大健康”为课程教学改革理念，形成了“增强学生体质、掌握体育技能、培养健全人格、提高适应能力和道德素养”的课程体系。

实施了规定项目与自选项目相结合的“四个三”选课教学模式，设立了近20个运动项目。“三自主”即学生自主选择运动项目、自主选择上课时间和自主选择任课教师；“三互动”即教师与学生的互动、课内与课外的互动、课堂教学与网络学习的互动；“三自治”即课外锻炼自治、课外训练自治和课外竞赛自治；“三开放”即开放时间、开放空间和开放资源。

构建体育教学、课余训练、运动竞赛、课外体育活动“四位一体”的俱乐部课程教学平台，增强学生锻炼意识，提高学生技能水平，丰富学校文体活动，培养团结合作、积极进取的体育精神。

课程设置：一、二年级的体育课为必修课，开设四个学期。第一、二学期为身体素质提高课，主要以耐力、柔韧性、力量练习为主，以培养学生兴趣爱好为辅。第一学期26学时，第二学期30时学时。第三、第四学期为兴趣选修课，共开设14

门选修课程，学生根据自己的兴趣爱好选择一门课进行学习，使学生在校期间至少学会一项运动技能。第三、四学期课时均为30学时，四学期共计116学时。每学期2—4学时理论课，通过一、二年级体育课程的学习，学生基本能够熟练掌握1—2项运动技能。此外，还依托体育社团，要求学生每周必须参加2次以上的课外体育锻炼，并有专门的辅导老师确保将课外体育锻炼落到实处，实现课内课外一体化。

针对部分病、残、弱等特殊学生，学校开设了以指导康复和保健养生为主的体育保健课程。因伤病原因不能参加正常体育课学习的学生，可持县级以上医院病例和医生诊断证明，经所在系、体育部和教务处批准后，申请体育保健课。保健课考核通过者可取得体育课相应学分，并注明体育保健课程。

师资介绍

刘晓，男，1970年9月生，教育学学士，后勤与资产管理处处长，三级教授，1993年7月毕业于上海体育学院。铁人三项国家级裁判，江苏省高职高专院校体育教学指导委员会副主任委员，江苏省体育科学学会高校体育学专业委员会副理事长，全国煤炭体协高校体育工作委员会副主席，江苏省普通高校公共体育课程考核专家组成员，江苏省体育工作先进学校评审专家组成员。曾先后担任北京奥运会，广州亚运会，世界锦标赛，“世界杯”，第十、十一、十二、十三届全国运动会铁人三项比赛裁判，并获国际奥委会嘉奖。“基于‘大健康’理念的高职体育教学改革研究与实践”项目获2017年江苏省教学成果奖一等奖。发表期刊论文10余篇，其中体育类核心期刊论文5篇，主持各级各类课题近10项，主编教材2部，参编教材3部，出版专著3部。

桂海荣，女，1973年8月生，1995年毕业于上海体育学院，体育部教授，主要从事体育教学与训练工作。先后指导学生参加江苏省第十六、十七、十八届运动会高校部高职高专组田径比赛，获得团体总分第一名、第二名，“校长杯”总分第一名、第二名及多个单项第一、二名。多篇论文在体育核心期刊及省部级期刊上发表，主持完成了国家社会科学基金项目课题“我国残疾人竞技体育科技服务的策略研究”子课题1项，主持和参与多项省级、市级及校级课题研究，在中国书籍出版社出版《大学生体育素质培养与体育教学创新》专著1本。荣获江苏省首届高职高专院校体育教师教学技能比赛一等奖，代表江苏省参加全国高职高专院校体育教师教学技能大赛并获一等奖。

汤鸿波，男，1976年9月生，1999年毕业于南京师范大学体育系，本科学历，硕士学位，副教授，体育部副主任。从事体育教学与管理工作。国家一级足球裁判，苏州市足协裁委会委员，江苏省青少年校园足球比赛监督。曾指导学生多次参加省、市足球比赛，成绩优异。近5年来在各级各类期刊发表论文共7篇，完成学校教改课题1项。多年来多次获得各项表彰，曾先后获得苏州市教育局优秀共产党员、教坛新秀、优秀教育工作者、年度考核优秀及嘉奖等奖项和企业奖教金。

黄月勤，男，1968年6月生，1990年毕业于苏州大学体育系，本科学历，在职研究生学位，副教授，体育部副主任。从事体育教学工作，以第一作者身份发表论文30余篇，作为主编编写教材

1部，参编教材3部，参编的一部教材获省精品教材。以第一申请人身份申请发明专利6项。主持课题3项，参与课题4项，主持“体育与健康课程方案设计”获得江苏省一等奖，参加江苏省高职高专院校体育教师微课教学比赛获三等奖，参与的“基于‘大健康’理念的高职体育教学改革研究与实践”获得江苏省教学成果奖一等奖。获得学校师德标兵、优秀党务工作者等荣誉称号，多次荣获学校嘉奖。

魏金龙，男，1980年3月生，2004年毕业于吉林师范大学，本科学历，硕士学位，副教授。研究方向为体育教学与运动训练。主持省“十二五”规划课题1项，主持市级社科课题3项，2017年获江苏省教学成果奖一等奖，排名第4，作为主要成员参与校级以上课题5项。发表专业论文9篇，其中2篇发表在核心刊物上；作为副主编编写教材1部。2013年至今，指导学院定向越野队、无线电测向队参加省运会、省级锦标赛累计获得冠军50余项。个人获得校级以上表彰10余项。

沈铁，女，1976年1月生，2002年毕业于苏州大学，本科学历，副教授。研究方向为体育教学、健身操、健美操教学、体育训练；主讲课程为“体育与健康”“健美操”。1995—2003年在苏州高级工业学校任教，2003年起在苏州工业职业技术学院任教。曾担任教研组长、教研室副主任、体质测试中心主任。撰写并发表10余篇论文，参与2011年“体育与健康”精品课程改革，参与校级课题“对我院学生体质现状的调查研究与对策分析”。带领学生参加2011年全国啦啦操锦标赛获大学生规定组技巧一级组第三名。

邵夏，男，1972年7月生，农工党员，毕业于上海体育学院，民族传统体育学硕士学位，副教授，研究方向为民族传统体育学、体育教学、体育训练。主讲课程为“体育与健康”“舞龙”。2010年10月获国家一级健身指导员证书，2011年4月获健身气功一级裁判，续聘至今。2010—2011年为上海体育学院国内访问学者。2006年至今在苏州工业职业技术学院任教。撰写并发表20余篇论文。参编了2部专业书籍。校级、省级课题各1项。曾荣获苏州市全民健身大比拼42式太极拳第一名、苏州市第五届武林大会陈式49式太极剑一等奖。2014年荣获江苏省第十八届运动会舞龙舞狮比赛团体第四名。

楚蕴源，男，1962年11月生，毕业于苏州大学体育系，本科学历，副教授。主编21世纪职业教育规划教材3本（《体育与健康》《体育与健康教程》《体育与健康新教程》）。公开发表体育专业中文核心期刊论文1篇，发表体育教育教学专业论文11篇。发明实用新型专利6项。训练指导苏州工业职业技术学院定向运动社团和运动集训队，学生在江苏省无线电测向锦标赛中获得第三名。指导学校定向越野社团和运动队，在江苏省大学生运动会定向越野比赛中获得金牌6块、银牌2块。在江苏省定向越野锦标赛定向越野比赛中荣获第一名2个、第三名3个。指导机关、事业单位、企业全民健身活动，健身太极拳获得好评。

刁巍威，男，1978年10月生，2003年毕业于

沈阳体育学院，本科学历，硕士，讲师，教研室主任。研究方向为体育教学与运动训练，羽毛球、散打项目。国家羽毛球、散打二级运动员，羽毛球一级裁判员。主持校级教改课题1项，参与省级以上课题3项，2017年获江苏省教学成果奖一等奖，排名第2。发表专业论文15篇，其中2篇发表在核心刊物上。作为副主编编写教材1部。参加江苏省第三届高职高专院校体育教师教学大赛，获得二、三等奖。2012至今，指导学校羽毛球队、跆拳道队参加省运会、省级锦标赛，学生累计获得冠军3项、季军1项。在2018年江苏省第四届高职高专院校学生足球技能大赛暨体能大赛中，带领学生获得体能大赛、足球技能大赛团体一等奖。获得先进个人、优秀教育工作者、优秀共产党员称号及突出贡献奖等10余项表彰。

校企合作

年度无偿提供给合作企业场地开展企业体育活动6次。完成了AW（苏州）汽车零部件有限公司员工运动会的组织和裁判工作。完成创元集团企业运动会辅助工作。

学生工作

体育部成立以来一直以“我在乎你”的学校精神，服务学生、服务教工、服务学校人才培养计划，秉承“向阳而生，精工笃行”的校训为学校高水平建设而奋斗。在部门教师的努力下，现体育部共有足球、定向越野、羽毛球、篮球4支常年训练队。2018年度共获得江苏省第十九届运动会高校部定向越野比赛第一名4项、第二名3项、第三名1项。获2018年江苏省无线电测向锦标赛第一名2项、第二名7项、第三名2项。获2018年江苏省第四届高职高专院校学生足球技能大赛暨体能大赛团体一等奖、江苏省第四届高职高专院校学生足球技能大赛暨体能大赛足球技能大赛团体一等奖。

科研服务

体育部2018年完成市厅级课题3项；发表论文27篇（其中核心期刊论文1篇）；出版论著1部；发明实用新型专利18项。

第六章　数据及统计

办学条件

办学经费收支情况

2018年度苏州工业职业技术学院收入支出决算总表

单位：元

收入		支出			
项目	决算数	项目（按功能分类）	决算数	项目（按支出性质和经济分类）	决算数
一、财政拨款收入	238205334.23	一、一般公共服务支出	100000.00	一、基本支出	153298029.25
其中：政府性基金预算财政拨款	—	二、外交支出	—	人员经费	140344465.68
二、上级补助收入	—	三、国防支出	—	日常公用经费	12953563.57
三、事业收入	61625100.00	四、公共安全支出	—	二、项目支出	139242264.30
四、经营收入	—	五、教育支出	241922304.99	基本建设类项目	24500000.00
五、附属单位上缴收入	—	六、科学技术支出	1720000.00	行政事业类项目	114742264.30
六、其他收入	—	七、文化体育与传媒支出	90000.00	三、上缴上级支出	—
—	—	八、社会保障和就业支出	16812097.02	四、经营支出	—
—	—	九、医疗卫生与计划生育支出	—	五、对附属单位补助支出	—
—	—	十、节能环保支出	—	—	—
—	—	十一、城乡社区支出	—	—	—
—	—	十二、农林水支出	—	基本支出和项目支出合计	292540293.55
—	—	十三、交通运输支出	—	工资福利支出	134559798.67

续表

收入		支出			
项目	决算数	项目（按功能分类）	决算数	项目（按支出性质和经济分类）	决算数
—	—	十四、资源勘探信息等支出	—	商品和服务支出	71202375.21
—	—	十五、商业服务业等支出	—	对个人和家庭的补助	14648645.01
—	—	十六、金融支出	—	债务利息及费用支出	—
—	—	十七、援助其他地区支出	—	资本性支出（基本建设）	24500000.00
—	—	十八、国土海洋气象等支出	—	资本性支出	47629474.66
—	—	十九、住房保障支出	31895891.54	对企业补助（基本建设）	—
—	—	二十、粮油物资储备支出	—	对企业补助	—
—	—	二十一、其他支出	—	对社会保障基金补助	—
—	—	二十二、债务还本支出	—	其他支出	—
—	—	二十三、债务付息支出	—		—
本年收入合计	299830434.23	**本年支出合计**			292540293.55
用事业基金弥补收支差额	—	结余分配			—
年初结转和结余	74185841.31	交纳所得税			—
基本支出结转	—	提取职工福利基金			—
项目支出结转和结余	74185841.31	转入事业基金			—
经营结余	—	其他			—
—	—	年末结转和结余			81475981.99
—	—	基本支出结转			7826105.90
—	—	项目支出结转和结余			73649876.09
—	—	经营结余			—
总计	374016275.54	总计			374016275.54

2018年度苏州工业职业技术学院收入决算表

单位：元

项目				本年收入合计	财政拨款收入	事业收入
支出功能分类科目编码			科目名称			
类	款	项	合计	299830434.23	238205334.23	61625100.00
201			一般公共服务支出	100000.00	100000.00	—
20133			宣传事务	100000.00	100000.00	—
2013399			其他宣传事务支出	100000.00	100000.00	—
205			教育支出	242066339.77	194912741.23	47153598.54
20503			职业教育	241956339.77	194802741.23	47153598.54
2050304			职业高中教育	120000.00	120000.00	—
2050305			高等职业教育	241009339.77	193855741.23	47153598.54
2050399			其他职业教育支出	827000.00	827000.00	—
20599			其他教育支出	110000.00	110000.00	—
2059999			其他教育支出	110000.00	110000.00	—
206			科学技术支出	1130000.00	1130000.00	—
20602			基础研究	200000.00	200000.00	—

续表

项目				本年收入合计	财政拨款收入	事业收入
支出功能分类科目编码			科目名称			
类	款	项				
2060203			自然科学基金	200000.00	200000.00	—
20604			技术研究与开发	710000.00	710000.00	—
2060402			应用技术研究与开发	710000.00	710000.00	—
20607			科学技术普及	220000.00	220000.00	—
2060704			学术交流活动	20000.00	20000.00	—
2060799			其他科学技术普及支出	200000.00	200000.00	—
208			社会保障和就业支出	20812097.02	14038193.00	6773904.02
20805			行政事业单位离退休	20812097.02	14038193.00	6773904.02
2080505			机关事业单位基本养老保险缴费支出	15685091.02	8911187.00	6773904.02
2080506			机关事业单位职业年金缴费支出	5118206.00	5118206.00	—
2080599			其他行政事业单位离退休支出	8800.00	8800.00	—
221			住房保障支出	35721997.44	28024400.00	7697597.44
22102			住房改革支出	35721997.44	28024400.00	7697597.44
2210201			住房公积金	11254201.90	8862000.00	2392201.90
2210202			提租补贴	11144834.34	10383500.00	761334.34
2210203			购房补贴	13322961.20	8778900.00	4544061.20

2018年度苏州工业职业技术学院支出决算表

单位：元

项目				本年支出合计	基本支出	项目支出
支出功能分类科目编码			科目名称			
类	款	项	合计	292540293.55	153298029.25	139242264.30
201			一般公共服务支出	100000.00	—	100000.00
20133			宣传事务	100000.00	—	100000.00
2013399			其他宣传事务支出	100000.00	—	100000.00
205			教育支出	241922304.99	104598840.69	137323464.30
20503			职业教育	240886087.15	104598840.69	136287246.46
2050305			高等职业教育	240133057.15	104598840.69	135534216.46
2050399			其他职业教育支出	753030.00	—	753030.00
20509			教育费附加安排的支出	826217.84	—	826217.84
2050999			其他教育费附加安排的支出	826217.84	—	826217.84
20599			其他教育支出	210000.00	—	210000.00
2059999			其他教育支出	210000.00	—	210000.00
206			科学技术支出	1720000.00	—	1720000.00
20602			基础研究	400000.00	—	400000.00
2060203			自然科学基金	400000.00	—	400000.00
20604			技术研究与开发	1100000.00	—	1100000.00
2060402			应用技术研究与开发	1100000.00	—	1100000.00
20607			科学技术普及	220000.00	—	220000.00
2060704			学术交流活动	20000.00	—	20000.00

续表

项目			本年支出合计	基本支出	项目支出
支出功能分类科目编码		科目名称			
类	款	项			
2060799		其他科学技术普及支出	200000.00	—	200000.00
207		文化体育与传媒支出	90000.00	—	90000.00
20799		其他文化体育与传媒支出	90000.00	—	90000.00
2079902		宣传文化发展专项支出	90000.00	—	90000.00
208		社会保障和就业支出	16812097.02	16803297.02	8800.00
20805		行政事业单位离退休	16812097.02	16803297.02	8800.00
2080505		机关事业单位基本养老保险缴费支出	11685091.02	11685091.02	—
2080506		机关事业单位职业年金缴费支出	5118206.00	5118206.00	—
2080599		其他行政事业单位离退休支出	8800.00	—	8800.00
221		住房保障支出	31895891.54	31895891.54	—
22102		住房改革支出	31895891.54	31895891.54	—
2210201		住房公积金	9462314.00	9462314.00	—
2210202		提租补贴	11144834.34	11144834.34	—
2210203		购房补贴	11288743.20	11288743.20	—

2018年度苏州工业职业技术学院财政拨款收入支出决算表

单位：元

项目		年初结转和结余	本年收入合计	本年支出			年末结转和结余
支出功能分类科目编码	科目名称			合计	基本支出	项目支出	
类 款 项	合计	67553023.00	238205334.23	245257977.71	127017187.80	118240789.91	60500379.52
201	一般公共服务支出	—	100000.00	100000.00	—	100000.00	—
20133	宣传事务	—	100000.00	100000.00	—	100000.00	—
2013399	其他宣传事务支出	—	100000.00	100000.00	—	100000.00	—
205	教育支出	66873023.00	194912741.23	201285384.71	84963394.80	116321989.91	60500379.52
20503	职业教育	64238176.68	194802741.23	200249166.87	84963394.80	115285772.07	58791751.04
2050304	职业高中教育	—	120000.00	—	—	—	120000.00
2050305	高等职业教育	63485146.68	193855741.23	199496136.87	84963394.80	114532742.07	57844751.04
2050399	其他职业教育支出	753030.00	827000.00	753030.00	—	753030.00	827000.00
20509	教育费附加安排的支出	2534846.32	—	826217.84	—	826217.84	1708628.48
2050999	其他教育费附加安排的支出	2534846.32	—	826217.84	—	826217.84	1708628.48
20599	其他教育支出	100000.00	110000.00	210000.00	—	210000.00	—
2059999	其他教育支出	100000.00	110000.00	210000.00	—	210000.00	—
206	科学技术支出	590000.00	1130000.00	1720000.00	—	1720000.00	—
20602	基础研究	200000.00	200000.00	400000.00	—	400000.00	—
2060203	自然科学基金	200000.00	200000.00	400000.00	—	400000.00	—
20604	技术研究与开发	390000.00	710000.00	1100000.00	—	1100000.00	—
2060402	应用技术研究与开发	390000.00	710000.00	1100000.00	—	1100000.00	—
20607	科学技术普及	—	220000.00	220000.00	—	220000.00	—

续表

支出功能分类科目编码（类 款 项）	科目名称	年初结转和结余	本年收入合计	本年支出：合计	本年支出：基本支出	本年支出：项目支出	年末结转和结余
2060704	学术交流活动	—	20000.00	20000.00	—	20000.00	—
2060799	其他科学技术普及支出	—	200000.00	200000.00	—	200000.00	—
207	文化体育与传媒支出	90000.00	—	90000.00	—	90000.00	—
20799	其他文化体育与传媒支出	90000.00	—	90000.00	—	90000.00	—
2079902	宣传文化发展专项支出	90000.00	—	90000.00	—	90000.00	—
208	社会保障和就业支出	—	14038193.00	14038193.00	14029393.00	8800.00	—
20805	行政事业单位离退休	—	14038193.00	14038193.00	14029393.00	8800.00	—
2080505	机关事业单位基本养老保险缴费支出	—	8911187.00	8911187.00	8911187.00	—	—
2080506	机关事业单位职业年金缴费支出	—	5118206.00	5118206.00	5118206.00	—	—
2080599	其他行政事业单位离退休支出	—	8800.00	8800.00	—	8800.00	—
221	住房保障支出	—	28024400.00	28024400.00	28024400.00	—	—
22102	住房改革支出	—	28024400.00	28024400.00	28024400.00	—	—
2210201	住房公积金	—	8862000.00	8862000.00	8862000.00	—	—
2210202	提租补贴	—	10383500.00	10383500.00	10383500.00	—	—
2210203	购房补贴	—	8778900.00	8778900.00	8778900.00	—	—

资产情况

2018年苏州工业职业技术学院资产情况一览表

占地面积（平方米）			图书（万册）		计算机数（台）		
合计	其中：绿化用地面积	其中：运动场地面积	合计	其中：当年新增	合计	其中：教学用计算机 合计	其中：平板电脑
348113.4	161625	54750	65.32	1.33	4510	4060	480

教室（间）		固定资产总值（万元）				
合计	其中：网络多媒体教室	合计	其中：教学、科研仪器设备资产值 合计	其中：当年新增	其中：信息化设备资产值 合计	其中：软件
102	102	57798.653	13044.7785	2020.1336	4503.0465	500.093

信息化建设情况

2018年苏州工业职业技术学院信息化建设情况一览表

网络信息点数（个）计	其中：无线接入	上网课程数（门）	电子邮件系统用户数（个）	管理信息系统数据总量（GB）	数字资源量：数据库（个）	电子图书（册）	音视频（小时）	信息化培训人次（人次）	信息化工作人员数（人）
5915	661	277	13065	151	9	1339450	8466	223	8

校舍情况

2018年苏州工业职业技术学院校舍情况一览表

单位：平方米

产权项目	学校产权校舍建筑面积	非学校产权校舍建筑面积	共同使用
一、教学科研及辅助用房	129000.77	31825	31825
教室	24442	—	—
图书馆	3632	7500	7500
实验室、实习场所	95228.77	—	—
专用科研用房	—	—	—
体育馆	4402	24325	24325
会堂	1296	—	—
二、行政办公用房	7901	—	—
三、生活用房	75798.95	—	—
学生宿舍(公寓)	67476.62	—	—
学生食堂	8322.33	—	—
教工宿舍(公寓)	—	—	—
教工食堂	—	—	—
生活福利及附属用房	—	—	—
四、教工住宅	—	—	—
五、其他用房	—	—	—
总计	212700.72	31825	31825

图书馆馆藏情况

2018年苏州工业职业技术学院图书馆馆藏资源

编号	名称	数量
1	纸质图书累积量(册)	227415
1.1	中文纸质图书累积量(册)	227264
1.2	外文纸质图书累积量(册)	151
2	纸质期刊合订本累积量(册)	24843
2.1	中文纸质期刊合订本累积量(册)	24843
2.2	外文纸质期刊合订本累积量(册)	0

2018年苏州工业职业技术学院图书馆当年新增文献

编号	名称	数量
1	当年购置纸质图书(册)	13300
1.1	当年购置纸质中文图书(册)	13300
1.2	当年购置纸质外文图书(册)	0
2	当年购置纸质报刊(份)	771
2.1	当年购置纸质中文报刊(份)	769
2.2	当年购置纸质外文报刊(份)	2
3	当年购置数据库(个)	8

教学单位

2018年苏州工业职业技术学院教学单位情况一览表

序号	系（院）	专业	序号	系（院）	专业
1	精密制造工程系	数控技术	4	软件与服务外包学院	移动互联应用技术
		数控设备应用与维护			云计算技术与应用
		模具设计与制造			大数据技术与应用
		机械制造与自动化			计算机信息管理
2	机电工程系	机电一体化技术			软件技术
		工业机器人技术			计算机网络技术
		电气自动化技术			计算机应用技术
		自动化生产设备应用	5	经贸管理系	物流管理
		智能控制技术			市场营销
3	电子与通信工程系	电子信息工程技术			电子商务
		移动通信技术			会计信息管理
		应用电子技术	6	建筑工程与艺术设计系	环境艺术设计
		通信技术			数字媒体艺术设计
		智能产品开发			建筑工程技术
		电子测量技术与仪器			工程造价
7	国际教育学院	商务英语	8	汽车工程系	汽车检测与维修技术
		商务日语			汽车电子技术
		旅游管理			汽车营销与服务
		旅游英语			

专业设置

普通全日制专科

2018年苏州工业职业技术学院全日制专科专业情况一览表

序号	系（院）	专业名称	专业方向	学制	类别
1	精密制造工程系	数控技术	—	3年	专科
2		数控设备应用与维护	—	3年	专科
3		模具设计与制造	—	3年	专科
4		机械制造与自动化	—	3年	专科

续表

序号	系(院)	专业名称	专业方向	学制	类别
5	机电工程系	机电一体化技术	—	3年	专科
6		工业机器人技术	—	3年	专科
7		电气自动化技术	—	3年	专科
8		自动化生产设备应用	—	3年	专科
9		智能控制技术	—	3年	专科
10	电子与通信工程系	电子信息工程技术	—	3年	专科
11		移动通信技术	—	3年	专科
12		应用电子技术	—	3年	专科
13		通信技术	—	3年	专科
14		智能产品开发	—	3年	专科
15		电子测量技术与仪器	—	3年	专科
16	软件与服务外包学院	软件技术	—	3年	专科
17		计算机网络技术	—	3年	专科
18		计算机应用技术	—	3年	专科
19		移动互联应用技术	—	3年	专科
20		云计算技术与应用	—	3年	专科
21		大数据技术与应用	—	3年	专科
22		计算机信息管理	—	3年	专科
23	经贸管理系	物流管理	—	3年	专科
24		市场营销	—	3年	专科
25		电子商务	—	3年	专科
26		会计信息管理	—	3年	专科
27	建筑工程与艺术设计系	环境艺术设计	—	3年	专科
28		数字媒体艺术设计	—	3年	专科
29		建筑工程技术	—	3年	专科
30		工程造价	—	3年	专科
31	国际教育学院	商务英语	—	3年	专科
32		商务日语	—	3年	专科
33		旅游管理	—	3年	专科
34		旅游英语	—	3年	专科
35	汽车工程系	汽车检测与维修技术	—	3年	专科
36		汽车电子技术	—	3年	专科
37		汽车营销与服务	—	3年	专科

成人教育专科

2018年苏州工业职业技术学院成人教育专科专业情况一览表

序号	专业名称	科类名称	层次	学习形式	学制	招生范围
1	市场营销	文史类	专科	业余	2.5年	江苏省
2	会计信息管理	文史类	专科	业余	2.5年	江苏省
3	电子商务	文史类	专科	函授	2.5年	江苏省

续表

序号	专业名称	科类名称	层次	学习形式	学制	招生范围
4	物流管理	文史类	专科	函授	2.5 年	江苏省
5	机电一体化技术	理工类	专科	业余	2.5 年	江苏省
6	计算机信息管理	理工类	专科	业余	2.5 年	江苏省
7	建筑工程技术	理工类	专科	业余	2.5 年	江苏省
8	计算机网络技术	理工类	专科	函授	2.5 年	江苏省

招生就业

招生录取情况

2018年在江苏招生的普通高校文科类、理科类、艺术类专业录取情况

高校、专业名称	录取数（人）	平行志愿（人）	征求志愿（人）	最高分（分）	最低分（分）
文科类高职（专科）					
1273 苏州工业职业技术学院 选测科目等级：CD	226	224	2	305	222
建筑工程技术	18	18	—	275	250
工程造价	6	6	—	287	268
自动化生产设备应用	4	4	—	261	233
机电一体化技术	12	12	—	297	246
智能控制技术	7	7	—	270	237
工业机器人技术	8	8	—	283	246
汽车检测与维修技术	10	10	—	285	222
汽车电子技术	7	7	—	257	225
电子信息工程技术	9	9	—	265	235
应用电子技术	2	2	—	240	231
智能产品开发	7	7	—	267	236
移动互联应用技术	9	9	—	267	250
计算机网络技术	6	6	—	281	267
软件技术	19	19	—	291	248
云计算技术与应用	6	6	—	261	226
大数据技术与应用	6	6	—	267	235
通信技术	8	8	—	271	226
会计信息管理	10	10	—	274	248
市场营销	16	14	2	275	227
汽车营销与服务	1	1	—	240	240
电子商务	17	17	—	276	234
物流管理	12	12	—	271	237
旅游管理	5	5	—	305	230

续表

高校、专业名称	录取数（人）	平行志愿（人）	征求志愿（人）	最高分（分）	最低分（分）
商务英语	16	16	—	274	222
商务日语	5	5	—	274	240
理科类高职（专科）					
1273 苏州工业职业技术学院 选测科目等级：CD	481	481	—	307	267
建筑工程技术	27	27	—	286	272
工程造价	11	11	—	290	281
机械制造与自动化	39	39	—	290	271
数控技术	10	10	—	282	270
模具设计与制造	19	19	—	276	267
自动化生产设备应用	10	10	—	279	267
数控设备应用与维护	22	22	—	277	264
机电一体化技术	74	74	—	286	267
电气自动化技术	16	16	—	285	271
智能控制技术	21	21	—	282	268
工业机器人技术	27	27	—	285	267
汽车检测与维修技术	20	20	—	290	267
汽车电子技术	1	1	—	272	272
电子信息工程技术	15	15	—	288	272
应用电子技术	19	19	—	279	267
智能产品开发	16	16	—	279	267
移动互联应用技术	11	11	—	285	268
计算机网络技术	14	14	—	287	274
软件技术	16	16	—	301	273
云计算技术与应用	14	14	—	275	268
大数据技术与应用	20	20	—	280	267
通信技术	15	15	—	279	267
移动通信技术	6	6	—	277	267
会计信息管理	8	8	—	304	269
市场营销	4	4	—	276	268
电子商务	10	10	—	284	268
物流管理	3	3	—	280	271
旅游管理	4	4	—	278	267
商务英语	9	9	—	305	268
艺术类高职（专科）					
1273 苏州工业职业技术学院	481	481	—	307	267
数字媒体艺术设计	67	67	—	430	401
环境艺术设计	30	30	—	438	408

注：“最高分（最低分）”为文化分＋专业分，院校必测科目等级要求 4C。

2018年在江苏招生的普通高校理科类专业录取情况

高校、专业名称	录取数（人）	平行志愿（人）	征求志愿（人）	最高分（分）	最低分（分）
1474 苏州工业职业技术学院 选测科目等级：CD	45	45	—	301	284
数控技术（与南京工程学院分段培养项目）	45	45	—	301	284

2018年在江苏招生的普通高校理科类专业录取情况

高校、专业名称	录取数（人）	平行志愿（人）	征求志愿（人）	最高分（分）	最低分（分）
1678 苏州工业职业技术学院	10	4	6	271	239
自动化类（中外合作办学） （机电一体化技术）	10	4	6	271	239

2018年在江苏提前高职文理兼招专业情况

高校、专业名称	录取数（人）	平行志愿（人）	调剂志愿（人）	最高分（分）	最低分（分）
1273 苏州工业职业技术学院	484	463	21	319	147
建筑工程技术	45	45	—	297.33	169
工程造价	25	25	—	311	240.67
机械制造与自动化	30	30	—	300.33	202
数控技术	20	20	—	296	183
自动化生产设备应用	7	5	2	263.33	163
数控设备应用与维护	10	7	3	281.67	163
机电一体化技术	50	50	—	319	260
电气自动化技术	30	30	—	309	242.67
智能控制技术	10	9	1	303.67	165
工业机器人技术	42	40	2	311.67	173
自动化类（中外合作办学）	3	3	—	296.33	165
汽车检测与维修技术	18	18	—	294	153
汽车电子技术	7	6	1	270	185
电子信息工程技术	16	15	1	287.67	178
应用电子技术	2	1	1	257	257
智能产品开发	7	7	—	293.33	237
移动互联应用技术	4	4	—	294	178
计算机网络技术	24	21	3	302.33	163
软件技术	30	28	2	300.33	147
云计算技术与应用	11	11	—	305.67	200
通信技术	7	5	2	285.67	165
移动通信技术	3	3	—	295.33	165
会计信息管理	16	16	—	280.33	163
市场营销	11	10	1	290.67	167
汽车营销与服务	4	4	—	302.33	254
电子商务	22	21	1	304	165
物流管理	10	10	—	295	187
旅游管理	5	5	—	284	163

续表

高校、专业名称	录取数（人）	平行志愿（人）	调剂志愿（人）	最高分（分）	最低分（分）
数字媒体艺术设计	3	3	—	287.33	165
商务英语	9	9	—	289.67	183
商务日语	3	2	1	200	182

注：高职提前“最高分（最低分）”为语数外联测分或院校面试分。

2018年苏州工业职业技术学院在外省录取分数线统计表

省份	文科	理科	艺术	备注
安徽	424	480	623	考试模块七
福建	261	362	—	—
甘肃	313	287	—	—
广东	246	389	—	—
广西	200	200	—	—
贵州	244	200	—	—
河北	284	200	—	—
河南	336	363	—	—
湖北	200	200	—	—
吉林	150	150	—	—
江西	359	342	—	—
山东	374	478	—	—
山西	279	322	—	—
陕西	275	—	—	—
四川	301	414	—	—
新疆	275	281	—	—
云南	200	341	—	—

2018年苏州工业职业技术学院录取人数统计表

单位：人

地区	类别	录取人数					
		合计	文科	理科	艺术	不分科	对口科目
江苏	对口单招	464	—	—	—	—	464
	转段专科	233	—	—	—	—	233
	高职提前	484	—	—	—	484	—
	统招专科	804	481	226	97	—	—
	统招本科专段	45	—	45	—	—	—
	统招中外合作	10	—	10	—	—	—
安徽	统招专科	110	58	32	20	—	—
福建		30	21	9	—	—	—
甘肃		25	19	6	—	—	—
广东		20	12	8	—	—	—
广西		43	33	10	—	—	—
贵州		100	75	25	—	—	—
河北		63	35	28	—	—	—

续表

地区	类别	录取人数					
		合计	文科	理科	艺术	不分科	对口科目
河南		50	29	21	—	—	—
湖北		23	12	11	—	—	—
吉林		2	—	2	—	—	—
江西		86	41	45	—	—	—
山东		15	11	4	—	—	—
山西		48	32	16	—	—	—
陕西		5	5	—	—	—	—
四川		79	51	28	—	—	—
西藏		7	7		—	—	—
新疆	统招专科	33	16	17	—	—	—
云南		49	20	29	—	—	—
重庆		4	1	3	—	—	—
总计		2832	1014	520	117	484	697

在校生人数

2018年苏州工业职业技术学院在校生人数

系（院）/专业	人数
精密制造工程系	1262
2016	426
机械制造与自动化	45
模具设计与制造	48
模具设计与制造（单招）	47
模具设计与制造（中高职衔接）	58
数控技术	94
数控技术（专本衔接）	43
数控设备应用与维护	48
数控设备应用与维护（单招）	43
2017	395
机械制造与自动化	91
模具设计与制造（单招）	43
模具设计与制造（中高职衔接）	37
数控技术	91
数控技术（专本衔接）	50
数控设备应用与维护	44
数控设备应用与维护（单招）	39
2018	441
机械制造与自动化	90
机械制造与自动化（单招）	44
模具设计与制造	32
模具设计与制造（单招、中高职混编）	91
数控技术	40
数控技术（单招）	40
数控技术（专本衔接）	45
数控设备应用与维护（统招、单招混编）	59
机电工程系	1474
2016	462
电气自动化技术	52
电气自动化技术（单招）	45
工业机器人技术	84
机电一体化技术	89
机电一体化技术（博世班）	13
机电一体化技术（中高职衔接）	59
机电一体化技术（专本衔接）	32
自动化生产设备应用	49
自动化生产设备应用（单招）	39
2017	459
电气自动化技术	44
电气自动化技术（单招）	46
工业机器人技术	92
机电一体化技术	40
机电一体化技术（博世班）	14

续表

系(院)/专业	人数	系(院)/专业	人数
机电一体化技术(中高职衔接)	85	应用电子技术(单招)	41
机电一体化技术(中外)	6	智能产品开发	81
机电一体化技术(专本衔接)	47	软件与服务外包学院	1135
自动化生产设备应用	36	2016	368
自动化生产设备应用(单招)	49	计算机网络技术	49
2018	553	计算机网络技术(单招)	39
电气自动化技术	51	计算机信息管理	46
电气自动化技术(单招)	47	计算机应用技术	50
工业机器人技术	90	计算机应用技术(单招)	42
机电一体化技术	155	软件技术	98
机电一体化技术(博世班)	15	移动互联应用技术	44
机电一体化技术(中高职衔接)	50	2017	356
机电一体化技术(中外)	11	计算机网络技术	49
智能控制技术	46	计算机网络技术(单招)	45
自动化生产设备应用	38	计算机信息管理(中高职衔接)	33
自动化生产设备应用(单招)	50	计算机应用技术(单招)	42
电子与通信工程系	1186	软件技术	90
2016	462	移动互联应用技术	49
电子测量技术与仪器	38	云计算技术与应用	48
电子信息工程技术	134	2018	411
电子信息工程技术(中高职衔接)	8	大数据技术与应用	44
通信技术	138	计算机网络技术	50
移动通信技术	45	计算机网络技术(单招)	43
应用电子技术	50	计算机信息管理(中高职衔接)	38
应用电子技术(单招)	38	计算机应用技术(单招)	51
应用电子技术(专本衔接)	11	软件技术	93
2017	343	移动互联应用技术	46
电子信息工程技术	49	云计算技术与应用	46
电子信息工程技术(单招)	48	经贸管理系	1031
电子信息工程技术(中高职衔接)	68	2016	361
通信技术	46	电子商务	51
移动通信技术	41	电子商务(单招)	36
应用电子技术	46	会计信息管理	46
智能产品开发	45	会计信息管理(单招)	45
2018	381	市场营销	93
电子信息工程技术	47	物流管理	90
电子信息工程技术(中高职衔接)	64	2017	355
通信技术	71	电子商务	94
移动通信技术	34	会计信息管理	45
应用电子技术	43	会计信息管理(单招)	48

续表

系（院）/专业	人数	系（院）/专业	人数
市场营销	85	旅游管理（单招）	14
市场营销（单招）	41	商务日语	35
物流管理	42	商务英语	79
2018	315	2018	174
电子商务（统招、单招混编）	90	旅游管理（统招、单招混编）	68
会计信息管理	43	商务日语	32
会计信息管理（单招）	49	商务英语	74
市场营销	71	汽车工程系	520
物流管理	62	2016	211
建筑工程与艺术设计系	746	汽车电子技术	82
2016	216	汽车检测与维修技术	87
工程造价	46	汽车营销与服务	42
建筑工程技术	87	2017	186
数字媒体艺术设计	83	汽车电子技术	40
2017	281	汽车检测与维修技术	85
工程造价	86	汽车营销与服务	61
环境艺术设计	34	2018	123
建筑工程技术	93	汽车电子技术	37
数字媒体艺术设计	68	汽车检测与维修技术	65
2018	249	汽车营销与服务（统招、单招混编）	21
工程造价	50	汽车工程系	520
环境艺术设计	37	2016	211
建筑工程技术	92	汽车电子技术	82
数字媒体艺术设计	70	汽车检测与维修技术	87
国际教育学院	599	汽车营销与服务	42
2016	267	2017	186
旅游管理	48	汽车电子技术	40
旅游管理（单招）	39	汽车检测与维修技术	85
旅游英语	40	汽车营销与服务	61
商务日语	46	2018	123
商务英语	94	汽车电子技术	37
2017	158	汽车检测与维修技术	65
旅游管理	30	汽车营销与服务（统招、单招混编）	21
总计			7953

就业情况

毕业生基本情况

一、毕业生规模与结构

苏州工业职业技术学院2018届总毕业生数为2505人。从性别结构上看,男生1635人,女生870人。

(一)毕业生院系及专业分布

2018届专科生分院系(专业)人数分布

单位:人

院系名称	各院系毕业生人数	专业名称	各专业毕业生人数
精密制造工程系	422	模具设计与制造	184
		数控技术	145
		数控设备应用与维护	93
机电工程系	384	机电一体化技术	152
		电气自动化技术	92
		自动化生产设备应用	88
		工业机器人技术	52
电子与通信工程系	382	应用电子技术	119
		电子信息工程技术	98
		通信技术	82
		移动通信技术	44
		电子测量技术与仪器	39
软件与服务外包学院	315	计算机应用技术	87
		计算机网络技术	84
		计算机信息管理	52
		移动互联应用技术	47
		软件技术	45
经贸管理系	396	市场营销	100
		电子商务	100
		物流管理	99
		财务信息管理	97
建筑工程与艺术设计系	200	电脑艺术设计	82
		数字媒体设计与制作	78
		建筑工程技术	40
国际教育学院	222	商务英语	77
		旅游英语	60
		旅游管理	43
		商务日语	42
汽车工程系	184	汽车电子技术	83
		汽车技术服务与营销	51
		汽车检测与维修技术	50

数据来源:江苏省高校毕业生就业管理信息系统。

（二）毕业生生源地分布

单位：人

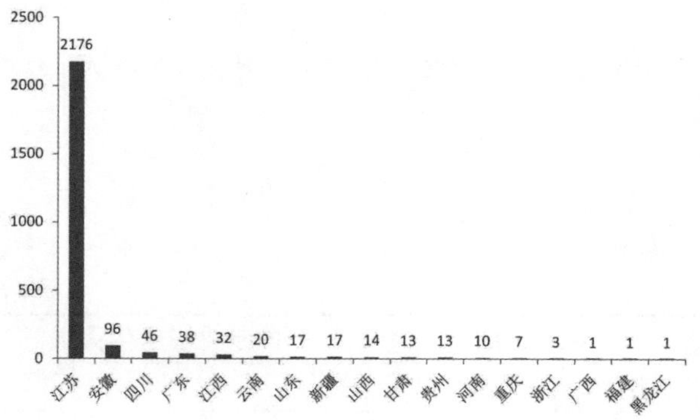

2018届毕业生生源地分布

数据来源：江苏省高校毕业生就业管理信息系统。

（三）毕业生民族分布

单位：人

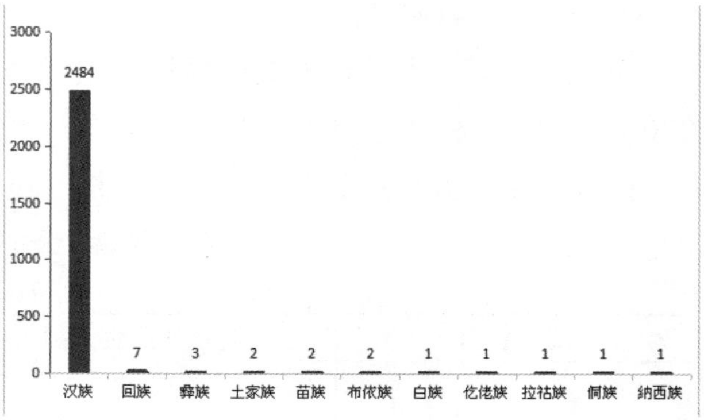

2018届毕业生民族分布

数据来源：江苏省高校毕业生就业管理信息系统。

二、毕业去向分布

（一）总体去向分析

截至2018年12月31日，毕业生的去向分布如下。

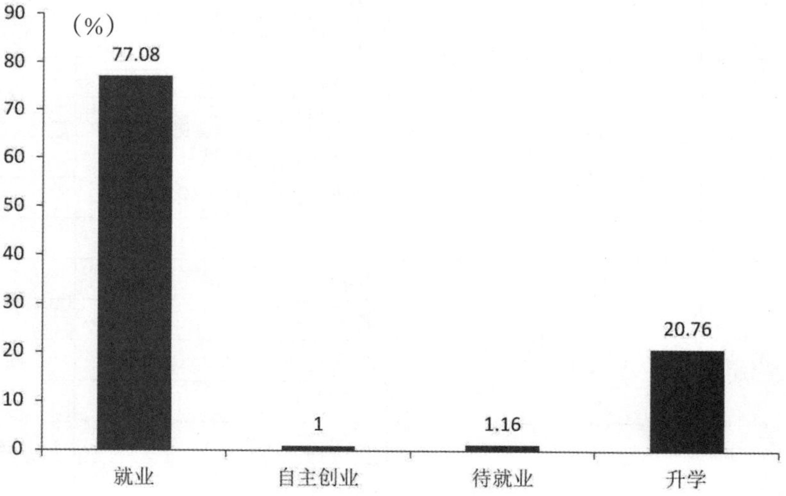

2018届毕业生去向分布

数据来源：江苏省高校毕业生就业管理信息系统。

2018届专科生分院系去向分布

院系名称	就业	自主创业	待就业	升学
精密制造工程系	76.07%	1.42%	0.24%	22.27%
机电工程系	68.49%	0.00	1.30%	30.21%
电子与通信工程系	70.42%	0.00	1.05%	28.53%
软件与服务外包学院	83.49%	0.32%	1.59%	14.60%

续表

院系名称	就业	自主创业	待就业	升学
经贸管理系	81.57%	0.00	1.77%	16.67%
建筑工程与艺术设计系	80.50%	0.00	2.00%	12.50%
国际教育学院	84.23%	0.00	0.90%	14.86%
汽车工程系	72.83%	9.78%	0.54%	16.85%

数据来源：江苏省高校毕业生就业管理信息系统。

2018届专科生分专业去向分布

院系名称	专业名称	就业	自主创业	待就业	升学
精密制造工程系	数控设备应用与维护	86.02%	1.08%	1.08%	11.83%
	数控技术	74.48%	2.76%	0.00	22.76%
	模具设计与制造	72.28%	0.54%	0.00	27.17%
机电工程系	自动化生产设备应用	84.09%	0.00	0.00	15.91%
	电气自动化技术	72.83%	0.00	1.09%	26.09%
	工业机器人技术	67.31%	0.00	1.92%	30.77%
	机电一体化技术	57.24%	0.00	1.97%	40.79%
电子与通信工程系	移动通信技术	86.36%	0.00	2.27%	11.36%
	电子信息工程技术	73.47%	0.00	0.00	26.53%
	应用电子技术	68.91%	0.00	1.68%	29.41%
	通信技术	68.29%	0.00	1.22%	30.49%
	电子测量技术与仪器	53.85%	0.00	0.00	46.15%
软件与服务外包学院	计算机应用技术	89.66%	0.00	1.15%	9.20%
	软件技术	86.67%	0.00	0.00	13.33%
	计算机信息管理	84.62%	0.00	1.92%	13.46%
	计算机网络技术	83.33%	1.19%	3.57%	11.90%
	移动互联应用技术	68.09%	0.00	0.00	31.91%
经贸管理系	电子商务	88.00%	0.00	3.00%	9.00%
	物流管理	85.86%	0.00	0.00	14.14%
	市场营销	78.00%	0.00	4.00%	18.00%
	财务信息管理	74.23%	0.00	0.00	25.77%
建筑工程与艺术设计系	电脑艺术设计	85.37%	0.00	1.22%	13.41%
	数字媒体设计与制作	87.18%	0.00	0.00	12.82%
	建筑工程技术	82.50%	0.00	7.50%	10.00%
国际教育学院	旅游管理	86.05%	0.00	0.00	13.95%
	旅游英语	86.67%	0.00	0.00	13.33%
	商务日语	83.33%	0.00	0.00	16.67%
	商务英语	81.82%	0.00	2.60%	15.58%
汽车工程系	汽车技术服务与营销	84.31%	1.96%	1.97%	11.76%
	汽车检测与维修技术	76.00%	4.00%	0.00	20.00%
	汽车电子技术	63.86%	18.07%	0.00	18.07%

数据来源：江苏省高校毕业生就业管理信息系统。

（二）升学分析

本校2018届专科毕业生升学的最主要原因是提高学历层次（73.62%），其次是专业深造（14.04%）。

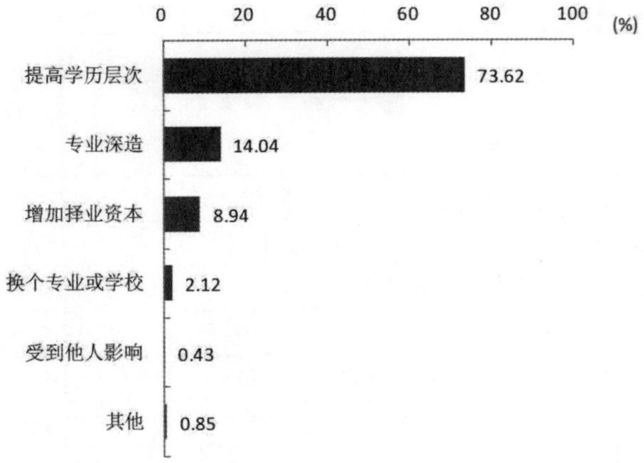

2018届专科生升学的原因

数据来源：江苏招就“江苏省2018届普通高校毕业生就业调查”。

本校2018届专科毕业生升学专业与原专业相关的为79.15%；毕业生升学转换专业的最主要原因是更有利于就业（55.10%），其次是更感兴趣（20.41%）。

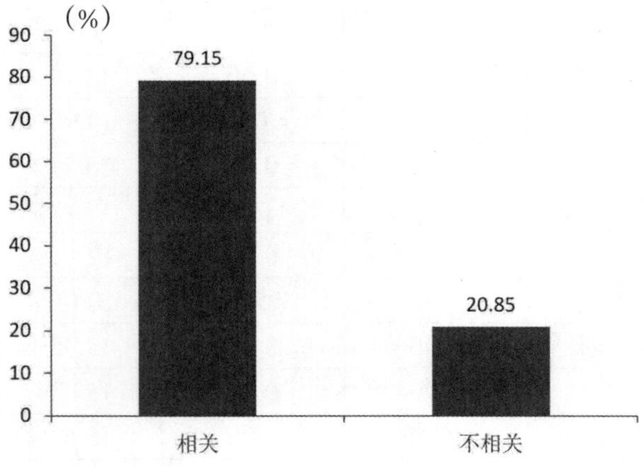

2018届专科生升学专业与原专业的相关性

数据来源：江苏招就“江苏省2018届普通高校毕业生就业调查”。

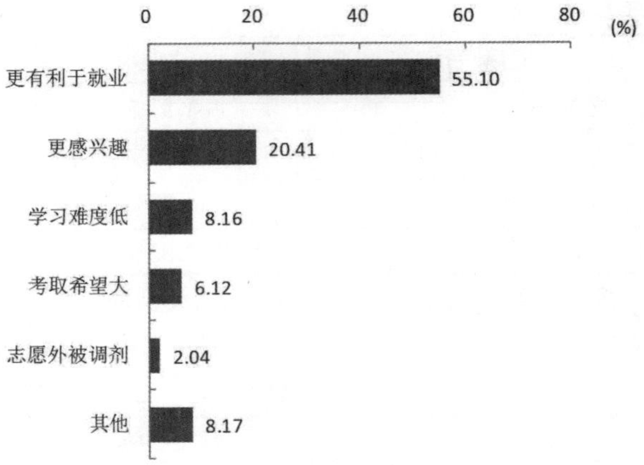

2018届专科生升学转换专业的原因

数据来源：江苏招就“江苏省2018届普通高校毕业生就业调查”。

本校2018届专科毕业生升学择校的最主要原因是地理位置合适、就业前景好（均为50.21%），其次是考取希望大（40.85%）。

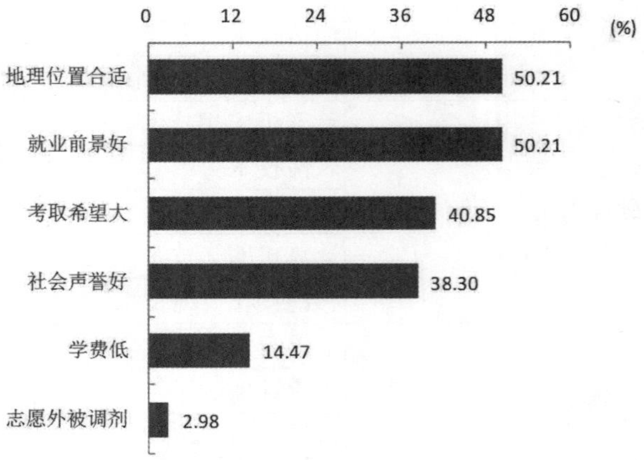

2018届专科生升学择校的原因（多选）

数据来源：江苏招就“江苏省2018届普通高校毕业生就业调查”。

三、毕业生就业率

（一）初次就业率

截至2018年8月31日，本校2018届专科生的就业率为94.25%。

各院系专科生中，初次就业率较高的院系是电子与通信工程系（98.69%），初次就业率较低的院系是国际教育学院（80.18%）。

2018届专科生分院系(专业)初次就业率

院系名称	各院系就业率	专业名称	各专业就业率
精密制造工程系	98.34%	数控设备应用与维护	98.92%
		模具设计与制造	98.91%
		数控技术	97.24%
机电工程系	95.57%	自动化生产设备应用	100.00%
		电气自动化技术	97.83%
		工业机器人技术	94.23%
		机电一体化技术	92.11%
电子与通信工程系	98.69%	电子测量技术与仪器	100.00%
		电子信息工程技术	100.00%
		应用电子技术	98.32%
		移动通信技术	97.73%
		通信技术	97.56%
软件与服务外包学院	94.92%	移动互联应用技术	97.87%
		计算机信息管理	96.15%
		软件技术	95.56%
		计算机网络技术	95.24%
		计算机应用技术	91.95%
经贸管理系	97.73%	物流管理	100.00%
		财务信息管理	98.97%
		电子商务	96.00%
		市场营销	96.00%
建筑工程与艺术设计系	86.00%	电脑艺术设计	91.46%
		数字媒体设计与制作	87.18%
		建筑工程技术	72.50%
国际教育学院	80.18%	旅游英语	86.67%
		商务英语	81.82%
		旅游管理	79.07%
		商务日语	69.05%
汽车工程系	90.22%	汽车检测与维修技术	92.00%
		汽车电子技术	90.36%
		汽车技术服务与营销	88.24%

数据来源:江苏省高校毕业生就业管理信息系统。

(二)年终就业率

截至2018年12月31日,本校2018届专科生的就业率为98.84%。

各院系专科生中,年终就业率较高的院系是精密制造工程系(99.76%),年终就业率较低的院系是建筑工程与艺术设计系(98.00%)。

2018届专科生分院系（专业）年终就业率

院系名称	各院系就业率	专业名称	各专业就业率
精密制造工程系	99.76%	模具设计与制造	100.00%
		数控技术	100.00%
		数控设备应用与维护	98.92%
机电工程系	98.70%	自动化生产设备应用	100.00%
		电气自动化技术	98.91%
		工业机器人技术	98.08%
		机电一体化技术	98.03%
电子与通信工程系	98.95%	电子测量技术与仪器	100.00%
		电子信息工程技术	100.00%
		通信技术	98.78%
		应用电子技术	98.32%
		移动通信技术	97.73%
软件与服务外包学院	98.41%	软件技术	100.00%
		移动互联应用技术	100.00%
		计算机应用技术	98.85%
		计算机信息管理	98.08%
		计算机网络技术	96.43%
经贸管理系	98.23%	物流管理	100.00%
		财务信息管理	100.00%
		电子商务	97.00%
		市场营销	96.00%
建筑工程与艺术设计系	98.00%	数字媒体设计与制作	100.00%
		电脑艺术设计	98.78%
		建筑工程技术	92.50%
国际教育学院	99.10%	旅游管理	100.00%
		商务日语	100.00%
		旅游英语	100.00%
		商务英语	97.40%
汽车工程系	99.46%	汽车检测与维修技术	100.00%
		汽车电子技术	100.00%
		汽车技术服务与营销	98.04%
本校平均	98.84%	本校平均	98.84%

数据来源：江苏省高校毕业生就业管理信息系统。

苏州工业职业技术学院2018届毕业生就业率统计

院系	专业（含方向）	2018届						
			离校就业率		初次就业率		年终就业率	
		毕业人数	7月9日就业人数	离校就业率	9月1日就业人数	初次就业率	12月25日就业人数	年终就业率
合计		2505	2056	82.08%	2361	94.25%	2476	98.84%
精密制造工程系	数控技术	145	122	84.14%	141	97.24%	145	100.00%
精密制造工程系	数控设备应用与维护	93	89	95.70%	92	98.92%	92	98.92%
精密制造工程系	模具设计与制造	184	158	85.87%	182	98.91%	184	100.00%
机电工程系	机电一体化技术	152	78	51.32%	140	92.11%	149	98.03%
机电工程系	电气自动化技术	92	77	83.70%	90	97.83%	91	98.91%
机电工程系	自动化生产设备应用	88	71	80.68%	88	100.00%	88	100.00%
机电工程系	工业机器人技术	52	39	75.00%	49	94.23%	51	98.08%
电子与通信工程系	电子信息工程技术	98	86	87.76%	98	100.00%	98	100.00%
电子与通信工程系	应用电子技术	119	106	89.08%	117	98.32%	117	98.32%
电子与通信工程系	通信技术	82	66	80.49%	80	97.56%	81	98.78%
电子与通信工程系	电子测量技术与仪器	39	37	94.87%	39	100.00%	39	100.00%
电子与通信工程系	移动通信技术	44	41	93.18%	43	97.73%	43	97.73%
软件与服务外包学院	计算机应用技术	87	65	74.71%	80	91.95%	86	98.85%
软件与服务外包学院	计算机网络技术	84	75	89.29%	80	95.24%	81	96.43%
软件与服务外包学院	软件技术	45	37	82.22%	43	95.56%	45	100.00%
软件与服务外包学院	移动互联应用技术	47	42	89.36%	46	97.87%	47	100.00%
软件与服务外包学院	计算机信息管理	52	40	76.92%	50	96.15%	51	98.08%
经贸管理系	电子商务	100	93	93.00%	96	96.00%	97	97.00%
经贸管理系	物流管理	99	85	85.86%	99	100.00%	99	100.00%
经贸管理系	市场营销	100	82	82.00%	96	96.00%	96	96.00%
经贸管理系	财务信息管理	97	84	86.60%	96	98.97%	97	100.00%
建筑工程与艺术设计系（文化与艺术系）	电脑艺术设计	82	70	85.37%	75	91.46%	81	98.78%
建筑工程与艺术设计系（文化与艺术系）	建筑工程技术	40	24	60.00%	29	72.50%	37	92.50%
建筑工程与艺术设计系（文化与艺术系）	数字媒体设计与制作	78	64	82.05%	68	87.18%	78	100.00%
国际教育学院	商务英语	77	62	80.52%	63	81.82%	75	97.40%
国际教育学院	商务日语	42	29	69.05%	29	69.05%	42	100.00%
国际教育学院	旅游管理	43	34	79.07%	34	79.07%	43	100.00%
国际教育学院	旅游英语	60	52	86.67%	52	86.67%	60	100.00%
汽车工程系	汽车电子技术	83	68	81.93%	75	90.36%	83	100.00%
汽车工程系	汽车技术服务与营销	51	39	76.47%	45	88.24%	50	98.04%
汽车工程系	汽车检测与维修技术	50	41	82.00%	46	92.00%	50	100.00%

办学质量

专业建设

苏州工业职业技术学院专业建设情况一览表

类别	专业名称	所属系（院）	级别	时间	备注
特色专业	数控技术	精密制造工程系	省级	2010—2012	验收通过
重点建设专业	数控技术	精密制造工程系	省级	2012—2015	验收通过
	应用电子技术	电子与通信工程系	省级	2012—2015	验收通过
	软件技术	软件与服务外包学院	省级	2012—2015	验收通过
	物流管理	经贸管理系	省级	2012—2015	验收通过
央财支持重点建设专业	通信技术	电子与通信工程系	国家级	2011—2013	验收通过
	机电一体化	机电工程系	国家级	2011—2013	验收通过
“十二五”高等学校重点专业群	数控装备应用技术专业群（数控技术、模具设计与制造、数控设备应用与维护）	精密制造工程系	省级	2012.9—2015.12	验收通过
	机电一体化技术专业群（机电一体化技术、电气自动化技术、自动化生产设备应用）	机电工程系	省级	2012.9—2015.12	验收通过
	电子信息技术专业群（应用电子技术、通信技术、电子信息工程技术、电子测量技术与仪器）	电子与通信工程系	省级	2012.9—2015.12	验收通过
苏州市高职院校优秀新专业	数控设备应用与维护	精密制造工程系	市级	2013.8—2015.9	验收通过
	计算机信息管理	软件与服务外包学院	市级	2015.12—	建设中
校重点建设专业群	信息技术服务外包专业群（软件技术、计算机应用技术、计算机网络技术、计算机信息管理、移动互联应用技术）	软件与服务外包学院	校级	2014.8—2015.11	验收通过
	市场营销专业群（市场营销、电子商务、汽车技术服务与营销）	经贸管理系	校级	2014.8—2015.11	验收通过
	高职应用英语专业群（商务英语、旅游英语、应用英语）	国际教育学院	校级	2014.8—2015.11	验收通过
省品牌专业	数控技术	精密制造工程系	省级	2015.6—2019.6	验收通过
江苏省高等职业教育高水平骨干专业	工业机器人技术	精密制造工程系	省级	2017.9—2020.8	建设中
	数控设备应用与维护	精密制造工程系	省级	2017.9—2020.8	建设中
	软件技术	软件与服务外包学院	省级	2017.9—2020.8	建设中
	机电一体化技术	机电工程系	省级	2017.9—2020.8	建设中
	应用电子技术	电子与通信工程系	省级	2017.9—2020.8	建设中
全国职业院校装备制造类示范专业点	机电一体化技术	机电工程系	国家级	2017.7—	建设中

课程建设

苏州工业职业技术学院课程建设情况一览表

类别	课程名称	所属系（院）	级别	建设时间	备注
省级精品课程	EDA 技术	电子与通信工程系	省级	2008–2010	建设完成
	液压传动与气动技术	电子与通信工程系	省级	2010–2013	建设完成
	单片机应用与实践	机电工程系	省级	2010–2013	建设完成
市优秀新课程	苏州市优秀新课程——电子产品组装调试与维修	电子与通信工程系	市级	2014.7–2016.7	建设完成
	苏州市优秀新课程——数控机床故障诊断与维修	精密制造工程系	市级	2015.12–2018.9	建设完成
	苏州市优秀新课程——零件的多轴数控编程与加工	精密制造工程系	市级	2017.11–	建设中
国际教育园共享课程	创新思维与方法	经贸管理系	市级	2017	建设完成
	创业进阶	经贸管理系	市级	2018	建设完成
	现代企业管理的道与术	经贸管理系	市级	2019	建设中
市精品在线开放课程	C 语言程序设计	软件与服务外包学院	市级	2017.12	建设完成
省高校在线开放课程	多轴数控编程与仿真加工（NX CAM）	精密制造工程系	省级	2017.3	建设完成
	计算机应用基础	软件与服务外包学院	省级（联合建设项目）	2017.3	建设完成
	大学英语（Ⅰ、Ⅱ）	国际教育学院	省级（联合建设项目）	2017.3	建设完成
	高等数学（一）	建筑工程与艺术设计系	省级（联合建设项目）	2017.3	建设完成
国家精品在线开放课程	多轴数控编程与仿真加工（NX CAM）	精密制造工程系	国家级	2018.12–	建设中
	计算机应用基础	软件与服务外包学院	国家级	2018.12–	建设中

教材建设

苏州工业职业技术学院教材建设情况一览表

类别	教材名称	所属系（院）	主要编写者	备注
省精品教材	《实用数控编程与操作》	精密制造工程系	钱东东	
	《UG NX 5.0 应用与实例教程》	精密制造工程系	李长春	
	《电子仿真技术》	电子与通信工程系	刘训非	
	《体育与健康新教程》	体育部	楚蕴源（参与）	
	《计算机网络基础项目化教程》	软件与服务外包学院	俞海英	
	《UG NX CAD 应用案例教程（第 2 版）》	精密制造工程系	石皋莲、吴少华	
	《单片机技术及应用》	电子与通信工程系	刘训非、陈希	
“十二五”职业教育国家规划教材	《国际结算操作》	经贸管理系	王文武、郭薇	
	《C# 程序设计项目化教程》	软件与服务外包学院	何福男、汤晓燕	
	《网站设计与网页制作项目教程》	软件与服务外包学院	何福男、密海英	
	《电子 EDA 技术 (Multisim)》	电子与通信工程系	刘训非、翟红	
教指委精品教材	《液压传动与气动技术（第 3 版）》	机电工程系	龚肖新	

续表

类别	教材名称	所属系(院)	主要编写者	备注
全国机械行业高等职业教育“十二五”规划教材	《多轴数控编程与加工案例教程》	精密制造工程系	石皋莲、季业益	
	《加工中心编程与操作项目教程》	精密制造工程系	马俊、成立	
	《加工中心编程与操作项目教程实践及评价手册》	精密制造工程系	马俊、成立	
	《机械零件的手动加工》	精密制造工程系	熊越东、徐忠兰	
	《典型机械零件数控加工项目教程》	精密制造工程系	吴少华、顾涛	
全国机械行业职业教育优秀校本教材	《数控车床编程与操作项目教程》	精密制造工程系	钱东东、罗平尔	2014 年二等奖
	《首件加工与调试》	精密制造工程系	吴少华、顾涛	2014 年一等奖
省高等学校重点教材	《UG NX CAD 应用案例教程(第 2 版)》	精密制造工程系	石皋莲、吴少华	
	《三维机械设计项目教程》	机电工程系	龚肖新、慕灿、温贻芳	
	《电子元器件的焊接工艺》	电子与通信工程系	邵利群、臧华东	
	《加工中心编程与操作项目教程》	精密制造工程系	马俊、成立	
	《电子测量与仪器》	电子与通信工程系	黄璟、金薇	
	《PLC 应用与实践教程(三菱)》	机电工程系	温贻芳、李洪群、王月芹	江苏省高等学校教学管理研究会教材管理工作委员会推荐
	《液压传动与气动技术(第 3 版)》	机电工程系	曹建东、龚肖新	江苏省高等学校教学管理研究会教材管理工作委员会推荐
	《模拟电子技术项目教程》	电子与通信工程系	金薇、邵利群	
	《NX10.0 多轴数控编程典型案例教程》	精密制造工程系	石皋莲、季业益	
“十二五”省高等学校重点教材	《典型机械零件数控加工项目教程——首件加工与调试》	精密制造工程系	吴少华、顾涛	
	《电子产品组装调试与维修》	电子与通信工程系	李洪群、闫丽华	
“十三五”省高等学校重点教材	《多轴数控编程与加工案例教程》	精密制造工程系	石皋莲、季业益	
	《数字电子技术项目教程》	电子与通信工程系	邵利群、杭海梅	
	《NB-IoT 应用技术项目化教程》	电子与通信工程系	朱祥贤、吴冬燕	
	《创新思维与方法》	经贸管理系	桂德怀	

实验实训室建设

苏州工业职业技术学院实验实训基地建设情况一览表

序号	系部	项目名称	级别	级别全称	年份
1	精密制造工程系	数控技术实训基地	省级	高等职业教育实训基地	2009
2	电子与通信工程系	2011 年度中央财政支持的职业教育实训基地建设项目——应用电子技术	国家级	2011 年度中央财政支持的职业教育实训基地建设项目	2011
3	机电工程系	智能制造装备自动化技术实训基地	省级(综合型)	江苏省省级高等职业教育实训基地建设项目	2012
4	精密制造工程系	校企“双主体”数控技术高技能人才培养模式创新实验基地	省级	省级高等教育人才培养模式创新实验基地	2013

续表

序号	系部	项目名称	级别	级别全称	年份
5	机电工程系	2013 年度中央财政支持的职业教育实训基地建设项目——电气自动化技术	国家级	2013 年度中央财政支持的职业教育实训基地建设项目	2013
6	机电工程系	数字化智能制造与精密检测技术实训平台	省级	高等职业教育产教深度融合实训平台	2016
7	精密制造工程系	江苏省工业机器人与智能装备产教融合实训平台	省级	高等职业教育产教深度融合实训平台	2016

国家职业技能培训、鉴定机构

苏州工业职业技术学院国家职业技能培训、鉴定机构情况一览表

序号	机构名称	培训(鉴定)项目	等级
1	全国 CAD 应用培训网络－南京中心·职业技术培训证书	AUTOCAD	中级、高级
2	全国 CAD 应用培训网络－南京中心·职业技术培训证书	PROTEL	中级
3	国家制造业信息化培训中心 3D 办·全国三维数字化技术应用能力认证	三维 CAD 应用工程师(3DV4)	中级
4	苏州市人力资源和社会保障局·职业资格证书	电工	四级、三级
5	人力资源和社会保障部职业技能鉴定中心·全国计算机信息高新技术考试合格证书	计算机维修工	四级
6	江苏省人力资源和社会保障厅·职业技能鉴定	计算机网络管理员	三级
7	苏州市人力资源和社会保障局·职业资格证书	汽车维修工	四级
8	工业和信息化部人才交流中心·全国信息化工程师项目	图像处理师	—
9	工业和信息化部人才交流中心·全国信息化工程师项目	FLASH 制作师	—
10	教育部考试中心	全国计算机等级考试	一级、二级、三级、四级
11	教育部高等教育司	全国大学英语四、六级考试	四级、六级
12	高等学校英语应用能力考试委员会	高等学校英语应用能力考试	A 级、B 级

教学团队建设

苏州工业职业技术学院教学团队建设情况一览表

奖项	类别	所属系(院)	时间	备注
校优秀教学团队	应用电子技术	电子与通信工程系	2011.1—2012.12	
校优秀教学团队	数控技术	精密制造工程系	2011.2—2012.1	
省优秀教学团队	机电一体化技术	机电工程系	2010.9—2013.9	
省优秀教学团队	数控技术	精密制造工程系	2017.5	2017 年江苏高校“青蓝工程”优秀教学团队
省高校优秀科技创新团队	智能制造成套装备	科技创新团队	2017.8	

教学改革成果获奖情况

苏州工业职业技术学院教学改革成果获奖情况一览表

奖项	项目名称	获奖等级	负责人	时间
市教育教学成果奖(高等教育类)	企业学院:协同育人的实践创新与理论探索	特等奖	曹建东、苏霄飞、石皋莲、温贻芳、章雯、何福男	2016.8

续表

奖项	项目名称	获奖等级	负责人	时间
市教育教学成果奖（高等教育类）	“我在乎你”办学精神引领高职人才培养模式创新的研究与实践	二等奖	苏益南、桂德怀、贾虹、刘慧、王震、唐祥金	2016.8
	智能工厂物流技术技能人才“校企协同、工商并重”培养模式研究与实践	特等奖	苏霄飞、桂德怀、苏华、欧阳芳、周芳	2016.9
	基于“苏式”企业学院的数控高精高效加工技术人才培养体系创新与实践	二等奖	石皋莲、苏霄飞、屠春娟、耿哲、顾涛、殷铭、黄华栋、丁云鹏	2016.9
省教学成果奖（高等教育类）	机电一体化模块化教学	二等奖	曹建东	2007.12
	行企校联动，改革与创新应用电子技术专业人才培养模式	二等奖	殷庆纵、刘训非、王栋、张宇峰、臧华东	2011
	服务于软件人才培养的“知能并进”项目教学平台及其资源建设	一等奖	何福男、俞海英、密海英、汤晓燕、何亮	2013.2
	基于校企“双主体”的“三室三岗工学结合”制造类人才培养模式的探索与实践	二等奖	温贻芳、石皋莲、葛晓忠、徐忠兰、张淑红、屠春娟、杨洪涛、杨培生	2013.2
	四轮驱动推进改革持续提升教学质量的探索与实践	二等奖	曹建东、苏霄飞、桂德怀、王震、闫丽华	2013.2
	机电一体化技术专业“五教合一”人才培养体系的构建与实施	特等奖	温贻芳、龚肖新、于霜、高新浩、张泠、杨扬、周信、周红英	2017.9
	基于“一本四联”的生产与教学深度融合共同体构建与实施	一等奖	苏益南、薛臻、苏霄飞、石皋莲、桂德怀、王震、章雯、何福男、唐祥金	2017.9
	基于“大健康”理念的高职体育教学改革研究与实践	一等奖	刘晓、刁巍威、石茗茗、魏金龙、陈建辉、黄月勤、邵夏、陈海丽	2017.9
全国机械职业教育素质教育教学成果奖	开设生态文明课程，培养绿色文明的传播者	二等奖	陈宇光、贾虹、赵铭冠、陈艺、高珊、黄颖、居晓玮、黄正、邢文芝	2011
国家教学成果奖（职业教育）	高职机电类专业“五教合一”的产教融合人才培养模式创新与实践	一等奖	温贻芳、苏益南、苏华、龚肖新、高新浩、江建春、周保廷、于霜、石皋莲、薛迎春、杨扬、储建华	2018.8
物流职业教育教学成果奖	工商并重的现代物流技术应用人才“五教合一”培养体系创新与实践	一等奖	苏霄飞、桂德怀、苏华、欧阳芳、周芳、许斌	2018.3

各类考试通过率

2018年苏州工业职业技术学院高等学校英语应用能力通过情况

考试日期	考试等级	报考人数	实考人数	缺考人数	合格人数	合格率
201806	A	1101	811	290	134	16.52%
	B	569	388	181	160	41.24%
201812	A	2600	2389	211	1454	60.86%
	B	869	822	47	534	64.96%

2018年苏州工业职业技术学院全国计算机等级考试通过情况

考试日期	考试等级	报考人数	实考人数	缺考人数	合格人数	合格率
201803	一级	1785	1739	46	1433	82.40%
201809	一级	769	739	30	546	73.88%

科技服务

科研机构

省级科研机构情况

苏州工业职业技术学院省级科研机构情况一览表

序号	名称	挂靠部门或学院（部）	成立期	备注
1	天巧机器人众创空间	机电工程系	2017 年	国科发火〔2017〕410 号
2	江苏省智能机器人及成套装备创新中心	机电工程系	2016 年	苏经信科技〔2016〕607 号
3	江苏省工业机器人工程实验室	机电工程系	2016 年	苏发改高技发〔2016〕829 号
4	江苏省网络电视工程技术研究开发中心	电子与通信工程系	2010 年	苏教财〔2010〕69 号文 苏财教〔2010〕188 号文

市级科研机构情况

苏州工业职业技术学院市级科研机构情况一览表

序号	名称	挂靠部门或学院（部）	成立期	备注
1	苏州市中小企业嵌入式技术公共服务平台	电子与通信工程系	2012 年	苏州市科技局立项
2	苏州市装备制造自动化技术公共服务平台	机电工程系	2013 年	苏州市科技局立项
3	苏州市工业机器人系统集成与自动化装备技术重点实验室	机电工程系	2015 年	苏州市科技局立项
4	苏州市精密检测技术重点实验室	精密制造工程系	2018 年	苏州市科技局立项

校级科研机构情况

苏州工业职业技术学院校级科研机构情况一览表（研究所[院、中心]）

序号	名称	挂靠部门或学院（部）	成立时间
1	生态文明建设研究所	思想政治教学部	2010 年
2	文化产业研究所	建筑工程与艺术设计系	2012 年
3	制造技术创新研究所	精密制造工程系	2011 年
4	智能技术开发与应用中心	机电工程系	2012 年
5	品牌评价研究中心	国际教育学院	2012 年
6	资源规划（ERP）技术研究与服务中心	经贸管理系	2012 年
7	数控技术开发与服务中心	精密制造工程系	2013 年
8	西门子 NX CAD/CAE/CAM 技术开发与应用中心	精密制造工程系	2013 年
9	三坐标测量技术与应用中心	精密制造工程系	2013 年
10	精益六西格玛（LSS）供应链管理育成中心	经贸管理系	2013 年
11	商业智慧软件技术研究所	软件与服务外包学院	2014 年
12	智能终端应用研发中心	软件与服务外包学院	2014 年

天巧机器人众创空间

1.概况

天巧机器人众创空间是专注于服务苏州机器人专业发展、传播大学生创新创业思想、营造创新创业氛围、孵化大学生创新创业成果的创新创业平台，坚持“立足国际教育园、服务专业发展、辐射苏州、兼顾长三角、聚集产业”的定位。空间推行企业化管理、市场化运作模式，组建集市场化、专业化、集成化、网络化为一体的众创空间。空间为苏州地区机器人及智能制造相关创业项目提供低成本、便利化、全要素的开放式的全方位创新创业服务。

众创空间通过校企合作的模式，实施“传—帮—带”的发展运营模式，采用传授与扶持的办法让拥有成功管理经验的龙头企业、地标企业与创业取得成功的企业实施对接，让其快速成长；让创业成功的企业帮助初创的企业进行全方位的运营指导，让其走上运行轨道；让创业成功的企业组成联合会，定期举办创业讲座、创业政策宣传等活动带动创业热情，初步形成良好的创业氛围，辐射整个国际教育园乃至苏州市大学生的创业项目。

2.创业资源服务

空间现有创业导师32人，拥有发明专利3项、实用新型专利55项，在权威期刊上发表论文40多篇，大学生参加创业大赛获奖10多次，逐步形成了涵盖场地租赁、创业辅导、创业培训、创业孵化、投资对接、股权路演等的专业运营空间。

众创空间积极拓展培训项目，将创业思想、创业内容等创业教育融入创业课程，将创业课程分为四个模块。第一个模块“产生你的企业想法”课程创业启蒙培训；第二个模块“创办你的企业”课程的培训；第三个模块是“经营你的企业”课程的培训；第四个模块是“发展你的企业”课程的培训，旨在帮助企业初成规模，使需要进一步做强、做大、做优的企业脱颖而出，发展得更好，走得更远。

3.技术创新服务

众创空间充分协调利用、积极拓展公共资源，结合学校实际，使现有的实验实训设备及省、市国家实训基地等为众创空间提供研发、创意的全方位支持，为研发、工业设计与创意提供软硬件的设备保障，节约研发成本，实施产学研培“一条龙”服务。其中：汇川技术实验室、PLC技术实验室为苏州瑞思机电科技有限公司提供技术研发服务，服务经费30多万元；液压气动技术实验室为三一重机有限公司和上海油压机械有限公司提供技术培训服务，培训人数60多人次，服务经费2万多元；维修电工实训室为苏州阿特斯阳光电力科技有限公司培训员工20多人，实现服务收入3万多元；三菱PLC实训室为创业者提供PLC中高级职业资格证书培训每年200多人次，实现服务收入6万多元，共计实现服务收入68.4万元。

江苏省智能机器人及成套装备制造业创新中心

1.概况

江苏省智能机器人及成套装备制造业创新中心是2016年经江苏省经济和信息化委员会批准成立的省级制造业创新中心。由苏州工业职业技术学院联合覆盖全产业链的骨干企业共同进行创新中心建设，创新中心下设工业机器人关键技术研究院、技术服务部、产教联盟管理中心和众创空间管理中心。按照公司化开展管理和运营工作。是联合江苏地区的行业龙头企业、科研院所和高校共建的研发平台，面向工业机器人产业链重点环节和广大中小企业，为工业机器人产业集聚发展提供技术研发、技术孵化、成果转化、人才培养等服务。

创新中心汇聚了由苏州大学、东南大学、南京航空航天大学共同组建而成的顶尖研发团队。现有科研人员58人，其中，正高级15人、副高级20人，博士50人。建立工业机器人与智能装备应用平台，打造工业机器人智能制造示范项目，建筑面积2000余平方米，现有相关实验设备资产总值超3000万元。

2.科研学术

完成了“非结构化环境下网络感知与传感技术”“机器人用高精度减速机”“机器人虚拟样机开发”等研究，主持江苏省自然科学项目研究两项和江苏省高等学校自然科学研究重大项目，获江苏省科学技术奖三等奖1项。2018年，研发人员在核心期刊、学术期刊发表论文50余篇，获授权发明专利12项、实用新型专利80余项。

3.社会服务

与苏州亨通合作建成机器人码垛物流示范项目，与昆山华恒合作建成机器人焊接示范项目，并向全行业推广应用。2018年，为企业开发完成80余项机器人应用典型项目。

江苏省工业机器人工程实验室

1.概况

江苏省工业机器人工程实验室是2016年经江苏省发展和改革委员会批准成立的省级工程实验室。针对江苏对工业机器人的发展战略和需求，结合江苏省在工业机器人人才链、技术链、产业链、资本链等方面的优势，建设了符合工业机器人产业创新发展要求的研发协作机制，联合优势企业，构建研发团队，以国产自主化工业机器人核心零部件的若干关键技术的研究、开发与突破为目标，开展应用技术研究和必要的基础理论研究。

工程实验室现有江苏省“青蓝工程”科技创新团队，拥有科研人员45人，其中，正高级10人、副高级15人，博士36人。另有12名高校及行业企业知名专家参与技术研发。工程实验室建设有工业机器人本体技术、工业机器人集成系统、工业机器人系统应用等研究平台，集合了机器人本体技术、传感系统、传动机构、虚拟仿真、集成应用等功能单元，建筑面积1850平方米，现有相关实验设备资产总值2000余万元。

2.科研学术

开展江苏省自然科学项目研究两项“非结构环境下表面改性机器人动态运动规划与多物理场耦合研究”“仿人机械臂双三相永磁同步电机容错控制与协调操作”和江苏省高等学校自然科学研究重大项目“等离子表面处理机器人关键技术研究”；“低温高性能等离子体处理关键技术研发及应用”获江苏省科学技术奖三等奖。2018年，研发人员在核心期刊、学术期刊发表论文28篇，获授权发明专利8项、实用新型专利50余项。

3.社会服务

联合为企业开发设计机器人码垛包装、机器人自动检测等自动化设备及生产线改造项目。2018年，为企业开发完成36项机器人相关自动化产线改造项目，培训企业技术人员300人次。

江苏省网络电视工程技术研究开发中心

1.概况

江苏省网络电视工程技术研究开发中心（以下简称“技术开发中心”）是于2010年经江苏省教育厅批准，以苏工院为依托单位，以苏州冠捷科技有限公司和苏州市电子产品检验所有限公司为合作单位设立的省级工程技术研发中心。

技术开发中心主要以新一代信息技术及材料、智能信息处理与网络技术为主要研究方向。结合国家在新一代信息技术产业方面的重大需求，旨在构建“产学研一体化”为基本特征的科技创新示范平台，提高企业在智能制造大背景下的核心竞争力，有效推动江苏省，特别是苏州市的新一代信息技术产业的发展。

技术开发中心现有固定研究人员26人，其中，正高级5人、副高级12人，具有博士学位的研究人员6人，另外有10余位国内著名高校的研究人员在技术开发中心进行客座研究。技术开发中心现有面积800余平方米，其中独立研究和开发室500余平方米。

2. 科研学术

技术开发中心获省、市级项目20余项，联合合作企业获批江苏省高新技术产品3项。获授权发明专利26项，获授权实用新型专利98项、软件著作权12项，发表SCI论文、EI论文、中文核心期刊论文30余篇，参与国家电子行业标准起草与编制3项。技术开发中心吴阳江博士获批江苏省“333工程”第三层次培养对象。

3. 社会服务

技术开发中心除对理论研究成果推广应用之外，还对企事业单位急需解决的技术问题进行研究开发和技术服务。近年来，技术开发中心与多家企业开展产学研合作，承担横向课题30余项，为企业开展了技术研发和技术服务，解决相关技术问题。这些项目的实施和完成，为企业带来了巨大的经济效益。

苏州市中小企业嵌入式技术公共服务平台

1. 概况

苏州市中小企业嵌入式技术公共服务平台（以下简称“技术服务平台”）是于2012年经苏州市科技局批准，以苏工院为依托单位，以苏州汉达工业自动化有限公司为合作单位设立的市级技术服务平台。

技术服务平台主要为苏州市中小企业提供嵌入式技术和高端共享设备支持，主要服务领域涉及工业控制、交通管理、信息家电、家庭智能管理系统、环境工程与自然、POS网络及电子商务、机器人等。平台旨在有效地整合高校嵌入式人才、设备和技术改善区域创新创业环境，增强中小企业自主创新能力，破解中小企业缺乏核心竞争力的难题，对苏州市中小企业的嵌入式技术应用和实现区域经济产业结构调整具有深远的意义。

本技术开发中心现有固定研究人员20人，其中，正高级4人、副高级13人，具有博士学位的研究人员8人，另外有10余位企业嵌入式研究人员在技术开发中心进行客座研究。技术开发中心现有面积720余平方米，其中独立研究和开发室300余平方米。

2. 科研学术

技术服务平台获省、市级项目10余项，资助企业和教师联合申报课题30余项，联合合作企业获批江苏省高新技术产品4项，获授权发明专利18项、授权实用新型专利56项、软件著作权10项，发表SCI论文、EI论文、中文核心期刊论文20余篇，参与国家电子行业标准起草与编制3项。技术服务平台曾中明教授获批江苏省产业教授，汪亚博士获批江苏省“六大人才高峰”培养对象。

3. 社会服务

技术服务平台除对理论研究成果推广应用之外，还对苏州中小企业急需解决的技术问题进行研究开发和技术服务。近年来，技术服务平台与多家企业开展产学研合作，承担横向课题20余项，为企业开展了技术研发和技术服务，解决相关技术问题，产生直接经济效益达500万以上。

苏州市装备制造自动化技术公共服务平台

1. 概况

苏州市装备制造自动化技术公共服务平台是2013年苏州市科技局、财政局批准建设的苏州市第十二批科技发展计划（基础设施）项目。面向苏州及长三角地区装备制造领域中急需解决的自动化关键技术问题，整合苏州地域内自动化技术研发、产品设计、人才培养、咨询服务等各方优质资源，构建覆盖在苏企业的培训服务网络，为企业员工提供培训，为中小型企业新产品研发、试制、设备检测、生产工艺改进等提供解决方案和技术支持。建设完成了代表先进装备和自动化技术进步方向的，集特色人才培养、专业能力培训、职业资质认证、产品研发设计、技术咨询服务为一体的综合、创新、共享的服务平台。

2.科研学术

建设期内，成立学校智能技术研究应用中心，围绕柔性制造生产系统、工业机器人核心技术及工业机器人典型应用，主持完成市级科研课题8项、省级科研课题4项，获江苏机械工业科技进步奖一等奖2项、中国机械工业科学技术奖三等奖1项，获江苏省科学技术奖三等奖1项。平台团队人员在核心期刊、学术期刊发表论文50余篇，获授权发明专利5项、实用新型专利30余项。

3.社会服务

为企业开发自动化设备及生产线改造项目，开展技术咨询、技术培训等服务。建设期内，为企业开发完成100余项自动化产线改造项目，开展液压技术与机器人技术企业员工培训500人次。

苏州市精密检测技术重点实验室

1.概况

苏州市精密检测技术重点实验室（以下简称重点实验室）是2018年经苏州市科学技术局批准，以苏工院为依托单位，以苏州扬明实业有限公司为合作单位设立的市级重点实验室。

实验室围绕高端装备制造、先进材料、增材制造等苏州市产业发展新领域，服务于先进轨道交通、航空航天等“中国制造2025”重点行业，主要开展新材料的研发和检测、高端装备的综合性能测试（包括材料性能检测和装备、系统性能的试验、检测与认证）、高端装备零部件尺寸的精密测量等方面的研究工作，服务于苏州先进制造业的发展。

实验室现有固定人员27人，其中，教授5名，国家重点研发计划首席科学家1人，博士后3人、博士16人，高级职称24人，35岁以下主要研发人员11人。

2.科研学术

实验室研究人员2018年获得国家自然科学基金青年科学基金项目“笼形纳米碳包合物作为切削介质的冷却与润滑机理研究”1项，江苏省教育厅高校自然科学研究面上项目“木质生物质热裂解催化炼制富酚类热解油定向调控机制”1项。在核心期刊发表学术论文10余篇，申请发明专利3项、实用新型专利6项。

3.社会服务

实验室为企业开展精密零部件的设计、制造、检测和材料性能测试工作，具体开展的工作包括高铁座椅的材料开发和性能测试、谐波减速器用轴承材料的表面处理改进等。

科研立项

国家级项目

2018年苏州工业职业技术学院国家级科研项目一览表

序号	项目名称	项目批准号	负责人	所在单位	经费（万元）	立项日期/批文号
1	笼形纳米碳包合物作为切削介质的冷却与润滑机理研究	51805345	关集俱	精密制造工程系	25	2018.8

省级项目

2018年苏州工业职业技术学院省级科研项目一览表

序号	项目名称	项目批准号	负责人	所在单位	经费（万元）	立项日期/批文号
1	基于时间感知的多样性小众推荐算法技术研究	SBK2018042784	李文俊	软件与服务外包学院	20	2018.11.28

续表

序号	项目名称	项目批准号	负责人	所在单位	经费（万元）	立项日期 / 批文号
2	创新与开放驱动苏南打造世界级先进制造业集群路径与对策研究	SBR2018000340	王　佳	经贸管理系	5	苏科资〔2018〕34 号
3	基于跨境电商的江苏外贸企业集群创新模式研究	2018SJA1455	周　芳	经贸管理系	6	教社科司函〔2018〕154 号
4	企业学院深度协同育人的保障机制研究	D20180362	唐祥金	国际教育学院	—	2018.7.23
5	基于产教融合视域下的反馈型资助创新模式研究	X-C201821	殷海芳 贾　虹	院长室、学生工作处	—	2018.7.23
6	一流高职院校教师传授工匠精神的路径研究	D20180326	刘绪军	科技处	—	2018.7.23

市厅级项目

2018 年苏州工业职业技术学院市厅级科研项目一览表

序号	项目名称	项目批准号	负责人	所在单位	经费（万元）	立项日期 / 批文号
1	苏州市精密检测技术重点实验室	SZS201815	石皋莲	精密制造工程系	30	苏科资〔2018〕25 号
2	FPC 线路板自适应 AOI 收放卷机开发与研究	SYG201852	张淑红	机电工程系	8	苏科资〔2018〕41 号
3	基于人工智能算法的水产养殖环境智能监控及预警系统研究	SNG2018037	陈　丽	电子与通信工程系	5	苏科资〔2018〕40 号
4	木质生物质热裂解催化炼制富酚类热解油定向调控机制	18KJB480007	崔　勇	精密制造工程系	3	苏教科〔2018〕6 号
5	基于时序感知的小众推荐算法研究	18KJD520004	李文俊	软件与服务外包学院	—	苏教科〔2018〕6 号
6	超磁致伸缩 Fe-Ga 薄膜的磁各向异性调控机制研究	18KJD140005	刘　昊	电子与通信工程系	—	苏教科〔2018〕6 号
7	两化融合推动苏州制造业智能化发展及典型案例研究	SR201828	吴冬燕	电子与通信工程系	3	苏科资〔2018〕64 号文
8	乡村振兴背景下的苏州特色小镇生态保护研究	SRD201812	郝敬锋	建筑与艺术系	—	苏科资〔2018〕64 号文
9	苏州打造现代服务业新业态新模式研究	SR201830	崔亚玲	经贸管理系	3	苏科资〔2018〕64 号文
10	供给侧结构性改革背景下苏州服务业创新发展策略研究	SR201829	姚卓顺	经贸管理系	3	苏科资〔2018〕64 号文
11	创新驱动苏州开发区从产业集聚向能级提升的机制与路径研究	SR201832	王　佳	经贸管理系	3	苏科资〔2018〕64 号文
12	大数据推动苏州制造业向智能化发展的路径及典型案例研究	SRD201813	赵春燕	经贸管理系	—	苏科资〔2018〕64 号文
13	推动苏州制造业智能化发展的路径和典型案例研究	SR201827	孙　伟	软件与服务外包学院	3	苏科资〔2018〕64 号文
14	苏州离岸研发中心建设路径与发展对策研究	SR201831	张译匀	汽车工程系	3	苏科资〔2018〕64 号文

续表

序号	项目名称	项目批准号	负责人	所在单位	经费（万元）	立项日期 / 批文号
15	人口出生率降低对苏州未来经济社会的影响研究	SR201834	陈莉莉	软件与服务外包学院	3	苏科资〔2018〕64号文
16	苏州中小企业创业成本研究	SR201825	张琦英	经贸管理系	3	苏科资〔2018〕64号文
17	互联网和苏州电子信息产业深入融合的模式与路径研究	SR201823	孙　岚	电子与通信工程系	3	苏科资〔2018〕64号文
18	基于专利信息的苏州优势产业创新发展研究	SR201824	刘　慧	汽车工程系	3	苏科资〔2018〕64号文
19	苏州抢抓区域协同机遇对接上海全球科技创新中心发展的思路和对策研究	SR201833	桂德怀	经贸管理系	3	苏科资〔2018〕64号文
20	苏州优化企业营商环境的路径与对策研究	SR201826	欧阳芳	经贸管理系	3	苏科资〔2018〕64号文
21	苏州工业机器人产业发展现实瓶颈及突破路径研究	Y2018LX087	苏　华	高等职业教育研究所	5	苏社科字〔2018〕35号
22	校企深度融合背景下苏州高技能人才培养模式研究	Y2018LX088	刘绪军	科技处	—	苏社科字〔2018〕35号
23	苏州大运河文化带建设对策研究	Y2018LX089	王智会	工会	1	苏社科字〔2018〕35号
24	苏州古城数字化保护对策研究	Y2018LX090	包茜虹	软件与服务外包学院	1	苏社科字〔2018〕35号
25	苏州建立绿色低碳循环发展经济体系研究	Y2018LX091	盛永华	软件与服务外包学院	—	苏社科字〔2018〕35号
26	用融合思想打造苏州旅游名片提升旅游品牌的路径研究——以吴中旅游为例	Y2018LX092	张红梅	思想政治教学部	—	苏社科字〔2018〕35号
27	苏州高端产业链与高技能人才链融合发展对策研究	Y2018LX093	刘敏华	国际教育学院	1	苏社科字〔2018〕35号
28	以“全域定向”推进苏州“旅游＋体育”融合发展的新模式研究	Y2018LX094	魏金龙	体育部	1	苏社科字〔2018〕35号
29	“体医融合”背景下苏州居民健身创新策略研究	Y2018LX095	沈　贤	体育部	—	苏社科字〔2018〕35号
30	健康中国背景下苏州市民健身现状研究	Y2018LX096	石茗茗	体育部	—	苏社科字〔2018〕35号
31	苏州企业国际化创新现状与提升路径研究	Y2018LX097	张译匀	汽车工程系	—	苏社科字〔2018〕35号
32	苏州教育高质量发展路径研究	Y2018LX098	张　艳	思想政治教学部	1	苏社科字〔2018〕35号1
33	高职院校辅导员素质能力培养路径研究	18SZB-23	贾　虹	学生工作处	0.5	苏社科字〔2018〕35号
34	以农村产业融合助推精准扶贫——以苏州姚江村为例	18SYB-022	金　昱	宣传部	0.3	苏社联发〔2018〕47号
35	江苏优化企业营商环境的关键问题及对策研究	18SYC-025	欧阳芳	经贸管理系	—	苏社联发〔2018〕47号
36	江苏创意农业发展瓶颈及突破路径研究	18SYC-087	许　斌	经贸管理系	—	苏社联发〔2018〕47号

续表

序号	项目名称	项目批准号	负责人	所在单位	经费（万元）	立项日期 / 批文号
37	高职院校培育学生职业精神的路径研究	2018SJSZ469	王　竝	宣传部	—	苏教办社政函〔2018〕18 号
38	叶圣陶教育思想在创新高职人才培养模式中的实践研究	2018SJA1451	吴冬燕	电子与通信工程系	—	苏教办社政函〔2018〕18 号
39	校企合作产教融合推动器：企业学院持续发展研究	2018SJA1452	吴振英	电子与通信工程系	—	苏教办社政函〔2018〕18 号
40	江苏发展智能物流的路径与典型案例研究	2018SJA1453	欧阳芳	经贸管理系	—	苏教办社政函〔2018〕18 号
41	高水平高职院校专业设置与产业发展动态调整的实证研究	2018SJA1454	张卫星	机电工程系	—	苏教办社政函〔2018〕18 号
42	基于跨境电商的江苏外贸企业集群创新模式研究	2018SJA1455	周　芳	经贸管理系	—	苏教办社政函〔2018〕18 号
43	“放管服”结合视角下优化苏州市政务服务的对策研究	2018SJA1456	刘　昊	电子与通信工程系	—	苏教办社政函〔2018〕18 号
44	地域文化在构建高职院校特色校园文化建设中的实践研究	2018SJA1457	刘绪军	科技处	—	苏教办社政函〔2018〕18 号
45	江苏企业国际化创新现状与提升路径研究——以苏州为例	2018SJA1458	张译匀	经贸管理系	—	苏教办社政函〔2018〕18 号
46	长三角一体化加快背景下苏州的定位与工作重点研究	—	廖文杰	继续教育学院	30	2018.7
47	苏州市智能机器人科普馆	—	温贻芳	院长室	20	2018.7
48	以教育信息化推进高职高技能人才培养研究	—	欧阳芳	经贸管理系	—	2018.10
49	基于思维导图的智能微平台教学资源建设——以“网站设计与网页制作”课程为例	—	芮文艳	软件与服务外包学院	—	2018.10

科研成果统计

出版科研著作情况

2018 年苏州工业职业技术学院教职工出版科研著作情况一览表

序号	所在单位	类别	作者	著作名称	出版社	出版 / 修订期
1	院长室	专著	温贻芳	机电一体化技术专业升级的创新与实践	同济大学出版社	2018.3

发表科研论文情况

2018 年苏州工业职业技术学院教职工核心期刊发表科研论文情况一览表

序号	类别	作者	论文名称	期刊名称	发表时间	所在单位
1	CPCI	胡　静	Spatial distribution of SPAD value and determination of the suitable leaf for N diagnosis in cucumber	ESMA2017	2018.7.18	机电工程系
2	CSCD	叶　萍	基于 ADALINE 的 MMC 子模块电容电压均衡控制方法	电力电子技术	2018.2.18	电子与通信工程系

续表

序号	类别	作者	论文名称	期刊名称	发表时间	所在单位
3	CSCD	张明玉	微波烧结法制备羟基磷灰石/二氧化钛复合涂层	化工新型材料	2018.8.31	电子与通信工程系
4	CSCD	崔秋丽	基于人工蜂群算法的微网并网优化运行	系统仿真学报	2018.4.8	机电工程系
5	CSCD	沈玲莉	等温锻造温度对机械转子用 2524 铝合金高温性能的影响	热加工工艺	2018.10.31	机电工程系
6	CSCD	成　立	双法兰轴流风机机壳压铸模设计	特种铸造机有色金属	2018.8.28	精密制造工程系
7	CSCD	成　立	轴流风机核心部件结构的优化设计	中国塑料	2018.3.3	精密制造工程系
8	CSCD	黄华栋	石墨烯对氧化铝胶黏陶瓷涂层摩擦行为的影响	热加工工艺	2018.5.25	精密制造工程系
9	CSCD	陆宝山	镀锌板的摩擦磨损特性及微观机理研究	热加工工艺	2018.8.28	精密制造工程系
10	CSCD	陆宝山	基于分形粗糙表面的镀锌板接触与摩擦模型	塑性工程学报	2018.2.28	精密制造工程系
11	CSCD	马广辉	铸造缺陷对 ZL101 合金断裂行为的影响	铸造	2018.2.26	精密制造工程系
12	CSCD	石皋莲	Al(Ni) 含量对钛合金激光熔覆 AlNiMoSi 复合涂层摩擦学性能的影响	材料保护	2018.3.15	精密制造工程系
13	CSCD	屠春娟	不同形貌微织构自润滑陶瓷刀具切削性能的对比	机械工程材料	2018.11.15	精密制造工程系
14	CSCD	王卫芳	始锻温度对铝合金服装经编机盘头性能的影响	热加工工艺	2018.7.10	精密制造工程系
15	CSCD	王卫芳	机械曲臂锻压工艺的神经网络优化研究	热加工工艺	2018.6.10	精密制造工程系
16	CSCD	王　勇	一种九轴纵切车床的主要装配精度研究	制造业自动化	2018.10.25	精密制造工程系
17	CSCD	肖洪波	交流风机内定子铁芯便捷式压铸模具设计	特种铸造及有色合金	2018.9.17	精密制造工程系
18	CSCD	胡　霞	辨识阵构造方法更精确的时间复杂度模型	控制工程	2018.9.20	软件与服务外包学院
19	CSCD	胡　霞	集族等价与基于粒的下近似算子研究	智能系统学报	2018.4.25	软件与服务外包学院
20	CSCD	刘文军	无线传感器网络延迟约束的 MDC 分布式轨道规划算法	传感技术学报	2018.8.31	软件与服务外包学院
21	CSCD	温贻芳	表面改性冗余机器人关节动能的流形分析	固体火箭技术	2018.10.15	院长室
22	CSSCI	温贻芳	新技术新经济背景下高职专业升级的战略思考	高等工程教育研究	2018.9.28	院长室
23	EI	张明玉	Fabrication, Morphology and Properties of Polyimide/Al_2O_3 Nanocomposite Films via Surface Modification and Ion-Exchange Technique	Materials Science Forum	2018.1.13	电子与通信工程系
24	EI	时　荣	基于云安全的无线传感器网络安全优化研究（Security Optimization of Wireless Sensor Network Based on Cloud Platform）	iJOE	2018.6.30	软件与服务外包学院
25	SCI	程小荣	The photocathodic properties of a Fe_2O_3 wrapped $CuFeO_2$ layer on ITO glass	Chemical Physics	2018.8.1	电子与通信工程系

续表

序号	类别	作者	论文名称	期刊名称	发表时间	所在单位
26	SCI	汤小兰	Nanostructural dependence of photoluminescence and photosensing properties in hydrothermally synthesized Mg-doped ZnO nanorod arrays	Thin Solid Films	2018.3.1	电子与通信工程系
27	SCI	王　佳	Alternative approaches to treat respondent uncertainty in contingent willingness to pay estimation: a theoretical and empirical analysis	Journal of Molecular Liquids	2018.10.15	经贸管理系
28	SCIE	丁倩倩	Controlled synthesis of Cu nanoparticle arrays with	RSC Advances	2017.12.27	精密制造工程系
29	SCIE	罗　颖	Application of Intelligent Endowment in China's Community from the perpective of Smart City	Journal of Advanced Oxidation Technologles	2018.6.8	软件与服务外包学院
30	核心期刊	姜颖韬	智能扫地机器人双环积分滑模控制方法研究	机械设计与制造	2018.5.8	电子与通信工程系
31	核心期刊	荣雪琴	基于时序数据库的电力运维系统关键技术研究	电测与仪表	2018.5.10	电子与通信工程系
32	核心期刊	朱祥贤	基于船舶物联网的船舶通信系统设计	舰船科学技术	2018.11.10	电子与通信工程系
33	核心期刊	陆娴	依托茶企业资源开展高校大学生创业教育	福建茶叶	2018.5.25	对外交流与校企合作处
34	核心期刊	窦柯静	现代翻译与语言服务从业指南——翻译项目管理介评	中国科技翻译	2018.2.15	国际教育学院
35	核心期刊	唐祥金	企业学院深度协同的“五教合一”育人模式	职业技术教育	2018.1.10	国际教育学院
36	核心期刊	尹玖红	《贫民窟的百万富翁》背后的西方文化	电影文学	2018.6.15	国际教育学院
37	核心期刊	储建华	考虑参数摄动的感应电机新型滑模观测器	电气传动	2018.3.10	机电工程系
38	核心期刊	崔秋丽	基于PSCAD的微电网控制系统建模与仿真	可再生能源	2018.1.20	机电工程系
39	核心期刊	胡　静	与自动移栽相关的不同蔬菜穴盘苗力学特性	农机化研究	2018.5.17	机电工程系
40	核心期刊	李　健	差动垂直螺旋输送机相似准则推导	新疆大学学报(自然科学版)	2018.11.1	机电工程系
41	核心期刊	吕亚男	冷却过程中碳化钛纳米颗粒结构的分子动力学研究	钢铁钒钛	2018.11.1	机电工程系
42	核心期刊	吕亚男	含硼添加剂对硫酸渣球团性能的影响	烧结球团	2018.8.1	机电工程系
43	核心期刊	于　霜	永磁同步电机自适应鲁棒电流预测控制	微特电机	2018.12.26	机电工程系
44	核心期刊	宋冬萍	基于数据驱动的风力发电机组独立变桨距载荷优化控制	济南大学学报(自然科学版)	2018.4.18	机电工程系
45	核心期刊	薛迎春	基于高频注入的永磁同步电动机直轴正方向判定	微特电机	2018.5.1	机电工程系
46	核心期刊	张淑红	基于PLC的全自动柔性压端机控制系统	电气传动	2018.1.26	机电工程系
47	核心期刊	张卫星	一种自动玉米收获机的调高装置PID参数	农机化研究	2018.12.1	机电工程系
48	核心期刊	桂德怀	服务智能制造的智慧物流人才供求状况研究	中国职业技术教育	2018.7.26	经贸管理系

续表

序号	类别	作者	论文名称	期刊名称	发表时间	所在单位
49	核心期刊	许 斌	谈无人机物流人才的需求与供给	商业经济研究	2018.6.25	经贸管理系
50		赵春燕	基于“互联网 +”的苏州农业与二三产业融合对策	江苏农业科学	2018.12.27	经贸管理系
51	核心期刊	周 芳	产业竞争力视阈下区域跨境电商发展路径研究	商业经济研究	2018.10.20	经贸管理系
52	核心期刊	顾 涛	基于模糊灰色理论汽车横饰条进胶方案的优选	塑料科技	2018.6.10	精密制造工程系
53	核心期刊	顾 涛	涡轮增压器壳体自动铆压机的设计与分析	机床与液压	2018.1.25	精密制造工程系
54	核心期刊	季业益	低碳钢表面钨极氩弧堆焊多元合金粉末涂层组织与耐磨性能研究	铸造技术	2018.9.18	精密制造工程系
55	核心期刊	孔 茗	塑料激光焊接技术在汽车制造中的应用	塑料科技	2018.12.1	精密制造工程系
56	核心期刊	孔 茗	新环保要求下报废车用塑料回收利用现状分析与展望	塑料科技	2018.6.15	精密制造工程系
57	核心期刊	李长春	上下料机器人视觉测量系统关键技术的研究	机床与液压	2018.8.29	精密制造工程系
58	核心期刊	肖洪波	风机制造中快捷高效车床夹具的设计与应用	机床与液压	2018.10.19	精密制造工程系
59	核心期刊	肖洪波	叠压铆压工装在风机部件制造中的应用	微特电机	2018.9.17	精密制造工程系
60	核心期刊	肖洪波	交流风机内定子铁芯制造的模具工艺保证	微特电机	2018.7.17	精密制造工程系
61	核心期刊	熊越东	椭圆旋摆加工内多边形技术	机床与液压	2018.7.16	精密制造工程系
62	核心期刊	熊越东	回转体内多边形旋摆加工技术研究	组合机床与自动化加工技术	2018.4.16	精密制造工程系
63	核心期刊	刘绪军	以人民为中心的高等职业教育改革体系构建与推进策略	教育与职业	2018.11.26	科技处
64	核心期刊	刘绪军	高职院校众创空间发展模式及推进策略	中国职业技术教育	2018.8.1	科技处
65	核心期刊	陆文灏	基于自动给料机的变频速度调节控制研究	农机化研究	2018.12.1	汽车工程系
66	核心期刊	陆文灏	基于矿用无刷直流电机的模糊分数阶 PID 控制研究	煤炭技术	2018.1.5	汽车工程系
67	核心期刊	黄金晶	k*- 支配 Slyline 查询在实验数据检索中的应用	实验室研究与探索	2018.4.1	软件与服务外包学院
68	核心期刊	栾咏红	结合组 SIFT 特征和多元词袋模型的图像检索方法	计算机工程与设计	2018.4.16	软件与服务外包学院
69	核心期刊	王 喜	交错立方体上限制容错单播算法的研究	西南师范大学学报（自然科学版）	2018.9.15	软件与服务外包学院
70	核心期刊	沈 贤	苏州市 70 岁及以上老年人健康体适能及与生活质量的关系	中国老年学杂志	2018.7.25	体育部
71	核心期刊	石茗茗	数字化时代体育新闻的传播及发展趋势	新闻战线	2018.11.3	体育部
72	核心期刊	温贻芳	等离子喷涂机器人基于 Adaboost 算法的操作性能研究	制造技术与机床	2018.7.30	院长室
73	核心期刊	温贻芳	基于“三螺旋”理论的机电专业人才培养路径探究	职业技术教育	2018.5.28	院长室
74	核心期刊	温贻芳	系统论视阈下高职机电一体化技术专业课程体系构建探究	中国职业技术教育	2018.4.10	院长室

科研成果获奖

2018年苏州工业职业技术学院教职工获市厅级以上奖项情况一览表

序号	奖项	获奖级别及等级	项目名称	主要完成单位	主要完成人
1	江苏省科技进步奖	省级 三等奖	低温高性能等离子体处理关键技术研究与应用	苏州工业职业技术学院	温贻芳
2	江苏省十五届哲学社会科学优秀成果奖	省级 三等奖	苏州文化创意产业与金融融合发展的现状与建议	苏州工业职业技术学院	廖文杰
3	苏州市第十四次哲学社会科学优秀成果	市厅级 三等奖	苏州文化创意产业与金融融合发展的现状与建议	苏州工业职业技术学院	廖文杰
4	江苏省社科应用研究精品工程优秀成果奖	市厅级 三等奖	中国传统文化代表性项目走出去及文化自信	苏州工业职业技术学院	唐祥金
5	中国物流学会优秀课题	市厅级 三等奖	汽车制造企业绿色供应链风险识别与风险评价实证研究	苏州工业职业技术学院	刘　慧
6	2018年度物流教改教研课题	市厅级 二等奖	无人机物流人才的需求与供给研究	苏州工业职业技术学院	许　斌
7	2018年度物流教改教研课题	市厅级 三等奖	物流专业课赛融通教学模式研究	苏州工业职业技术学院	姚卓顺

发明专利授权

2018年苏州工业职业技术学院教职工获发明专利授权情况一览表

序号	专利号	专利名称	第一发明人	授权公告日	所在单位
1	201610046428.9	汽车尾箱锁动态测试机的测试方法	吴少华	2018.4.24	党委组织部（党委统战部）
2	201610046380.1	汽车尾箱锁动态测试机的锁具固定机构	吴少华	2018.7.10	党委组织部（党委统战部）
3	201510817032.5	基于ZigBee的远程无线抄表系统及其性能检测方法	黄　璟	2018.10.26	电子与通信工程系
4	201610473341.X	基于嵌入式CAN总线的混合动力汽车电子编程站系统	吴振英	2018.10.26	电子与通信工程系
5	201410796292.4	基于PageRank算法的应急通讯话务优先排序方法	罗红艳	2018.2.23	电子与通信工程系
6	201510338620.0	基于单片机的电磁继电器特性参数测量仪	吴冬燕	2018.3.13	电子与通信工程系
7	201610303924.8	轮足切换式机器人系统及其控制方法	钱　昕	2018.3.13	电子与通信工程系
8	201510599192.7	农田实时水位数据监测系统	陆　蔺	2018.4.6	电子与通信工程系
9	201610226602.8	一种多层纳米复合相变薄膜材料及其制备方法和应用	吴冬燕	2018.5.8	电子与通信工程系
10	201510106899.X	一种飞行控制器及其辅助飞行控制方法	刘训非	2018.6.1	电子与通信工程系
11	2016109863034	电压自适应开关电源	王　勤	2018.8.31	电子与通信工程系
12	201710148379.4	一种方雾点自动组装机	龚肖新	2018.11.6	机电工程系
13	201510902726.9	电源输出控制系统	王熙雏	2018.4.27	机电工程系
14	201511029710.8	一种伺服电机位置控制的教学实验装置	许月琳	2018.4.6	机电工程系
15	201610349364.X	一种用于轮胎厂橡胶片冷却的全自动控制系统	崔秋丽	2018.6.29	机电工程系
16	201610846664.9	一种集净化与监控于一体的实验基地管理平台	姜玉珍	2018.9.18	机电工程系
17	201710113127.8	一种工件摆放装置	王　勇	2018.10.26	精密制造工程系

续表

序号	专利号	专利名称	第一发明人	授权公告日	所在单位
18	201611072052.5	一种重型工件自动翻转机	李春雷	2018.11.9	精密制造工程系
19	201611108696.5	一种双转盘双钻台自动钻孔机	顾　涛	2018.11.9	精密制造工程系
20	201610242351.2	涨胎自动卸料式定子铁芯的迭压模具	肖洪波	2018.3.16	精密制造工程系
21	201610331372.1	一种具有抗压减震功能的快递盒	石皋莲	2018.4.24	精密制造工程系
22	201610046427.4	汽车尾箱锁动态测试机	石皋莲	2018.6.5	精密制造工程系
23	201610046446.7	汽车尾箱锁动态测试机的尾箱盖机构	石皋莲	2018.6.5	精密制造工程系
24	201610954283.2	一种用于二胡弦轴自动加工机的切断机构	顾　涛	2018.6.5	精密制造工程系
25	201610951039.0	一种用于二胡弦轴自动加工机的钻孔机构	顾　涛	2018.6.5	精密制造工程系
26	201610952807.4	一种用于二胡弦轴自动加工机的夹紧分度机构	沈　进	2018.8.31	精密制造工程系
27	201710237217.8	一种用于管料锯割的自动锯料机	李春雷	2018.9.18	精密制造工程系
28	201510601884.0	基于单片机的豆浆机	章　雯	2018.5.8	科技处
29	201610961030.8	一种二胡弦轴自动加工机	马　俊	2018.11.9	汽车工程系
30	201610963430.2	一种用于二胡弦轴自动加工机的磨削机构	马　俊	2018.11.9	汽车工程系
31	201510137263.1	一种电机的 PID 智能调速方法	臧华东	2018.3.6	汽车工程系

学术交流

学术讲座

2018 年苏州工业职业技术学院学术交流情况一览表

序号	主讲人	主题	单位 / 职务	日期	承办单位
1	高　强	汽车门板注塑模具及其注塑成型工艺	劳士领汽车配件（昆山）有限公司 / 总经理	2018.12.7	精密制造工程系
2	束　锋	多天线与信息安全与隐蔽传输	南京理工大学 / 教授	2018.11.27	电子与通信工程系

国际合作交流

外籍教师聘用

2018 年苏州工业职业技术学院外籍教师情况一览表

姓名	性别	国籍	受聘院系	聘期	备注
Elliot Michael Holtom	男	英国	国际教育学院	2018 年下半年	新聘

公派出国（境）情况

2018 年苏州工业职业技术学院公派出国（境）情况一览表

序号	姓名	所在院系、部门	目的地	外出时间	备注
1	尹玖红	国际教育学院	美国	2018.11.13—2019.5.12	访问学者
2	耿　哲	精密制造工程系	英国	2018.2.25—2019.2.24	访问学者

到校交流访问

2018年苏州工业职业技术学院到校交流、访问情况一览表

序号	来访单位	来访人数	事由	日期
1	缅甸金耀集团	3	到校交流	2018.7.8—2018.7.11

中外合作办学

2018年苏州工业职业技术学院中外合作办学情况一览表

序号	国家（地区）	合作学校	协议内容	协议期限
1	英国	英国剑桥地区学院	合作举办机电一体化技术专业专科教育项目	2016.4—2024.3

教职工队伍

全体教职工情况

2018年苏州工业职业技术学院教职工情况统计表

单位：人

类别	教职工数					另有其他人员	
	校本部教职工					聘请校外教师	离退休人员
	合计	专任教师	行政人员	教辅人员	工勤人员		
合计	499	378	80	26	15	226	242
其中：女	299	245	43	9	2	46	99
正高级	21	19	2	—	—	—	3
副高级	116	95	18	3	—	18	129
中级	270	204	48	18	—	145	—
初级	63	50	8	5	—	63	—
未定职级	29	10	4	—	15	—	—

专任教师职称、学历（位）情况

2018年苏州工业职业技术学院专任教师职称、学历（位）情况统计表

单位：人

类别	正高级	副高级	中级	初级	无职称	总计	其中：女
博士	4	2	22	27	3	58	22
硕士	10	68	156	19	7	260	183
本科	5	25	26	4	—	60	40
合计	19	95	204	50	10	378	245

全校专任教师年龄情况

2018年苏州工业职业技术学院专任教师年龄情况统计表

单位：人

类别		29岁及以下	30—34岁	35—39岁	40—44岁	45—49岁	50—54岁	55—59岁	合计
按职称分	正高级	—	—	2	3	4	7	3	19
	副高级	—	—	19	30	25	14	7	95
	中　级	2	24	140	24	12	1	1	204
	初　级	20	16	9	5	—	—	—	50
	无职称	7	3	—	—	—	—	—	10
按学历（学位）分	博　士	5	28	16	5	3	—	1	58
	硕　士	23	11	139	49	29	9	—	260
	本　科	1	4	15	8	9	13	10	60

各类专家、学术带头人、培养对象名单

苏州工业职业技术学院各类专家、学术带头人、培养对象名单

类别	姓名	性别	所在单位	备注
国务院特殊津贴	唐祥金	男	对外交流与校企合作处	
江苏省突出贡献的中青年专家	唐祥金	男	对外交流与校企合作处	
江苏省教学名师	温贻芳	女	院长室	
江苏省“333高层次人才培养工程”培养对象	唐祥金	男	对外交流与校企合作处	第2期
	唐祥金	男	对外交流与校企合作处	第3期
	唐祥金	男	对外交流与校企合作处	第4期
	桂德怀	男	高等职业教育研究所（学报编辑部、质量保证中心）	第4期
	温贻芳	女	院长室	第5期
	王　勇	男	精密制造工程系	第5期
	苏　华	男	经贸管理系	
	吴阳江	男	电子与通信工程系	
	汪　亚	男	电子与通信工程系	
江苏省“六大人才高峰”培养对象	桂德怀	男	高等职业教育研究所（学报编辑部、质量保证中心）	
	唐祥金	男	对外交流与校企合作处	
	温贻芳	女	院长室	
	汪　亚	男	电子与通信工程系	
江苏省“双创计划”人才	储建华	男	机电工程系	
江苏省高校“青蓝工程”中青年学术带头人	朱祥贤	男	电子与通信工程系	
	温贻芳	女	院长室	
	刘　慧	女	汽车工程系	
	储建华	男	机电工程系	
	苏　华	男	经贸管理系	
	吴冬燕	男	电子与通信工程系	

续表

类别	姓名	性别	所在单位	备注
江苏省高校“青蓝工程”优秀青年骨干教师	陈卫萍	女	建筑工程与艺术设计系	
	温贻芳	女	院长室	
	陈园园	女	软件与服务外包学院	
	马　俊	男	汽车工程系	
	丁金珠	女	国际教育学院	
	苏　华	男	高职研究所	
	王　瑾	女	建筑工程与艺术设计系	
	葛晓忠	男	教务处	
	吴冬燕	男	电子与通信工程系	
	王　勇	男	精密制造工程系	
	章　雯	女	电子与通信工程系	
	张淑红	女	机电工程系	
	薛迎春	女	机电工程系	
	殷　铭	男	精密制造工程系	
	于　霜	女	机电工程系	
	周　芳	女	经贸管理系	
	鹿　霖	女	机电工程系	
江苏省高校“青蓝工程”科技创新团队	温贻芳	女	院长室	
江苏省高校“青蓝工程”优秀教学团队	石皋莲	女	精密制造工程系	
	桂德怀	男	经贸管理系	

全校获副高及以上专业技术资格人员名单

苏州工业职业技术学院获副高及以上专业技术资格人员名单

所在单位	专业技术资格	
	正高	副高
校党委	温贻芳	王洪法　曹建东　殷海芳　苏霄飞　吴少华　王　竝　黄莉萍（校原党委委员、原副院长）
党政办公室（外事与港澳台办公室）	—	—
党委组织部（党委统战部）	吴少华	—
党委宣传部	—	王　竝
纪检监察室	—	庄剑英　徐　敏
人事师资处（教师工作部）	—	钟　克
教务处	—	何福男　葛晓忠
科技处	—	刘绪军
学生工作处（学生工作部、招生办公室）	贾　虹	—
对外交流与校企合作处	王　震	邵利群　刘　向
财务处（审计处）	—	杨　飞
保卫处（人民武装部）	—	—
后勤与资产管理处	刘　晓	汤鸿波　盛昌华
工会	章　雯	王　晓
团委	—	—
数字化校园与图文信息中心	—	何旭明　陆　布

续表

所在单位	专业技术资格	
	正高	副高
高等职业教育研究所（学报编辑部、质量保证中心）	苏　华	王　瑾
继续教育学院（培训管理中心）	廖文杰	—
精密制造工程系	石皋莲　熊越东	方一新　王　勇　孔　茗　成　立　李长春　杨亚琴　肖洪波　沈　进　季业益　胡　炜　钟江静　顾　涛　徐忠兰　殷　铭　黄华栋　黄晓华　梁胜龙　屠春娟
机电工程系	温贻芳　龚肖新	张　泠　于　霜　薛迎春　王月芹　仲蓁蓁　许月琳　张淑红　陈　歆　范金玲　鹿　霖
电子与通信工程系	章　雯　朱祥贤　卜树坡　汪　亚	钱　涛　王　栋　叶　萍　汤朝霞　孙　岚　李洪群　吴冬燕　金　薇　孟桂芳　荣雪琴　黄　璟　程雪敏　蔡成炜　翟　红
软件与服务外包学院	—	陈　希　罗　颖　刘宝莲　孙　伟　何　亮　陈园园　郝爱语　俞海英　栾咏红　密海英
经贸管理系	桂德怀　赵春燕	费　江　梁青春　欧阳芳　周　芳　丁依萍　李凤珍　李颖华　李　霞　肖坤梅　张玉琴　郭　薇　唐金龙　魏　力
建筑工程与艺术设计系	成秀萍	叶文红　李　明　邢雯芝　庄学政　许艾珍　孙启新　陈卫萍　陈杏莉　梁锦华　蔡　健
国际教育学院	唐祥金　王　震	耿　欣　丁金珠　尹玖红　邓　忍　李　玲　张书健　陆小鹿　金　娴　胡晓红　顾　菁
汽车工程系	马　俊　刘　慧	冯巧云　胡海侠　臧华东
思想政治教学部	—	王　竝　赵永兵　李从如　杨　晔　张红梅
体育部	刘　晓　桂海荣	黄月勤　沈　铁　邵　夏　楚蕴源　魏金龙

本年度获副高及以上专业技术资格人员名单

教　　授：卜树坡

副 教 授：顾　涛

副研究员：刘绪军

柔性引进、聘请校外专家名单

苏州工业职业技术学院柔性引进、聘请校外专家名单

类别	聘请单位	姓名	所属单位	职称（职务）
产业教授	精密制造工程系	段　林	昂拓科技（苏州）有限公司	总经理
		吴乐平	南京旭上数控技术有限公司	高级工程师（总工程师）
	机电工程系	王振华	江苏汇博机器人技术股份有限公司	教授（总经理）
		王红卫	苏州市奥普斯等离子体科技有限公司	副教授（董事长）
	电子与通信工程系	曾中明	中国科学院苏州纳米技术与纳米仿生研究所	研究员
	软件与服务外包学院	徐希建	盟拓软件（苏州）有限公司	副总裁
		费　鹏	苏州市创采软件有限公司	总经理
柔性引进	建筑工程与艺术设计系	陈惠康	苏州建设交通高等职业技术学院	副教授

本年度人员变动情况

2018年苏州工业职业技术学院教职工新聘人员情况一览表

姓名	性别	聘任单位	聘任时间
蒋澄灿	男	机电工程系	2018.1.11
杨艳山	男	机电工程系	2018.5.14
王　帆	男	精密制造工程系	2018.7.3
王逸群	女	经贸管理系	2018.8.1
王晓燕	女	机电工程系	2018.8.1
张鑫淼	女	电子与通信工程系	2018.8.1
薛惠敏	女	软件与服务外包学院	2018.8.1
高小涵	女	机电工程系	2018.8.1
鲁晓晓	女	机电工程系	2018.8.1
刘洋洋	男	精密制造工程系	2018.8.1
冯国铜	男	精密制造工程系	2018.10.12
章猛华	男	机电工程系	2018.12.25
刘　海	男	精密制造工程系	2018.12.25
李春华	女	软件与服务外包学院	2018.12.25
赵　斌	男	机电工程系	2018.12.26
朱　伟	男	精密制造工程系	2018.12.26
芮　科	男	建筑工程与艺术设计系	2018.12.26
罗　玛	女	机电工程系	2018.12.26
胡　姝	女	经贸管理系	2018.12.26
陈　晶	女	经贸管理系	2018.12.26

2018年苏州工业职业技术学院教职工辞职、离职人员情况一览表

姓名	性别	离校前所在单位	离校时间
王　娜	女	机电工程系	2018.3
孙　泉	女	机电工程系	2018.3
刘海涛	男	建筑工程与艺术设计系	2018.6
宋　平	男	机电工程系	2018.7

2018年苏州工业职业技术学院教职工去世人员情况一览表

姓名	性别	出生年月	退休时间	原职称	去世日期
严嘉新	男	1947.12	2007.12	副高	2018.1.30
秦本英	女	1928.9	198403	副高	2018.2.18
金耀田	男	1934.9	1994.9	中级	2018.3.15
方修卿	女	1934.12	1990.3	副高	2018.4.28
吴钮华	男	1942.3	2002.4	副高	2018.5.12
严斯礽	男	1929.9	1989.10	副高	2018.7.31

本年度退休人员名单

毛光宇　闫丽华　李春华　张佩林　陈宇光　周步新　居嘉忠　俞玉琴　姜玉珍　姚道霖
薛　峰

第七章　校园文体活动

校园文化建设

一、校园宣传思想文化

党委宣传部在校党委的正确领导和相关职能部门的大力支持下，以习近平新时代中国特色社会主义思想和党的十九大精神为指导，围绕学校高水平高职院校建设的中心工作，积极开展校园宣传思想文化工作，弘扬主旋律，传递正能量。

加强精神文明建设工作。积极做好文明校园的创建工作，并配合好苏州市文明城市复查工作，学校获评“2015—2017年度苏州市文明校园”。在学校的教学区、主干道、宿舍区和操场等各区域，使用灯杆旗、宣传橱窗、LED屏幕等布置了社会主义核心价值观、“红船精神”、全面依法治国、纪念马克思诞生200周年、庆祝改革开放40周年和高校文明校园“六个好”标准等，弘扬了主旋律，校园处处体现以文化人、以文育人。在传统纪念日，开展好主题活动。

强化落实意识形态工作责任制。贯彻落实全国、全省高校思想政治工作会议要求，加大力度落实意识形态工作责任制。全年牵头组织召开两次学校意识形态工作专题会议，传达意识形态工作的要求，进一步明确任务分工，落实工作责任。落实好市领导联系在苏高校思想政治工作制度。加强学校网站、二级网站、专题网站、学校新媒体的管理，明确专人审核发布流程，加强学校网络信息安全工作。

加强思想政治教育工作。抓好中心组学习和教职工政治学习，制定《2018年党委中心组学习计划》和《2018年学院教职工政治理论学习计划》，开展党委理论中心组学习11次，两周一期共推出17期学校教职工政治学习参考资料。以解放思想大讨论和纪念改革开放40周年为契机，抓好师生思想政治教育工作，组织观看电影《厉害了，我的国》。在学校官方微信上增添“解放思想大讨论”学习内容，推出“苏工微学堂”微信学习项目，组织开展“百万师生同上一堂课活动”“习近平新时代中国特色社会主义思想网络知识竞赛”，营造浓厚的学习氛围。

努力做好校内校外宣传工作。2018年，在《光明日报》《中国教育报》《新华日报》《苏州日报》《姑苏晚报》等各类主流纸质媒体发布报道36篇，网络媒体原创发布报道11篇，省、市电视台共发布信息18条，省、市新媒体发布信息23条。在学校承办全国、江苏省职业院校技能大赛项目期间，利用江苏卫视、苏州电视台、苏州教育电视台等电视媒体，《苏州日报》《大学生科技报》《姑苏晚报》等纸质媒体，光明网、中新网、新华网等主流网站，江苏教育发布、引力播等新媒体，多角度全方位宣传技能竞赛，宣传大赛活动。加强学校网站和新媒体平台的建设，全年发布学校新闻222条、系部动态455条、微信79条、微博187条。组织实施了学校教代会、毕业典礼、迎新生、新生军训、校运会、学校单招考试等重要事项及大型活动的宣传工作。学校荣获2018年度江苏教育新闻舆论工作表扬单位称号。

持续推进学校文化内涵建设。组织开展校训等征集讨论，确定“向阳而生，精工笃行”的学校校训，明确了校名字体为毛体，明确了校庆日为7月2日。“苏工院大讲堂”举办讲座17场，积极传承和弘扬中华优秀传统文化，培育和践行社会主义核心价值观。举办“思源·逐梦”纪念改革开放40周年文艺汇演、主题座谈会等大型活动。组织“纪念改革开放40周年”教育征文活动，评选出14篇优秀征文参加省教育厅征文活动，选送的征文1篇获二等奖、2篇获三等奖。

二、苏工院大讲堂

“苏工院大讲堂”于2015年3月开讲，精心组织“中国梦”“社会主义核心价值观”“劳模精神”“优秀传统文化”等相关讲座，并邀请各界专家推出“名家讲坛”，提倡以文育人、以文化人、文化育人、育文化人，提升学生人文素养，积极传承和弘扬中华优秀传统文化。

2018年，共举办讲座17场，其中开展了“苏绣艺术的鉴赏”等7场传统文化讲座，“大学生网络意识形态安全教育”等6场法治教育，积极传承和弘扬中华优秀传统文化，培育和践行社会主义核心价值观。

苏州工业职业技术学院2018年“苏工院大讲堂”讲座一览表

序号	日期	主题	主讲人及简介	承办单位	地点
1	1月3日	摒弃工匠认识误区　创造我的工匠人生	宋世民　苏州金龙大型车焊装部部长，工程师，全国劳动模范	机电工程系	天一报告厅
2	4月18日	最是书香能致远——读物选择与幸福追求	徐雁　南京大学信息管理学院教授，江苏省政协常委，中国图书馆学会阅读推广委员会副主任	党委宣传部	天一报告厅
3	10月17日	弘扬优秀传统文化，提升苏州文旅融合与协同育人	童益进　苏州工艺丝绸有限公司总经理	国际教育学院	丛荟厅
4	10月18日	法制与安全	陆晨霏　江苏赛杰律师事务所律师	经贸管理系	丛荟厅
5	10月24日	法制与法治	吴俊　苏州大学讲师，博士后	汽车工程系	丛荟厅
6	10月29日	弘扬工匠精神	宗卫华　2017年“苏州时代工匠”，高级技师	汽车工程系	丛荟厅
7	11月6日	苏绣艺术的鉴赏	冷坚　苏州市工艺美术学会常务理事、秘书长	软件与服务外包学院	天一报告厅
8	11月14日	不让青春蒙上阴影	孙永旺　苏州市律师协会公益法律服务工作委员会副主任，苏州市仲裁委员会仲裁员	建筑工程与艺术设计系	丛荟厅

续表

序号	日期	主题	主讲人及简介	承办单位	地点
9	11月21日	树立宪法意识，远离网贷、毒品	刘伯成　北京市惠诚（苏州）律师事务所律师	精密制造工程系	天一报告厅
10	11月29日	徽商精神与徽州文化	李从如　苏州工业职业技术学院思政部副教授	思想政治教学部	BL04
11	11月29日	中华传统文化代表性项目与高职工科生	成秀萍　苏州工业职业技术学院建艺系教授	精密制造工程系	AL03
12	12月4日	循法问律——我与律师面对面	张宗峦　上海市浩信（苏州）律师事务所律师；谢玉峰　江苏昊强律师事务所律师	机电工程系	天一报告厅
13	12月4日	孝心孝行——做有爱心的新时代精神青年	张红梅　苏州工业职业技术学院思政部副教授	思想政治教学部、精密制造工程系	天一报告厅
14	12月10日	大学生网络意识形态安全教育讲座	陈施胤　苏州市公安局网络警察支队大队长	国际教育学院	天一报告厅
15	12月17日晚	中华优秀传统文化与高职生的日常生活	成秀萍　苏州工业职业技术学院建艺系教授	建筑工程与艺术设计系	从荟厅
16	12月18日	苏州书画文化及苏裱文化浅谈	孟咸昌　苏州市苏裱技艺研究会常务理事，吴门画苑古旧书画修复部退休	经贸管理系	从荟厅
17	12月18日下午	弘扬劳模精神工匠精神，用劳动托起中国梦	王勇　苏州工业职业技术学院精密系副教授，江苏省五一劳动奖章获得者，苏州市劳动模范，江苏省优秀教育工作者	软件与服务外包学院	天一报告厅

三、“书香苏工”阅读节

2018“书香苏工”阅读节系列主题读书活动，以“阅读、感悟、未来”为主线，覆盖全校师生，全面引导广大师生品味经典，感受科学技术创新带来的阅读方式的变革。2018年学校申报成功1项第十三届苏州阅读节重点活动，2人荣获2018第十三届苏州阅读节先进个人称号。

（一）组织形式

学校上下高度重视阅读节的组织开展工作，学校党委宣传部和各系（院）紧紧围绕“书香苏工”这一主题，认真研究，集思广益，推陈出新，精心策划并制定了具体的活动方案。活动组织形式层次递进，分别从校内和校外两个层面组织相应活动，按照活动各阶段要求层层落实责任、分解任务，责任到人，确保全员参与、活动得到妥善执行。

（二）宣传路径

本次阅读节保留了原有的线下宣传途径，还通过系部微信、QQ等线上平台开展活动，结合线上和线下的优势全面调动学生参与阅读节的积极性。在读书故事分享、微书评创作评选和优秀图书推荐等活动中，通过制作视频、音频材料和创建微信公众平台，与学生进行线上多维互动，真正让学生参与到活动中，分享自己的读书心得，体会到读书的乐趣。

（三）活动内容

本次阅读节紧扣时代主题，内容丰富、形式多样，获得了较好的效果。

1. “我与书、书与情”故事分享活动。班级开展以“我与书、书与情”为主题的班会，选出精彩的学生与书籍的故事，由系部新媒体中心拍摄，制作视频和音频资料，并上传至微信公众号分享给全体同学。同学们讲述了与书的故事，分享了从书中收获的感悟，让更多的同学感受到文字的力量。

2. “微·知”微书评创作评选活动。微书评创作评选活动充分利用微信公众平台，征集学生对自选读本的原创微书评，并将这些微书评汇编成册。分期、分阶段、分类型对精彩的微书评及书籍图片进行整理，并在微信公众平台集中展示。最后，通过网络投票选出学生心中"最佳微书评"，鼓励学生养成做阅读笔记的习惯并以此激发学生阅读经典书籍的兴趣。

3. "娓娓道来"优秀书籍推荐活动。邀请老师们通过微信公众号以音频配文章的方式，向学生推荐一本好书，并由学生进行微信投票。对前三名的书目，举办品书会，通过交流阅读的感悟，将真正地好书推荐给学生，帮助学生养成与别人分享阅读体会的习惯。

4. "十九大专题"图书漂流活动。首先是定向漂流，每个班级漂进一本图书。其次是自由漂流，各班级间根据自己的爱好特长互相传阅。最后补充漂流，让新发现和新出版的好书不断漂进宿舍，持续滋养同学们的心灵。

5. "浸润书香、一答到底"知识竞赛。组织线下读书知识竞赛，鼓励同学们阅读马列经典、优秀传统文化经典和专业经典，推动同学们整体阅读水平的提高。知识竞赛以班级为单位，层层选拔，题目包括政治、历史、文化、常识、天文、地理等知识，为广大同学们提供了一个展示自己知识储备与敏捷思维的平台，鼓励同学们为自己的成长、成才奠定更为深厚的知识基础。

6. "畅游书海，书韵留香"——立新小学赠书、支教活动。"世界读书日"前夕，在学生宿舍广场举办"送花留余香，赠书传佳话"捐书活动。"国际儿童图书日"，学生志愿者们走进苏州市姑苏区立新小学，开展"畅游书海，书韵留香"赠书活动，鼓励小学生科学阅读、智慧阅读。志愿者们还通过主题班会课为小学生读书、讲故事，并一起制作特色书签，引导他们讲自己喜爱的故事并填写心愿贴挂在心愿树上。通过对校内外阅读资源整合利用，让孩子们在阅读中获得力量、汲取智慧、启迪心智。

7.演讲比赛。经贸管理系与中国平安人寿保险股份有限公司上海销售中心联合举办主题为"梦想与追求"的大学生演讲比赛。选手们精心准备，措辞精妙、情感充沛，展示了学生良好的演讲功底，同时也彰显了当代大学生积极向上的良好精神风貌。

8. "新时代　共阅读　同发展"中华经典诵读比赛。经贸管理系教工党支部开展"新时代　共阅读　同发展"中华经典诵读活动，支部全体党员诵读了《沁园春·雪》等经典诗词。通过诵读经典，坚定理想信念，立足岗位，服务育人。

苏州工业职业技术学院2018年阅读节情况一览表

序号	活动名称	主办单位	协办单位	日期
1	"悦读青春，乐享生活"主题阅读活动	苏州工业职业技术学院	精密制造工程系、怡养护理院	2018.4
2	"一路书香、伴我前行"图书阅读分享活动	苏州工业职业技术学院	机电工程系、立新小学	2018.4—7
3	"翰墨书香　悦读时光"主题阅读活动	苏州工业职业技术学院	电子与通信工程系、胥虹社区、育才小学	2018.4—5
4	"学原文、读经典、强信念"主题阅读活动	苏州工业职业技术学院	软件与服务外包学院	2018.4—10
5	"浸润书香诵经典　家国情怀勇担当"	苏州工业职业技术学院	经贸管理系	2018.4
6	"阅读伴我共成长"主题阅读活动	苏州工业职业技术学院	建筑工程与艺术设计系	2018.3—6
7	"乐读·充实·成长"主题阅读活动	苏州工业职业技术学院	国际教育学院	2018.3—5
8	"读万卷书，行万里路"主题阅读活动	苏州工业职业技术学院	汽车工程系	2018.4—6
9	"闲门向山路，深柳读书堂"——方言版《朗读者》	苏州工业职业技术学院	汽车工程系	2018.4

校园文艺活动

苏州工业职业技术学院团委通过校园文化节进一步加强学生思想政治教育工作，丰富校园文艺生活，提高学生的综合素质，培养广大学生“自信、开放、创新”的意识，充分展示学生乐观积极、敢于拼搏、锐意进取的精神风貌。学校创新文化育人的载体，引导学生广泛参与，提升学生文化艺术素养，提高文化育人的成效。主

一、建设多彩校园文化

由宣传部、学工处、思政部、校团委联合开展校园文化节，把学校文化节分解为6个大块49个子项的形式，模块化开展。有围绕纪念马克思诞生200周年、纪念改革开放40周年等大型主题活动的“红色校园”模块，苏工院学子用马克思主义武装了思想，武装了理想信念；有各系和校团委、学生会联合开展的苏工院大讲堂、悦读青春、经典诵读等活动组成的“书香校园”模块，营造浓厚的校园阅读气氛；“艺术校园”模块则由校团委联合系部开展青年文艺汇演、书法绘画展、学生摄影作品展、社团“八点档”等子项组成，调动了广大团员青年的参与热情；“青创校园”模块通过科技作品展、挑战杯、创业沙龙、身边工匠寻访等活动营造校园创新、创业环境；“健康校园”模块围绕青春健康大讲堂、大学生心理健康主题教育活动、校园运动会等活动，激发青年学生树立“大健康”理念；“文明校园”模块把星级宿舍建设、禁毒禁烟、礼仪标兵评比纳入建设范畴，营造文明向上的校园氛围。

二、完善第二课堂成绩单制度

加强校园文艺品牌建设，通过品牌建设和创新活动，进一步深化、丰富学校精神内涵。学校校园文艺品牌建设紧跟时代潮流，敏锐地感知时代发展趋势，不断丰富与扩充品牌的内涵与外延，适应新时代高职教育发展新规律、新特色。在创新高校校园文化建设中尤其强调品牌建设与育人相结合，与学科建设、发展相结合，依托本校学科的专业优势与特色，开展特色化校园文化活动，通过与第一、第二、第三课堂的有机对接，实现专业发展与育人的有机交融，以更好地实现大专院校的教育教学目标和培养目标。整合校园文化活动资源，由宣传部、学工部、校团委等部门牵头，以第二课堂成绩单的方式，对融时代性、丰富性、广泛性、教育性于一体的校园创新创业活动、科技活动、文体活动进行整体规划、同类归并，实现系列化、项目化，融专业性、教育性、科学性、人文性于一体，并由学生自主策划、自主组织、自主参与，从而为学生的自我发展搭建舞台，激发学生的创造意识，让学生在创新实践活动中受教育、长才干。

三、营造书香校园环境

以“阅读，让苏工更美丽”为主题，学校团委在全校范围开展形式多样、内容丰富的阅读交流、阅读辅导和阅读引导活动，以培养学校师生的阅读习惯，营造良好的校园阅读氛围。同时，学校团委和软件学院合作共建大学生新媒体中心，积极响应十九大精神和习近平总书记在全国高校思想政治工作会议上的要求，为学校创新开展思政教育和学生工作提供了新的平台。大学生新媒体中心团队不断发挥思想引领作用，紧扣时代主题，广泛学习借鉴，全面提升理论技能，立足服务学生，

精心打造学校的网络思政工作品牌，发挥辐射作用，为全面提升学校网络思政工作水平做出积极贡献。

四、多维度传播校园文化

学校团委一直以来都十分注重校园文化发展，重视青年学生的成长，坚持用优秀的校园文化培养人、塑造人，并取得了良好的效果。一方面通过报纸、期刊、网站、电视台等多种媒体载体，担负着讲好苏工院故事、传播中国传统文化的重要使命；另一方面广泛应用校园海报、校园网站、微信、微博等媒体平台，做好宣传推广工作，通过线上、线下发布活动信息，营造浓厚的校园文化氛围，最广泛地调动师生参与的积极性，通过媒体平台充分展示学校大学生丰富多彩的校园文化艺术生活和积极向上的青春风貌。在新媒体时代背景下，学校团委着力提升新媒体运用能力，深化媒体运作，加快数字化转型，同时更将宣传工作重心逐步转到打造系列数字化传媒平台、塑造校园文艺活动品牌上来，取得了一系列的成果。

校团委通过届次化校园文艺活动，培养了大学生良好的思想素养、健康的审美情趣和深厚的文化内涵，营造了文明健康、积极向上的校园文化氛围。

校园体育竞赛

苏州工业职业技术学院第十一届运动会

1.组织机构

领导小组

主　任：王新华、王洪法

副主任：曹建东、殷海芳、苏霄飞、温贻芳、林长永

委　员（按姓氏笔画排序）：

马俊、王晓、王竑、王震、方一新、叶文红、刘晓、安婕、吴玮、何福男、张泠、陈艺、陈希、费江、贾虹、徐立、钱涛、章雯

组委会

主　任：苏霄飞

副主任：刘晓

委　员（按姓氏笔画排序）：

马俊、马小燕、王晓、汤鸿波、吴丽琴、张峥、张琰、陈艺、金昱、徐立、徐云飞、黄月勤、曹瑾、梁青春、葛晓忠、童钰祥、雷冰

裁判员名单

总裁判长：刘晓

副总裁判长：黄月勤

径赛裁判长：陈建辉

检录主裁判：陈海丽

裁判员：曾旭、朱义文、李汝龙、孙克豪

发令员：刁巍威

裁判员：缪昊宇、卢逸晨、戴泽彬

检查主裁判：陈建辉（兼）

裁判员：付贺龙、陈城、胡云龙、张佳梓

计时主裁判：魏金龙

裁判员：董婷、胡平睿、陈俊、袁志豪、丁伟德、王想想、张星宇、管冬燕、潘瑜、刘雨娜、李蓓蓓、徐诗、王文景、渠浩、管泽刚、杨柏、王强、王兴海、李远、王海鑫、陈书蓉、冯存浩、刘越辉、张著俊、陈吉昌、居国龙

终点主裁判：桂海荣、韩雅

裁判员：徐佳豪、许超伟、薛渊博、李树烽、高宇翔、潘宇飞、苏鹏、陈海亮、徐如华

终点记录员：纪丽萍

裁判员：孙苗、高洁、谢浩淼

田赛裁判长：沈铁

跳高主裁判：石茗茗

裁判员：王蕾、吴宴、杨瑜龙、翁邵南

跳远主裁判：楚蕴源

裁判员：赵江川、俞加成、王勇斌、崔伟铭

铅球（学生）主裁判：邵夏

裁判员：郭俊宏、申煜杰、李姚姚、林峋

铅球（教工）主裁判：朱俊民

裁判员：刘明磊、柏登鹏、蒋松坤、屈帅隆

游艺项目主裁判：周斌、沈贤、张笑、楚蕴源（兼）、朱俊民（兼）、石茗茗（兼）、邵夏（兼）

裁判员：李亮、赵倩倩、王凯

竞赛编排主裁判：张明

裁判员：凌雪、顾静、张星亚、朱李栋

场地器材组：罗伯荣、郭明浩、惠鹏

2.比赛成绩

（1）田径记录

苏州工业职业技术学院田径记录（至2018年）

男子：

项目	成绩	创造者	单位	时间	赛事
100 米	11"6	施勇智	经贸管理系	2006.5	省第十六届大学生运动会
200 米	24"1	余宗渊	精密制造工程系	2014.5	省第十八届大学生运动会
400 米	54"3	陆　旋	电子与通信工程系	2014.11	校第七届运动会
800 米	2'13"9	许　永	电子与通信工程系	2008.5	校首届运动会

续表

项目	成绩	创造者	单位	时间	赛事
1500 米	4'38"	陆　旋	电子与通信工程系	2015.11	校第八届运动会
3000 米	10'05"3	朱胜杰	继续教育学院	2011.4	校第四届运动会
5000 米	18'08"9	杨　浩	精密制造工程系	2017.11	校第十届运动会
10000 米	47'13"3	孔金东	机电工程系	2014.5	省第十八届大学生运动会
4×100 米接力	46'	—	校田径队	2014.5	省第十八届大学生运动会
4×400 米接力	3'42"	—	校田径队	2014.5	省第十八届大学生运动会
400 米栏	1'06"9	魏嘉威	电子与通信工程系	2014.5	省第十八届大学生运动会
跳远	6.42 米	邢　超	机电工程系	2009.4	校第二届运动会
三级跳远	12.56 米	史勤勇	机电工程系	2010.4	校第三届运动会
跳高	1.73 米	刘孙彬	机电工程系	2008.10	市第十二届大学生运动会
铅球（6KG）	11.69 米	裔　玲	电子与通信工程系	2009.4	校第二届运动会
铅球（7.26KG）	11.74 米	裔　玲	电子与通信工程系	2010.5	省第十七届大学生运动会
铁饼（2KG）	30.58 米	裔　玲	电子与通信工程系	2010.5	省第十七届大学生运动会
标枪（800G）	25.37 米	李　翔	电子与通信工程系	2010.5	省第十七届大学生运动会

女子：

项目	成绩	创造者	单位	时间	赛事
100 米	14"3	顾园园	经贸管理系	2008.5	校首届运动会
200 米	29"9	顾园园	经贸管理系	2008.5	校首届运动会
400 米	1'10"70	陈雨霞	电子与通信工程系	2014.11	校第七届运动会
800 米	2'54"5	陈亚菊	机电工程系	2016.11	校第九届运动会
1500 米	5'46"2	陈　晴	软件与服务外包学院	2010.5	省第十七届大学生运动会
3000 米	12'35"1	陈雨霞	电子与通信工程系	2013.11	校第六届运动会
3000 米竞走	16'26"9	陈雨霞	电子与通信工程系	2014.5	省第十八届大学生运动会
5000 米竞走	30'33"	陈雨霞	电子与通信工程系	2014.5	省第十八届大学生运动会
4×100 米接力	1'01"7	—	经贸管理系	2008.5	校首届运动会
4×400 米接力	5'04"5	—	电子与通信工程系	2013.11	校第六届运动会
跳远	4.91 米	高爱丽	电子与通信工程系	2006.5	省第十六届大学生运动会
三级跳远	8.79 米	周月红	软件与服务外包学院	2011.4	校第四届运动会
跳高	1.24 米	王　珏	经贸管理系	2008.5	校首届运动会
铅球（4KG）	9.54 米	王丽燕	软件与服务外包学院	2010.5	省第十七届大学生运动会
铁饼（1KG）	30.26 米	王丽燕	软件与服务外包学院	2010.5	省第十七届大学生运动会

（2）决赛成绩

2018 年苏州工业职业技术学院运动会决赛成绩

男子 100 米

名次	一	二	三	四	五	六	七	八
姓名	邵苛纯	侍俊宇	张建禧	赵燕威	魏熔辰	高　杨	闫成瑞	—
单位	电子与通信工程系	建筑工程与艺术设计系	机电工程系	经贸管理系	精密制造工程系	建筑工程与艺术设计系	软件与服务外包学院	—
成绩	11"63	12"03	12"43	12"49	12"91	13"18	13"83	—

续表

女子100米

名次	一	二	三	四	五	六	七	八
姓名	谢 钰	付晓璇	宋 蕊	高 颖	张佳璐	叶文蔚	赵慧文	何张婷
单位	国际教育学院	经贸管理系	软件与服务外包学院	经贸管理系	经贸管理系	建筑工程与艺术设计系	机电工程系	汽车工程系
成绩	14''44	14''63	14''84	15''23	15''77	15''80	16''04	16''94

男子200米

名次	一	二	三	四	五	六	七	八
姓名	邵苛纯	彭 政	侍俊宇	赵燕威	鲁龙宇	黄 欢	马天乐	—
单位	电子与通信工程系	软件与服务外包学院	建筑工程与艺术设计系	经贸管理系	机电工程系	经贸管理系	建筑工程与艺术设计系	—
成绩	24''28	24''44	24''93	25''02	25''12	27''73	28''67	—

女子200米

名次	一	二	三	四	五	六	七	八
姓名	宋 蕊	殷国芹	高 颖	沈慧佳	张佳璐	叶文蔚	赵艺文	王雨婷
单位	软件与服务外包学院	软件与服务外包学院	经贸管理系	精密制造工程系	经贸管理系	建筑工程与艺术设计系	经贸管理系	精密制造工程系
成绩	32''53	32''62	32''91	33''51	34''19	35''18	35''44	36''24

男子400米

名次	一	二	三	四	五	六	七	八
姓名	刘 峥	闫新建	吴 帅	夏冬宇	徐国林	陈秀玮	梁柱基	—
单位	国际教育学院	建筑工程与艺术设计系	建筑工程与艺术设计系	机电工程系	精密制造工程系	经贸管理系	机电工程系	—
成绩	56''90	57''18	57''54	1'00''22	1'00''78	1'00''85	1'01''31	—

女子400米

名次	一	二	三	四	五	六	七	八
姓名	沙桃艳	魏彩霞	姜欣玥	孙 静	王 娟	周雯雯	高妍妍	郭梦真
单位	精密制造工程系	经贸管理系	经贸管理系	软件与服务外包学院	电子与通信工程系	汽车工程系	电子与通信工程系	国际教育学院
成绩	1'12''05	1'13''01	1'17''62	1'20''79	1'26''20	1'27''08	1'27''19	1'27''93

女子800米

名次	一	二	三	四	五	六	七	八
姓名	刘胜莉	付晓璇	刘国英	张 露	宋海楠	聂 渺	孙刘芹	李嘉露
单位	精密制造工程系	经贸管理系	软件与服务外包学院	精密制造工程系	精密制造工程系	精密制造工程系	经贸管理系	电子与通信工程系
成绩	2'49''62	2'51''80	3'00''29	3'03''77	3'06''32	3'09''15	3'20''41	3'21''34

续表

男子1500米

名次	一	二	三	四	五	六	七	八
姓名	杨　浩	杨　浩	闫新建	吴子腾	张　坤	田耕远	张　睿	李云泽
单位	精密制造工程系	精密制造工程系	建筑工程与艺术设计系	机电工程系	机电工程系	建筑工程与艺术设计系	软件与服务外包学院	精密制造工程系
成绩	4'51''98	4'53''16	5'06''28	5'06''42	5'10''30	5'11''66	5'13''95	5'15''94

女子3000米

名次	一	二	三	四	五	六	七	八
姓名	刘胜莉	刘国英	孙新欣	张　露	姜欣玥	聂　渺	张　蕾	林泽坪
单位	精密制造工程系	软件与服务外包学院	精密制造工程系	精密制造工程系	经贸管理系	精密制造工程系	电子与通信工程系	软件与服务外包学院
成绩	13'21''71	13'30''05	14'06''00	14'17''16	14'47''96	14'49''73	14'58''41	15'41''49

男子5000米

名次	一	二	三	四	五	六	七	八
姓名	杨　浩	曹　成	张　坤	陈　闯	符旭东	张山林	陈秀玮	杨　凯
单位	精密制造工程系	国际教育学院	机电工程系	机电工程系	机电工程系	精密制造工程系	经贸管理系	软件与服务外包学院
成绩	18'06''16	19'32''37	19'47''03	19'57''12	20'06''65	20'30''00	20'56''63	21'21''02

男子4×100米接力

名次	一	二	三	四	五	六	七	八
单位	建筑工程与艺术设计系	机电工程系	电子与通信工程系	国际教育学院	经贸管理系	精密制造工程系	汽车工程系	—
成绩	49''30	49''60	50''48	52''83	52''88	53''55	53''57	—

女子4×100米接力

名次	一	二	三	四	五	六	七	八
单位	经贸管理系	精密制造工程系	国际教育学院	建筑工程与艺术设计系	软件与服务外包学院	电子与通信工程系	机电工程系	—
成绩	1'02''96	1'03''84	1'07''94	1'07''95	1'08''04	1'08''29	1'10''01	—

男子4×400米接力

名次	一	二	三	四	五	六	七	八
单位	建筑工程与艺术设计系	软件与服务外包学院	机电工程系	电子与通信工程系	精密制造工程系	经贸管理系	国际教育学院	汽车工程系
成绩	4'03''84	4'08''73	4'09''53	4'12''85	4'15''81	4'19''23	4'31''98	4'37''65

女子4×400米接力

名次	一	二	三	四	五	六	七	八
单位	经贸管理系	精密制造工程系	软件与服务外包学院	电子与通信工程系	机电工程系	建筑工程与艺术设计系	国际教育学院	—
成绩	5'12''84	5'20''02	5'31''77	5'53''22	6'20''43	6'24''45	6'35''57	—

续表

男子跳远

名次	一	二	三	四	五	六	七	八
姓名	邓金泉	毕精臻	王悦阳	严　阳	王瑞琪	高　杨	焦云晨	王　珂
单位	机电工程系	电子与通信工程系	经贸管理系	机电工程系	精密制造工程系	建筑工程与艺术设计系	机电工程系	建筑工程与艺术设计系
成绩	6.03 米	5.93 米	5.87 米	5.67 米	5.61 米	5.61 米	5.53 米	5.33 米

女子跳远

名次	一	二	三	四	五	六	七	八
姓名	董　婷	王星瑶	韩苏缘	许慧敏	朱　丹	苏　晗	井艳丽	孙　瑶
单位	建筑工程与艺术设计系	国际教育学院	机电工程系	精密制造工程系	经贸管理系	国际教育学院	建筑工程与艺术设计系	电子与通信工程系
成绩	4.01 米	3.96 米	3.91 米	3.77 米	3.7 米	3.65 米	3.65 米	3.54 米

男子跳高

名次	一	二	三	四	五	六	七	八
姓名	邓金泉	宋佳睿	杨　财	颜金鼎	唐金山	徐小松	王悦阳	陈永建
单位	机电工程系	汽车工程系	电子与通信工程系	汽车工程系	汽车工程系	精密制造工程系	经贸管理系	建筑工程与艺术设计系
成绩	1.57 米	1.55 米	1.47 米	1.47 米	1.47 米	1.47 米	1.44 米	1.41 米

女子跳高

名次	一	二	三	四	五	六	七	八
姓名	胡梦园	张彩月	陈璐瑶	井艳丽	谢　钰	韩苏缘	罗小琴	王高娃
单位	精密制造工程系	经贸管理系	电子与通信工程系	建筑工程与艺术设计系	国际教育学院	机电工程系	精密制造工程系	经贸管理系
成绩	1.15 米	1.15 米	1.1 米	1.1 米	1.1 米	1.1 米	1.05 米	1.05 米

男子铅球

名次	一	二	三	四	五	六	七	八
姓名	王梦奇	王　鹏	荚　钊	范　睿	刘贝贝	严　菁	丁梓昱	李飞扬
单位	经贸管理系	汽车工程系	电子与通信工程系	汽车工程系	经贸管理系	电子与通信工程系	机电工程系	软件与服务外包学院
成绩	10.06 米	9.33 米	8.63 米	8.28 米	8.06 米	8.02 米	7.64 米	7.57 米

女子铅球

名次	一	二	三	四	五	六	七	八
姓名	赵思蕊	王丹丹	杭　倩	胡文丽	房小敏	王　瑾	戴国婷	王　悦
单位	精密制造工程系	建筑工程与艺术设计系	软件与服务外包学院	国际教育学院	精密制造工程系	经贸管理系	建筑工程与艺术设计系	汽车工程系
成绩	7.32 米	7.02 米	6.85 米	6.52 米	5.76 米	5.3 米	5.29 米	5.22 米

第八章　团学教育与学生管理

团学教育

2018年以来，团委学习宣传贯彻习近平新时代中国特色社会主义思想和十九大精神，加强青年团员的思想政治教育，不断加强共青团工作队伍建设，全力打造团的宣传阵地，夯实共青团工作基础。

一、聚焦思想大抓团的基层建设

1.继续加强主题团日教育。以主题团日活动为抓手，开展学习宣传贯彻十九大精神主题团日活动，线上开展了“十九大知识竞赛——头脑王者”“为最美苏工青年点赞”、微电影展播等活动，线下以读书会、微聚会、征文演讲等活动丰富活动形式；围绕“共青团十八大报告导读”“团十八大团章修正案学习”“共青团章程导读”等开展系列课程；通过主题演讲、主题朗诵、心得体会交流、电子海报、小视频、宣誓等内容开展主题团日活动，不断提升广大团员学习党团规章的主动性和自觉性。

2.大力开展学生干部培训。继续推行《苏州工业职业技术学院学生干部培养实施办法》，完善团学组织的优化设置，组织开展300余人的团学干部专题培训。为进一步加强对学校共青团员的理想信念教育，引导广大团员青年拥护党的领导，热爱祖国、热爱人民、热爱社会主义，积极践行社会主义核心价值观，努力提升个人的技术本领，继承和发扬艰苦奋斗精神，发挥学干在团组织中的模范带头作用，培训班特地聘请学校思政部老师和分团委书记授课，“道德，听我说”“走近马克思”“改革开放40年画册”等课程精彩纷呈，不仅帮助学生在思想政治教育方面打好基础，也进一步促进了学生综合能力和道德修养的提升。

3.加强团组织宣传阵地建设。完善团的宣传阵地建设，编辑印发《苏工青年》团刊，制作团学微电影，进一步规范各类新媒体管理流程和规章制度，继续加强PU、“青年之声”“青年学习社”平台等网上工作载体建设，积极开展学生思想政治教育工作。

4.持续提升团员教育管理。严格按照上级团组织最新发展程序，认真做好团员培养和发展，全年共开展团校培训10次，共计20课时，计划数为40人，实际发展团员40人，实际发展完成率达100%，下发团员证编号为201832088261—201832088300。召开2018年五四表彰大会，对优秀团支部、优秀团员、优秀团干部等先进集体和个人进行表彰。

二、素质教育引领青年健康成长

一年来，学校团委以素质教育为主要载体，以社团活动为平台，将文化艺术、志愿服务和科技创新等工作内容融于各级各类团学活动之中，取得良好的成效。

1.积极推进大学生创新创业教育。紧抓各级各类创新创业活动契机，大力推进师生创新团队建设，引导学校师生积极参与各类创新创业展示和交流竞赛活动。参加2018年“挑战杯——彩虹人生”全国职业学校创新创效创业大赛获一等奖1项；参加2018年“挑战杯——彩虹人生”江苏省职业学校创新创效创业大赛获一等奖1项、三等奖3项；参加2018年“创青春”江苏省大学生创业大赛获铜奖1项；组织参加2018江苏省大学生创新创业优秀成果交流展示会，多名师生获奖。积极为学生创新团队的创新作品搭建展示平台，通过开展迎新生大学生科技创新作品展等活动，积极营造科技创新的校园文化氛围，鼓励创新团队参与社会交流与展示。

2.积极助推社团繁荣健康发展。根据共青团中央出台的《高校学生社团管理暂行办法》，对学生社团制定全面完善的管理制度，并结合学校自身特点，逐步建立校、系两级管理体系，进一步完成社团的摸查工作，对意识形态领域所涉社团进行排查，组织社团积极参与各类交流活动及竞赛。全年共注册学生社团151个，组织开展社团巡礼专题活动，共展示各类社团专题活动30余项；开展学生联合招新，举办“乐活八点档”社团主题活动，组织开展迎新生社团主题展示、社团联合招新主题展示等大型活动，共有50余个社团参与集中展示；引导社团积极开展对外学习交流，组织各类社团交流竞赛共200多人次参与。

3.有效提升大学生志愿服务质量。全面打造“苏工智造”志愿服务团队，定期走进四季晶华社区、莫舍社区、SM广场等，开展“志愿K立方”——科普科服科创进社区志愿特色服务项目，并获评江苏省“优秀七彩志愿服务示范项目”；开展苏州市高校红十字会“博爱青春”暑期志愿服务项目，带领30位大学生志愿者走进5个社区提供志愿服务，共计10天，受益419人，该项目获评苏州市三等奖；定期组织学生志愿者在苏州火车站、轨交地铁站等进行旅客导乘志愿服务，做到了志愿工作服务到站、服务到点、服务到人；组织学生参加2017—2018全国青少年校园足球联赛志愿者服务工作，获评“优秀志愿者”79人；“青春印夕阳，暖意驻心田”项目获评2018年苏州市高校红十字会“博爱青春”暑期志愿服务项目三等奖，赵婷同学获苏州市“优秀红十字志愿者”称号；风信子禁毒社的“青少年分类模块化禁毒宣传教育计划”项目获评2018年度苏州市青少年禁毒宣传教育“双百计划”优秀项目；组织学生参加江苏省第五届“创青春”中国青年创新创业大赛志愿服务，36人获评市级“优秀志愿者”，1人获评省级“优秀志愿者”，团委获评“组织工作优秀集体”。

4.积极参加各类交流评比。一年来，学校团委在各级各类竞赛评比中成绩显著。2018年，“志愿K立方”——科普科服科创进社区志愿特色服务项目获评江苏省“优秀七彩志愿服务示范项目”；获评江苏省大中专学校“活力团支部”1个；获评江苏省“五四红旗团总支”1个；获第十一届中国刺绣文化艺术节系列活动之“行走的非遗”中国刺绣创新作品大赛“优秀组织奖”；获评苏州市“三新四创”好青年2人、“优秀共青团干部”1人、“优秀共青团员”1人、“一心五同”团干部2人、“三敢三勇”团组织2个、“五四红旗团支部”1个；2018年大中专学生志愿者暑期文化科技卫生“三下乡”社会实践活动评选，经贸管理系“星煜志愿邦”服务团队获评“优秀团队”，赵婷获评“先进个人”，《2018年农村无人机植保推广基础调研报告》获评“优秀调研报告”。

学生管理

2018年学生工作部（学生工作处、招生办公室）在学校党委行政领导下，围绕学校办学理念和办学精神，坚持“向阳而生、精工笃行”校训，紧扣社会主义核心价值观教育，积极落实“一核四全”育人工作理念，以培养“强身、健心、精技、博爱”人才为目标，系统化开展学生思想政治道德教育和基础文明素质培养，有效推进优良学风建设，实施学生主题教育的项目化、活动品牌的特色化，努力在省高水平高职院校建设中做出新贡献。

一、实施辅导员能力提升工程

重视辅导员在学生日常思政工作中的作用，以教育厅“领雁计划”要求为指导，坚持“打铁还需自身硬”的原则，积极建立适合学校辅导员工作实际的校内外培训机制，充分利用各方面资源，在培训形式、内容和人数方面有新突破，同时完善辅导员、班主任工作制度，为提升学生工作质量和水平提供队伍保障。

1.形成多层次、多形式的培养机制。组织辅导员进修、研修、社会实践、交流学习，加强辅导员职业能力培训，依托省级高校辅导员培训基地，结合校内工作培训，不断提高辅导员的综合能力和业务素质。全年有328人次接受了校内外培训学习，其中校外培训94人次，有39位辅导员完成国家行政学院辅导员专项网络培训课程学习。

同时，依托“学生工作坊”“辅导员学习”QQ群平台，先后邀请苏州大学孔川、苏工艺辅导员靳艳芬等省、市学工专家及老师到学校开展“理论宣讲的内涵与逻辑”“少数民族学生教育”等讲座。定期推送辅导员学习材料，开展“立足新时代　担当新使命”辅导员理论宣讲、“走近马克思学习进行时”师生交流座谈会等活动，分别从理论政策和日常工作两个视角，学深悟透新时代高校学生思政工作要义，从工作实践和科学研究两个维度全面助力辅导员职业成长，促进学校学生思想政治教育工作研究水平的提高。

2.积极构建班主任、辅导员合力育人模式。认真落实学校党委行政要求，积极开展专项工作调研，制定出台《苏州工业职业技术学院班主任队伍管理办法（试行）》，从9月份起，实施2018级新生班主任制度，共有67位专任教师担任新生班班主任，有效促进学校学生思想政治教育工作的落细落微。此外，根据系（院）学生管理需要，配合人事师资处开展了两次专职辅导员招聘活动，有7位新人到岗，大大解决各系（院）因思政辅导员不足而造成的工作压力过大问题。

3.借力新媒体技术，增强辅导员网络思政工作能力。在“互联网+学生工作”的平台上，辅导员能熟练运用QQ、微信、空间、博客等网络互动社区和新媒体平台开展学生教育、管理工作；积极推进辅导员博客等网络新媒体建设，打造受学生欢迎的师生线上交流平台，如姚遥老师发布文章18篇，阅读量超过7000人次，有效发挥了辅导员在网络思想政治教育方面的作用。取得以下标志性成果：辅导员胡渠入围“2017年江苏省辅导员年度人物”；辅导员冯成辰荣获第七届江苏高校辅导员素质能力大赛复赛三等奖；王薛霜获2018年苏州市高职高专院校辅导员工作案例评选的二等奖，姚遥、胡晓红获三等奖；电信系2018级班主任刘昊的课题“大数据视域下高校思想政治教育创新路径研究”立项2018年苏州市高职高专院校学生工作重点课题，徐云飞的课题“精准服务少数民族高职学生教育管理的创新研究”、胡晓红的课题“高职学生诚信行为管理的实证研究”分别立项2018年苏州市高职高专院校学生工作一般课题。

二、搭建学生思想引领平台

以习近平新时代中国特色社会主义思想武装头脑，落实全国高校教育大会和全国高校思想政治工作会议精神，紧紧围绕立德树人根本任务，重点打造校级“青春与价值对话”“青春榜样”思政教育活动平台和系（院）特色思政品牌活动，加强学生思想引领和价值塑造。

1.加强社会主义核心价值观教育。通过开展“学生条线学习宣传贯彻十九大精神”校园宣讲会、举行升国旗仪式、参观素质教育基地等多渠道、多载体组织学生学习习近平新时代中国特色社会主义思想，将社会主义核心价值观教育融入学生日常学习、生活的全过程。举办“走近马克思　学习进行时”“青春筑梦新时代　扬帆起航新征程”“培育优良学风　成就出彩人生”“思源·逐梦”纪念改革开放40周年系列教育活动等，有效增进了学生对学校的认同感和归属感，激发了学生励志报国的爱国情，坚定了学生实现“中国梦”的理想信念。

2.重视榜样引领作用。做好“身边榜样”先进典型选树和事迹宣传工作，举行优秀毕业生评选活动，组织开展“青春榜样·苏工风尚”学校2018大学生年度人物展评、校三好学生及优干等先进个人和集体网络评选活动。2018年共评选出281名校优秀毕业生、241名校三好学生、8名校三好学生标兵，31个校先进班集体、10个校“志知行”十佳班集体。先进个人和集体的事迹宣传通过新媒体、展评会形式，线上线下同时展开，积极营造崇德向善、见贤思齐的良好校园氛围。

3.完善学生评奖激励机制。落实学校党委行政要求，发挥奖学金在引导学生的学习行为、培养学生竞争意识、促进全校良好教风和学风形成等方面的激励作用。9月份，出台《苏州工业职业技术学院奖学金评定办法（试行）》（苏工院〔2018〕33号）文件（2019年1月实施），严格评优评先条件，规范评优评先程序，学生奖学金评选工作成为引导大学生形成正确世界观、人生观和价值观的教育抓手。标志性成果：5名省级年度三好学生、1名省级年度优秀学生干部，2个省级先进班集体。

三、着力加强校风学风建设

为贯彻落实全国教育大会精神和学校省高水平高职院校建设任务“六个一”成长成才计划要求，把立德树人融入思想道德教育、文化知识教育、社会实践教育各环节，积极引导学生明确学习目标，养成良好习惯，夯实专业知识基础，提升专业技能，实现德智体美劳全面发展。探索学风建设新途径新方法，完善学风建设相关制度，形成学风建设长效机制。

1.深入推进班级常规管理工作。组织开展先进班集体创建活动，筑牢校风学风建设的基层根基，夯实学生工作的基础。广大辅导员深入课堂、宿舍，与学生交心谈心，及时发现问题、解决问题，帮助学生化解矛盾、解开心结；及时帮助学生厘清对社会热点、焦点问题的认识，解决学生学习生活中的思想问题，让学生“轻装上阵”，专心向学。针对学生行为规范上存在的问题，加强纪律教育，促进校风学风建设。完成省厅关于学校学生管理自查报告的报送工作。

2.高度加强学风建设。出台学风建设系列文件、通知，开展学风建设系列活动，如“守诚于心，立信于行”“培育优良学风　成就出彩人生”，开展“运动打卡、健康校园”“行动晚自习”“课堂手机袋管理”等多项学风整治活动，实施月通报机制和“检查—整改—通报”机制，完成4期《学生工作简报》。强化规章制度的严肃性，对考试作弊等7人予以纪律处分。

3.加强学生干部队伍建设。组织学干参与晚自习、早锻炼等学风管理活动，发挥学生自我督促的作用。通过学干每月抽查工作，进行通报反馈，有效促进了学生常规管理工作水平的提高。同时，在学风建设月中，由学工处与教务处、质量保证处联动在各教学楼开展学生上课迟到、教室吃早餐、玩手机等行为抽查，有效制止不良学风。强化规章制度的严肃性，严厉打击不良学术行为，对事实、证据清楚的6名考试作弊者，经校务会议同意分别予以留校察看、开除学籍的纪律处分。

4.重视学生人文素养培育。实施文理融会、课内外相结合的教育。为激发学校理工科大学生学习人文科学知识的积极性，提高理工科大学生的人文科学素养，协同教务处组织学校600多名学生参加江苏省第十届大学生知识竞赛，最终有3名同学获得三等奖，58名同学获得优秀奖，学校获“优秀组织管理奖”，1名教师获“先进个人”荣誉。

四、创设宜学宜居宿舍环境

围绕大学生公民意识树立和道德培养的核心，积极开展健康向上的宿舍文化建设，紧抓安全生活关节，以“星级宿舍”“文明宿舍”创建、评选为载体，以“回头看”检查为手段，深入开展宿舍文明、卫生、安全建设。协同学校后勤处、保卫处、数图中心、财务处和东吴物业公司等部门、单位，共同建设平安、和谐、魅力公寓。

1.做好6S星级宿舍建设的传、帮、带工作。每月开展有主题的创建工作，如“我是收纳能手、清洁王、安全卫士”系列活动，举行“校园文明礼仪标兵”评比和创建经验交流会，举办“新生内务大比武”“第七届宿舍文化节”“安全冬季”等活动。重视每天宿管员常规检查与学生干部抽查、系（院）联动抽查相结合，促进宿务水平逐步提高。全年星级宿舍率达81%，共表彰405间学期五星宿舍、82间学年文明宿舍、44名优秀宿舍长。

2.完善学生自主管理模式。构架“宿舍长—班级生活委员—系（院）宿舍管理部—校学生会宿舍管理部”四级学生自治管理组织。利用校园广播站、公寓自习室传播正能量。通过3个年级宿舍长QQ群中近1500名宿舍长，收集社情民意，及时化解各种矛盾，解决学生生活困难。

3.开展宿舍文化建设活动。开展“阅读一小时、锻炼一小时、亲情一小时”，宿舍长带动、引领同学主动阅读、积极锻炼、学会感恩。围绕“学习雷锋日”“世界地球日”“大学生心理健康日”、母亲节、父亲节、端午节、中秋节、国庆节、感恩节等，开展系列活动，包括“迎接新学期，来喝爱心粥”“公寓电脑、手机义务维修”“世界地球日、熄灯一小时”“我爱我——关注心理健康”“母亲节，我们在行动”“万水千山粽是情，端午节包粽子”，学习、生活用品交流集市，旧书回收，“衣再生”，跳蚤市场，文明离校，“笑脸墙”迎新生，“百团大战”招新，“知爱防艾”“禁毒防艾”，弘扬和传递“我在乎你”学校精神，丰富了学生公寓文化生活内容。

4.加强宿舍管理监督和安全保障工作。对照物业服务标准，每日与东吴物业宿管部保持工作交流，及时提出整改要求，督促物业人员认真履职。每月一次部门、物业工作专题会，讨论、解决宿舍非机动车停放、安全、维修、刷卡、人脸识别系统测试等重点、难点问题。运用学工信息化管理平台，对9000多名学生住宿信息进行核查。完成退宿、留宿、调宿、校外住宿申请工作。关注值班登记情况，本年度共处理学生宿舍紧急、突发事件记录106次。重视宿舍区安全工作，开展日常安全宣传教育活动，针对防盗、防火、防骗等常发事件，定期张贴安全提示宣传材料，全年共阻挡各种非法外来人员30余人次，挽回经济损失近万元，确保学生住宿安全。

5.协助后勤处、保卫处、数图中心、财务处等部门工作。做好电费查询、政策补电、强制送电以及教师公寓值班安排、通知、管理等相关工作，在新生生活用品招投标，洗衣机和开水炉清洁，消防管道漏水维修，15号楼维修改建方案讨论，5—10号楼公寓绿化改造，3—10号楼阳台门、淋浴门改造，7号楼4间房间维修改造等涉及学生生活的重大施工改造项目中发挥积极作用。标志性成果：6S星级宿舍创建成效好，全年星级宿舍率81%，表彰405间学期五星宿舍，82间学年文明宿舍，44名优秀宿舍长；处理学生宿舍紧急、突发事件106次。

五、开展学生学习支持工作

贯彻落实国家各项帮困助学工作要求，坚持物质资助与精神资助相结合，做好校内资助育人工作；开展“阳光健心”工作，切实服务好每一位学生成长成才。

1.落实“奖助勤贷减免”资助政策显实效。以“精准扶持”为准绳，做好家庭经济困难学生的认定工作，形成建档立卡常规化管理。对省资助平台提供的324名建档立卡学生通过电话联系、实地走访等方式进行逐一审核，为314名学生办理了2018—2019学年的学费减免手续，资助资金150余万元，并对外省的35名建档立卡学生给予6.4万元帮困扶持。发放国家春季助学金1354人，发放资金203.1万元；发放国家秋季助学金1347人，发放资金202.05万元。完成2017年助学贷款578人，427.42万元货款已到账。办理2018年助学贷款学生605人，其中续贷289人。提供校内勤工助学1081人次，发放资金81.16万元。开展学校2018年寒假“帮困送温暖”活动，发放新春困难补助123人次，共计12.3万元，发放路费补助245人次，共计9.55万元。发放企事业单位奖助学金53人次，共3.86万元。

2.不断丰富资助育人工作形式和内容。寒假期间，辅导员分别走访了本系（院）的特困生、孤儿家庭，并送上了节日慰问金；开学期间，通过“绿色通道”“少数民族学生座谈会”等形式，发放生活用品等爱心物资。上报“助学筑梦铸人”征文20篇、书法篆刻作品7件、视频宣传画4件、资助育人典型事迹2篇、感恩教育演讲视频2个、学生资助微电影1部、“励志成才之星”1人、资助成效汇报演出节目1个。其中，《寒假里的爱心直通车》《资助育人见实效，团结之花齐绽放》《三室一体资助育人，创新创业增长才干》3篇新闻稿分别在“江苏学生资助”和“中国学生资助”微信公众号发布。学校荣获2017年度在苏高校优秀学生资助项目一等奖；“五位一体同育人，五轴联动圆梦想”资助育人项目获苏州市优秀资助育人项目二等奖。

3.做好档案整理和征兵补偿工作。与各系（院）完成了2018届2505名毕业生的档案交接工作，其中1348名省内学生按时将档案交付省招就中心，近500份学生档案通过EMS寄回生源地人才中心，其余档案全部归档到档案室保存。完成了2014届前毕业生留存档案的清档工作，将800余留存档案发回其生源地。完成54人次征兵学费补偿，总计53.97万。其中在校生服役补偿28人，共计27.56万；退役复学学生补偿23人，共计21.64万；应征士官补偿3人，共计4.77万。

4.做好“两险”及火车票优惠卡工作。完成全校8067名学生的居民医疗保险网上申报工作，并为130名同学申请了特困医疗救助，完成2548名2018级学生市民卡发放，为其提供基本保障。负责学平险招投标工作，完成了学生学平险的数据汇总及购买事宜，并完成学平险理赔日常咨询和常规理赔事宜。本年度共有7000余名学生购买学平险，接受学生理赔咨询80余次，上交理赔保单27份。为了2018级新生能适时返乡，为1300余名学生发放了火车优惠卡，组织2000余老生完成火车优惠卡的充磁工作。

5.提高心理健康教育的主渠道作用。充分发挥心理健康教育课堂主渠道的教学实效，提升学校辅导员在了解学生的心理特点、熟悉学生常见的发展性心理问题，以及组织开展形式多样的心理健康教育宣传活动等方面的职业能力。派出80余人次参加校外兼职心理健康教育教师的培训。2018年，学校承办由苏州国际教育园管理办公室主办的心理健康教育教师能力提升连续研修班，已经成功举办了五期讲座，来自国际教育园内13所学校的500多人（次）心理健康教育教师、专兼职心理咨询师、辅导员（班主任）及学生工作人员参加了活动，活动受到了同行的一致好评。同时还借力兄弟院校教育资源，聘请专家做督导，每月一次国际教育园心理健康教师的专业督导活动，有效提升了老师对典型心理案例教育的把控力。

6.开展“生命之美，你我共绘”大学生心理健康主题教育活动。感悟生命之美，举行心理微文、微海报、漫画比赛。发现生命之美，开展心理健康主题班会和“青春健康，同伴教育”活动。学校项目分别入选2018中国计生协、苏州市计生协的青春健康高校项目，大一新生参与率达90%以上。绽放生命之美，开展“三困”学生现状调研，营造“我在乎你”温暖之家。学校大学生心理健康教育中心秉承“我在乎你”的学校精神，尤其关注特殊学生群体，开展人文关怀，提供心理支持服务。共开展“青春健康大讲堂”七场，参加人数3000多人。积极开展“世界艾滋病日”宣传活动，《苏州日报》对此进行了报道。

7.做好新生心理测评工作。全校2800多名2018级学生参加，并根据测评结果对部分学生进行一对一的回访。加强个别学生心理咨询，做好心理健康预警工作，建立周报工作制度，通过每周递交班级心理信息登记表，及时了解班级学生的心理动态，发现问题及时和系（院）联系并解决。利用QQ、微信等途径，对学生开展心理健康咨询工作，共接受有效QQ咨询80多人次。与此同时，针对有咨询意愿的同学开展个别咨询，及时缓解或解决其心理问题，面询总计50多人次。对危机事件及时评估及干预，指导各系（院）辅导员做好个别心理异常同学的辅导和转介工作。标志性成果：2017年度江苏省学生资助绩效考核优秀；2018年度江苏省教育厅“他们——我身边的资助”微电影创作征集比赛二等奖（《追风者》）；“五位一体同育人　五轴联动圆梦想”获2018年度苏州市优秀资助育人项目评比二等奖（工作奖金7.5万元）；3篇新闻稿分别在“江苏学生资助”和“中国学生资助”微信公众号发布；“青春健康，同伴教育”项目分别入选2018中国计生协、苏州市计生协的青春健康高校项目；开展“青春健康大讲堂”7场，3000多人参加；“世界艾滋病日”宣传活动被12月3日的《苏州日报》报道。

六、扎实做好招生宣传工作

在学校招生工作领导小组的领导下，围绕“两度两率”，即熟悉度、知晓度、录取率和报到率等目标开展工作，在各招生宣传工作组的大力支持和密切配合下，学校师生积极投身到招生工作中，较好地完成招生任务。

1.全力以赴确保招生计划完成。学校与省

教育厅有关部门多次沟通，完成总计划数、对口单招计划数和外省招生计划数的提升。2018年招生总计划为3000人，比去年增加131人，招生专业35个，比去年增加2个。2018年实际录取2832人，报到2679人，报到率为89.3%，比去年（89.1%）增加0.2个百分点。省内总计划招生2197人，报到1972人，报到率为89.76%。江苏省内普通类专业统招计划1747人，录取1596人，其中高职提前招生录取484人，对口单招（含3+3分段）录取697人。省内统招批次中，高职与普通本科分段培养计划招生45人，录取45人；艺术类专业计划招生120人，录取120人；中英合作办学计划招生27人，录取10人；省内文理科专业计划招生944人，录取804人。2018年在19个外省招生，比去年增加了2个，分别是吉林和河北，省外招生计划为803人，报到707人，外省新生报到率为88.04%。

2.精心设计招生宣传材料。首先精心设计制作省内外两个招生宣传视频片和招生宣传PPT，为网络和微信等新媒体宣传提供素材，大大提高现场招生宣传的生动形象性；其次是设计制作3种版本的2018年苏工院《招生简章》，印制总数3万份，用于高职单招、对口单招和统招宣传；再次是发挥权威媒体和政府主办刊物的招生宣传作用，借助宣传部的媒体宣传提升学校整体社会影响力，借力《扬子晚报》刊登招生宣传，让学校的招生宣传有声有色。

3.重视招生宣传人员的培训。通过召开2018年招生宣传工作会议，指导各招生宣传组掌握政策，熟知宣传重点和技巧；通过PPT示范演讲统一招生口径，让每位参与招生宣传的教职工掌握与考生接触的关节。此外，招办人员深入各系（院）倾听问题反映，面对面辅导，及时解答疑问，有效提高招生宣传教师的业务能力。

4.扩大省内外高招咨询效应。招办从赴会人员落实、宣传材料携带等细节入手，做好学校在省内外高招咨询会的亮相工作。截至6月25日，共组织人员参加了25场省内外的高招咨询会。

5.细化招生咨询服务工作。为适应“互联网+”新时代，增强学校在对外招生宣传方面的可视度和可知度，招办及时推送微信13期28篇报道，及时共享宣传材料，通过QQ群、IMO等网络平台沟通宣传问题，跟踪召生宣传的开展；充分利用微信朋友圈，发动亲朋好友、同学邻里，扩大宣传影响力，提升宣传覆盖面。制作学校主页宣传飘旗，并通过网站向考生传递信息。另外，为提高校内招生宣传管理直观度，校招办自行开发“苏工院招生办”微信公众号，新增微信多项查询功能，使所有咨询的群体对学校信息的查询更加便利。标志性成果：从招生数量看，招生总计划为3000人，比去年增加131人，招生专业35个，比去年增加2个；实际录取2832人，报到2679人，报到率为89.3%，比去年（89.1%）增加0.2百分点；2018年在19个外省招生，新增吉林和河北，外省新生报到率为88.04%，实现招生省份和省外计划数继续扩大。从招生质量看，学校理科录取投档分在全省同类院校中继续保持前列，招生代码1474的高职与普通本科分段培养最低投档分为284分，高出本二省控线（265分）9分，招生代码1273的理科投档分为267分，高出高职省控线（248分）19分；省内艺术类文化分加专业分总分投档分为401分，高出省控线（467分）66分。从今年19个外省投档分数看，有12个省份投档分数比去年有不同程度的提高，计划满足率高，生源较好，学校的社会声誉和美誉度进一步提高。

七、边做边学，积极推动学生管理工作的信息化建设

在学校党委行政的指导下，在数图中心支持协助下，学工软件维持正常运行，建立起由1名副处长、各具体栏目人员组成的专项维护工作小组，通过日常学工系统执行状况反馈机制来推动各系

(院)党总支副书记、辅导员等人员在管理工作中的运用。通过自主开发微信服务,借助微信推广快捷的优势在招生宣传和考生服务中发挥重要作用;通过在宿舍安装人脸识别系统,探索提升学生宿舍管理高效性的途径,从7—12月共有5家企业参与测试,为下阶段学校正式启用人脸识别系统做好数据支撑。

八、其他工作

5月,配合学校宣传部完成《关于落实学院意识形态责任制工作要求的汇报》总结。

6月,配合学校党政办公室完成《十三五规划中期评估总结》。

5—6月,配合学校承接的全国职业院校技能大赛工业产品数字化设计与制造赛项做好院校接待及学生志愿者工作组的工作。

配合学校党政办公室完成《高水平院校建设方案》。

配合质量保证处完成2016—2018三年数据信息平台总结。

上报学工信息,配合党政办提供信息公开文件。

配合宣传部完成开展思想大讨论系列活动总结、市文明校园总结材料。

配合学校完成创新发展行动计划2018年执行绩效数据采集工作及相关报告撰写。

承办由苏州国际教育园管理办公室主办的心理健康教育教师能力提升连续研修班。

学生就业

学校以全面、主动地为区域经济发展提供急需的技能型人才为宗旨,以“坚持市场导向,服务区域经济”为引领,以提高人才培养质量为核心,以专业建设为龙头,以校企合作为抓手,以服务就业为引擎,通过学校、系、专业三级企业学院建设,积极探索校企协同育人、合作就业模式,创新就业与人才培养融通新机制,大力支持毕业生自主创业,为学生就业创业搭建平台,不断拓宽毕业生就业渠道。

一、完善就创业指导工作体系

学校将就创业指导贯穿人才培养全过程,全面构建“四位一体”的就创业指导服务体系,实行全员、全方位就创业指导。根据毕业生就业质量调查反馈信息以及用人单位调查信息动态调整教学内容。就创业指导系列课程“就业创业教育”,帮助学生了解职场形势,规划职业生涯,初步了解企业,指导学生收集就业信息,掌握求职技巧,做好就业准备;“创业DIY”课程启发学生创业意识,提高学生创业能力。课外通过学生社团、社会实践、志愿者活动、识岗和顶岗等活动让学生接触社会、了解社会,提高各方面的能力。通过开展“企业人事经理进校园之模拟招聘活动”,让学生掌握撰写简历的要点及注意事项、面试的技巧与注意点等,为学生求职、应聘、面试提供宝贵的经验;通过开展“博思堂杯”职业规划大赛,提升学生的职业规划意识和能力,从而提高学生的就业竞争力。2018年学校组织学生参加“武进人才杯”江苏省第十三届大学生职业规划大赛,获得专科组特等奖1个、专科组二等奖2个以及优秀指导教师奖;通过开展“高创杯”学校创业计划书比赛等,营造创业氛围,提高学生的创业意识和能力。

利用现代化信息手段,加强就业服务工作,打造精准化就业服务工作体系。构建智慧就业平台——就业创业网与就业App、“SIIT就业与创业加油站”微信公众服务号等，为毕业生送政策、送指导、送信息，形成点与面、共性与个性相结合的就业创业指导服务体系。

为更好地做好学生就业推荐工作，建立周报送制度，针对2018届就业困难学生、少数民族学生，做好就业指导与帮扶工作，了解学生未就业的原因，建立就业困难学生帮扶台账，帮助他们解决就业过程中遇到的困难和问题，使他们尽快就业。通过线上线下、群体与个体的就业指导服务，2018届毕业生离校就业率达到80%以上，初次就业率达到90%以上，年终就业率达到98%以上。

二、创新就业工作模式

学校立足苏州本土、紧跟转型升级、定位智能制造、对接新兴产业，通过企业冠名班级、订单培养等形式校企共育技能型人才。通过企业冠名新生班级，将校企文化有机融合，将工匠精神贯穿人才培养全过程；通过校企联合开展专题讲座、文体活动、技能竞赛、劳模技能大师进校园、识岗等活动，让学生了解企业、了解就业岗位，实现学校人才培养与企业需求无缝对接，努力培养“用得上、留得住、有发展”的优秀毕业生。2018年留在苏州工作的学生达到三分之二以上。学校获批教育部现代学徒制试点单位。

三、提高就业服务水平

学校围绕市场需求，依托企业学院等校企合作平台，举行学校层面、系（院）层面以及专业群层面的校园招聘会，通过推广“四结合”招聘模式，即校内招聘与校外招聘相结合、专场招聘与专业招聘相结合、区域招聘与行会招聘相结合、现场招聘与网上招聘相结合的招聘模式，为行业、紧密型合作企业输送专业人才，实现精准化就业岗位推荐，促进学生充分就业。2018年举办专场招聘会60余场，举办企业学院专场、区域合作专场招聘会11场，参会企业达到600多家，为毕业生提供就业岗位15000多个。在学校就业创业网上发布400多家企业招聘公告，发布企业招聘职位（岗位）10000多个。

四、探索创新创业教育新途径

学校依托国家级和省级实训基地、国家级众创空间、省大学生创业示范基地等平台，以校企“双导师制”为抓手，全方位推进创新创业教育，探索具有高职特色的创新创业教育模式。导师通过和学生一起研究制订创新创业计划、指导学生选择创新创业项目、指导学生完成创新创业训练项目、指导学生参加创新创业竞赛、举办创新创业专题讲座等活动，提高学生创新创业意识，培育学生创新创业能力。

五、强化创业实践平台建设

学校依托科技部国家级众创空间、江苏省大学生创业示范基地、苏州市校园大学生创业孵化基地、苏州市优秀创新创业平台——电子商务创业孵化基地等，定期开展创新创业专题活动，举办创新创业大赛，开展创业模拟培训，孵化大学生创业项目，通过形式多样的活动，培养学生的创业精神，启发学生的创业思路，拓宽学生的创业视野，提高学生的创业能力。2018年在江苏省第四届“互联网+”大学生创新创业大赛中获得二等奖1项；2个项目获评2018年江苏省大学生优秀创业项目；在2018年度苏州市“汇思杯”大学生创新创业竞赛中获得“蒲公英奖”1项，学校荣获“优秀组织奖”。

随着高等职业教育的发展，高职院校如何打造学校特色优势品牌，促进学生高质量就业成为高职院校内涵建设的核心。学校将不断探索人才培养模式，优化毕业生就业指导工作服务，拓宽毕业生就业渠道，持续提升大学生就创业竞争力，为苏州经济发展做出应有的贡献。

资助工作

2018年苏州工业职业技术学院学生获各类奖(助)学金情况统计表(全日制)

序号	类别	人数	金额(元)	合计(元)
1	国家奖学金	4	8000	32000
2	院长奖学金	10	10000	100000
3	国家励志奖学金	261	5000	1305000
4	国家助学金	1347	3000	4041000
5	富泰克奖学金	10	1000	10000
6	创元帮困助学金	20	500	10000
7	市党员关爱基金	40	1000	40000
8	唐人营造奖学金	12	1000	12000
9	“佳世达”订单班奖学金	3	500	1500
10	汇通奖(助)学金	3	500	1500
11	特殊困难补助	368	—	218500
12	伙食补贴	4	1000	4000
13	校内勤工助学	400	—	518000
14	学费减免	374	—	1858500

第九章　表彰与奖励

学校获校外单位表彰、奖励情况

2018年苏州工业职业技术学院获校外单位表彰、奖励情况一览表

序号	被授予的荣誉称号	表彰单位	批文号、日期
1	教育部第三批现代学徒制试点单位	教育部办公厅	教职成厅函〔2018〕41号 2018.8.1
2	全省征兵工作先进单位	江苏省人民政府、中国人民解放军江苏省军区	苏政发〔2018〕105号 2018.7.25
3	2018年全省高校毕业生就业创业工作专项督查考核优秀单位	江苏省教育厅	苏教学函〔2018〕16号 2018.11.12
4	2017年度江苏省学生资助工作绩效评价优秀单位	江苏省教育厅、财政厅	苏教助〔2018〕1号 2018.7.11
5	2017年全国高等职业院校服务贡献50强	中国高等职业教育质量年度报告编委会	2018.7.15
6	2018年江苏省高等职业院校技能大赛优秀组织奖	江苏省高职院校技能大赛组委会	苏教高技组〔2018〕1号 2018.11.22
7	2018年江苏省高等职业院校技能大赛先进单位	江苏省高职院校技能大赛组委会	苏教高技组〔2018〕1号 2018.11.22
8	2015—2017年度苏州市文明校园	苏州市精神文明建设指导委员会	苏文委〔2018〕6号 2018.9.17
9	2017年度吴江经济技术开发区校企合作优秀单位	吴江经济技术开发区管理委员会	吴开发〔2018〕10号 2018.1.29

学校各单位获表彰、奖励情况

2018年苏州工业职业技术学院各部门获表彰、奖励情况一览表

受表彰单位	获得荣誉称号	表彰单位	批文号、日期
机电工程系、经贸管理系	2018年度招生宣传工作先进单位	苏州工业职业技术学院	苏工院党委〔2018〕51号 2018.12.7
精密制造工程系模具设计与制造团总支	2017年度江苏省五四红旗团支部（总支）	共青团江苏省委	团苏委发〔2018〕16号 2018.4.28
团委	第五届“创青春”中国青年创新创业大赛组织工作优秀集体	共青团苏州市委	2018.10.22

学校教职工获表彰、奖励情况

2018年苏州工业职业技术学院教职工获表彰、奖励情况一览表

受表彰教职工姓名	获得荣誉称号	表彰单位	批文号、日期
丁云鹏　方一新　石皋莲 许　岚　汪　宁　胡　渠 顾　涛　马晓云　王　英 王熙雏　张　峥　陆　群 周　信　汤小兰　许燕萍 程　磊　戴丽华　王　喜 刘文军　何　亮　欧阳芳 徐丽君　朱晓蕾　陈　荔 刘敏华　俞　芳　诸莉雅 虞　江　臧华东　庄剑英 刘绪军　苏　华　吴　玮 沈涵颖　祝清兰　彭　薇 王瑾/语　石茗茗	2017年度个人嘉奖	苏州工业职业技术学院	苏工院〔2018〕5号 2018.1.18
王　勇　叶倩辉　张二玲 张书健　张　泠　张美芳 陈园园　陈建辉　邵　夏 崔亚玲	2018年度招生宣传工作先进个人	苏州工业职业技术学院	苏工院党委〔2018〕51号 2018.12.7
赵　展　葛晓忠	2017年度创元园丁奖	创元投资发展（集团）有限公司 苏州工业职业技术学院	苏创投委〔2018〕58号 2018.4.28
童钰祥	2017年江苏省大中专学生志愿者暑期文化科技卫生“三下乡”社会实践活动先进工作者	江苏省委宣传部 江苏省文明办 江苏省教育厅 共青团江苏省委 江苏省学生联合会	团苏委联〔2018〕4号 2018.1.6

续表

受表彰教职工姓名	获得荣誉称号	表彰单位	批文号、日期
殷　铭	苏州市劳动模范	中共苏州市委 苏州市人民政府	苏委发〔2018〕22 号 2018.4.24
裘兆远	苏州市优秀共青团干部	共青团苏州市委	苏团委〔2018〕62 号 2018.5.4
方一新	2018 年全国职业院校技能大赛优秀工作者称号	全国职业院校技能大赛组织委员会	赛执委函〔2018〕27 号 2018.10.25
何福男　章　雯	2018 年苏州市优秀职业教育先进个人	苏州市教育局	苏教高职〔2018〕20 号 2018.6.22
胡　渠	2017 江苏高校辅导员年度人物入围	江苏省教育厅	苏教办学函〔2018〕11 号 2018.6.6
葛晓忠	2018 年江苏省高等学校优秀教学管理工作者	江苏省高等学校教学管理研究会	2018.8.1
葛晓忠　钱　涛	2017—2018 年度苏州市优秀教育工作者	苏州市教育局	苏教办〔2018〕50 号 2018.9.5
周　芳	2018 年度苏州市“三新四创”好青年	共青团苏州市委	团苏委〔2018〕63 号 2018.5.4
马晓云	江苏省第十三届大学生职业规划大赛优秀指导教师	江苏省大学生职业规划大赛组委会	2018.12.6
马晓云　姚　遥	2018 年度全民阅读先进个人	苏州市全民阅读活动领导小组办公室	苏全阅办〔2018〕6 号 2018.11.8
田立苗	2018 年全国大中专学生志愿者暑期“三下乡”社会实践活动优秀个人	团中央学校部 全国学联秘书处	2018.11.20
何福男	2018 年江苏省高等职业院校技能大赛先进个人	江苏省高职院校技能大赛组委会	苏教高技组〔2018〕1 号 2018.11.22

学生集体获校外单位表彰、奖励情况

2018 年苏州工业职业技术学院学生集体获校外单位表彰、奖励情况一览表

序号	受表彰的集体	被授予的荣誉称号	表彰单位	批文号、日期
1	机电 15C2 电子 16C1	江苏省先进班集体	江苏省教育厅 共青团江苏省委	苏教学〔2018〕3 号 2018.4.28
2	汽修 16C1 团支部	苏州市“三敢三勇”团支部	共青团苏州市委	团苏委〔2018〕63 号 2018.5.4
3	营销 16C2 团支部	苏州市“三敢三勇”团支部	共青团苏州市委	团苏委〔2018〕63 号 2018.5.4
4	机器人 16C1 团支部	苏州市五四红旗团支部	共青团苏州市委	团苏委〔2018〕62 号 2018.5.4
5	模具团总支	江苏省五四红旗团总支	共青团江苏省委	团苏委〔2018〕16 号 2018.4.28

续表

序号	受表彰的集体	被授予的荣誉称号	表彰单位	批文号、日期
6	通信 17C1 团支部	江苏省大中专学校活力团支部	共青团江苏省委	团苏委发〔2018〕9 号 2018.1
7	汽车人联盟	江苏省大中专学生志愿者暑期文化科技卫生“三下乡”社会实践活动优秀团队	共青团江苏省委	团苏委联〔2018〕4 号 2018.2

学生个人获校外单位表彰、奖励情况

2018 年苏州工业职业技术学院学生个人获校外单位表彰、奖励情况

序号	学生姓名	获奖名称	颁奖单位	获奖时间
1	秦浩然	2018 苏州国际女子半程马拉松暨女王跑苏州站优秀志愿者	江苏省田径协会、苏州吴中经济技术开发区管委会	2018.10.28
2	翟家乐	江苏省第四届高职高专院校学生足球技能大赛暨体能大赛足球技能大赛团体一等奖	江苏省第四届高职高专院校学生足球技能大赛暨体能大赛组委会	2018.11
3	翟家乐	江苏省第四届高职高专院校学生足球技能大赛暨体能大赛足球技能全能王二等奖	江苏省第四届高职高专院校学生足球技能大赛暨体能大赛组委会	2018.11
4	翟家乐	江苏省第四届高职高专院校学生足球技能大赛暨体能大赛绕杆射门一等奖	江苏省第四届高职高专院校学生足球技能大赛暨体能大赛组委会	2018.11
5	郭庆晗	第二届全国智能制造应用技术技能大赛决赛二等奖	第二届全国智能制造应用技术技能大赛全国委员会	2018.12
6	唐磊	2017—2018 全国青少年校园足球联赛优秀志愿者	中国大学生体育协会	2018.4
7	王巍	2017—2018 全国青少年校园足球联赛优秀志愿者	中国大学生体育协会	2018.4
8	段果林	2018 年全国机械行业职业院校智能制造领域教育教学创新及创新创业大赛二等奖	全国机械职业教育教学指导委员会	2018.9
9	杨盛栋	江苏省第十届大学生知识竞赛优秀奖	江苏省高等教育学会、江苏省大学生知识竞赛组委会	2018.9
10	汤景轩	江苏省第十届大学生知识竞赛优秀奖	江苏省高等教育学会、江苏省大学生知识竞赛组委会	2018.9
11	王敬伟	江苏省第十届大学生知识竞赛优秀奖	江苏省高等教育学会、江苏省大学生知识竞赛组委会	2018.9
12	褚磊	2018 年全国大学生英语竞赛 D 类二等奖	高等学校大学外语教学指导委员会、高等学校大学外语教学研究会	2018.5.20
13	谷明浩	江苏省第十届大学生知识竞赛三等奖	江苏省高等教育学会、江苏省大学生知识竞赛组委会	2018.9
14	谷明浩	2018 年全国大学生环保知识竞赛优秀奖	全国大学生环保知识竞赛组委会	2018.4
15	张程	“晋拓杯”第七届江苏省大学生机械创新设计大赛三等奖	江苏省大学生机械创新设计大赛组委会	2018.6

续表

序号	学生姓名	获奖名称	颁奖单位	获奖时间
16	张程	苏州市高职院校第三届“奇迹杯”数字建模及3打印大赛二等奖	苏州市教育局	2018.6
17	董早生	苏州市高职院校第三届“奇迹杯”数字建模及3打印大赛三等奖	苏州市教育局	2018.6
18	刘胜莉	江苏省第四届高职高专院校学生足球技能大赛暨体能大赛女子体能全能王三等奖	江苏省第四届高职高专院校学生足球技能大赛暨体能大赛组委会	2018.11.16
19	刘胜莉	2018年江苏省定向锦标赛短距离定向赛团体W18B大学女子B组第一名	江苏省体育局、江苏省教育厅、江苏省科协、共青团江苏省委、江苏省妇女联合会	2018.10.14
20	刘胜莉	2018年江苏省定向锦标赛百米定向赛团体W18B大学女子B组第一名	江苏省体育局、江苏省教育厅、江苏省科协、共青团江苏省委、江苏省妇女联合会	2018.10.14
21	刘胜莉	2018年江苏省定向锦标赛短距离定向个人计时赛W18B大学女子B组一等奖	江苏省体育局、江苏省教育厅、江苏省科协、共青团江苏省委、江苏省妇女联合会	2018.10.14
22	刘胜莉	2018年江苏省无线电测向锦标赛80米波段微功率测向个人赛大学女子组二等奖	江苏省体育局、江苏省教育厅、江苏省科协、共青团江苏省委、江苏省妇女联合会	2018.7.11
23	刘胜莉	2018年江苏省无线电测向锦标赛短距离144MHz测向个人赛大学女子组二等奖	江苏省体育局、江苏省教育厅、江苏省科协、共青团江苏省委、江苏省妇女联合会	2018.7.11
24	刘胜莉	2018年江苏省无线电测向锦标赛短距离3.5MHz测向个人赛大学女子组二等奖	江苏省体育局、江苏省教育厅、江苏省科协、共青团江苏省委、江苏省妇女联合会	2018.7.11
25	刘胜莉	2018年苏州市定向锦标赛第三名	苏州市无线电运动协会	2018.9.22
26	刘胜莉	江苏省第四届高职高专院校学生足球技能大赛暨体能大赛体能大赛团体一等奖	江苏省第四届高职高专院校学生足球技能大赛暨体能大赛组委会	2018.11.16
27	刘绍卿	江苏省第十届大学生知识竞赛优秀奖	江苏省高等教育学会、江苏省大学生知识竞赛组委会	2018.9
28	彭艺	“七彩夏日”爱心暑托班优秀志愿者	太仓市青年志愿者协会、共青团太仓市委	2018.8.25
29	罗子睿	常熟市第三届市民（职工）自行车比赛第二名	常熟市总工会	2018.5.5
30	朱靖帅	江苏省第十届大学生知识竞赛（理工科组）优秀奖	江苏省高等教育学会、江苏省大学生知识竞赛组委会	2018.9.10
31	沙冶	江苏省普通高等学校第十五届高等数学竞赛二等奖	江苏高等学校数学教学研究会、江苏省普通高等学校高等数学竞赛组委会	2018.7.10
32	奚朋	江苏省普通高等学校第十五届高等数学竞赛一等奖	江苏高等学校数学教学研究会、江苏省普通高等学校高等数学竞赛组委会	2018.7.10
33	韩雨轩	江苏省普通高等学校第十五届高等数学竞赛二等奖	江苏高等学校数学教学研究会、江苏省普通高等学校高等数学竞赛组委会	2018.7.10
34	陆翔	江苏省普通高等学校第十五届高等数学竞赛一等奖	江苏高等学校数学教学研究会、江苏省普通高等学校高等数学竞赛组委会	2018.7.10
35	陆翔	江苏省第十届大学生知识竞赛（理工科组优秀奖）	江苏省高等教育学会、江苏省大学生知识竞赛组委会	2018.9.10
36	丁智凯	江苏省第十九届运动会高校部龙舟赛暨仙林大学城龙舟赛（乙组）500米直道赛第七名	江苏省教育厅、江苏省体育局	2018.6.9

续表

序号	学生姓名	获奖名称	颁奖单位	获奖时间
37	丁智凯	江苏省第十九届运动会高校部龙舟赛暨仙林大学城龙舟赛（乙组）200米直道赛第八名	江苏省教育厅、江苏省体育局	2018.6.9
38	朱耀辉	苏州高职高专院校第三届大学生创客马拉松大赛三等奖	苏州市教育局	2018.10.21
39	刘晋齐	江苏省第十届大学生知识竞赛优秀奖	江苏省高等教育学会、江苏省大学生知识竞赛组委会	2018.9.21
40	殷文敬	苏州市高职高专院校第二届大学生创客马拉松大赛三等奖	苏州市教育局	2018.10.21
41	陈凯文	苏州高职专院校第三届大学生创客马拉松大赛三等奖	苏州市教育局	2018.10.21
42	史艳如	2018年全国大学生英语竞赛D类二等奖	高等学校大学外语教学指导委员会、高等学校大学外语教学研究会	2018.5.20
43	郑凯元	江苏省第十九届运动会高校部龙舟赛暨仙林大学城龙舟赛第七名	江苏省体育局、江苏省教育厅	2018.6.9
44	刘飞城	江苏省第十九届运动会高校部龙舟赛暨仙林大学城龙舟赛第七名	江苏省体育局、江苏省教育厅	2018.6.9
45	刘自旭	江苏省第十九届运动会高校部龙舟赛暨仙林大学城龙舟赛第七名	江苏省体育局、江苏省教育厅	2018.6.9
46	吴胜峰	江苏省第十九届运动会高校部龙舟赛暨仙林大学城龙舟赛第七名	江苏省体育局、江苏省教育厅	2018.6.9
47	李昊	江苏省第十届大学生知识竞赛（理工科组）优秀奖	江苏省高等教育学会、江苏省大学生知识竞赛组委会	2018.9
48	陶根正	苏州市高职院校第三届“奇迹杯”数字建模及3D打印大赛二等奖	苏州市教育局	2018.6
49	陶根正	首届海峡两岸注塑模设计大赛三等奖	首届海峡两岸（江苏）技能邀请赛组委会	2018.5
50	陶根正	“晋拓杯”第七届江苏省大学生机械创新设计大赛（小型水果分类采集器）三等奖	江苏省大学生机械创新设计大赛组委会	2018.6
51	陶根正	“晋拓杯”第七届江苏省大学生机械创新设计大赛（便携式水果采集器）三等奖	江苏省大学生机械创新设计大赛组委会	2018.6
52	张露	江苏省第十九届运动会高校部定向越野比赛乙组女子接力赛团体第一名	江苏省体育局、江苏省教育厅、江苏省科协、共青团江苏省委、江苏妇女联合会	2018.5
53	张露	2018年江苏省无线电测向锦标赛个人全能大学女子组第三名	江苏省体育局、江苏省教育厅、江苏省科协、共青团江苏省委、江苏妇女联合会	2018.7.11
54	张露	2018年江苏省无线电测向锦标赛短距离144MHz测向个人赛大学女子组二等奖	江苏省体育局、江苏省教育厅、江苏省科协、共青团江苏省委、江苏妇女联合会	2018.7.11
55	张露	2018年江苏省无线电测向锦标赛短距离3.5MHz测向个人赛大学女子组一等奖	江苏省体育局、江苏省教育厅、江苏省科协、共青团江苏省委、江苏妇女联合会	2018.7.11
56	张露	2018年江苏省定向锦标赛百米个人计时赛W21A成人女子组一等奖	江苏省体育局、江苏省教育厅、江苏省科协、共青团江苏省委、江苏妇女联合会	2018.10.14
57	张露	2018年江苏省定向锦标赛百米定向团体赛W21A成人女子组第一名	江苏省体育局、江苏省教育厅、江苏省科协、共青团江苏省委、江苏妇女联合会	2018.10.14

续表

序号	学生姓名	获奖名称	颁奖单位	获奖时间
58	张露	2018年江苏省定向锦标赛短距离个人计时赛W21A成人女子组一等奖	江苏省体育局、江苏省教育厅、江苏省科协、共青团江苏省委、江苏妇女联合会	2018.10.14
59	张露	2018年江苏省定向锦标赛短距离定向赛团体赛W21A成人女子组第一名	江苏省体育局、江苏省教育厅、江苏省科协、共青团江苏省委、江苏妇女联合会	2018.10.14
60	张露	2018年江苏省定向锦标赛中距离定向赛团体赛W21A成人女子组第一名	江苏省体育局、江苏省教育厅、江苏省科协、共青团江苏省委、江苏妇女联合会	2018.10.14
61	张露	2018年江苏省定向锦标赛中距离个人计时赛W21A成人女子组一等奖	江苏省体育局、江苏省教育厅、江苏省科协、共青团江苏省委、江苏妇女联合会	2018.10.14
62	张露	2018年江苏省定向锦标赛团体赛W21A成人女子组第一名	江苏省体育局、江苏省教育厅、江苏省科协、共青团江苏省委、江苏妇女联合会	2018.10.14
63	孙舒欢	2018年“挑战杯——彩虹人生”全国职业学校创新创效创业大赛一等奖	教育部	2018.8
64	龚雨章	优秀学员	苏州国际教育园党员服务中心	2018.5.25
65	龚雨章	苏州市高职院校第三届“奇迹杯”数字建模与3D打印大赛三等奖	苏州市教育局	2018.6
66	陈嘉懿	苏州市高职院校第三届“奇迹杯”数字建模与3D打印大赛三等奖	苏州市教育局	2018.6
67	高屹朋	苏州市高职院校第三届“奇迹杯”数字建模与3D打印大赛三等奖	苏州市教育局	2018.6
68	龚雨章	2018年“挑战杯——彩虹人生”全国职业学校创新创效创业大赛一等奖	教育部	2018.8
69	陈嘉懿	2018年“挑战杯——彩虹人生”全国职业学校创新创效创业大赛一等奖	教育部	2018.8
70	龚雨章	2018年“挑战杯——彩虹人生”江苏省职业学校创新创效创业大赛一等奖	江苏省委教育厅	2018.7
71	陈嘉懿	2018年“挑战杯——彩虹人生”江苏省职业学校创新创效创业大赛一等奖	江苏省委教育厅	2018.7
72	龚雨章	全国职业院校技能大赛复杂部件数控多轴联动加工技术二等奖	全国职业院校技能大赛组织委员会	2018.5
73	陈嘉懿	全国职业院校技能大赛复杂部件数控多轴联动加工技术二等奖	全国职业院校技能大赛组织委员会	2018.5
74	张山林	2018年首届江苏省定向公开赛（南京）专科男子组第一名	江苏省体育局	2018.5.12.
75	张山林	2018年江苏省无线电测向锦标赛3.5MHz测向个人赛第二名	江苏省体育局、江苏省教育厅、江苏省科协、共青团江苏省委、江苏省妇女联合会	2018.7.11
76	张山林	2018年江苏省无线电测向锦标赛短距离144MHz测向个人赛第三名	江苏省体育局、江苏省教育厅、江苏省科协、共青团江苏省委、江苏省妇女联合会	2018.7.11
77	张山林	2018年江苏省无线电测向锦标赛短距离144MHz测向团队赛第二名	江苏省体育局、江苏省教育厅、江苏省科协、共青团江苏省委、江苏省妇女联合会	2018.7.11
78	张山林	2018年江苏省无线电测向锦标赛短距离3.5MHz测向个人赛一等奖	江苏省体育局、江苏省教育厅、江苏省科协、共青团江苏省委、江苏省妇女联合会	2018.7.11

续表

序号	学生姓名	获奖名称	颁奖单位	获奖时间
79	张山林	2018 年江苏省无线电测向锦标赛短距离 3.5MHz 测向团队赛第二名	江苏省体育局、江苏省教育厅、江苏省科协、共青团江苏省委、江苏省妇女联合会	2018.7.11
80	张山林	2018 年江苏省定向锦标赛中距离定向个人计时赛 M21A 成年男子组第二名	江苏省体育局、江苏省教育厅、江苏省科协、共青团江苏省委、江苏省妇女联合会	2018.10.14
81	张山林	2018 年江苏省定向锦标赛中距离定向赛团体赛 M21A 成年男子组第一名	江苏省体育局、江苏省教育厅、江苏省科协、共青团江苏省委、江苏省妇女联合会	2018.10.14
82	张山林	2018 年江苏省定向锦标赛短距离定向个人计时赛 M21A 成年男子组第三名	江苏省体育局、江苏省教育厅、江苏省科协、共青团江苏省委、江苏省妇女联合会	2018.10.14
83	张山林	2018 年江苏省定向锦标赛短距离定向赛团体赛 M21A 成年男子组第六名	江苏省体育局、江苏省教育厅	2018.10.14
84	张山林	2018 年江苏省定向锦标赛百米定向个人计时赛 M21A 成年男子组三等奖	江苏省体育局、江苏省教育厅	2018.10.14
85	张山林	江苏省第十九届运动会高校部定向越野乙组男子团体赛第一名	江苏省体育局、江苏省教育厅	2018.5
86	杨雨婷	优秀学员	苏州国际教育园党员服务中心	2018.5.25
87	杨雨婷	2018 年“挑战杯——彩虹人生”全国职业学校创新创效创业大赛一等奖	教育部	2018.8
88	陈浩	2018 年全国大学生英语竞赛 D 类一等奖	高等学校大学外语教学指导委员会、高等学校大学外语教学研究会	2018.5.20
89	王海	“晋拓杯”第七届江苏省大学生机械创新设计大赛二等奖	江苏省大学生机械创新设计大赛组委会	2018.6
90	王海	2018 年“挑战杯——彩虹人生”江苏省职业学校创新创效创业大赛三等奖	江苏省教育厅	2018.7
91	祁昌恒	江苏省高等职业院校技能大赛“三维天下杯”工业产品数字化设计与制造一等奖第一名	江苏省高等职业院校技能大赛组委会	2018.3
92	祁昌恒	全国职业院校技能大赛（高职组）工业产品数字化设计与制造一等奖第一名	全国职业院校技能大赛组委会	2018.5
93	祁昌恒	“晋拓杯”第七届江苏省大学生机械创新设计大赛二等奖	江苏省大学生机械创新设计大赛组委会	2018.6
94	毛家兴	“晋拓杯”第七届江苏省大学生机械创新设计大赛三等奖	江苏省大学生机械创新设计大赛组委会	2018.6
95	杨浩	江苏省第十九届运动会高校部定向越野男子团体赛第一名	江苏省教育厅、江苏省体育局	2018.5
96	杨浩	江苏省第十九届运动会高校部定向越野个人中距离第二名	江苏省教育厅、江苏省体育局	2018.5
97	杨浩	2018 年江苏省定向锦标赛短距离个人计时赛第一名	江苏省教育厅、江苏省体育局、江苏省科协、共青团江苏省委、江苏省妇女联合会	2018.10.14
98	杨浩	2018 年江苏省定向锦标赛中距离个人计时赛第一名	江苏省教育厅、江苏省体育局、江苏省科协、共青团江苏省委、江苏省妇女联合会	2018.10.14
99	叶雨群	2018 年“挑战杯——彩虹人生”江苏省职业学校创新创效创业大赛一等奖	江苏省教育厅	2018.7

续表

序号	学生姓名	获奖名称	颁奖单位	获奖时间
100	叶雨群	2018年“挑战杯——彩虹人生”全国职业学校创新创效创业大赛一等奖	教育部	2018.8
101	杨许	江苏省高等数学竞赛二等奖	江苏省高等学校数学教学研究会	2018.6
102	季鹏飞	2018年“挑战杯——彩虹人生”江苏省职业学校创新创效创业大赛三等奖	江苏省教育厅	2018.7
103	王海	2018年全国机械行业职业院校智能制造领域教育教学创新及创新创业大赛教学创新赛项二等奖	全国机械职业教育教学指导委员会、机械工业教育发展中心	2018.9
104	朱柏成	志愿者荣誉证书	2018苏州国际女子半程马拉松赛事组委会	2018.10.28
105	吕江	志愿者荣誉证书	2018苏州国际女子半程马拉松赛事组委会	2018.10.28
106	朱涛	志愿者荣誉证书	2018苏州国际女子半程马拉松赛事组委会	2018.10.28
107	于高璇	志愿者荣誉证书	2018苏州国际女子半程马拉松赛事组委会	2018.10.28
108	张志伟	2018“外研社杯”全国英语演讲大赛三等奖	外语教学与研究出版社、江苏省高等学校外国语教学研究会	2018.11
109	李佳朋	优秀志愿者	“古歌拉丁杯”2018年长三角地区国际标准舞联赛（苏州站）组委会	2018.10
110	霍钲炜	“悦动江苏　结谊五洲”——在江苏外国人定向越野大赛	江苏省人民对外友好协会	2018.12
111	殷潇洒	志愿者荣誉证书	2018苏州国际女子半程马拉松赛事组委会	2018.10
112	刁荷菁	志愿者荣誉证书	2018苏州国际女子半程马拉松赛事组委会	2018.10
113	陈义莹	志愿者荣誉证书	2018苏州国际女子半程马拉松赛事组委会	2018.10
114	王保宇	第三届全国大学生预防艾滋病知识竞赛	全国大学生预防艾滋病知识竞赛组委会	2018.12
115	杨如意	志愿者荣誉证书	2018苏州国际女子半程马拉松赛事组委会	2018.10
116	李国峰	博世学徒奖学金一等奖	博世汽车部件（苏州）有限公司TGA	2018.3
117	李国峰	英语竞赛三等奖	博世汽车部件（苏州）有限公司TGA	2018.3
118	张坤	纪念香港回归21周年线上马拉松	线上马拉松联盟	2018.7.1
119	张坤	五一劳动节全国马拉松线上跑	线上马拉松联盟	2018.5.1
120	张坤	江苏省第四届高职高专院校学生足球技能大赛暨体能大赛体能大赛团体一等奖	江苏省第四届高职高专院校学生足球技能大赛暨体能大赛组委会	2018.11
121	张坤	江苏省第四届高职高专院校学生足球技能大赛暨体能大赛引体向上项目二等奖	江苏省第四届高职高专院校学生足球技能大赛暨体能大赛组委会	2018.11
122	张坤	江苏省第四届高职高专院校学生足球技能大赛暨体能大赛三级蛙跳项目三等奖	江苏省第四届高职高专院校学生足球技能大赛暨体能大赛组委会	2018.11
123	张坤	江苏省第四届高职高专院校学生足球技能大赛暨体能大赛男子体能王一等奖	江苏省第四届高职高专院校学生足球技能大赛暨体能大赛组委会	2018.11
124	张坤	2018年江苏省无线电测向锦标赛80米波段微功率测向个人赛第一名	江苏省教育厅、江苏省体育局、江苏省科协、共青团江苏省委、江苏省妇女联合会	2018.7.13
125	张坤	智趣定向越野赛成年男子第一名	乐趣无维嘉年华组委会、苏州市小鹿定向运动俱乐部	2018.6
126	张坤	“太湖稻城杯”苏州城市公园定向越野挑战赛	苏州市小鹿定向运动俱乐部	2018.4.22

续表

序号	学生姓名	获奖名称	颁奖单位	获奖时间
127	杜宣儒	2018 年"创青春"江苏省大学生创业大赛铜奖	江苏省教育厅	2018.7
128	杜宣儒	第三届"郑和杯"中德青年创新创业大赛二等奖	"郑和杯"中德青年创新创业大赛组委会	2018.4
129	杜宣儒	2018 年苏州国际教育园创新创业项目惠民路演活动入围奖	苏州国际教育园党员服务中心	2018.9
130	戴耀光	江苏省普通高等学校第十五届高等数学竞赛专科组三等奖	江苏省高等学校数学教学研究会、江苏省普通高等学校高等数学竞赛组委员会	2018.7.10
131	陆寅峰	2018 年苏州市传统校魔方比赛暨省第一届智力运动会选拔赛优秀奖(公开组)	苏州市体育局、苏州市教育局	2018.12.22
132	吴子腾	2018 年苏州市定向锦标赛短距离定向成年男子组第四名	苏州市无线电运动协会	2018.9.22
133	吴子腾	2018 年江苏省定向锦标赛百米定向个人计时赛 M18B 二等奖	江苏省教育厅、江苏省体育局、江苏省科协、共青团江苏省委、江苏省妇女联合会	2018.10.14
134	吴子腾	2018 年江苏省定向锦标赛中距离定向个人计时赛 M18B 二等奖	江苏省教育厅、江苏省体育局、江苏省科协、共青团江苏省委、江苏省妇女联合会	2018.10.14
135	吴子腾	江苏省第四届高职高专院校学生足球技能大赛暨体能大赛男子体能全能王一等奖	江苏省第四届高职高专院校学生足球技能大赛暨体能大赛组委会	2018.11.17
136	吴子腾	江苏省第四届高职高专院校学生足球技能大赛暨体能大赛三级蛙跳(男)三等奖	江苏省第四届高职高专院校学生足球技能大赛暨体能大赛组委会	2018.11.18
137	吴子腾	江苏省第四届高职高专院校学生足球技能大赛暨体能大赛引体向上二等奖	江苏省第四届高职高专院校学生足球技能大赛暨体能大赛组委会	2018.11.19
138	吴子腾	江苏省第四届高职高专院校学生足球技能大赛暨体能大赛 2400 米二等奖	江苏省第四届高职高专院校学生足球技能大赛暨体能大赛组委会	2018.11.20
139	吴子腾	2018 年五台山百姓大联赛百米定向赛成绩优异	江苏省无线电和定向运动协会	2018.11.25
140	梁鸿润	苏州国际教育园资源共享联盟课程共享 2017—2018 学年最佳学霸奖	苏州国际教育园管理办公室	2018.10.11
141	王威	"古歌拉丁杯"2018 年长三角地区国际标准舞联赛(苏州站)优秀组织者	"古歌拉丁杯"2018 年长三角地区国际标准舞联赛(苏州站)组委会、北京中舞联高新技术研究院	2018.10
142	乔宏飞	江苏省普通高等学校第十五届高等数学竞赛专科组一等奖	江苏省高等学校数学教学研究会、江苏省普通高等学校高等数学竞赛组委员会	2018.7.10
143	卢逸晨	2018 年苏州国际教育园羽毛球比赛	苏州国际教育园	2018
144	韦一恒	首届绿景"佐柃杯"2018 苏州国际教育园大学生 3V3 篮球争霸赛 16 强	常熟篮协	2018
145	韦一恒	"钙尔奇－善存·澳瑞特杯"2018 年吴中区第四届篮球联赛第五名	常熟篮协	2018
146	韦一恒	常熟市碧桂园杯第二名	碧桂园有限公司	2018
147	韦一恒	常熟市碧桂园杯最佳运动员	碧桂园有限公司	2018
148	韦一恒	常熟新材料产业园篮球联赛第三名	苏州常熟新材料产业园	2018
149	韦一恒	常熟市甲级篮球联赛第三名	常熟市	2018

续表

序号	学生姓名	获奖名称	颁奖单位	获奖时间
150	朱子奕	优秀志愿者	中国大学生体育协会	2018.4.29
151	徐怡佳	优秀志愿者	中国大学生体育协会	2018.4.29
152	曹飞宇	苏州国际教育园党建惠民系列活动——青年“创业梦之帆”三等奖	苏州国际教育园党员服务中心	2018.11
153	曹飞宇	江苏省“武进人才杯”第十三届大学生职业规划大赛专科组二等奖	江苏省教育局	2018.11
154	沈天祥	2017—2018 全国青少年校园足球联赛优秀志愿者	中国大学生体育协会	2018.4
155	李佳琦	2018 年发展对象培训优秀学员	苏州国际教育园党员服务中心	2018.5.25
156	姜欣玥	2018 年江苏省无线电测向锦标赛 80 米团体第一名	江苏省体育局、江苏省教育厅、江苏省科协、共青团江苏省委、江苏省妇女联合会	2018.7.11
157	姜欣玥	2018 年江苏省无线电测向锦标赛 2 米团体第二名	江苏省体育局、江苏省教育厅、江苏省科协、共青团江苏省委、江苏省妇女联合会	2018.7.12
158	姜欣玥	2018 年江苏省无线电测向锦标赛短距离 3.5MHz 测向个人赛一等奖	江苏省体育局、江苏省教育厅、江苏省科协、共青团江苏省委、江苏省妇女联合会	2018.7.11
159	姜欣玥	2018 年江苏省无线电测向锦标赛短距离 144MHz 测向个人赛一等奖	江苏省体育局、江苏省教育厅、江苏省科协、共青团江苏省委、江苏省妇女联合会	2018.7.11
160	姜欣玥	2018 年江苏省无线电测向锦标赛个人全能第二名	江苏省体育局、江苏省教育厅、江苏省科协、共青团江苏省委、江苏省妇女联合会	2018.7.15
161	姜欣玥	2018 年江苏省定向锦标赛短距离团队赛第一名	江苏省体育局、江苏省教育厅、江苏省科协、共青团江苏省委、江苏省妇女联合会	2018.10.14
162	姜欣玥	2018 年江苏省定向锦标赛长距离团队赛第一名	江苏省体育局、江苏省教育厅、江苏省科协、共青团江苏省委、江苏省妇女联合会	2018.10.15
163	姜欣玥	2018 年江苏省定向锦标赛短距离个人计时赛一等奖	江苏省体育局、江苏省教育厅、江苏省科协、共青团江苏省委、江苏省妇女联合会	2018.10.16
164	姜欣玥	2018 年江苏省定向锦标赛中距离个人计时赛一等奖	江苏省体育局、江苏省教育厅、江苏省科协、共青团江苏省委、江苏省妇女联合会	2018.10.17
165	姜欣玥	2018 年江苏省定向锦标赛百米个人计时赛二等奖	江苏省体育局、江苏省教育厅、江苏省科协、共青团江苏省委、江苏省妇女联合会	2018.10.18
166	姜欣玥	江苏省第四届高职高专院校学生足球技能暨体能大赛仰卧起坐三等奖	江苏省第四届高职高专院校学生足球技能大赛暨体大赛组委会	2018.11
167	姜欣玥	江苏省第四届高职高专院校学生足球技能大赛暨体能大赛体能全能王三等奖	江苏省第四届高职高专院校学生足球技能大赛暨体大赛组委会	2018.11
168	朱丹	2017—2018 年度苏州市大学生环保联盟先进个人	苏州市环境保护宣传教育中心	2018.11
169	仲米杰	苏州市第四届校园舞蹈大赛三等奖	苏州市教育局	2018.11
170	高颖	江苏省第四届高职高专院校学生足球技能大赛暨体能大赛女子体能全能王一等奖	江苏省第四届高职高专院校学生足球技能大赛暨体能大赛组委会	2018.11
171	高颖	江苏省第四届高职高专院校学生足球技能大赛暨体能大赛体能大赛团体一等奖	江苏省第四届高职高专院校学生足球技能大赛暨体能大赛组委会	2018.11
172	高颖	2018 年江苏省定向锦标赛团队赛 W18B 大学女子 B 组第一名	江苏省教育厅、江苏省体育局、江苏省科协、共青团江苏省委、江苏省妇女联合会	2018.10.14

续表

序号	学生姓名	获奖名称	颁奖单位	获奖时间
173	高颖	2018 年江苏省无线电测向锦标赛短距离 3.5MHz 测向个人赛大学女子组一等奖	江苏省教育厅、江苏省体育局、江苏省科协、共青团江苏省委、江苏省妇女联合会	2018.7.11
174	高颖	2018 年江苏省无线电测向锦标赛短距离 144MHz 测向个人赛大学女子组一等奖	江苏省教育厅、江苏省体育局、江苏省科协、共青团江苏省委、江苏省妇女联合会	2018.7.11
175	高颖	2018 年江苏省定向锦标赛百米定向个人计时赛 W18B 大学女子 B 组二等奖	江苏省教育厅、江苏省体育局、江苏省科协、共青团江苏省委、江苏省妇女联合会	2018.10.14
176	高颖	2018 年江苏省定向锦标赛中距离定向个人计时赛 W18B 大学女子组二等奖	江苏省教育厅、江苏省体育局、江苏省科协、共青团江苏省委、江苏省妇女联合会	2018.10.14
177	高颖	2018 年江苏省无线电测向锦标赛个人全能大学女子组第五名	江苏省教育厅、江苏省体育局、江苏省科协、共青团江苏省委、江苏省妇女联合会	2018.7
178	高颖	2018 年江苏省无线电测向锦标赛短距离 3.5MHz 测向个人赛大学女子组第六名	江苏省教育厅、江苏省体育局、江苏省科协、共青团江苏省委、江苏省妇女联合会	2018.7.11
179	高颖	江苏省第四届高职高专院校学生足球技能大赛暨体能大赛 2000 米二等奖	江苏省第四届高职高专院校学生足球技能大赛暨体能大赛组委会	2018.11
180	高颖	江苏省第四届高职高专院校学生足球技能大赛暨体能大赛三级蛙跳女三等奖	江苏省第四届高职高专院校学生足球技能大赛暨体能大赛组委会	2018.11
181	江敏	第三届全国大学生预防艾滋病知识竞赛优秀组织者	全国大学生预防艾滋病知识竞赛组委会	2018.12
182	梁丽	第三届全国大学生预防艾滋病知识竞赛三等奖	全国大学生预防艾滋病知识竞赛组委会	2018.12
183	吕访访	优秀志愿者	中国大学生体育协会	2018.4
184	张玲	江苏省第十九届运动会高校部龙舟赛暨仙林大学城龙舟赛三等奖	江苏省教育厅、江苏省体育局	2018.6
185	王美玲	苏州环境保护优秀成员	苏州市环境保护宣传教育中心	2018.11
186	王美玲	苏州国际教育园七校心理微文大赛三等奖	苏州科技大学心理健康教育中心	2018.5
187	巩思政	江苏省第十九届运动会高校部龙舟赛暨仙林大学城龙舟赛（乙组）200 米直道赛第八名	江苏省教育厅、江苏省体育局	2018.6.9
188	王凯	江苏省第十九届运动会高校部龙舟赛暨仙林大学城龙舟赛（乙组）200 米直道赛第八名	江苏省教育厅、江苏省体育局	2018.6.9
189	何天娇	2018 年全国大学生英语竞赛 D 类三等奖	高等学校大学外语教学指导委员会、高等学校大学外语教学研究会	2018.5.20
190	常义奎	大学生创新训练计划	江苏省教育厅高教处	2018.9.2
191	董婷	2018 年首届江苏省定向公开赛短距离个人计时赛第二名	江苏省体育局	2018.5
192	董婷	江苏省十九届运动会高校部定向越野比赛乙组女子接力赛第一名	江苏省体育局	2018.5
193	董婷	江苏省十九届运动会高校部定向越野比赛乙组女子短距离赛第五名	江苏省体育局	2018.5
194	董婷	江苏省十九届运动会高校部定向越野比赛乙组女子中距离赛第三名	江苏省体育局	2018.5

续表

序号	学生姓名	获奖名称	颁奖单位	获奖时间
195	董婷	江苏省十九届运动会高校部定向越野比赛体育道德风尚奖运动员	江苏省体育局	2018.5
196	董婷	2018年江苏省无线电测向锦标赛80米波段微功率测向个人赛大学女子组第七名	江苏省教育厅、江苏省体育局、江苏省科协、共青团江苏省委、江苏省妇女联合会	2018.7.11
197	董婷	2018年江苏省无线电测向锦标赛短距离144MHz测向个人赛大学女子组二等奖	江苏省教育厅、江苏省体育局、江苏省科协、共青团江苏省委、江苏省妇女联合会	2018.7.11
198	董婷	2018年江苏省无线电测向锦标赛短距离3.5MHz测向个人赛大学女子组二等奖	江苏省教育厅、江苏省体育局、江苏省科协、共青团江苏省委、江苏省妇女联合会	2018.7.11
199	董婷	2018年江苏省定向锦标赛大学女子短距离个人计时赛一等奖	江苏省教育厅、江苏省体育局、江苏省科协、共青团江苏省委、江苏省妇女联合会	2018.10
200	董婷	2018年江苏省定向锦标赛大学女子中距离个人计时赛一等奖	江苏省教育厅、江苏省体育局、江苏省科协、共青团江苏省委、江苏省妇女联合会	2018.10
201	董婷	2018年江苏省定向锦标赛大学女子百米个人计时赛二等奖	江苏省教育厅、江苏省体育局、江苏省科协、共青团江苏省委、江苏省妇女联合会	2018.10
202	董婷	2018年江苏省定向锦标赛大学女子中距离团体第一名	江苏省教育厅、江苏省体育局、江苏省科协、共青团江苏省委、江苏省妇女联合会	2018.10
203	董婷	2018全家动起来，奔跑吧Family“太湖稻城杯”定向越野挑战赛第八名	苏州市小鹿定向运动俱乐部	2018.6
204	董婷	江苏省第四届高职高专院校学生足球技能大赛暨体能大赛仰卧起坐三等奖	江苏省第四届高职高专院校学生足球技能大赛暨体能大赛组委会	2018.11
205	董婷	江苏省第四届高职高专院校学生足球技能大赛暨体能大赛女子体能全能王三等奖	江苏省第四届高职高专院校学生足球技能大赛暨体能大赛组委会	2018.11.2
206	董婷	苏州假日体育活动定向锦标赛获奖证书	苏州市定向锦标赛组委会	2018.12
207	董婷	2018年首届江苏省定向公开赛短距离个人计时赛第二名	江苏省体育局	2018.5.13
208	董婷	苏州定向运动普及赛暨苏州小鹿定向年度会员赛证书	苏州市体育局	2018.12.2
209	潘研文	苏州市“一心五同”团干部	共青团苏州市委员会	2018.2
210	李东升	2018年江苏省高等职业院校技能大赛“行云新能杯”新能源汽车技术与服务项目二等奖	江苏省高等职业院校技能大赛组委会	2018.3
211	高建满	2018年江苏省高等职业院校技能大赛“行云新能杯”新能源汽车技术与服务项目二等奖	江苏省高等职业院校技能大赛组委会	2018.3
212	申雪、姚以晨	第三届全国大学生预防艾滋病知识竞赛一等奖	第三届全国大学生预防艾滋病知识竞赛组委会	2018.12
213	孙昕	第三届全国大学生预防艾滋病知识竞赛二等奖	第三届全国大学生预防艾滋病知识竞赛组委会	2018.12
214	嵇雨欣、戴倩	2018“鼎傲杯”江苏省高职院校学生英语听说大赛总决赛三等奖	江苏省外国语言学会、江苏省高等学校外国语教学研究会	2018.12
215	嵇雨欣	2018年五台山百姓大联赛百米定向完赛证书	南京五台山体育协会	2018.11.25

续表

序号	学生姓名	获奖名称	颁奖单位	获奖时间
216	嵇雨欣	2018 苏州知趣定向越野赛完赛证书	苏州小鹿定向运动俱乐部	2018.12
217	付晓璇	江苏省第四届高职高专院校学生足球技能大赛暨体能大赛团体总分第一名	江苏省第四届高职高专院校学生足球技能大赛暨体能大赛组委会	2018.11
218	付晓璇	江苏省第四届高职高专院校学生足球技能大赛暨体能大赛女子全能王	江苏省第四届高职高专院校学生足球技能大赛暨体能大赛组委会	2018.11
219	吴鹤鸣	优秀义务兵	某部队政治处	2018.9
220	李佳琦、江敏	2018 年全国大学生环保知识竞赛优秀奖	全国大学生环保知识竞赛组委会	2018.4
221	付莉莉、李凤殿	2018 年创元帮困助学金	创元集团	2018
222	沈广玉、宋赟秋、葛志远	全国大学生数字艺术作品大赛二等奖	工信部	2018.3
223	李一凡、徐秀、曹荧	全国大学生数字艺术作品大赛三等奖	工信部	2018.3
224	顾鑫鑫、孔沁春	2018 年江苏省高等职业院校技能大赛建筑工程识图赛项一等奖	江苏省高等职业院校技能大赛组委会	2018.3
225	顾鑫鑫、孔沁春	2018 年全国职业学院技能大赛高职组建筑工程识图赛项获团体二等奖	全国职业学院技能大赛组委会	2018.5
226	孙悦、邵桦东等48人	苏州环金鸡湖国际半程马拉松优秀志愿者	赛事组委会	2018.3
227	孙悦、邵桦东等12人	长桥街道优秀志愿者	行知社工发展中心	2018.12
228	刘良运、曹植等8人	吴中区图书馆优秀志愿者	吴中区图书馆	2018.12
229	唐茂淞、邹壮志、陈家成	2018 年江苏省高等职业院校技能大赛嵌入式技术与应用开发赛项一等奖	江苏省教育厅	2018.3
230	唐茂淞、邹壮志、陈家成	2018 年全国职业院校技能大赛嵌入式技术与应用开发赛项二等奖	教育部	2018.5
231	吴华彬	第九届“蓝桥杯”全国软件和信息技术专业人才大赛单片机设计与开发省一等奖	工业和信息化部人才交流中心	2018.4
232	卜书闯	第九届“蓝桥杯”全国软件和信息技术专业人才大赛单片机设计与开发省一等奖	工业和信息化部人才交流中心	2018.4
233	戴亚洲	第九届“蓝桥杯”全国软件和信息技术专业人才大赛单片机设计与开发省一等奖	工业和信息化部人才交流中心	2018.4
234	邹壮志	第九届“蓝桥杯”全国软件和信息技术专业人才大赛单片机设计与开发省二等奖	工业和信息化部人才交流中心	2018.4
235	彭浩	第九届“蓝桥杯”全国软件和信息技术专业人才大赛单片机设计与开发省二等奖	工业和信息化部人才交流中心	2018.4
236	唐茂淞	第九届“蓝桥杯”全国软件和信息技术专业人才大赛单片机设计与开发省二等奖	工业和信息化部人才交流中心	2018.4
237	陈家成	第九届“蓝桥杯”全国软件和信息技术专业人才大赛单片机设计与开发省一等奖	工业和信息化部人才交流中心	2018.4
238	陈国华	第九届“蓝桥杯”全国软件和信息技术专业人才大赛单片机设计与开发省三等奖	工业和信息化部人才交流中心	2018.4

续表

序号	学生姓名	获奖名称	颁奖单位	获奖时间
239	何津津	第九届“蓝桥杯”全国软件和信息技术专业人才大赛单片机设计与开发省三等奖	工业和信息化部人才交流中心	2018.4
240	李改革	第九届“蓝桥杯”全国软件和信息技术专业人才大赛单片机设计与开发省三等奖	工业和信息化部人才交流中心	2018.4
241	戴亚洲	第九届“蓝桥杯”全国软件和信息技术专业人才大赛单片机设计与开发全国三等奖	工业和信息化部人才交流中心	2018.5
242	吴华彬	第九届“蓝桥杯”全国软件和信息技术专业人才大赛单片机设计与开发全国三等奖	工业和信息化部人才交流中心	2018.5
243	蔡成田、何津津、杨韫彧	2018年TI杯江苏省大学生电子设计竞赛二等奖	东南大学	2018.8
244	卜书闯、钱梓峰、戴德花	2018年TI杯江苏省大学生电子设计竞赛二等奖	东南大学	2018.8
245	吴华彬、陈从浩、陈国华	2018年TI杯江苏省大学生电子设计竞赛二等奖	东南大学	2018.8
246	卜书闯	海峡两岸产业核心技能素养大赛拆焊比赛专家级二等奖	中国教育国际交流协会	2018.11
247	蔡成田	海峡两岸产业核心技能素养大赛拆焊比赛专家级三等奖	中国教育国际交流协会	2018.11
248	吴华彬	海峡两岸产业核心技能素养大赛拆焊比赛专家级一等奖	中国教育国际交流协会	2018.11
249	陈国华	海峡两岸产业核心技能素养大赛拆焊比赛专家级二等奖	中国教育国际交流协会	2018.11
250	王春	志愿者荣誉证书	2018苏州国际女子半程马拉松赛事组委会	2018.10.28
251	陈业	志愿者荣誉证书	2018苏州国际女子半程马拉松赛事组委会	2018.10.28
252	陈丹莹	志愿者荣誉证书	2018苏州国际女子半程马拉松赛事组委会	2018.10.28
253	鞠星煜	志愿者荣誉证书	2018苏州国际女子半程马拉松赛事组委会	2018.10.28
254	李玮烨	志愿者荣誉证书	2018苏州国际女子半程马拉赛事组委会	2018.10.28
255	李雨彤	志愿者荣誉证书	2018苏州国际女子半程马拉赛事组委会	2018.10.28
256	陈秋月	志愿者荣誉证书	2018苏州国际女子半程马拉赛事组委会	2018.10.28
257	郑仕阳	2018年全国大学生英语竞赛D类三等奖	高等学校大学外语教学指导委员会、高等学校大学外语教学研究协会	2018.5.20
258	逯琪	“弘阳杯”志愿者	苏州工业园区胜跑体育服务中心	2018.5
259	赵蕴哲	江苏省第十届大学生知识竞赛三等奖	江苏省高等教育学会、江苏省大学生知识竞赛组委会	2018.9
260	徐金玉	江苏省第十届大学生知识竞赛优秀奖	江苏省高等教育学会、江苏省大学生知识竞赛组委会	2018.9
261	王晓晖	江苏省第十届大学生知识竞赛优秀奖	江苏省高等教育学会、江苏省大学生知识竞赛组委会	2018.9
262	王晓晖	国家励志奖学金	江苏省教育厅	2018.11
263	侯亚强	国家励志奖学金	江苏省教育厅	2018.11
264	赵振宇	博爱青春志愿服务	苏州市红十字会	2018.1

续表

序号	学生姓名	获奖名称	颁奖单位	获奖时间
265	蔡远	“弘阳杯”志愿者	苏州工业园区胜跑体育服务中心	2018.5
266	刘国英	2018年江苏省无线电测向锦标赛短距离3.5MHZ测向团体赛第一名	江苏省教育厅、江苏省体育局、江苏省科协、共青团江苏省委、江苏省妇女联合会	2018.7.11
267	刘国英	2018年江苏省无线电测向锦标赛短距离3.5MHZ测向个人赛第一名	江苏省教育厅、江苏省体育局、江苏省科协、共青团江苏省委、江苏省妇女联合会	2018.7.11
268	刘国英	2018年江苏省无线电测向锦标赛短距离144MHZ测向团体赛第二名	江苏省教育厅、江苏省体育局、江苏省科协、共青团江苏省委、江苏省妇女联合会	2018.7.11
269	刘国英	2018年江苏省无线电测向锦标赛短距离144MHZ测向个人赛二等奖	江苏省教育厅、江苏省体育局、江苏省科协、共青团江苏省委、江苏省妇女联合会	2018.7.11
270	刘国英	2018年江苏省定向锦标赛女子短距离团体赛第一名	江苏省教育厅、江苏省体育局、江苏省科协、共青团江苏省委、江苏省妇女联合会	2018.10
271	刘国英	2018年江苏省定向锦标赛百米个人计时赛一等奖	江苏省教育厅、江苏省体育局、江苏省科协、共青团江苏省委、江苏省妇女联合会	2018.10
272	刘国英	2018年江苏省定向锦标赛短距离个人计时赛二等奖	江苏省教育厅、江苏省体育局、江苏省科协、共青团江苏省委、江苏省妇女联合会	2018.10
273	刘国英	2018年江苏省无线电测向锦标赛个人全能第七名	江苏省教育厅、江苏省体育局、江苏省科协、共青团江苏省委、江苏省妇女联合会	2018
274	刘国英	江苏省第四届高职高专院校大学生身体素质大赛女子体能全能王三等奖	江苏省体育局	2018
275	刘国英	江苏省第四届高职高专院校大学生身体素质大赛女子体能全能2000米三等奖	江苏省体育局	2018
276	马兆鹏	全国高职杯web应用开发大赛中获得特等奖	全国高等院校计算机基础教育研究会	2018
277	葛君、左卫林、谢展宏	2018年全国职业院校技能大赛高职组“先电杯”云计算技术与应用赛项团体一等奖	全国职业院校技能大赛组织委员会	2018.5
278	葛君、左卫林、谢展宏	2018年江苏省高等职业院校技能大赛云计算技术与应用赛项二等奖	江苏省高等职业院校技能大赛组委会	2018.3
279	戴科、唐啸虎、朱子育	2018年江苏省高等职业院校技能大赛移动互联网应用软件开发赛项三等奖	江苏省高等职业院校技能大赛组委会	2018.3
280	王军	江苏省第十届大学生知识竞赛（理工科组）优秀奖	江苏省高等教育学会、江苏省大学生知识竞赛组委会	2018.9
281	戎桂林	苏州国际教育园资源共享联盟课程共享2017—2018学年最佳学霸奖	苏州国际教育园管理办公室	2018.10.11
282	殷国芹	2018年江苏省无线电测向锦标赛短距离3.5MHZ测向团体赛大学女子组第一名	江苏省教育厅、江苏省体育局、江苏省科协、共青团江苏省委、江苏省妇女联合会	2018.7.11
283	殷国芹	2018年江苏省无线电测向锦标赛短距离144MHZ测向团体赛大学女子组第二名	江苏省教育厅、江苏省体育局、江苏省科协、共青团江苏省委、江苏省妇女联合会	2018.7.11
284	田翊成	2018年苏州高职高专院校心理微海报设计大赛优秀奖	苏州市教育局	2018.12
285	洑佳程、蒋鑫、方盼超	江苏省普通高等学校第十五届高等数学竞赛专科组二等奖	江苏省高等学校数学教学研究会、江苏省普通高等学校高等数学竞赛组委员会	2018.7.10

续表

序号	学生姓名	获奖名称	颁奖单位	获奖时间
286	赵亮、王威、邵诣昶	江苏省普通高等学校第十五届高等数学竞赛专科组三等奖	江苏省高等学校数学教学研究会、江苏省普通高等学校高等数学竞赛组委员会	2018.7.10
287	雍洋洋、耿锋、陈旭、张薇、孙闵	江苏省三好学生	江苏省教育厅、共青团江苏省委	2018.4
288	吴雨毅	江苏省优秀学生干部	江苏省教育厅、共青团江苏省委	2018.4
289	冯杰、莫凡、陈凯强、徐煜、杨驰、林志杭、肖江平、陈蝶、吕祥静	2018 中国汽车工程学会巴哈大赛襄阳站职业院校牵引奖第二名	中国汽车工程学会	2018.8
290	冯杰、莫凡、陈凯强、徐煜、杨驰、林志杭、肖江平、陈蝶、吕祥静	2018 中国汽车工程学会巴哈大赛襄阳站职业院校三等奖	中国汽车工程学会	2018.8
291	常庆澳、袁逸文、马肖肖、张彩月、徐帆、龚奕丹、张阳阳、陈晓红、夏冰、席雅婷、解文静、王嘉美、许诺	第三届全国大学生预防艾滋病知识竞赛优秀奖	全国大学生预防艾滋病知识竞赛组委会	2018.12
292	蒋鑫、董祥祥、乔宏飞、贾献智、孟吉	“古歌拉丁杯”2018 年长三角地区国际标准舞联赛（苏州站）优秀志愿者	“古歌拉丁杯”2018 年长三角地区国际标准舞联赛（苏州站）组委会、北京中舞联高新技术研究院	2018.10

学校三好学生名单

2018年苏州工业职业技术学院三好学生名单（全日制）

精密制造工程系

张露 眭睿 王海 李春霆 毛家兴 陈如月 张静 范晓晨 刘方伟 徐紫阳 龚雨章
徐振宇 杨雨婷 朱莉莉 张永胜

机电工程系

张志鑫 陈晨 杭琳 赵惠文 王贤振 邓明超 陈倩 陈阳阳 唐源 陈俊强 孙泽慧
马春雨 董兴利 李陈笑 郁帮缘 朱凡 钱圣彦 谢文举 陈继飞 成梦文 吴荣晴 崔宗颖
徐学雷 王倩 李浩宁 舒敏 李楠 陆朝愈 卢继恒 尹约 陆家骏 李俊杰

电子与通信工程系

李明珠 周奇源 陈丛浩 夏荣华 吴华彬 耿甜 王静 杨烨锦 杜慧敏 缪黄颖 陈国华
李梦杰 周翮 包晨阳 万明月 陈冲 刘萍 董香迎 章会白 李璐璐 王钰涵 唐滢
朱振钦 徐新雨 伍安青 倪世松 高敏 钱建丽 黄敏 丁璐 史金婷 吴舒欣 赵明慧
何瑞捷 杨君 王萱 田亚蕊 刘东 丁微 崔蒙蒙 谭媛丹 刘莉娟 陆杨帆 沈兆国
王宇凡 冯啸 王露 梅欲晓 周玉寒 杨开放 李荣珍

软件与服务外包学院

刘凤霞 汤施玲 朱晨晨 葛君 左卫林 朱安南 谢展宏 盛云霞 陈晨 戴科 徐霁
陆逸云 孔雨欣 黄婧婷 高俊 杨希慧 沈城 吴清雪 凌霞 张美昌 黄晓星 吴双双
宋承刚 王晓 盛嘉欣 周鹃 阙桢莹 陆晓君 马丹妮 朱佳灵 付苏敏 徐亚辉 季杰
张卫 郑晴晴 王晓晖 逯琪 郑仕阳

经贸管理系

沙晓菊 孟令想 刘佳梨 徐文聪 赵舒悦 刘路运 王琦 杨梦 谷新苗 姜欣玥 邱凯
徐婷婷 陈媛媛 仲书慧 颜如玉 杜文丽 韩珍珠 冯慧 张长贞 顾心如 王秀敏 洪明玉
符蓉 崔黄丽 张丽君 张珉丽 程希志 姜慧 陈婷婷 汤容欢 施艺 易紫婷 顾真菲
黄婷 袁静 徐悦 兰思梦 秦茜 曾颖 高颖 付莉莉 刘雨娜 于秋悦 顾思文
郑茜莹 陆春燕

建筑工程与艺术设计系

沈岖 魏明珠 尤明月 丁禹 袁琼红 曹荧 董婷 潘秀梅 魏慧 顾鑫鑫 潘虎
苏涛 王宁 吴鹏 邵贵美 杨梦园 姚沈倩 蔡天 陈思宇 葛澳门 牛皓皓 夏奔
陆梅 孙悦 许丛 赵鑫 蒋雪芹 夏子铭 马昊 韩祥

国际教育学院

王文豪 蒋赵霞 兰化解 吴文鑫 吴文凤 叶梦如 王兴洋 曾思佳 汪 璐 吴冰婧 程艺颖 余晨阳 田怡秋 吴子嫣 朱雨晴 宁凯妮 刘思佳

汽车工程系

任 涛 李 跃 宋羽西 李文德 谢 超 周 洁 葛 威 徐 鹏 徐 铖 张梦凡 宗学云 甄 静

学校优秀学生干部名单

2018年苏州工业职业技术学院优秀学生干部名单（全日制）

精密制造工程系

曹江南 刘飞城 沈志镕 徐 鹏 张 程 黄笑天 朱 海 彭 艺 陶根正 唐润杰 董 婕 成宏涛 姜亦晨 王志涛 朱俊孝 魏秋雨 林 坤 丁 浩 丁幼容 史俊杰 顾传响 周方廷 刘海轩 王柯柯 薛苏阳 阮浩涛 李 悦 何 杨 王敬伟 朱金鑫 李伟伟 任国涛 寇 宇 殷文敬 王李蕾 赵云致 陈佳欣 杨盛栋 龙江珊 褚 磊 谷明浩 吴逸帆 王 旭 李 敏 陈 睿 徐凯达 王 扬 张飞跃 郭庆晗 狄英杰 曹 瑜 罗子睿

机电工程系

张翰林 赵诚桀 刘 杰 李天石 朱喜良 黄 帅 周大卫 郭 川 陈延莘 肖仕园 李宪明 焦广琴 袁 涛 张必琨 蒋经韬 杜宣儒 刘厦厦 廉开拓 余思思 占夏虎 冯子贤 李兆丰 沈砾炜 吴 凡 余大伟 独志远 曹飞宇 殷春羽 丁伟剑 顾 江 吴成龙 尹德鑫 郑 雨 胡 洋 张泽同 张笑荣 陆永辉 李 威 潘国庆 刘晶晶 孟文怡 蔡彭宇 石金山 费苏豫 刘 嘉 王志荣 李诗雅 钱思宇 王洪强 吉庆宝 梁 永 卜庆辉 成 威 陆 航 黄 鑫 刘 轩 洑佳程 顾君尧 钱 涛 王 威 俞士莹 袁安飞 冯昱浩 孙 晗 丁海洋 朱子奕 胡 韬 沈天祥

电子与通信工程系

吕仿仿 王颖异 王珍珍 李 锐 周 驰 徐学研 张 娜 蔡 丽 顾雨菲 蔡成田 沙 冕 周春燕 王 甸 刘苗苗 朱 伟 郑慧莉 杨华敏 顾竹语 耿 畅 常菲菲 李 莹 胡石道 张玲敏 李文杰 乔卓甫 孔祥兔 曹明月 倪晓玲 吴怡超 赵梦熔 王舒学 王加敏 徐 骆 李 亮 龚小雨 曹章洲 丁晓文 徐 磊 卜陈凯 王 恒 冯宁波 骆 严 沈薛子钰

软件与服务外包学院

高 雅 田翊成 刘慧勤 秦慧娟 曹萍萍 钱 鑫 朱亚男 王思琦 吴雨毅 张前前 李漫丽 刘 旋 甯佳欣 梅通达 张 鹏 陈汉钦 陈 蕾 吴思凯 李 岚 赵振宇 王培祥 葛艳红 汤平俊 杜畅畅 赵凤迪 贺雪雪 王勇斌 曹 杭 季 婕 赵 婷 杨倩文

经贸管理系

祝娟 郭步云 闫婷婷 李佳琦 张菁菁 江雨晨 陆佳琪 茆敏 钱怡 王艺南 许怡
卢雪寒 王杰 王寅 姚丽华 吕淮扬 杨瑞钦 咸阿文 高家圆 王瑶 李舒雅 李鹏燕
王有为 姚丽君 贺成静 吕访访 王悦阳 陆思嘉 徐慧瑶 蔡明煜 吕慧娟 周威 苏瑶瑶
陈蓥童 赵倩倩 张玲 马婷婷 费宇 钱芳玲 孙海水

建筑工程与艺术设计系

蒋友森 汤沿锦 岳川森 张思雨 刘婧婧 杨子怡 汤冬鹏 仲菲菲 闵晓雯 李鑫 孙锦
常义奎 谭威 李艳 葛莹莹 刘津宇 瞿晨 朱依苒 徐晓瑞 陈兴旺 刘强 孙悦
周虹 唐晨晨 刘默妍 王雨婷 王建月 于乐

国际教育学院

丁巧玉 顾满 孙婉婉 宋彬彬 石锦 丁允恒 孙慧 钱吉 马梦慧 李彤 邓志平
卢明昊 濮彩虹 邹安平 祝佩佩

汽车工程系

谭聪聪 章亚敏 孙华朋 赵理想 张智 王雪兵 陈辉 崔恩明 张钧翔 蒋文晶 吴蓉
陈凯强 陈顗 倪飞飞 陈蝶 王彬 王恒 潘晶晶 杨海涛 王鑫 王为冉 梅子焕

学校优秀毕业生名单

2018届苏州工业职业技术学院优秀毕业生名单（全日制）

精密制造工程系

王卉 王刚 王珏 王辉 王腾 叶朋 朱海宁 刘宇 汤垚 许浒 孙杨
严涵妃 李思南 李家豪 杨婷 肖阳 时俊浩 吴润倩 汪靓 张国平 张勇 张梁
张斌斌 张瑞瑞 陆浩杰 陈旭 陈志鹏 陈建胜 陈俊峰 周东杰 周晓琴 袁硕 顾春雷
曹犇 盛赐旭 董倩 傅志鹏 樊纪超 戴正伟

机电工程系

王子琪 王芮 王晓雨 王通达 王琼 叶旭 朱雅娴 庄涵汀 刘人领 许宇豪 孙梦梅
纪鑫宇 李世杰 张成 张如华 张凯 张鑫阳 陈亚菊 陈聃 周婷婷 赵越 胡魁
施秉贤 姜尚昆 祝太洲 袁家威 聂海锘 夏金明 徐艺琳 徐鲸民 崔永祥 崔建宇 雍洋洋
黎仁杰

电子与通信工程系

丁雪娇 王芹 王克武 王雨婷 王玲 王荣辉 王勇 王雪 王馨兰 双春晓 史栋佑
邢苏豫 吉琦 刘雨 刘金凤 刘海燕 孙佳欣 杜莹莹 李自豪 李改革 李树峰 李盼
杨军涛 束方耀 吴淑质 狄佳音 沈雅婷 张子琼 张子雯 张超 张赛 陆方舟 陈帅

陈思佳 陈家成 陈 敏 陈磊磊 周文艺 周 琦 赵 蓉 胡海洋 俞 琳 姜 萤 栗广博
夏正月 夏凯歌 夏 磊 顾晨艳 郭露露 诸晨晨 彭金芽 蒋 静 智阅凤 裴浩云 薛 茹
戴亚洲

软件与服务外包学院

王 诚 王 璐 王 霞 史淑琴 付 爽 吕婉莉 刘 洁 孙 瑞 李田田 杨昊杰 沈黎萍
宋学宝 张一佩 张佳茹 陈 程 范 敏 贺新云 徐少康 徐丹丹 崔芳芳 蔡明易 薛光辉

经贸管理系

卫 楠 王 玄 王园园 王 洁 王鲜明 王慧兰 卢 岑 付丽茹 冯铮铮 朱园园 朱俊娇
朱嘉琪 刘明杰 刘 辉 刘晴儿 池雨婷 孙成路 孙 艳 李 辉 李 婷 李玉梅 李金柳
杨龙江 杨怀皓 杨佳依 杨袁圆 何佳佳 沈 萍 沈 忱 宋雯波 张小敏 张成龙 张成纯
张选龙 张 笑 张悦辰 张惟君 张 静 陈 娟 陈方圆 陈亚飞 陈周强 陈婷婷 金 敏
俞 景 洪 远 秦 雨 耿 锋 钱琳琳 徐 静 徐国娟 徐 康 高 霞 郭丽华 曹会旗
曹金凤 彭丽晴 葛晓雯 蒋青玲 储瑞铜 谢家引 靳晓飞 衡 莹

建筑工程与艺术设计系

王 贝 王 远 毛羽生 仲 雪 李再祥 李英杰 李明昊 杨海陈 杨 慧 邱笑笑 沈广玉
宋赟秋 张 毅 张 薇 陈 康 周乐泉 周 韧 宗 玲 赵顺利 姚丽娟 贾珊珊 戚雪薇
葛玉琳 薛海涛

国际教育学院

于 丽 马雯婷 王 宁 田 甜 朱 悦 任雨晴 任 佳 刘冰越 孙 闵 杜巧萍 李 昳
肖 朵 吴一瑕 吴 凡 张允慧 张荣艳 陈文静 林辉聪 罗园园 周子琪 周 旋 俞文青
袁 飞 徐 能 殷 艳 黄小芳 蒋申琴 谢伶俐 蔡云云 潘明兰

汽车工程系

史 伟 孙 瑶 李沁莹 李明亮 时 洁 张文静 张润清 陆转芝 陈 立 陈 琪 邵晨晨
戚 权 霍 成

学校优秀团干部名单

2018年苏州工业职业技术学院优秀团干部名单

王超男 王谢中 王颖异 田翊成 兰化解 任 涛 刘自豪 刘厦厦 闫婷婷 阮浩涛 孙向羽
孙舒欢 李 莹 李梦杰 杨 野 宋羽西 张长贞 张志鑫 陆 云 陈 倩 周方廷 赵理想
咸阿文 钱新宇 章亚敏 甯佳欣 廖佳琴 潘妍文

学校优秀团员名单

2018年苏州工业职业技术学院优秀团员名单

丁允恒 丁海洋 马骁 马笛 马葛新 王一帆 王子涵 王开燕 王水瑛 王文浩 王加敏
王有为 王旭 王宇凡 王志荣 王杨 王贤振 王欣 王玲 王威 王思雨 王恒
王恒 王浩宇 王梦妍 王寅 王敬伟 王露 尤明月 牛皓皓 毛婷玮 计进彪 尹永建
尹德鑫 孔雨欣 石金山 卢明昊 卢继恒 叶雨群 史威 史聿达 付莉莉 冯云祥 冯晨晨
冯野 吉庆宝 成威 毕精臻 吕访访 吕岚华 吕慧娟 朱子奕 朱丹 朱世强 朱雨婷
朱依苒 朱金鑫 朱娇利 朱海 朱家伟 朱晨晨 朱琳睿 朱鹏程 乔明智 乔宗俊 仲菲菲
任超男 庄宇浩 刘方伟 刘方璐 刘达峰 刘虎 刘建鹏 刘思佳 刘峥 刘胜颖 刘恒
刘萍 刘旋 刘寒 刘强 刘新新 刘鑫 江振林 孙伟祥 孙洪飞 孙海水 孙晗
孙婉婉 孙智明 孙锦 孙聪 纪阳阳 杜宗成 杜赛 李天石 李欢 李青 李卓阳
李佳琦 李春霆 李硕 李敏 李敏 李婷 李鹏燕 李静 李漫丽 李震 杨永
杨向如 杨希慧 杨君 杨佳俊 杨莉 杨倩文 杨浩 杨海涛 杨乾坤 杨超 杨瑞钦
杨蒙 束丹丹 吴子腾 吴文鑫 吴龙金 吴伟 吴怡超 吴荣晴 吴逸帆 吴鹏 何璐
余志豪 狄文正 汪佩佩 沈天祥 沈世琦 沈志镕 沈薛子钰 宋金兴 宋彬彬 张卫 张飞跃
张永胜 张志清 张芳 张诗佳 张春燕 张思雨 张美昌 张海文 张海涛 张智 张程
张鹏 张瀛凯 陆树成 陆思嘉 陆航 陈从浩 陈文璐 陈汉钦 陈宁玲 陈延莘 陈冲
陈国华 陈佳欣 陈峣 陈健明 陈唐节 陈渊 陈涵宇 陈婷婷 陈熙 陈睿 陈蕾
范在权 季婕 周玉寒 周明清 周春燕 周健 周航 郑海东 郑晴晴 郑慧莉 单娟
单鑫鑫 孟寒 孟鹏飞 孟慧平 赵云致 赵凤迪 赵宇凯 赵泽宙 赵诚桀 赵亮 赵倩倩
赵梦熔 郝大伟 郝迪 胡峰群 胡韬 胡澳旋 相晗 柏友志 侯莹 侯琥 俞雯
施艺 姜涛 洑佳程 祝天润 祝佩佩 胥永辉 贺雪雪 骆严 秦茜 袁涛 袁清正
夏奔 顾竹语 顾传响 顾江 顾雨菲 顾彪 顾鑫 钱吉 钱鑫 倪世松 徐小雨
徐国林 徐周谊 徐诚 徐紫阳 徐慧瑶 殷文敬 奚婷 高宇 高彦佳 高海云 高敏
高雅 郭子杨 郭志成 郭步云 郭金城 唐磊 陶根正 黄永芹 梅通达 曹飞宇 曹伟杰
曹阳 曹娜 曹智建 龚易 常保帅 崔恩明 商澜 梁睿 寇宇 彭艺 葛君
葛威 葛楚莹 董浩 董婕 蒋经滔 蒋晨曦 韩贝贝 韩雨轩 韩珍珠 程希志 温智惠
谢超 甄静 鲍苏云 廉开拓 蔡彭宇 谭东东 颜富江 潘媛

学校军训优秀学员

2018年苏州工业职业技术学院学生军训优秀学员名单

精密制造工程系

彭若男　曾　荣　闫振强　张继龙　郑　潇　马庆斋　王　诚　王　涛　张朝阳　颜　昊　孙新欣
薛泗泉　崔　鹏　程恒运　厉明文　胡梦圆　徐艳林　王泽鹏　吴　风　王瑞琪　聂　渺　吴　娱
戴泽彬　刘佳伟　智　童　宋海楠　贺小鸿　王黎明　马思远　代　鑫　王雨婷　范雨航　徐景鑫
胡凤霞　王　凤　王书翔　徐天让　朱明扬　潘文龙　别　晟　蒋　鑫　孙宝玉　许　锐　杨　帅
虞江禹　黄　倩　丁新康　沈长辉　王青云　王子康　孟　寒　滕　婷　王子腾　高俊杰　胡　旭

机电工程系

杜婧瑜　马　南　吴　童　王金琪　王　忆　吴希成　王　涛　刘　坤　陆　颖　魏骏杰秋 高盼盼
孙　宇　徐恒启　周　天　王震震　汪豆豆　员可凡　张　萌　鲍　闯　姜原宇　王　渠　袁　帅
魏　旺　夏东宇　朱文祥　张红鹏　史智铭　克金华　邱海洋　袁生闲　顾嘉怡　韩苏缘　朱俊杰
杨星宇　高修乾　周荣华　刘　澳　刘强国　何家乐　於中华　陶盛荣　常　昊　王大鹏　梁志伟
杨　旭　严　阳　丁　茜　张勇康　刁荷菁　付一飞　王　威　林　峋

电子与通信工程系

董志龙　张文路　张　林　吴耀伟　苟　欢　李志远　刘　畅　骆　民　宋阿芳　荚　钊　周玉莲
张亚辰　王　娟　韩衍婷　高妍妍　邱必厅　王文景　唐伟钟　王　朝　张　斌　刘知晓　邓蓉坤
杨　财　次仁杰布 魏　勇　赵凯莉　戴　慧　赵子伟　龚耀耀　肖一善　陆佳瑜　袁冰清　杨昕怡
严　晨　李　响　侯玉婷　蒋宇杰　俞诚浩　张笑天　廖世创　王家梦　王梦娟

软件与服务外包学院

沈家伟　殷秦雨　杜　佳　易永奇　李雨彤　彭　程　陈芝与　江嘉颖　丁盈盈　常添期　俞灵僖
潘宇鑫　杨　颖　方成龙　柏芯怡　李娟娟　沈雅丽　王　颖　丁仁臣　丁乙洋　李永笑　林泽坪
宋庆慧　钱　磊　王　振　曹颖钥　董　雯　苏冬玲　陈　冲　陈志鹏　韩宝玉　孟　辛　周　静
李炳楠　董长龙　李富荣　徐辰杰　刘红云　陈晓凤　彭继伟

经贸管理系

王青岩　李　敏　汪雪莲　章　雪　张海丽　张雨蓉　孔垂宇　佟新月　顾孟晶　于雪萍　白潘婷
魏彩霞　杨成成　王钎力　徐溪梅　祖　然　孟　鑫　郭　宇　褚佳月　张　颖　尹江龙　张彩月
陈晓红　龚奕丹　吴　艳　吴　雨　孟子墨　郑孝瑶　刘贝贝　张　萌　张　杰

建筑工程与艺术设计系

田耕远　刘雅婷　高　杨　王国运　骆帅航　杨静文　火良昭　龚晓羽　范华德　蒋　凯　韦　锐
叶文蔚　王　翔　李　晗　王润华　叶　炎　吴镇君　赵洪坤　姜　妮　卢彦尧　潘　艺　王　锋
卜　璐　陈思宏　汪　乐　张皖苏　童　硕

国际教育学院

谯　敏　苏　晗　谢　钰　刘子瑞　王秋涵　王若彤　王星瑶　张萌萌　张　蓥　雷生华　苏芮姬
陶雪静　王梦薇　邓鑫澳　冯　婷　袁星宇

汽车工程系

夏春阳　赵春雷　袁　希　王雨蒙　胡平睿　丁伟德　杨秀云双 汤皓丞　张莎莎　周洁茹　李豪放

获各类奖学金学生名单

2018年苏州工业职业技术学院学生获各类奖学金名单（全日制）

国家奖学金

精密制造工程系

祁昌恒

机电工程系

杜宣儒

电子与通信工程系

陈丛浩

软件与服务外包学院

葛　君

院长奖学金

许　斌　王秋涵　解天欣　徐辰杰　常　涛　徐春花　张佳诚　奚嘉雯　卓文着　刘佳琪

国家励志奖学金

精密制造工程系

李茂树　杨　浩　刘海轩　毛家兴　张　露　周方廷　陈如月　史俊杰　张永胜　丁　浩　王　海
孙智明　方　彪　杨　许　季鹏飞　马　超　李　悦　张山林　徐茂杰　徐振宇　龚雨章　刘方伟
范晓晨　褚　磊　张　程　董早生　陈鹤元　李　贞　叶振东　沈志镕　寇　宇　刘胜莉　曹江南
李　敏　赵云致　殷文敬　龙江珊　陈思源　王　旭　张飞跃　张成胜

机电工程系

陈延莘　吴茂秋　张志鑫　唐英羽　蒋经韬　唐　源　黎　浩　邓明超　程　远　蔡飞飞　独志远
王　恒　戴文杰　郁帮缘　李陈笑　董兴利　罗　顺　李国峰　成梦文　陈继飞　吴荣晴　高　宇
曹飞宇　顾　江　崔宗颖　吉庆宝　梁　永　石金山　王　倩　沈天祥　李　楠　姜　稳　陈国鹏
王友峰　乔宏飞　赵　亮　黄　鑫　阚言玖

电子与通信工程系

杜京倍 高　强 张　浩 王珍珍 段　旭 赵嘉铫 袁川强 耿　甜 闫　亮 赵宇凯 缪黄颖 蔡成田 陈国华 陈　委 周春燕 王　甸 董香迎 高　敏 吴舒欣 何瑞捷 耿　畅 杨　君 田亚蕊 刘　东 崔蒙蒙 李　莹 刘子超 王寅雷 程雅雯 陈　雨 冯　路 王凯杰 毕精臻 吴文敏 向开检 郝亚斐 王　傲 骆　严 周梦伟 徐　磊 冯　野 鞠　锐 张紫琼 刘思敏 刘云祥

软件与服务外包学院

姜益凡 孙　雯 李　萌 杨希慧 冉治强 曹萍萍 李漫丽 朱安南 盛云霞 黄婧婷 甯佳欣 徐　霁 刘慧勤 殷国芹 丁　媛 汪　萌 王　强 柳良薇 王艺飞 汪飞凤 张　卫 郑晴晴 杨倩文 侯亚强 王晓晖 周　鹃 林　茜 苏　梦 张美昌 杨凯莉 高　雅 赵　婷 杜畅畅

经贸管理系

王　杰 咸阿文 姜欣玥 吕淮扬 邱　凯 杜文丽 王　琦 杨　梦 姚丽华 赵红雨 朱　其 王　鹏 张珉丽 李佳琦 林　莉 祝　娟 钱　怡 江雨晨 张菁菁 辛姝燕 吕慧娟 陈昌明 马婷婷 孙海水 赵泽宙 李世豪 张　玲 蔡德辉 石欣鑫 刘娇娇 朱　丹 梁　丽 毛婷玮 张雅楠 王　瑶 姜　慧 王有为 徐　悦

建筑工程与艺术设计系

吴　鹏 杨梦园 牛皓皓 张思雨 尤明月 曹　荧 闵晓雯 孙　锦 孙　悦 陆　梅 袁清正 刘默妍 朱依苒 何　璐 杨向如 陈兴旺 刘　强 霍　锋 孟　莹 杜　赛 陈　稳 徐梦迁 黄雅迪 管梦园

国际教育学院

兰化解 卢梦静 蒋赵霞 叶梦如 龚艳淑 顾　满 曾思佳 刘　峥 耿秀杰 裴祥宇 孙婉婉 郗长恒 翟正乐 钱　吉 朱泳晨 祝佩佩 马玉洁 刘　浩 卢明昊 王文豪 邹安平

汽车工程系

葛　威 崔恩明 惠　梦 宗学云 林志杭 陈　蝶 徐　铖 王　恒 潘晶晶 甄　静 杨海涛 李　跃 任　涛 谭聪聪 李文德 周　洁 高建满 谢　超 薛　影 张东升 赵理想

富泰克奖（助）学金

精密制造工程系

季鹏飞 马　超 史俊杰 李　悦 李茂树 刘胜莉 韩　飞 王李蕾 杨　浩 顾传响

创元奖（助）学金

精密制造工程系

杨　浩 史艳如 张　秦

机电工程系

冯正辉 程　远 王通达

电子与通信工程系

闫　亮　耿　畅　常菲菲

软件与服务外包学院

郑晴晴　盛云霞

经贸管理系

李凤殿　王有为　付莉莉

建筑工程与艺术设计系

董　婷　相　晗

汽车工程系

崔恩明　张金辉

国际教育学院

杨雨芹　王　宁

唐人营造奖学金

建筑工程与艺术设计系

苏　涛　姚沈倩　孙　锦　汤沿锦　曹　荥　李　艳　王　成　朱伊宁　陈兴旺　杜　赛　贾　琪　韩　祥

市党员关爱基金

精密制造工程系

马庆斋　黄树民　叶振东　王黎明　唐　磊　高宇峰

机电工程系

颜富江　张俊增　吴荣晴　陈　倩　陈志远　黄俊昆

电子与通信工程系

刘云祥　嘎　日　冯　路　胡　峰　王雨婷　罗兰兰　高妍妍

软件与服务外包学院

吴　迪　陈　杰　周　继　梁　凤　盖自欣　赵　成

经贸管理系

王俊皓　孙刘芹　赵　辉　付莉莉　曹淑荣　王　鹏

建筑工程与艺术设计系

韦　锐　杨　景　郝大伟

汽车工程系

葛　威　崔恩明　韩有茂

国际教育学院

苏　晗　孙天凤　谢延军

“佳世达”订单班奖学金

电子与通信工程系

牛启明　朱春兰　闫　亮

汇通奖学金奖（助）学金

软件与服务外包学院

殷国芹　刘慧勤　李　烁

第十章 大事记

1月

1月2日下午，党委委员、副院长殷海芳到软件与服务外包学院进行党的十九大精神宣讲。

1月3日，在"在苏高校优秀学生资助项目分享会"上，学校喜获在苏高校优秀学生资助项目一等奖。

1月3日，学校党委副书记、院长苏益南到机电工程系进行党的十九大精神宣讲。

1月3日下午，全国机械行业劳动模范、苏州市第十二次党代会党代表、苏州市五一劳动奖章获得者、创元集团金龙联合汽车工业（苏州）有限公司车焊装部部长宋世民到校开展"摒弃工匠认识误区　创造我的工匠人生"主题讲座。

1月5日，苏州健雄职业技术学院电子信息学院副院长高飞等一行5人到访学校电子与通信工程系进行专业建设交流。

1月10日，苏工院〔2018〕1号，学校进一步规范科研项目校内资助和配套经费管理。

1月10日，《人民政协报》第10版专题刊登了学校党委委员、副院长温贻芳署名文章《高职"课堂革命"之道》。

1月10日上午，学校党委委员、副院长苏霄飞同志到经贸管理系进行党的十九大精神宣讲。

1月10日下午，学校党委委员、纪委书记林长永到文驷楼行政管理实训室，为国教院师生宣讲党的十九大精神。

1月11日，苏工院〔2018〕2号，学校补充规定管理科研项目专家咨询费和劳务费。

1月15日上午，学校党委委员、副院长温贻芳教授到建艺系宣讲党的十九大精神。

1月16日下午，学校党委委员、副院长苏霄飞，学校党委委员、副院长温贻芳带队携校企合作处、教务处、科技处等部门以及30多名博士组团前往苏州胜利精密制造科技股份有限公司旗下富强科技参观交流洽谈合作。

1月17日下午，金华职业技术学院党委书记胡正明一行19人莅临学校交流座谈。

1月18日，苏工院〔2018〕5号，学校公布2017年教职工年度考核结果。

1月20日上午，湖南汽车工程职业学院党委副书记、校长罗先进一行12人莅临学校交流座谈。

1月26日，苏工院党委〔2018〕2号，学校任任免有关中层干部同志职务。

1月26日，苏工院党委〔2018〕3号，学校任免有关科室干部同志职务。

1月30日，《苏州日报》第A02版专题刊登了学校党委书记王新华署名文章《用新思想指导高职教育改革发展》。

1月30日，学校获吴江经济技术开发区表彰的17所2017年度优秀校企合作单位之一。

是月，机械工业教育发展中心和全国机械职业教育教学指导委员会联合发文（机教中研函〔2017〕58号文），学校“机器人与智能制造创新基地”获立项。

3月

3月4日下午，学校召开新学期重点工作布置会议。

3月5日，学校党委书记王新华，党委副书记、院长苏益南等校领导携相关部门负责同志，检查指导新学期校园环境和教学秩序。

3月7日，苏工院党委〔2018〕5号，学校成立对口支援贵州健康职业学院领导小组，王新华、王洪法任组长。

3月7日下午，学校召开干部大会，传达省委有关学校领导调整的决定。省委组织部干部五处副处长尹振江，苏州市政府副市长曹后灵，苏州市委组织部副部长、市“两新”工委书记、市老干部局局长张娟等出席会议。根据中共江苏省委（苏委〔2018〕180号）文件精神，王洪法同志任苏州工业职业技术学院院长；免去苏益南同志苏州工业职业技术学院院长职务。

3月10—11日，学校圆满完成2018年江苏省普通高校对口单招机电类专业技能考试。

3月14日，学校党委书记王新华参加了经贸管理系党总支学习党的十九大报告和党章组织生活会。

3月14日下午，苏州市姑苏领军人才、苏州工业园区科技领军人才、科升无线（苏州）股份有限公司董事长刘晓雷博士在丛荟厅为学校师生做学术报告。

3月14日下午，学校党委副书记、副院长曹建东到电信系宣讲党的十九大精神。

3月19日，苏工院党委〔2018〕6号，学校成立高水平高等职业院校建设领导小组和指挥部，王新华、王洪法任组长，王洪法任总指挥。

3月21日上午，日本京都情报大学院大学副校长、京都计算机学院校长寺下阳一，留学生业务部室长蒋丹一行访问学校。

3月21日，学校全体教职工大会暨建设高水平高职院校动员会在天一报告厅召开。

3月23日，由江苏省教育厅主办的2018年江苏省高等职业院校技能大赛工业产品数字化设计与制造赛项在学校精密制造工程系开赛。

3月23日，苏州市财政局副局长邵华，苏州市财政局科教文处处长颜晓、副处长彭笑容等领导一行到学校调研指导。

3月25日上午，2018年江苏省高等职业院校技能大赛工业产品数字化设计与制造赛项闭赛式在学校天一报告厅举行。

3月26日上午，贵州健康职业学院负责人吴国才一行莅临学校交流座谈。

3月27日，苏工院〔2018〕11号，学校印发《王洪法同志在2017—2018学年第二学期全体教职工大会上的工作报告》。

3月28日，苏工院党委〔2018〕7号，学校印发《王新华同志在全体教职工大会上暨建设高水平高职院校动员会上的讲话》。

3月30日下午，由学校团委主办、经贸管理系承办的苏工院“三新四创”好青年座谈会在文驷楼三楼会议室举行。

3月30日下午，苏州市教育局主办、苏州工业职业技术学院承办的全市职业院校企业学院建设现场推进会在学校天一报告厅隆重举行。

是月，苏州《中国苏州发展报告（2017）》电子书正式发布，2017年苏州蓝皮书《中国苏州发展报告（2017）》共收录30篇，学校入选3篇，占比10%。

是月，学校3部教材获得省高校重点教材立项，其中修订教材2部、新编教材1部。

是月，由学校继续教育学院承办的“创业教育指导及管理者能力提升培训”被评为2017年省“优秀培训项目”。

是月，学校党委书记王新华带队走访慰问了军民共建单位中国人民解放军某部队炮兵某旅。

是月，学校师生志愿者们积极响应上级团组织的号召，进一步传承雷锋精神，在学校、社区、商圈等开展了多次志愿服务活动。

是月，吴中区召开了全区作风效能建设暨综合表彰大会。学校苏州工业机器人众创空间被授予吴中区2017年度优秀科技服务平台称号。

是月，在2018年江苏省高等职业院校技能大赛中，学校12个参赛项目均获奖，其中一等奖5项、二等奖4项和三等奖3项。英语口语技能赛项摘得专业和非专业组两个一等奖，为全省高职院校唯一双冠。

是月，江苏省教育厅公示了“2017年江苏省普通高校本专科优秀毕业设计（论文）评选结果”，学校推荐的9篇论文全部获奖，其中一等奖2项、二等奖4项、团队优秀毕业设计3项，各奖项综合排名位列全省第三。

是月，教育部职业技术教育中心研究所所长王扬南的《2013—2017年职业教育科研情况综述》在《中国职业技术教育》发表，根据文中的资料显示，学校近五年多项科研成果位列全国高职院校前列。

4月

4月2日上午，学校党委理论学习中心组召开专题学习会，重点学习《宪法修正案》。

4月10日，苏工院党委〔2018〕8号，学校调整招生工作领导小组成员，王新华、王洪法任组长。

4月10日，苏工院〔2018〕14号，学校出台《留学生管理规定（试行）》。

4月11日上午，吴中经济技术开发区政法办、国安办会同越溪街道政法科、综治（610）科联合学校保卫处在教学楼举办“415国家安全教育日”活动。

4月11日下午，学校党委委员、宣传部部长王竝到汽车工程系宣讲党的十九大精神。

4月11日下午，由苏州市纪委七室主办的院校纪委工作座谈会在学校天枢楼三楼第一会议室顺利召开。

4月11日下午，学校工会第五届石湖健走活动正式拉开序幕。院长王洪法、党委副书记曹建东、副院长殷海芳、副院长苏霄飞等校领导参加。

4月12日上午，学校党委副书记、副院长曹建东携党政办（外事办）、经贸管理系相关同志一行5人赴无锡职业技术学院开展国际交流与合作专题调研。

4月12日上午，南京信息职业技术学院机电学院副院长段向军一行8人到学校机电工程系交流。

4月13日上午，南通职业大学党委书记秦志林一行莅临学校交流座谈。

4月13日，苏州市政府研究室主任卢宁、副主任毛文元、处长成涛林一行到学校进行社科研究、智库建设调研。

4月13日，由学校承办的云南省职业院校教师素质提高计划国培项目——机电一体化技术专业“双师型”教师专业技能培训，在机电工程系M318会议室举行开班仪式。

4月16日，苏工院党委〔2018〕9号，学校成立四届一次“双代会”筹备工作领导小组，王新华任组长。

4月16日，苏工院党委〔2018〕10号，学校调整设置离退休教职工直属党支部。

4月17日下午，江苏食品药品职业技术学院财贸学院副院长周兵到学校经贸管理系交流工作。

4月18日下午，由学校党委宣传部主办的“苏工大讲堂”在天一报告厅举行，南京大学徐雁教授应邀做了题为“最是书香能致远——读物选择与幸福生活”的讲座。

4月18日下午，学校院长王洪法同志作为支部成员参加了软件学院党总支组织各党支部开展的“重温入党誓词，凝聚旗帜力量”主题党日活动。

4月19日上午，沙洲职业工学院副院长钱锦东等一行莅临学校交流座谈。

4月19日下午，苏州工业职业技术学院大学生新媒体中心在天筹楼举行成立仪式。

4月21日上午，校团委组织“苏工智造”志愿服务团走入友新街道四季晶华社区所辖的博雅苑开启“志愿K立方”——科普科服科创进社区志愿特色活动。

4月23日，苏工院党委〔2018〕11号，学校印发《2018年学院组织、统战工作要点》。

4月24日，苏工院党委〔2018〕12号，学校下发2018年学校党委理论学习中心组专题学习计划。

4月24日下午，学校第二期“我的大学”师生面对面系列活动“院长奖学金获得者”专场座谈会在天枢楼三楼会议室举行。

4月25日下午，校党委书记王新华作为支部成员参加了经贸管理系党总支“宪法就在我身边”主题党日活动。

4月26日，学校数字化校园与图文信息中心联合图书采购中标单位在学校凝华报告厅前举办了“你选书，我买单”图书展销与荐购活动。

4月26日下午，苏州市委、市政府在市人民大会堂隆重召开庆祝“五一”国际劳动节暨劳模命名大会。学校殷铭老师被命名为“苏州市劳动模范”。

4月26日，吴中区科技镇长团、人才办、科技局、人社局联合举办的“产学融合、智汇吴中”暨第二届“高校青年博士进企业”双选会在澹台湖大酒店举行，学校组织40余名博士参加了本次活动。

4月23—30日，全国青少年校园足球联赛（CUFA）男子高职组（南区）决赛在学校成功举行，这是CUFA赛事首次落户苏州。

4月20日、21日、25日，在学校四届一次教代会暨四届一次工代会（简称“双代会”）召开前夕，学校党委书记王新华先后主持召开由管理人员、工会工作人员、教师参加的座谈会。

是月，苏州市财政局、苏州市科学技术协会联合发文《关于下达2018年度第一批苏州市级科普项目经费的通知》，学校申报的苏州市智能机器人科普馆获批立项建设，并获得支持建设经费20万元。

5月

5月2日下午，学校组织全体教职工和学生代表在天一报告厅观看了大型纪录电影《厉害了，我的国》。

5月3日，苏工院党委〔2018〕15号，学校印发《2018年学院宣传思想文化工作要点》。

5月3—4日，学校在全校范围内开展了“不忘初心，青春前行，为五四献礼”主题教育活动。

5月4日，苏工院党委〔2018〕16号，学校任免相关干部同志职务。

5月4日，苏工院党委〔2018〕17号，学校任免相关中层干部同志职务。

5月4日，苏工院党委〔2018〕18号，学校任免相关干部同志职务。

5月4日，苏工院党委〔2018〕19号，学校任免相关中层干部同志职务。

5月4日，苏工院党委〔2018〕20号，学校印发《苏州工业职业技术学院院长办公会议事规则（试行）》。

5月4日下午，苏州工业职业技术学院纪念五四运动99周年暨学生表彰大会在天一报告厅隆重举行。

5月9日上午，新疆昌吉职业技术学院副院长张琳、副院长刘宏生一行莅临学校交流座谈。

5月9日下午，学校党委书记王新华作为支部成员参加了经贸管理系教工党支部以“不忘初心，牢记使命”为主题的党日活动。

5月10日上午，学校召开学习习近平总书记在北京大学师生座谈会和纪念马克思诞生200周年纪念大会上的讲话精神座谈会。学校党委书记王新华出席会议。

5月10日下午，学校党委书记王新华在组织部副部长陈艺的陪同下，来到文驷楼宣布国教院新的领导班子。

5月11日上午，学校副院长苏霄飞参加了精密制造工程系干部任命会议。

5月11日上午，学校院长王洪法、党委组织部副部长陈艺到软件与服务外包学院传达学校党委有关干部任命、调整的决定。

5月11日下午，学校党委副书记曹建东到电信系宣布学校干部任命。

5月11日下午，2017年度创元奖教助学金颁奖仪式在天枢楼402会议室隆重举行。

5月11日，经贸管理系召开会议传达学校有关系领导提拔、调整的决定。学校副院长苏霄飞参加会议。

5月14日下午，学校副院长温贻芳作为支部成员参加了建艺系第一党支部以“不忘初心，牢记使命，贯彻落实党的十九大精神”为主题的党日活动。

5月14日下午，建艺系召开会议传达学校有关系领导提拔、调整的决定。学校副院长温贻芳参加会议。

5月16日下午，学校副院长殷海芳到思政部宣布干部任命。

5月16日下午，学校党委副书记、院长王洪法作为支部成员参加软件学院“新时代共产党人的使命与担当”主题党日活动。

5月16日下午，2018职业教育活动周系列活动之“博思堂杯”苏工院第十一届大学生职业规划大赛决赛在天一报告厅隆重举行。

5月14—16日，学校党委书记王新华，学校党委副书记、副院长曹建东率党政办、组织部、纪检监察室、工会、共青团和相关系（院）党总支负责人先后赴宁波职业技术学院、浙江机电职业技术学院、杭州职业技术学院考察调研。

5月17日下午，学校院长王洪法、党委组织部副部长陈艺到汽车工程系传达学校党委有关汽车工程系干部任命、调整的决定。

5月18日下午，学校学生工作部（处）主办主题为“立足新时代　担当新使命”的理论宣讲活动。

5月19日上午，在第四届“LSCAT杯”江苏省笔译大赛颁奖典礼上，学校商英16C2班吴亚青同学（指导教师陈海彬）获专科组一等奖，并被评为江苏省十佳“笔译之星”。

5月20日，学校师生参加第四届江苏“互联网+”大学生创新创业大赛“青年红色筑梦之旅”活动启动仪式。

5月21日，学校开展为期一周的“防微杜渐、警钟长鸣——2018年苏州市反腐倡廉警示教育展”。

5月24日下午，河南职业技术学院副院长肖珑等一行莅临学校交流座谈。

5月23—25日，学校隆重召开第四届教职工代表大会第一次会议暨第四届工会会员代表大会。

5月25日，苏工院党委〔2018〕21号，学校成立人才工作领导小组，王新华、王洪法任组长。

5月28日，在江苏省第十九届运动会高校部定向越野比赛中，学校定向越野队一举夺得男子接力赛第一名、女子接力赛第一名、男子团队赛第一名3项冠军。

5月29日，学校党委书记王新华参加离退休教职工直属第二党支部召开的全体党员会议暨主题党日活动。

5月30日，苏工院党委〔2018〕22号，学校调整关心下一代工作委员会组成人员，王新华任主任。

5月30日，苏工院〔2018〕21号，学校批复同意调整相关专业带头人（负责人）。

5月30日，经管系“航信杯”第七届最耀眼班级风采展示在天一报告厅举行。

5月31日，苏工院党委〔2018〕23号，学校印发《王新华同志在第四届教职工代表大会第一次会议暨第四届工会会员代表大会上的讲话》。

5月31日，苏工院党委〔2018〕24号，学校印发《王洪法同志在第四届教职工代表大会第一次会议上的工作报告》。

5月31日，学校召开2018年关心下一代工作委员会工作会议。

是月，在2018年全国大学英语竞赛（NECCS）决赛中，学校数维16C1班陈浩同学（指导教师高丰）和电信16C1班陈丛浩同学（指导教师韩婧）均获得D类一等奖。

是月，中共苏州市委宣传部、苏州市哲学社会科学界联合会公布2018年度苏州市社会科学基金项目（应用对策类）立项项目的通知，学校有12项课题获得立项。

5—6月，2018年全国职业院校技能大赛在天津主赛区和北京、江苏等22个分赛区举行，学校共有6个赛项代表江苏省参加本次大赛，全部参赛项目均获奖，其中精密制造工程系和软件与服务外包学院参加的工业产品数字化设计与制造和云计算技术与应用赛项获得了一等奖。

5—6月，学校开展资助诚信教育主题活动。

6月

6月1日，学校承办的“苏州国际教育园—吴中区第三届校企技能PK大赛”机器人赛项在机电工程系开赛。

6月3日下午，2018年全国职业院校技能大赛高职组“三维天下杯”工业产品数字化设计与制造赛项领队会议在学校天枢楼S402会议室召开。

6月4—5日，2018年全国职业院校技能大赛高职组“三维天下杯”工业产品数字化设计与制造赛项在学校正式开赛。

6月4—5日，2018全国职业院校技能大赛高职组工业产品数字化设计与制造赛项的系列同期活动——校企合作及金属3D打印实训基地建设座谈研讨会在学校天枢楼三楼会议室召开。

6月6日上午，2018年全国职业院校技能大赛高职组“三维天下杯”工业产品数字化设计与制造赛项闭赛式在学校天一报告厅举行。

6月6日下午，学校党委书记王新华、纪委书记林长永同志代表学校党委走访调研了对口帮扶的高新区东渚镇姚江村。

6月6日，第一届“苏工之春”校园文化节之“忆峥嵘岁月——毛泽东诗词朗诵比赛”活动在丛荟厅举办。

6月6日，学校成功申报江苏省中等职业学校教师国家级培训基地

6月8日，苏工院〔2018〕22号，学校表彰2018届优秀毕业生。

6月8—10日，在2018年“挑战杯——彩虹人生”江苏省职业学校创新创效创业大赛中，由学校团委选送，精密制造工程系的“离心式空气压缩机整体叶轮制造工艺优化与实施”项目荣获决赛一等奖，并获得代表江苏省参加全国职业学校创新创效创业大赛的资格。

6月9日上午，学校在天枢楼会议室召开2018届毕业生座谈会。

6月9日下午，学校举行2018年“毕业生党员集中教育管理月”启动仪式暨“牢记党员身份，争当青年先锋”主题教育活动。学校党委书记王

新华参加本次活动。

6月9日上午，学校2018届毕业生毕业典礼在天一报告厅隆重举行，本次毕业典礼的主题是“青春筑梦新时代　扬帆启航新征程”。典礼由学校院长王洪法主持。

6月9日下午，建筑工程与艺术设计系2015级学生毕业设计作品展在文济楼举行。

6月11日，苏工院〔2018〕23号，学校公布2017年教师教学质量综合评价结果。

6月13日下午，学校全体校领导、全体中层正职及部分专兼职纪检干部赴苏州监狱开展廉政警示教育活动。

6月13日下午，在“2017江苏省大学生年度人物暨高校辅导员年度人物”颁奖典礼中，学校机电工程系机电一体化专业机电15C2班庄涵汀同学和精密制造工程系辅导员胡渠老师分别获得“2017江苏省大学生年度人物”和“2017江苏高校辅导员年度人物”入围奖。

6月14日，苏工院党委〔2018〕27号，学校成立妇联组建筹备工作小组，曹建东任组长。

6月14日，苏工院党委〔2018〕28号，学校印发《王新华同志在2018届毕业典礼上的讲话》。

6月15日上午，苏州托普信息职业技术学院副院长朱志强，现代服务学院院长顾少康、副院长缪华昌等一行莅临学校交流座谈。

6月15日下午，学校召开四届一次教代会代表提案交办会，学校党委副书记、院长王洪法，党委副书记、副院长曹建东参加了会议。

6月21日，苏工院党委〔2018〕29号，学校成立专业技术职务评审工作领导小组，王新华、王洪法任组长。

6月21日，苏工院党委〔2018〕30号，学校成立校园规划与基本建设工作领导小组，王新华、王洪法任组长。

6月21日，苏工院党委〔2018〕31号，学校成立实验实训规划与建设工作领导小组，王洪法任组长。

6月21日，苏工院党委〔2018〕32号，学校调整内设机构。

6月21—22日，学校党委委员、副院长殷海芳，党委委员、宣传部部长王竝率宣传部、学工部（处）、团委、思政部和相关系（院）党总支副书记先后赴江苏农牧科技职业学院、扬州市职业大学、扬州工业职业技术学院考察调研。

6月22日上午，学校农工党支部围绕“五一口号”和市委座谈会议精神，积极开展了以“不忘合作初心”为主题的学习研讨活动。

6月26日，苏工院党委〔2018〕34号，学校确定校训、校名字体和校庆纪念日。

6月26日，苏工院党委〔2018〕35号，学校调整领导班子成员工作分工。

6月26日，苏工院党委〔2018〕36号，学校调整党委班子成员联系教学单位。

6月26日，苏工院〔2018〕26号，学校修订纵向科研项目经费配套标准。

是月，学校李文俊博士报送的“基于时间感知的多样性小众推荐算法技术研究”项目获批2018年度江苏省自然科学基金杰出青年基金项目。

是月，学校王佳博士报送的“创新与开放驱动苏南打造世界级先进制造业集群路径与对策研究”项目获批2018年省政策引导类计划（软科学研究）项目立项。

7月

7月1日，学校开展“进一步解放思想，激励新时代新担当新作为”专题组织生活会。

7月2日，《苏州日报》A03版专题刊登了学校党委书记王新华署名文章《乘思想大解放东风创办学再跨越新路》。

7月2日上午，学校综合实训大楼举行开工奠基仪式，标志着大楼项目全面破土动工。

7月2—12日，学校团委组建“苏工博爱青春志愿服务团”在苏州市吴中区越溪街道多个社区开展了“一日义工”大学生暑期社会实践志愿服务。

7月6日上午，学校在天枢楼402会议室召开了2017—2018学年教学工作总结会。

7月6日上午，中国台湾“修平科技大学”推广教育处教育长张振龙一行莅临学校交流座谈。

7月9日，由学校承办的中职师资专业带头人能力提升研修国培项目，在机电工程系举行了开班仪式。

7月9日上午，缅甸金耀集团总经理Sein Kyaw（张体运）一行莅临学校考察交流。

7月11日，苏工院〔2018〕27号，学校出台《苏州工业职业技术学院财务报销规定（修订）》。

7月11—13日，学校举办了2018年“学习新思想，发展高质量”中层干部培训班。

7月13日，苏工院党委〔2018〕38号，学校进一步规范议事协调工作机构。

7月13日，由学校承办的“江苏省职业学校创业教育及指导能力提升培训”在苏盛宾馆举行了开班仪式。

7月15日，在《2018中国高等职业教育质量年度报告》发布会上，学校荣获“2017年全国高等职业院校服务贡献50强”称号。

7月16日，学校民盟、民进支部赴嘉兴南湖开展“不忘合作初心、继续携手前进”主题教育活动。

7月27日，省职业院校教师培训项目视导组莅临学校视察指导国培、省培项目。

是月，在《江苏省高等职业教育质量年度报告（2018）》中，学校人才培养工作的两个典型案例成功入选，案例一为学校构建教材、教师、教室、教案、教风对接企业生产“五教合一”的人才培养新体系；案例二为学校紧扣智能制造产业发展新需求，发挥人才优势，服务苏州智能制造产业。

是月，学校周芳老师申报的“高职院校专业建设与区域产业转型升级融合发展研究——基于丝绸之路核心区的实证分析”获得2018年度教育部人文社会科学研究项目青年基金项目立项。

8月

8月13—17日，在2018年“挑战杯——彩虹人生”全国职业学校创新创效创业大赛决赛中，由学校团委选送，精密制造工程系的“离心式空气压缩机整体叶轮制造工艺优化与实施”项目喜获一等奖，实现了学校在此项国赛奖项中零的突破。

8月20—24日，学校党委委员、副院长殷海芳一行7人赴贵州健康职业学院进行了为期5天的工作交流。

是月，在2018年江苏省高职院校信息化教学大赛中，学校获一等奖2项、二等奖2项、三等奖7项。

是月，教育部发布《教育部办公厅关于公布第三批现代学徒制试点单位的通知》（教职成厅函〔2018〕41号），学校成为教育部第三批现代学徒制试点单位。

是月，学校精密制造工程系关集俱博士主持的“笼形纳米碳包合物作为切削介质的冷却与润滑机理研究（E050901）”获批国家自然科学基金青年科学基金）项目，获得资助金25万元。

9月

9月6日上午，学校党委副书记、院长王洪法携相关部门负责同志，对校园安全和开学各项准备工作进行了全面视察和指导。

9月7日上午，苏州召开庆祝第34个教师节座谈会，表彰一批优秀教师和优秀教学成果。学校经贸管理系申报的“智能工厂物流技术技能人才‘校企协同、工商并重’培养模式研究与实践”项目获得高等教育类教学成果奖特等奖，精密工程系与昂拓科技（苏州）有限公司合作申报的

“基于‘苏式’企业学院的数控高精高效加工技术人才培养体系创新与实践”项目获得二等奖。

9月7—8日，学校在天枢楼三楼会议室分别召开了新学期学生工作联席会和2018级迎新生工作协调会，学校党委委员、副院长殷海芳出席会议并布置工作。

9月8日，苏工院党委〔2018〕40号，学校成立学生工作领导小组，殷海芳任组长。

9月10日，苏工院〔2018〕33号，学校出台《苏州工业职业技术学院奖学金评定办法（试行）》。

9月10日下午，学校召开了中层干部会议。会议由学校党委副书记、院长王洪法主持。

9月13日，贵州健康职业学院副院长、学校选派挂职干部吴少华、教务处处长蒋凤仙携首批进修教师到学校开展为期两个月的学习进修。

9月13日，2015—2017年度苏州市文明校园评选结果揭晓，学校获评“苏州市文明校园”荣誉称号。

9月14日，苏工院党委〔2018〕41号，学校印发《苏州工业职业技术学院共青团改革实施方案》。

9月15日，苏州工业职业技术学院热情迎接2018级新生。

9月18日上午，2018级新生开学典礼暨军训动员大会在学校田径场举行。

9月18日，苏工院〔2018〕34号，学校颁发2018年新生“院长奖学金”。

9月18日，学校党委委员、副院长温贻芳教授在丛荟厅给建筑工程与艺术设计系新生讲授新生第一课。

9月18日晚，学校党委副书记、院长王洪法为机电工程系2018级新生讲授新生第一课。

9月19日晚，学校党委委员、纪委书记林长永来到天一报告厅，为精密制造工程系2018级新生讲授入学第一课。

9月19日晚，学校党委委员、纪委书记林长永给国教院2018级新生讲授新生第一课。

9月20日，苏工院〔2018〕35号，学校出台《苏州工业职业技术学院公务用车管理办法》。

9月20日上午，由江苏省高校招生就业指导服务中心主任胡建平任组长的第九督查组专家一行4人莅临学校，对学校毕业生就创业工作进行了专项督查。

9月20日下午，由苏州市公安局、苏州市禁毒委员会办公室、苏州市教育局、共青团苏州市委员会联合指导的2018“青盾行动”——苏州高校公共安全教育开学第一课巡讲活动启动仪式在学校隆重举行。

9月21日，学校党委委员、副院长苏霄飞在丛荟厅为经管系2018届新生带来别开生面的新生第一课。

9月21日下午，学校在天枢楼三楼会议室召开主题为“苏工一家亲”的2018级少数民族新生代表座谈会。

9月25日，苏工院党委〔2018〕42号，学校成立华美电子机械厂历史遗留问题处置协调小组和工作小组。王新华、王洪法任协调小组组长；温贻芳任工作小组组长。

9月25日晚，学校党委委员、党委宣传部部长王竝给汽车工程系2018级新生讲授新生第一课。

9月25日上午，苏州市档案局副局长虞爱国带领市档案局执法检查组一行，对学校贯彻执行档案法律法规以及档案工作开展情况进行了行政执法检查。

9月26日上午，大连职业技术学院机械工程学院院长宋昌平一行莅临学校精密制造工程系交流。

9月26日、27日晚上，学校党委委员、副院长殷海芳在天一报告厅分别为电信系、软件学院2018级新生讲授新生第一课。

9月27日，苏工院〔2018〕36号，学校出台《苏州工业职业技术学院合同管理办法（修订）》。

9月29日，苏工院〔2018〕37号，学校出台《苏州工业职业技术学院2018年成人教育校企合作自主招生考试方案》。

9月29日，在2018年苏州市高校红十字会"博爱青春"暑期志愿服务项目评审展示中，学校志愿服务项目获2018年苏州市高校"博爱青春"暑期志愿服务项目三等奖。

9月29日上午，2018级新生军训成果汇报暨表彰大会在学校田径场隆重举行。

是月，苏州市科技局下发了2018年度苏州市科技发展计划项目立项通知，学校石皋莲教授主持的"苏州市精密检测技术重点实验室"立项重点实验室；张淑红副教授主持的"FPC线路板自适应AOI收放卷机开发与研究"立项重点产业技术创新前瞻性应用研究项目；陈丽博士主持的"基于人工智能算法的水产养殖环境智能监控及预警系统研究"立项农业科技创新项目。

是月，从江苏省教育厅、财政厅联合印发《关于公布2017年度全省学生资助绩效评价结果的通知》（苏教助〔2018〕1号）获悉，学校再度被评为2017年度江苏省学生资助工作绩效评价优秀单位。

是月，江苏省人民政府、江苏省军区下发文件，学校人民武装部获省征兵工作先进单位称号。

是月，学校独立主持申报的智能控制技术专业教学资源库成功入选教育部2018年度职业教育专业教学资源库备选库。

10月

10月13日，苏工院党委〔2018〕43号，学校成立民族宗教工作领导小组，王新华、王洪法任组长。

10月10—15日，在团中央主办的"苏高新杯"2018第五届"创青春"中国青年创新创业大赛中，学校30名青年志愿者奔赴"创青春"第一线提供志愿服务。

10月15日上午，贵州健康职业学院党委书记黄霞一行莅临学校交流座谈。

10月16日上午，教育部2018年全国教育事业统计数据质量实地核查组一行6人，在省教育厅相关部门领导陪同下，对学校教育事业统计工作开展情况进行了实地核查。

10月17日，苏州工业职业技术学院2018年成人教育校企合作自主招生考试在文绍楼举行。

10月19日，苏工院〔2018〕40号，学校出台《苏州工业职业技术学院专业技术资格评审工作办法（试行）》。

10月19日，辽宁省交通高等专科学校莅临学校精密制造工程系交流。

10月24日，由校团委主办、校社团联合会承办的"百团来袭·风采云集"——2018苏工院社团联合招新活动在宿舍广场成功举办。

10月24日，学校2018级新生才艺大赛在天一报告厅圆满落幕。

10月24日下午，学校紧密型合作企业AW（苏州）汽车零部件有限公司首届企业开放日活动在AW公司会议室举行。

10月24—26日，在江苏省人力资源和社会保障厅举办的第二届全国智能制造应用技术技能大赛江苏省选拔赛中，由机电系周信老师、精密系殷铭老师指导，两系学生戴文杰、陈继飞、郭庆晗组成的团队获得一等奖。

10月28日，在"中慧杯"全国高等职业院校Web应用软件开发技能竞赛中，学校一队（李飞、马兆鹏、徐嘉玮，指导老师：伊雯雯、密海英）获得特等奖，二队（陈晨、徐霁、郑仕阳，指导老师：朱东、陈莉莉）获得一等奖。

是月，由学校申报的企业学院创元学院被评为首批苏州市职业院校优秀企业学院。

是月，学校纪委随机抽取了建艺系党总支、人事处，软件学院党总支、科技处及后勤处等五家单位，开展为期一周的廉政风险点年中阶段检查及责任人提醒谈话工作。

11月

11月1—2日，学校第十一届体育运动会在田径场隆重举行。

11月2日，在团市委、市禁毒办联合主办的2018年青少年禁毒宣传教育“双百计划”验收评估会中，学校风信子禁毒社项目获评苏州禁毒宣传“双百计划”优秀项目。

11月6日上午，学校2018年教师课堂教学大赛决赛拉开序幕。

11月6日，“苏工院大讲堂——苏绣艺术的鉴赏”在学校天一报告厅举行。

11月7日，苏工院〔2018〕42号，学校成立天丰汽车学院。

11月7日下午，市委党建办第11检查组到电信系党总支检查党建工作。

11月8日上午，贵州健康职业学院党委副书记、院长吴国才一行莅临学校交流座谈，随行的还有第二批选派到校进修学习的4名教师。

11月8日上午，学校在天枢楼402会议室组织收看全省教育系统学习贯彻全国教育大会精神视频会议。

11月9日，长沙民政职业技术学院电子信息工程学院到访学校电子与通信工程系进行专业建设交流。

11月10日，苏工院党委〔2018〕44号，学校调整保密工作委员会成员，王新华任主任。

11月10日，在苏州市第四届校园舞蹈大赛中，学校大学生艺术团选送的舞蹈《小草》荣获高校组三等奖。

11月10—18日，在2018年中国技能大赛——第二届全国智能制造应用技术技能大赛决赛中，学校机电工程系、精密制造工程系学生共同组成的团队斩获“切削加工智能制造单元安装与调试”赛项学生组银牌。

11月11日上午，苏州国际教育园校园青春跑暨“善跑”2018年苏州市路跑联赛（吴中站），在学校田径场集结开幕。

11月12日，苏工院党委〔2018〕45号，学校出台《苏州工业职业技术学院班主任队伍管理办法（试行）》。

11月14日下午，“初心·清风”廉政微党课决赛在天枢楼402举行。

11月14日，莆田市湄洲湾职业技术学院产学研与合作交流中心会同中国台湾TEMI协会到学校电信系开展交流访谈活动。

11月14日下午，苏州工业职业技术学院与苏州市汽车工业贸易有限公司在汽工贸旗下吉利旗舰店展示大厅内隆重举行活动，签约建立校企合作关系并依托学校汽车工程系和汽工贸公司联手成立企业学院——天丰汽车学院。

11月14日下午，学校“敢为天下先　走进新时代”演讲大赛在天一报告厅隆重举行。

11月15日、16日，江苏省第四届高职高专院校学生足球技能大赛暨体能大赛在学校举行。

11月18日，学校协办新一代信息技术人才培养研讨会，学校院长王洪法出席大会并致辞，副院长苏霄飞做《工业化与信息化融合　打造专业建设新生态》主题报告。

11月20日，苏工院党委〔2018〕46号，学校印发《苏州工业职业技术学院公务接待管理办法（修订）》。

11月20日上午，福州职业技术学院副院长刘松林一行莅临学校交流。

11月21日下午，第二次“唐人教育捐赠金”授予仪式暨2018年度“唐人营造奖学金”发放仪式在建筑工程与艺术设计系204会议室举行。

11月21日下午，学校第一次妇女代表大会在从荟厅隆重召开。

11月23日，校党委书记王新华以支部成员身份参加经管系党总支“思源·筑梦·起航”——继承老传统、学习新思想、谱写新篇章主题党日活动。

11月23—24日，学校在2018年度先进装备制造业产教融合发展论坛暨机械行指委工作会议中，被授予首批“全国机械行业服务先进制造高水平骨干职业院校”称号。

11月26日下午，学校副院长苏霄飞主持召开了学校海格电控项目教研用研讨会。

11月27日，苏工院〔2018〕48号，学校印发《苏州工业职业技术学院信息公开实施办法（试行）》。

11月28日，在“武进人才杯”江苏省第十三届大学生职业规划大赛决赛中，学校机电工程系陆凡同学荣获专科组特等奖，机电工程系曹飞宇同学与经贸管理系杜文丽同学荣获专科组二等奖，机电工程系马晓云老师获评优秀指导教师。

11月28日中午，学生工作处在宿舍广场举办了“世界艾滋病日”宣传活动。

11月29日下午，学校“攀华冠名班”开班仪式在天巧楼M318会议室隆重举行。

11月29日上午，学校在天枢楼三楼会议室召开落实意识形态工作责任制专题会议，深入学习贯彻全国、全省、全市宣传思想工作会议精神。

11月29日下午，市人大吴中区代表团第二小组杜国玲、王鸿声等领导一行莅临学校调研指导。

是月，在天津召开了2018年全国职业院校技能大赛总结会中，学校精密制造工程系党总支方一新书记荣获优秀工作者称号。

是月，学校获评“2018年全省高校毕业生就业创业工作专项督查考核优秀单位”。

12月

12月3日，苏工院党委〔2018〕49号，学校印发《苏州工业职业技术学院2019年招生宣传工作方案》。

12月3日，在全国高职电子信息类专业2018年学术年会上，学校被评为“ARM中国嵌入式人工智能应用技术”示范基地。

12月4日下午，机电工程系联合苏州高新区司法局开展“循法问律——我与律师面对面”活动。

12月6日，苏工院〔2018〕50号，学校公布2018年校级各类教学质量项目比赛获奖名单。

12月6日下午，学校在天枢楼511室召开纪委委员会议。

12月7日，苏工院党委〔2018〕50号，学校免去相关干部同志职务。

12月7日，苏工院党委〔2018〕51号，学校表彰2018年度招生宣传工作先进单位和先进个人。

12月7日下午，学校举行“思源·逐梦”纪念改革开放40周年主题座谈会。

12月10日晚，国际教育学院邀请了苏州市公安局网络警察支队大队长陈施胤在天一报告厅举办了一场大学生网络意识安全教育讲座。

12月12日下午，学校在国际教育园图书馆剧场隆重举行“思源·逐梦”纪念改革开放40周年文艺汇演。

12月13日上午，天津滨海职业技术学院物流管理系到学校经贸管理系开展交流访谈。

12月14日，苏工院党委〔2018〕52号，学校发布第二轮岗位聘任聘期考核工作的通知。

12月14日，苏工院〔2018〕51号，学校发布2018年教职工年度考核工作的通知。

12月15日，在苏州国际教育园主办的汽车专业大学生汽车维修技能比赛中，学校汽车工程系杨晓峰老师和刘森老师指导的葛威、马越谷和吕和赟三人获得了团体二等奖。

12月17日，苏工院党委〔2018〕53号，学校出台《苏州工业职业技术学院中层干部选拔任用管理暂行办法》。

12月17日，苏工院〔2018〕52号，学校批复同意聘任相关专业带头人。

12月18日，苏工院党委〔2018〕54号，学校出台《苏州工业职业技术学院第三轮岗位设置与聘用实施办法》。

12月18日上午，庆祝改革开放40周年大会在北京人民大会堂隆重召开。学校领导班子、中层以上干部、思政部教师、辅导员代表等集中收看了大会盛况。

12月18日下午，经贸管理系在丛荟厅举办了“浅谈苏州书画及装裱文化的发展”讲座。

12月19日下午，建艺系开展了一次别开生面的论文宣讲活动。学校院长王洪法，来自合作企业广林建设有限公司的设计总监欧阳志刚、诚信金泰的总经理鲁文华及唐人营造的杨南一同参加了此次活动。

12月21日上午，学校党委召开领导班子和领导干部述职述廉、党总支书记述党建暨年度考核会议。

12月24日，苏工院〔2018〕54号，学校公布江苏省苏州工业职业技术学院教师高级专业技术资格评审委员会考核认定结果。

12月24日下午，学校在丛荟报告厅举行了“2018大学生年度人物”风采展评活动。

12月25日，苏工院〔2018〕55号，学校表彰2018年大学生年度人物和2017—2018学年先进班集体、三好学生（标兵）、优秀学生干部（标兵）。

12月26日，苏工院党委〔2018〕56号，学校印发《王新华同志在纪念改革开放40周年主题座谈会上的讲话》。

12月26日下午，学校2019迎新年文艺汇演在国际教育园图书馆剧场举行。

是月，学校人武部组织2017级国旗班同学赴句容茅山新四军纪念馆，开展主题为“不忘初心，牢记使命，树时代新风，立爱国壮举”的爱国主义主题教育活动。

是月，学校领导在党委书记王新华的带头下积极落实廉政谈话制度。

是月，学校被批准为国家自然科学基金依托单位。

是月，学校国际教育学院范莉萍老师家庭荣获“苏州市十大最美家庭”荣誉称号。

是月，由副院长温贻芳主持，苏益南、苏华、龚肖新、高新浩、江建春、周保廷、于霜、石皋莲、薛迎春、杨扬、储建华等老师参与的“高职机电类专业‘五教合一’的产教融合人才培养模式创新与实践”获得国家级职业教育教学成果奖一等奖。

是月，学校开展了2018年度党员关爱基金发放工作。

是月，由建艺系王譞老师指导，甄雨、陈都迎、来自企业的王小峰完成的作品“冰心玉壶”荣获“创元杯”2018年苏州市文化创意设计大赛优秀入选作品称号（总排名第65），学校荣获优秀组织奖。

规章制度文件目录

2018年苏州工业职业技术学院新增、修订规章制度文件目录（一）

序号	发文单位	发文号	文件标题	发文日期
1	中共苏州工业职业技术学院委员会	苏工院党委〔2018〕13号	中共苏州工业职业技术学院委员会关于进一步加强和改进思想政治工作实施意见	2018.5.2
2	中共苏州工业职业技术学院委员会	苏工院党委〔2018〕14号	中共苏州工业职业技术学院委员会意识形态工作责任制实施办法	2018.5.2
3	中共苏州工业职业技术学院委员会	苏工院党委〔2018〕20号	关于印发《苏州工业职业技术学院院长办公会议事规则（试行）》的通知	2018.5.4
4	中共苏州工业职业技术学院委员会	苏工院党委〔2018〕25号	关于印发《中共苏州工业职业技术学院委员会关于贯彻落实中央八项规定精神，进一步加强和改进作风建设的实施办法》的通知	2018.6.4
5	中共苏州工业职业技术学院委员会	苏工院党委〔2018〕26号	中共苏州工业职业技术学院委员会关于印发《学院落实党风廉政建设责任制实施细则（试行）》的通知	2018.6.12
6	中共苏州工业职业技术学院委员会	苏工院党委〔2018〕37号	中共苏州工业职业技术学院委员会关于开展解放思想大讨论活动的实施方案	2018.7.3
7	中共苏州工业职业技术学院委员会	苏工院党委〔2018〕41号	关于印发《苏州工业职业技术学院共青团改革实施方案》的通知	2018.9.14
8	中共苏州工业职业技术学院委员会	苏工院党委〔2018〕45号	关于印发《苏州工业职业技术学院班主任队伍管理办法（试行）》的通知	2018.11.12
9	中共苏州工业职业技术学院委员会	苏工院党委〔2018〕46号	关于印发《苏州工业职业技术学院公务接待管理办法（修订）》的通知	2018.11.20
10	中共苏州工业职业技术学院委员会	苏工院党委〔2018〕49号	关于印发《苏州工业职业技术学院2019年招生宣传工作方案》的通知	2018.12.3

续表

序号	发文单位	发文号	文件标题	发文日期
11	中共苏州工业职业技术学院委员会	苏工院党委〔2018〕53 号	关于印发《苏州工业职业技术学院中层干部选拔任用管理暂行办法》的通知	2018.12.17
12	中共苏州工业职业技术学院委员会	苏工院党委〔2018〕54 号	苏州工业职业技术学院第三轮岗位设置与聘用实施办法	2018.12.18
13	中共苏州工业职业技术学院委员会	苏工院党委〔2018〕55 号	关于印发《中共苏州工业职业技术学院委员会在全院集中开展形式主义、官僚主义集中整治的工作方案》的通知	2018.12.20

2018 年苏州工业职业技术学院新增、修订规章制度文件目录（二）

序号	发文单位	发文号	文件标题	发文日期
1	苏州工业职业技术学院	苏工院〔2018〕1 号	关于进一步规范科研项目校内资助和配套经费管理的通知	2018.1.10
2	苏州工业职业技术学院	苏工院〔2018〕2 号	苏州工业职业技术学院科研项目专家咨询费和劳务费管理补充规定	2018.1.11
3	苏州工业职业技术学院	苏工院〔2018〕14 号	苏州工业职业技术学院来华留学生管理规定（试行）	2018.4.10
4	苏州工业职业技术学院	苏工院〔2018〕26 号	关于修订学院纵向科研项目经费配套标准的通知	2018.6.26
5	苏州工业职业技术学院	苏工院〔2018〕27 号	苏州工业职业技术学院财务报销规定（修订）	2018.7.11
6	苏州工业职业技术学院	苏工院〔2018〕33 号	苏州工业职业技术学院奖学金评定办法（试行）	2018.9.10
7	苏州工业职业技术学院	苏工院〔2018〕35 号	苏州工业职业技术学院公务用车管理办法	2018.9.20
8	苏州工业职业技术学院	苏工院〔2018〕36 号	关于印发《苏州工业职业技术学院合同管理办法（修订）》的通知	2018.9.27
9	苏州工业职业技术学院	苏工院〔2018〕37 号	关于印发《2018 年苏州工业职业技术学院成人教育校企合作自主招生考试方案》的通知	2018.9.29
10	苏州工业职业技术学院	苏工院〔2018〕40 号	苏州工业职业技术学院专业技术资格评审工作办法（试行）	2018.10.19
11	苏州工业职业技术学院	苏工院〔2018〕48 号	关于印发《苏州工业职业技术学院信息公开实施办法（试行）》的通知	2018.11.27

机构设置、调整文件目录

2018 年苏州工业职业技术学院机构设置、调整文件目录（一）

序号	发文单位	发文号	文件标题	发文日期
1	中共苏州工业职业技术学院委员会	苏工院党委〔2018〕10 号	中共苏州工业职业技术学院委员会关于调整设置离退休教职工直属党支部的通知	2018.4.16
2	中共苏州工业职业技术学院委员会	苏工院党委〔2018〕32 号	中共苏州工业职业技术学院委员会关于内设机构调整的通知	2018.6.21

2018年苏州工业职业技术学院机构设置、调整文件目录（二）

序号	发文单位	发文号	文件标题	发文日期
1	苏州工业职业技术学院	苏工院〔2018〕42号	关于成立天丰汽车学院及江斌忠、马俊同志的任职通知	2018.11.7

人事任免文件目录

2018年苏州工业职业技术学院人事任免文件目录（一）

序号	发文单位	发文号	文件标题	发文日期
1	中共苏州工业职业技术学院委员会	苏工院党委〔2018〕2号	关于苏华同志职务任免的通知	2018.1.26
2	中共苏州工业职业技术学院委员会	苏工院党委〔2018〕3号	关于许觊南等同志职务任免的通知	2018.1.26
3	中共苏州工业职业技术学院委员会	苏工院党委〔2018〕16号	关于丁云鹏等同志职务任免的通知	2018.5.4
4	中共苏州工业职业技术学院委员会	苏工院党委〔2018〕17号	关于薛迎春等同志职务任免的通知	2018.5.4
5	中共苏州工业职业技术学院委员会	苏工院党委〔2018〕18号	关于祝清兰等同志职务任免的通知	2018.5.4
6	中共苏州工业职业技术学院委员会	苏工院党委〔2018〕19号	关于王震等同志职务调整的通知	2018.5.4
7	中共苏州工业职业技术学院委员会	苏工院党委〔2018〕50号	关于免去魏力等同志职务的通知	2018.12.7

2018年苏州工业职业技术学院人事任免文件目录（二）

序号	发文单位	发文号	文件标题	发文日期
1	苏州工业职业技术学院	苏工院〔2018〕21号	关于同意专业带头人（负责人）调整的批复	2018.5.30
2	苏州工业职业技术学院	苏工院〔2018〕52号	关于同意专业带头人聘任的批复	2018.12.17

媒体报道汇总

2018年苏州工业职业技术学院媒体报道一览表

序号	媒体名称（版面）	标题	日期
1	《人民政协报》第10版	高职“课堂革命”之道	2018.1.10
2	《大学生科技报》第4版	苏工院有这样一群青年创客	2018.1.11
3	《苏州日报》第A02版	用新思想指导高职教育改革发展	2018.1.30
4	《中国教育报》第11版	答好问卷需重构课程体系	2018.3.6
5	江苏教育发布（微博）	青春志愿行	2018.3.17
6	现代快报网	江苏高职院校“工业产品数字化设计与制造”赛在苏工院闭幕	2018.3.25
7	中国江苏网（苏州）	全省22所高职院校选手同台竞技　苏工院荣获分赛项一等奖	2018.3.26
8	《苏州日报》第A02版	苏工院学生夺得省高职校技能赛赛项一等奖	2018.3.26
9	《姑苏晚报》第A04版	苏工院勇夺高职校省赛分赛项一等奖	2018.3.26
10	苏州电视台（苏州新闻）	苏工院学生夺得省高职校技能赛赛项一等奖	2018.3.26
11	江苏教育发布（微博）	实战青春	2018.3.27

续表

序号	媒体名称(版面)	标题	日期
12	苏州教育电视(新闻)	2018 年江苏省高等职业院校技能大赛“工业产品数字化设计与制造”赛项圆满收官	2018.3.27
13	江苏教育(视频新闻)	省高等职业院校技能大赛工业产品数字化设计与制造赛项在苏州工业职业技术学院举行	2018.3.28
14	《苏州日报》第 A09 版	2020 年苏州市职业院校企业学院全覆盖	2018.3.31
15	中国江苏网(苏州)	苏州市职业院校企业学院建设现场推进会在苏工院成功召开	2018.3.31
16	苏州电视台(苏州新闻)	产教协同育人　苏州推进职业院校企业学院建设	2018.4.1
17	江苏教育(视频新闻)	苏州市召开职业院校企业学院建设现场推进会	2018.4.10
18	《江苏教育报》第 2 版	2018 省高职院校技能大赛分项在苏州工业职业技术学院举行	2018.4.11
19	《中国教育报》第 11 版	“专业一体化育人”如何“落地生根”	2018.4.17
20	《人民政协报》第 10 版	“一体化育人”高职如何作为?	2018.4.18
21	引力播(App)	苏州工职院和平江新城共建劳动模范、技术能手工作室	2018.4.20
22	《姑苏晚报》第 A04 版	探索工匠培养新模式	2018.4.21
23	现代快报网	全国大足联赛(南区)决赛在苏工院举行	2018.4.24
24	引力播(App)	全国青少年校园足球联赛高职组决赛在苏开赛	2018.4.24
25	江苏台(新闻空间站)	全国青少年校园足球联赛男子高职组开赛	2018.4.24
26	苏州电视台(苏州新闻)	校园足球联赛高职组决赛在苏州工职院举行	2018.4.24
27	《姑苏晚报》第 A09 版	小家电维修送到居民家门口	2018.4.26
28	《光明日报》第 14 版	高职专业升级:固什么“本”,强什么“基”	2018.4.26
29	光明网(地方)	丝绸文化搭台,校企合作共建大学生社会实践活动基地	2018.4.26
30	交汇点－区域(微信)	校企合作促进就业和培训,苏州江南丝绸教育培训基地揭牌	2018.4.27
31	江苏教育(视频新闻)	全国青少年校园足球联赛男子高职组决赛开幕式在苏州举行	2018.4.27
32	江苏教育发布(微博)	高校动态	2018.4.28
33	江苏教育发布(微博)	高校动态	2018.5.3
34	《苏州日报》第 B02 版	全国校园足球联赛高职组在苏开赛	2018.5.7
35	苏州教育电视(新闻)	苏工院:“五四”系列主题活动为青春添彩	2018.5.9
36	《苏州日报》第 B02 版	不忘初心青春前行　苏工院开展“五四”主题教育活动	2018.5.14
37	江苏教育电视台(新闻)	江苏“青年红色筑梦之旅”活动正式启动　大学生植保机项目受青睐	2018.5.21
38	苏州电视台(苏州新闻)	2018 年全国职业院校技能大赛分项在苏举行	2018.6.4
39	引力播(App)	全国职校技能大赛首次来了国际代表队	2018.6.4
40	《苏州日报》第 A02 版	全国职校技能赛首次来了国际队	2018.6.5
41	《姑苏晚报》第 A04 版	职校技能大赛首次来了国际代表队	2018.6.5
42	扬子晚报网	苏州工职院获全国职业院校技能大赛一等奖	2018.6.6
43	光明网(地方)	2018 年全国职业院校技能大赛(高职组)工业产品数字化设计与制造赛项在苏州落幕	2018.6.6
44	中国江苏网(苏州)	300 余名高技能人才同台竞技　苏工院勇夺国赛头名	2018.6.6
45	江苏台(新闻空间站)	全国职业院校技能大赛工业制造赛项在苏州举行　300 多位国内选手与国际代表队同台竞技	2018.6.6
46	中国新闻网(江苏)	江苏推高职教育国际化　中外融合培养国际化技术人才	2018.6.7
47	现代快报网	2018 年全国职业院校技能大赛(高职组)在苏州闭幕	2018.6.7
48	《大学生科技报》第 5 版	国内外选手角逐工业产品数字化设计与制造大赛	2018.6.7
49	苏州教育电视(新闻)	全国职业院校技能大赛工业产品数字化设计与制造赛项圆满落幕	2018.6.7

续表

序号	媒体名称（版面）	标题	日期
50	江苏教育发布（微博）	实战青春	2018.6.8
51	苏州电视台（苏州新闻）	职业教育产教融合　助推校企“无缝对接”	2018.6.9
52	新华网（江苏）	300 位国内外高校技工能手苏州“比武”	2018.6.11
53	苏州教育—传媒有道	殷铭：“认真做事踏实为人”成就技术革新能手和金牌教练	2018.6.12
54	江苏教育发布（微博）	光影校园	2018.6.26
55	江苏教育发布（微博）	毕业季	2018.7.1
56	引力播（App）	苏州工职院建院 15 周年：乘思想大解放东风　创办学再跨越新路	2018.7.2
57	《苏州日报》第 A03 版	乘思想大解放东风　创办学再跨越新路	2018.7.2
58	《苏州日报》第 A03 版	全国职校技能大赛落幕，苏州职校斩获金牌数量全省第一	2018.7.2
59	苏州电视台（苏州新闻）	产教深度融合　培养技能人才	2018.7.2
60	苏州教育电视（新闻）	加油！实习生——傅志德：用钻研与认真精神实现人生逆袭	2018.7.5
61	《人民日报》第 11 版	选用更科学　陪审不陪衬（聚焦人民陪审员）	2018.7.13
62	引力播（App）	学生暑期实践“花样”多	2018.7.16
63	《苏州日报》第 B01 版	学生暑假实践“花样”多	2018.7.16
64	引力播（App）	涵育大国工匠　培养时代新人　苏工院培育人才结硕果	2018.7.19
65	《苏州日报》第 B01 版	涵育大国工匠　培养时代新人	2018.7.23
66	江苏教育发布（微博）	七彩假期我设计	2018.8.1
67	职教圈（微信）	江苏职业教育是如何领跑全国的	2018.9.8
68	《光明日报》第 8 版	江苏职业教育是如何领跑全国的	2018.9.8
69	引力播（App）	2832 名大一新生加入苏工院大家庭	2018.9.15
70	《姑苏晚报》第 A03 版	苏工院喜迎 2832 名新生	2018.9.16
71	引力播（App）	牢记历史　勿忘国耻	2018.9.18
72	《苏州日报》第 A04 版	牢记历史　勿忘国耻	2018.9.19
73	引力播（App）	无毒青春　健康生活！苏工院风信子禁毒社走进草桥中学	2018.10.24
74	江苏教育发布（微博）	晒晒我的运动 FUN	2018.11.4
75	《姑苏晚报》第 A09 版	苏工院专场双选会　端出千余个岗位	2018.11.8
76	引力播（App）	校企协同谋发展　合作双赢谱新篇　苏工院天丰汽车学院成立	2018.11.14
77	《苏州日报》第 A05 版	天丰汽车学院签约成立	2018.11.15
78	《姑苏晚报》第 A04 版	苏工院天丰汽车学院签约成立	2018.11.15
79	引力播（App）	全省 41 所院校近 600 名学生在苏比拼“足球”	2018.11.16
80	《姑苏晚报》第 A09 版	569 名学生在苏比拼足球	2018.11.17
81	《苏州日报》第 A02 版	培养新时代信息技术人才	2018.11.18
82	《苏州日报》第 B08 版	力行“思政”学习实践“四全育人”彰显实效	2018.11.26
83	《苏州日报》第 B01 版	苏工院举办防艾宣传活动	2018.12.3
84	《光明日报》第 16 版	坚定政治方向，办好高职教育	2018.12.6
85	《苏州日报》第 A03 版	从“工人”到“人才”的蝶变记　苏州高技能人才计划实施备忘录	2018.12.6
86	苏州教育电视（新闻）	驶入“快车道”的苏州职业教育：从跟跑陪跑到领跑	2018.12.6
87	苏州电视台（苏州新闻）	市领导分赴在苏高校开展专题调研	2018.12.16
88	《苏州日报》头版和 A04 版	苏州市领导分赴 26 所在苏高校开展专题调研	2018.12.17

教职工出版教材目录

2018年苏州工业职业技术学院教职工出版教材情况一览表

著作名称	类别	第一作者	所属系(院)	出版单位	出版时间
《液压与气动技术及应用》	主编	龚肖新	机电工程系	机械工业出版社	2018
《Java Web云应用开发项目式教程》	主编	罗　颖	软件与服务外包学院	高等教育出版社	2018
《网站设计与网页制作立体化项目教程(第3版)》	主编	密海英	软件与服务外包学院	电子工业出版社	2018
《思想道德修养与法律基础三维一体教学教程》	主编	李从如	思想政治教学部	南京大学出版社	2018
《毛泽东思想和中国特色社会主义理论体系概论三维一体教学教程》	主编	袁　芳 赵永兵	思想政治教学部	南京大学出版社	2018
《电机与拖动基础》	副主编	许月琳	机电工程系	电子科技大学出版社	2018
《电工电子实验实践教程》	参编	仲蓁蓁	机电工程系	吉林人民出版社	2018

全校毕业生名单

苏州工业职业技术学院2018届普通全日制专科毕业生名单

精密制造工程系

2014 级模具设计与制造

蔡钦 徐杰 张傲傑 张泽磊

2015 级模具设计与制造

陈杰 尹毅弘 赵浩杰 王尧 龚苏伟 马鹏程 杨禹 朱洋 陈瑞 单泽伟 金星
刘保卫 王清 校鹏 郑星宇 周轩 周雪华 陈鹏 崔远航 单越 范腾飞 傅志德
葛鹏飞 耿进凯 黄智超 李浩 李明 刘宇 刘云 柳文明 鲁建楠 马志远 潘锦南
邵经纬 施冕 宋瑞 孙杨 王斌 王鹏 王天宇 吴德权 谢聪 严昀 姚凯钧
叶嘉李 云浩 张梁 张宇 张玉林 朱新港 朱兴家 邹霞云 滕永 李昕彤 王卉
杨婷 张国平 曹明 陈毅 崔正东 邓一帆 东志 傅志鹏 顾浩 郭兆宝 胡阿涛
黄志刚 李欢欢 李嘉豪 林俊凯 刘稷 陆涛 陆子豪 陆鑫 钱彪 时超 史经纬
孙小强 唐昊 王广城 王辉 王志强 王鑫 吴边 吴道洋 夏天 徐佳铖 徐永辉
张斌斌 张需要 郑绍恩 朱真 朱灏 王鹏艳 王雪梅 吴沙沙 周晓琴 艾文清 蔡程
董润民 杜瀚翔 方星 冯隆涛 顾飞 顾尧 侯佳骏 黄逸君 姜政旭 李海洋 梁琪振
刘飞 卢硕 牛辉 潘俊 彭鹏 邱艳文 王辉 王俊任 王磊 王磊 王腾
吴开石 许如林 杨成 袁登辉 张开源 赵新智 朱海宁 祖新权 左波 陈春丽 薛莉娟
张雨婷 周静欢 邓殷民 冯亚卫 胡晟 蒋宝彬 金鹏 厉琛杰 刘尧 祁伟 钱昊
王明 王珏 吴伟 吴中强 邢瑞 徐嘉强 徐伟 许超 尹超 张皓极 朱恩杨
蔡加莉 蔡杰云 陈其莹 吴润倩 夏云 肖叶 张冉 张云 胥晶晶 刘苏建 李露
曹丹丹 李隆隆 李璨 邱杰 周鑫海 陈国伟 唐永 夏细 陈才 黄敦顺 蒋泳
刘孝洋 许昌飞 朱广宇 刘付剑辉

2013 级数控技术

徐卓豪

2014 级数控技术

杨心志

2015 级数控技术

梁伟 王平平 张宇凡 姚志成 张磊 秦浩 蔡晔 陈成 储世龙 董红泽 董兴凯
杜军浩 冯昌豪 冯坤 高崇 谷奇 江昱良 李建国 李忠 刘明亮 刘洋 刘晖
马荣臻 秦顺栋 时俊浩 王夫品 王欢 王涛 王勇 王振龙 吴浩杰 徐海涛 徐骏晖
颜廷进 杨冲 杨凯亮 袁硕 张博涵 张金胜 张路 张裕飞 张俣鑫 赵治中 卜延文

陈建胜 陈俊峰 崔旺 戴荣坤 戴正伟 邓宇城 丁建宇 樊纪超 冯钦云 高全楼 顾春雷

顾恺 韩欣欣 鞠吕 李盼 李孝培 梁涛 刘晋江 陆浩杰 罗欢 马家炜 马洋志

申文俊 神凯 沈骁 王焜 王成文 王宇 夏壮壮 薛孟豪 张成 张磊 张文轩

钟杰 周东杰 朱卫祥 李艺 王长青 张巧巧 张珂 徐成龙 朱希尔 陈浩 陈勇健

陈志鹏 戴传金 范文童 房华深 管胜华 黄旭峰 金沛 李家豪 李瑞鹏 李思南 刘志宾

吕俊潮 马昆 孟佳 彭飞 乔道堃 司泽华 孙晨 孙天杰 王刚 王萧 王亚杰

王振龙 王栩 王鑫洲 吴兴浩 武星明 徐绪 许翔 严磊 杨宇 叶林浩 张佳

张瑞瑞 钟彦钧 冯蒙蒙 刘妍 汪靓 王芸 肖阳 方言 陈杭杭 贾泽韬 沈宇

王豪 吴俊 张英杰 周成龙 常祺明 葛紫荆 寇长锦 李俊东 潘炳洋 钱宇 朱成成

2014 级数控设备应用与维护

郑程

2015 级数控设备应用与维护

梁成 孙含涛 薛健玮 安明钊 白啸天 曹犇 陈凯 陈磊 陈旭 陈昊 程康

董同飞 高冉 葛韩 葛满义 胡永贵 李鸿达 李新 刘跃 苗蒙蒙 平洋华 邵明宝

沈嘉波 沈湘力 唐彬 唐泽靖 王汉雄 王宁 王善杰 王勋山 魏贤卓 武杰 严光辉

颜鸣 杨立伟 叶朋 叶挺 于凯辰 张旭 朱汉林 朱文翔 朱旭东 朱宜飞 朱宇

董倩 刘如意 曹金伟 曹启凡 曹乾 曹毅君 陈健 黄玉贵 焦新尧 李伟 刘少杰

陆天捷 陆文强 陆阳 毛宇新 祁胜 邱鑫 沈宇航 盛赐旭 孙道冲 汤垚 汤宇

陶奕明 童文 王浩 王烁 王毓 魏崇庆 吴铭 吴赛博 吴旭 辛宇成 许浒

薛潘梁 印杨 袁邵飞 章鹏 张勇 赵星天 赵志伟 周宇 刘亚娟 严涵妃 瞿清华

江志锦 汤恒 徐旋旋 汤贵显

机电工程系

2015 级电气自动化技术

曹峰阁 常伟 陈凯旋 陈宇 代奔 方奎 冯鑫洁 高毅 顾维佳 郭磊 郭轩

韩磊 胡魁 蒋奕文 金鑫 居旭东 黎仁杰 李洪毅 李俊 李柯胜 凌靖峰 陆晨

马江云 孟令慧 庞周伟 钱龙生 沈浩 史孔祥 孙迪 孙启发 汪业淇 王会明 吴磊

徐行宇 姚江 张海帝 张帅 张琛林 赵琛杰 郑颜帅 仲鹤 朱浩南 宗东升 刘青

沈华艺 王婷婷 吴雪艳 赵鑫宇 卞周浩 陈龙 陈诗纬 崔雨然 顾春 顾颖杰 季粟剑

纪鑫宇 李梓义 刘锦伟 刘凯 陆昌劲 倪鹏 邵光伟 石元州 宋家伟 王树强 王苏吉

王益文 夏添 谢庆辉 邢佳乐 徐鹏 徐一洲 杨柳 杨晓晨 袁家威 袁志鹏 张剑

张久春 张满意 张鹏 赵前进 周静 蒋俊麒 张国清 朱恒 曹昊明 池吕斌 顾林

刘超 孙俊 孙志伟 朱森洋

2014 级工业机器人技术

沈堂左轩

2015 级工业机器人技术

曹海俊 查翔 陈佳辉 陈凯 陈庭佳 陈彤 崔建宇 崔永祥 方涛 郭帅 胡帅康

黄东雨　黄耀球　江　彬　李昌熙　李丛丛　李俊豪　林辉宇　林周鹏　刘光照　孟祥留　聂海锗
潘　宇　邱　伟　盛海轮　孙明金　谭文文　王　华　王金梁　王　凯　王乾汀　王通达　王　耀
夏金明　谢　辉　徐大森　薛伟康　杨　璐　张华郅　张　晗　周嘉龙　朱　靖　董雪梅　冯艳芹
王　芮　官　飞　陆俊彦　王顺兵　燕立克　周子元

2014 级机电一体化技术

树成智　袁天昊

2015 级机电一体化技术

肖　展　周　辉　朱　悦　金吉夫　张如华　蔡剑泉　蔡伟伟　崔春寅　邓怀金　丁秉乾　丁文章
高　严　郭　进　韩　晨　何俊祥　胡明星　蒋荣舟　寇振华　雷佳龙　李晨曦　李世杰　刘海洋
刘　帅　马村干　浦　陆　邵　剑　孙钰坤　陶国栋　万　杰　王　朕　吴振鑫　姚　杨　张　彬
张　伟　张　研　张振龙　赵文闯　周　童　朱冬亮　朱向荣　祝太洲　庄正印　嵇乾斌　李丹丹
周婷婷　朱雅娴　白旭丰　戴鸣梁　戴沈晨　邓崇杰　丁晓帅　高宇阳　顾开政　郭　浩　胡哲源
蒋银根　李树鑫　刘　健　刘　靖　刘人领　邵康健　施秉贤　石优波　汤子豪　唐雪琦　王　超
王东伟　王　琼　王维维　王勇杰　王宇杰　王子琪　吴敬宝　吴晓鹏　徐鲸民　徐鑫伟　杨　祺
雍洋洋　袁知正　张　成　张进峰　张　凯　张　旭　张智鸿　张鑫阳　周东志　朱修锋　庄涵汀
缪金达　孙梦梅　夏　杰　柴　冬　孙振礼　周　帅　蔡雨晨　陈　垚　陈建华　陈凯岭　陈伟恒
陈　祥　陈宗权　方熙宁　符　超　高新野　顾家毅　顾俊琪　何　乐　胡文杰　黄其壮　姜尚昆
李顺尧　凌飞晨　刘　栢　马　宁　潘柱旭　沈家成　史佳敏　孙　民　孙学哲　谭　健　王　超
王晨宇　王　前　王远飞　韦　辰　吴立伟　夏天予　邢　晓　徐权鑫　徐　涛　张　鑫　赵　越
周福鑫　周家豪　朱子秋　陈亚菊　程　倩　江柔洁　荆　鹏　刘星星　沈佳锋　鞠建峰　李　鹏
潘阳举　张思成　陈　斌　陈　伟　丁统能　朱　玲　宋　翔

2013 级自动化生产设备应用

倪　程

2015 级自动化生产设备应用

吉凤旺　孙　俊　柏广东　陈桂龙　傅徐彬　龚恒超　胡士亮　季奇妙　康凯祥　李子健　刘　仁
刘　岩　刘　焰　刘志伟　陆　贺　罗东北　罗稷阳　马　超　倪　浩　舒秀林　孙江云　谭小浪
王　乐　王庆豹　王　旺　王　伟　王　政　颜小涛　杨明俊　杨淑桐　姚洪灿　叶华立　叶　旭
张　辉　张　利　张　楠　赵济业　赵荣羿　周　锋　周欢欢　王晓雨　蔡　恩　曹文凯　曹　阳
陈　宇　陈　聃　戴昊天　刁翔峰　丁浩楠　杜颖昌　樊宇浩　黄立明　李少飞　李悦潮　厉　康
刘　峰　刘红羽　刘启诚　刘夕飞　卢晓刚　鲁　政　骆宇鑫　马　杰　申　磊　王友江　王跃文
徐瑞东　许宇豪　杨　奥　尤海涛　于　威　张凯欣　张玄九　周加乐　周万荣　朱海杰　朱　拓
郭运行　苏　雪　徐艺琳　杨　悦　陈建毅　靳红宇　满静睿　潘辰阳　吴斌斌　谢嘉愈

电子与通信工程系

2015 级电子测量技术与仪器

沙鹏飞　陈　飞　陈万钥　段友浩　顾善左　管政雯　霍允港　栗广博　吕群湘　明　伟　欧　斌
潘彩云　申宜成　沈庭洞　田顺晶　王　诚　王　强　王雪佳　夏　磊　夏正月　徐　鹏　徐　早

张明　张鹏　周凯旋　朱洪生　朱军　陈蓉　冯会鲜　何佳慧　王甜　吴建男　杨丹
张旭　周茹　周好一　兰佳树　周俊豪　李自豪

2014 级电子信息工程技术

刘姝琪　陆凯　周扬　王川

2015 级电子信息工程技术

安佳　戴乐　戴亚洲　丁翔　杜鑫　范靖杨　顾俊　顾森　韩金保　胡程华　季磊
贾庆宇　蒋鹏翔　李超　刘广生　刘涛　苗发远　牟德峰　聂佳浩　邱龙飞　阮国浩　史栋佑
史建鹏　束方耀　苏杭　田闯闯　王依寒　韦精宇　徐子鑫　许可　张佳伟　张志伟　赵川
蔡玲琳　龚敏丹　顾晨艳　黄艳　季晴琴　陆雯雯　倪妍　王娟　薛茹　姚萍　张迪
濮楚芹　葛周金　陈帅　陈希　陈子良　丁勇皓　韩余蒙　季鸿卿　江璇　李树峰　李天
梁杰　刘斌　陆会越　罗阳　沙洲　汤启博　唐茂淞　唐玉杰　王荣辉　吴凯　徐喆
徐钢　袁兴虎　张超　张春晖　周聪　周宏超　邹壮志　左升记　狄佳音　杜莹莹　韩莉
孙帆　王钦　王芹　魏欣　吴恒恒　张薇　智阅凤　周文艺　高嘉成　王杰　熊玮玮
周状　叶帆扬　周传宝　朱佳伟　唐冬芹　欧阳妘玥

2013 级通信技术

吴晨

2015 级通信技术

邬岐峰　陈肖　付刚　龚金玉　李宏才　李延晖　刘斌　刘怀龙　陆旭　罗志斌　潘澄漪
施俊杰　孙飞强　汪旭　王钤　夏从金　张松叶　张振宇　周演　卞帅南　黄金金　季钡文
姜萤　蒋静　李盼　刘海燕　刘雨　宋雨柔　王祥宁　俞琳　张可　张青青　赵碧莲
赵蓉　仲悦　周琦　朱思佳　陈磊　陈威　戴永文　方邦瑶　高振宇　李俊伟　马程
潘昌庆　乔俊松　史先文　王甫昌　王克武　王毅　吴靖康　徐浪　杨军涛　张孟　仲直
周晨旭　周钰丁　陈萌　单晴　侯玉婉　姬婷婷　李珍　刘金凤　乔晔　时凡　双春晓
孙萁玉　王啸啸　王馨兰　吴芳　张慧　张曼丽　张蕊　周奕汝　朱琳　黄杰　廖康
徐顺　庄政　谈昊岢　唐叙路

2015 级移动通信技术

陈阳　陈益　戴杉杉　翟宁　顾赫　花博　黄艺　李盼　李振　李政　刘笑
潘杰　沈思　施洋　孙怀峰　孙玉冬　王丁　王旭　杨国华　余加顺　张贞鹏　赵同超
朱江　朱英明　陈婷　程可　胡敏　李邓　聂宇旋　彭金芽　秦娟　沈翠玲　孙佳欣
曾杰　张子琼　张子雯　张婵　智亚鑫　周莉　周甜甜　周艳　宋成禹　李帅　李鑫

2013 级应用电子技术

卢庆

2015 级应用电子技术

曹政　陈晨　陈家成　陈伟　陈颢仁　崔文华　樊雨　郭露露　李凌俊　李松　刘明健
刘瑞承　吕长育　马文　裴浩云　钱冲晓　王金　王明　王勇　温睿权　吴海涛　吴杰
徐苏业　许智杰　严晖　叶志明　赵岩　曹静静　陈艳　胡丹　花乔　吴佩遥　吴淑质

徐期雪 张琳琳 张毛毛 周 洲 蒲兴明 徐 波 成 烨 程葱葱 崇加胜 胡 斌 胡海洋
黄 凯 黎冠宏 李改革 李申坛 刘黎明 刘琳超 刘文轩 孟令禹 圣业名 唐 亮 唐 鹭
王 朕 吴 进 谢峰耀 邢苏豫 薛 斌 颜建超 杨立洲 殷正昱 瞿 旺 陈 敏 黄 琳
沈雅婷 王 雪 王雨婷 王 悦 王悦悦 周 璠 陈星杰 戴智祥 费华杰 黄凯锋 黄泽华
纪 康 姜 飞 潘彦宏 钱嘉伟 秦 帅 史叶成 王加豪 王志平 翁嘉伟 吴 飞 吴俊涛
夏凯歌 薛宇磊 杨鹏飞 张锐东 张 赛 周宇凝 睢 琦 卜青欣 曹 风 陈磊磊 陈思佳
丁雪娇 何立婷 吉 琦 陆方舟 毛逸斐 娜 迫 王 玲 王 芹 邢 月 徐翠荣 张胜男
张 昀 周梦南 诸晨晨 凌泽辉 陈其权 陈子轩 苏力航 须珂白

软件与服务外包学院

2013 级计算机网络技术

柏露洲

2015 级计算机网络技术

李 鸣 厉帅功 许孟祥 黄 尹 陈 磊 陈鹏宇 陈 涛 陈万鹏 贺宇航 胡红宇 胡 振
花 辉 刘世绪 苏大鑑 孙大将 唐佳文 王 彬 吴明清 徐 飞 徐少康 徐晓辉 徐志康
姚 杰 殷 杰 尤宇杰 张 朔 周 杨 崔祥雨 付 爽 官晓霞 吕婉莉 马玉芸 王艳秋
王 颖 蔡泽天 陈小路 顾晓磊 季明宇 李浏洋 毛前水 潘寿同 潘 涛 王宗权 吴海华
徐澄杨 尹明扬 掌云学 曹阳虹 陈允敏 陈婷婷 葛小娜 耿敬怡 洪 梅 姜玲玲 李春霞
李亭亭 刘提麟 罗苑桦 沈黎萍 施文婷 施 悦 孙 莉 王 玉 魏青青 吴倩楠 夏 蕾
杨 雯 虞紫濛 袁 玮 张 凤 张琴琴 张 晴 周丽华 陈志鹏 吉照远 季轩羽 李 辉
祁 康 徐金金 张 旺 张颢洋 黄 强 邹慧敏

2013 级计算机信息管理

沈炳欣

2014 级计算机信息管理

蒋佳宏 叶 程

2015 级计算机信息管理

陈 驰 邓翔文 黄俊波 黄鑫海 李苏斌 吕正伟 骆 宇 潘志伟 王 帅 夏文鹏 徐正豪
章 焱 张 权 张 享 赵 勉 赵 盛 周建宇 柏敏玲 卞秋月 陈 萌 陈 梦 陈 珊
陈文婷 陈金旭 陈宗莹 程 进 崔芳芳 戈田田 顾家敏 胡春晓 李芷馨 刘 洁 史淑琴
孙华宇 王 霞 徐丹丹 杨 晨 杨 立 杨 雯 张佳茹 张 雪 朱晓彤 刘 畅 陈柏良
陈国良 季 鑫 王 康 徐士昌 祝海峰

2014 级计算机应用技术

吴承翰

2015 级计算机应用技术

胡 林 贝佳豪 蔡成浩 常 弋 陈翔宇 范敬国 韩嘉宾 兰 贺 李成通 李冠奋 梁占海
刘敦权 刘善杰 鲁 超 邱佃涛 石丰宁 孙 通 陶安浩 王 伟 魏焕港 武业新 谢苏皖
谢 勇 许荣祥 薛光辉 严笑天 杨柱坤 叶 康 于 波 张海波 张其龙 张永涛 郑新宇

朱浩　查田田　李田田　王璐　吴娟　许曼　姚梦云　张悦　张琪　陈伟　樊凯
皋爽　胡传京　吉敏鹏　季帅　梁浩　凌佳杰　刘健飞　施明鸿　汪洋　肖伟　徐辉
张奇伟　常士风　陈程　程梦雅　杜静　伏巧巧　贺新云　金荟秦　罗雯霞　毛丹　孙亚玲
陶梦婷　王梦佳　吴悦　肖林莉　徐迎新　袁淑婷　张雷　张素素　赵悦　赵悦　周梦雪
庄娜娜　闫妍　曹世忠　李朗　李修加　王硕　成桂海　赵杰　翟玉莲

2013 级软件技术

吴晓冬

2014 级软件技术

仲灿

2015 级软件技术

纪鸿元　张权　蔡之威　戴振权　丁也　董同新　洪立成　贾子旭　蒋孔榆　李浩然　刘杰
陆璠　罗范　庞鹤　邵亮　施书磊　宋翔　孙康乐　孙瑞　孙帅　陶淦　王桂康
王宁　王强　巫建恒　吴陈杰　杨旻杰　殷成年　张文强　周来宝　朱新宇　李思雨　孙晨琪
王亚平　魏爽　夏敏　徐艳秋　张梦茹　张桐桐　卞鸿森　柳文东　余翔宇　朱奕丹

2015 级移动互联应用技术

黄子坤　蔡明易　常哲源　仇铭　单体港　董俊杰　范敏　顾忠祥　胡建东　黎进文　李德杰
林雨　刘浩　刘宏祥　路万　吕瑶瑶　宋学宝　陶天翔　王诚　王祥凯　魏明　杨江华
尹子哲　袁晓祺　张乐　张晓城　张一佩　赵小上　裘实　金倩云　刘春　庞怡　钱景敏
邵丽珍　陶思彤　汪盼盼　杨敏敏　叶梦婷　岳瑞琪　张晶晶　张露　张梦　张夏倩　董鑫浩
尚鹏　付艺蓝　朱海川

经贸管理系

2015 级财务信息管理

沈超悦　高坚　耿晨阳　姚祁　尹佳豪　曹芸　崔凤至　崔硕　戴媛　顾晨　郭驰
胡媛媛　黄亚萍　黄婧　蒋羽洁　李梦奇　李亚楠　刘昕宇　陆怡静　钱佳佳　邱礼娟　施添祎
孙妍　王慧兰　王江禹　王文娟　王婷　魏晴　徐国娟　薛倩　杨怀皓　杨袁圆　羊婕
俞佳　张爱玲　张博雅　张涵玮　张云　周燕　周业敏　周子怡　朱丹萍　朱嘉琪　朱静
朱玲萱　卢梓玄　曹会旗　成超　李能　陆超　包敏杰　曹梦娴　陈露　陈敏丽　董清
付丽茹　何盼盼　洪露　胡晨颖　华依玲　姜荔乔　金嘉琦　李春蒙　李金金　刘丹丹　刘慧
刘倩倩　秦梦雅　秦雨　田孟婷　王涵锜　王兰　王世凤　王晓婷　王旭　王园园　王婷梅
韦童童　武慧敏　徐巧　徐新雨　许青云　颜茜　杨婷婷　杨钰洁　张海磊　张娟　张梦秋
张妮　张蓉　张月华　朱网兰　朱小芳　臧宇　贲国渡　吕茹茹　王玮

2013 级电子商务

夏荣欣

2014 级电子商务

姚冠军

2015 级电子商务

艾高翔　白　天　陈　聪　季　翼　姜亚飞　李健宇　李士鹏　李骁楠　彭　锐　钱　益　申裕权
王子琦　朱洪江　卞宇莎　陈　娟　翟雨燕　凡　波　冯峥峥　顾枫林　蒋青玲　李金柳　刘焕焕
刘晴儿　陆庆庆　陆　瑶　倪　茜　钱琳琳　沈　静　时礼晶　史梦婷　束筱婧　王　鑫　吴春燕
谢　佳　徐　静　杨洁慈　俞　景　张　晨　张舒淇　赵心雨　周　姮　周　佳　周佳敏　朱慧惠
朱　敏　仇玉文　戴俊鑫　范　帆　胡汉青　李　辉　孙　豹　徐　伟　赵嘉诚　包立云　陈佳璐
陈亚飞　董照红　顾彩莲　何佳佳　何　静　洪　远　季　颖　金　敏　刘慧玲　刘珍巧　刘婷婷
马桃静　毛　雁　彭丽晴　祁　悦　沈　萍　施　钰　宋雯波　王　佳　王文佳　吴　甜　吴先花
谢家引　谢雪飞　徐　艳　许元元　颜欣燕　杨佳依　杨露琴　袁　宵　张冬云　张佳妮　张　静
张舒琪　周　婧　周璇烨　朱俊娇　朱园园　丁伟健　费　磊　葛　晨　沈高毅　叶庆阳

2015 级市场营销

成子健　高慈航　高正亚　过嘉诚　杭　润　洪　帆　连便乾　刘明杰　刘　宇　任佳洋　施志康
孙　宁　王　鼎　王鲜明　王泽宇　徐宝芹　杨龙江　姚　成　喻常锦　张成纯　张加荣　张青宇
张　帅　朱　哲　曹金凤　陈　程　池雨婷　顾玉茹　郭丽华　江　影　李佳丽　刘同扣　龙晓巧
马梦引　毛　璐　孟　圆　钱明月　孙兆茹　王　洁　谢青青　杨　琴　杨汝曼　尹丽华　张彩谣
张　静　张玉凤　郑庆芳　储瑞铜　杜　磊　付驰逸　耿　锋　花浚坤　靳晓飞　李承旭　李　涛
刘　辉　刘天雨　潘　欣　沈　忱　史长显　孙成路　孙　飞　唐　伟　唐　韬　徐　康　杨　杨
张　笑　张选龙　张子涵　仲　凯　周龙文　陈方圆　陈　凤　陈婷婷　高　霞　韩雪鑫　衡　莹
卢　楠　宁天娇　孙　艳　田艳琼　王　玄　王　艳　卫　楠　杨美凤　袁丹丹　张惟君　张文花
张　颖　张悦辰　张倩倩　朱海琴　朱　甜　沈　冬　卢毅杰　惠子平　李少文　侯义娟　李华铭
刘培豪

2015 级物流管理

丁雅妮　曹双军　曹鑫宇　葛　威　李昌红　卢　岑　马兴旺　申　猛　唐雨山　王福果　吴天杨
夏　超　颜　超　杨　光　杨文赛　张成龙　张建楠　张　修　张渝涛　朱柏安　庄贺文　阙豪栋
丁思颖　高　扬　葛晓雯　顾　香　李　畅　李文静　李玉梅　李　妍　司　琪　汤胜男　王　芬
王艳宁　吴娇娇　徐　可　徐　颖　许周恬　薛箫倩　杨　婷　杨雯婷　尹　颖　于东林　张赛楠
张　燕　朱丹丹　朱淑萍　杜永贞　范利民　付　恒　郭进仕　胡玖成　季　波　季　勇　蒋　帅
李胜利　李祥考　刘庆帅　茅翰文　圣建山　宋依然　王晨成　徐　飞　徐子凡　姚洪笑　张漠林
张永瑞　胥明忠　陈周强　陈　倩　陈　姝　楚鑫延　单　晓　丁艳兰　管　静　郭　彤　胡莞颖
李　荣　李　婷　刘芳芳　刘祥慧　舒　琴　孙丽娜　王安琪　王　群　魏秀秀　吴佩珊　夏星月
徐　娇　叶　甜　尹艺霖　张小敏　张倩玲　朱　珠　颜　欣　胡仁飞　刘　溱　杨南南　皇甫梦婷

建筑工程与艺术设计系

2013 级电脑艺术设计

张　越

2015 级电脑艺术设计

丁　宁　谷靖宇　顾大伟　郭新宇　金士祺　李　力　王海涛　王梦杰　谢乃超　徐鼎榆　杨海陈

叶一芝 音思俊 张潇健 赵秋宇 周乐泉 周象彭 毕盼盼 陈益星 陈倩 冯明珠 郭雨桐
胡梦婷 黄新 刘银丽 陆继婷 侍真真 汤晶 王文学 王雅玲 夏莹莹 徐秀 许志伟
姚丽娟 姚明珍 袁梦瑶 郑磊 郑妍 宗玲 曹志祥 陈驰驰 程睿 郭靖 黄新宁
刘金朋 孟铄然 裴致远 沈广玉 苏国昌 王超 王志强 许志鸿 杨宁 张毅 张灏杰
曹婷婷 陈露 范文倩 伏培宇 付俭婷 葛玉琳 蒋红 李霞 梁塬 刘敏 刘茹
刘雨婷 戚雪薇 宋賨秋 吴慧林 徐婷婷 张贝贝 张若南 张小娜 张雪莹 瞿慧 葛志远
王伟 杨晨 李新宇 王琪

2015 级建筑工程技术

杜杰 胡涛 花齐国 纪旺 解东升 李航 李再祥 刘杰 马金龙 孟阳 邱峰
石雪豹 宋文军 万帅 王宁 王权 王远 王鑫 肖庆 薛海涛 严浩 杨文豪
詹勇 张徽 张明 张盼华 张伟 张勇 赵顺利 周韧 朱建帮 庄薪雷 陈春芳
蒋楠 李钰 许晴 邬冬梅 毛志扬 魏嘉悦 何源

2015 级数字媒体设计与制作

陈超然 陈园 何壮壮 胡天树 金佳高 李青松 刘广林 刘仁昊 刘雨豪 王炎 王卓佳
咸建洲 徐光磊 张晗 朱轩纬 蔡维娜 陈飞飞 陈慧 崔梦月 黄慧 贾珊珊 李莉娜
宋飞艳 孙颖 孙宇恒 王贝 徐婧 杨婷婷 尹颖 印鑫雨 云辰 张雨晴 张薇
仲雪 左智慧 陈康 陈明强 冯友伟 华振锋 李明昊 李英杰 刘雨生 马荣军 毛羽生
孙迪 王邦华 王斌 王成 王立旭 夏宇 徐壮业 徐子阳 杨宝友 赵本州 董玉萱
霍秋池 纪静 李一凡 刘子荣 邱笑笑 沈佩雯 魏晨 许佳丽 杨慧 杨婉婷 俞悦
张玲玲 张维克 张小婷 张炎 赵亚青 仲迪 周洁 康汉臣 李明星 张成伟 倪庆瑞
杨芮

国际教育学院

2015 级旅游管理

陈庄浩 冯皓伟 高鑫 孙浩圆 王培旭 徐学佳 赵晨宇 陈洋 丁雯 衡静 贾倩
李冬冬 李孟宣 李婷婷 刘冰越 刘敏 刘启美 陆婷婷 彭齐瑞 尚红艳 索玉 王丽珠
王萌 王晴 王欣悦 王旭 吴凡 吴一瑕 严锦 杨海霞 杨梦怡 杨洋 夷群
殷艳 俞文青 袁飞 岳彩梦 张含含 张慧怡 张梦 张荣艳 赵俏 周明珠

2015 级商务日语

张心 冯如建 黄俊华 马武龙 钱炜 施佳斌 王江南 魏波 袁唯 赵瑾 周晨阳
陈月兰 龚耀芸 姜长琴 蒋申琴 赖文秀 李文静 刘玉 罗青霞 马晓莹 孙粤 唐兴曼
汪丽 王丹 王佳希 王路路 王颖 王璐瑶 吴丽丽 肖朵 许曼 薛刘冯 姚恋晨
于丽 赵红莉 赵梦静 郑杰 周晓晴 朱玥 罗立鑫 伍祖炜 徐鹏

2015 级商务英语、旅游英语

朱雅婷 陈文静 陈秀玲 陈賨 丁琳 杜巧萍 高洁 顾文超 韩媛媛 黄文红 黄婷
李淇 刘倩 毛明荣 潘明兰 任丽平 宋美青 苏芹 孙莲云 孙琳 孙添 孙闵
孙姝娴 唐巧珍 谢玉洁 许静依 薛玙 尹琪 袁敏燕 曾梦玲 曾梦霞 曾武丹 周海婷

周文瑜 庄玲玲 陟一婷 褚 玲 李晨钢 徐 斌 佀欣茹 白敬文 蔡云云 陈 洁 陈 蓉
陈文芳 陈雅婷 储中香 何 倩 黄 蓉 雷 帆 李 昳 林辉聪 刘静一 刘 雷 刘柳柳
刘雪平 陆思名 马青青 马雯婷 任 佳 吴翠莲 谢伶俐 徐晶晶 许慧文 杨 凡 杨 蕾
杨 薇 姚 丽 英倩倩 余继姝 张允慧 赵晓静 郑玫玫 周 旋 朱玉娇 邹玉荣 查勇帆
冯玉良 韩正阳 王子豪 蔡 璐 孙 瑜 郎子微 杨荧银 陈子矜 方 勇 洪 显 陈 杭
陈露茵 耿雅婷 华艳文 黄小芳 蒋枝芹 李雅倩 廖 玲 朱 婷 何春梅 王红梅 陈思君
彭盼盼 孙士玉 孙小雅 田 甜 王丽媛 杨庆菲 于 璇 张梦媛 张雪飞 张 琦 周丹娜
朱雪婷 朱 悦 郝伟良 付 昌 万中辉 王韩雨 晏永新 曹 蓥 樊 慧 封玉雪 符 颖
韩珊珊 李佳莲 罗园园 马丽咪 任雨晴 田 甜 王 宁 王宇琦 徐 能 尹天玥 俞 娟
袁 婧 展迎秋 张 敏 张 青 周子琪

汽车工程系

2015 级汽车电子技术

王圣远 蔡可留 陈 聪 陈旺旺 陈 琪 储 军 金志豪 乐 凯 李 锐 李志方 罗雅杰
梅 杰 邵 伟 沈 悦 孙 敏 汪继开 吴泽豪 夏群杰 夏书乐 夏友航 许建华 颜飞宇
杨 俊 杨秀杰 杨玉成 杨跃森 叶荣健 郁 春 周辉鑫 周游海 部 帅 李沁莹 沈敏星
时 洁 于利娟 张文静 曹皤鹏 陈德键 陈华烽 陈 立 丁士佳 杜子威 高志航 顾 浩
胡 鑫 梁 辉 孟祥韧 戚 权 孙永睿 唐仁旺 陶 剑 王 栋 王 凯 王荣龙 徐 冬
徐 松 颜聪华 杨宸韬 殷明杰 于皓宇 袁赞城 袁仲波 张鹏飞 张文安 张永顺 仲 杰
周盛浩 朱雨双 仉子坤 戴启萍 邓 磊 陆转芝 袁 美 张润清 许 磊 许 蔚 赵成文
周冠宇 梁永飞 倪 明 王 辉 吴建彬 许予平

2014 级汽车技术服务与营销

王亚东

2015 级汽车技术服务与营销

曹 坤 佘天伦 鲍 磊 李明亮 李永平 梁浩然 梁志强 林 磊 鲁亚威 裴 尚 任培飞
沙正根 邵泽忠 孙 杰 王敏尧 王展隆 王志豪 吴 闯 徐龙沛 徐天成 张 聪 周兆显
部广东 蔡 燕 郭瑶瑶 李秀琴 李雪雪 吕琦纯 阮慧玲 史 杰 孙 瑶 王 笑 王 婷
许星星 严 月 张婷婷 赵 丽 赵 雯 仲 迪 濮晶雅 柏嘉乐 黄浩然 季明佳 刘豪龙
刘良路 沈凯华 叶 杭 张晓雷 侍红林 格桑江楚

2015 级汽车检测与维修技术

李永胜 高 俊 阚 凡 曹佳祺 陈劲东 陈 满 陈 旭 陈志胜 程 稳 黄军勇 霍 成
蒋 团 金硕硕 康 杰 李 阳 李 振 刘继光 刘嘉栋 陆方凯 吕航航 孟 鑫 邵晨晨
史 伟 宋 强 孙子雄 孙 骥 王 峰 王小龙 王 耀 王一鸣 王 韬 夏 鹏 徐飞雨
徐 越 徐泽荣 杨 锋 杨凯伦 杨利中 叶川胜 应金龙 张定勇 郑珏均 周书洁 朱正兵
宗智杰 晏志峰 曹宇飞 李国强 武 迪 许晓杰

苏州工业职业技术学院
2018届成人高等教育专科毕业生名单（2018年7月毕业）

财务信息管理（业余）

杜蕊　房梦云　葛华倩　黄静　季欣如　姜凯文　李帆　李敏慧　李悦　钱静静　乔迎
邱敏敏　沈端　苏晨月　孙明慧　王甄　吴苏云　相林岳　杨文倩　易荣　尹雪芹　于淼
周静　周丽如　周逸

电子商务（函授）

陈安琪　陈丹鹭　陈明珠　陈晓燕　陈心怡　陈星锐　陈雪　陈艳　陈瑶　陈祎凡　陈殷浩
陈云　陈喆妍　戴苏皖　丁紫宣　范敏　冯紫晶　干祺华　高欣　龚艳华　顾苗竞　顾天愉
郭晓晓　何俊　何欣蕾　黄嘉韵　季梦娇　蒋文婷　金雯婷　李灿　李玲　李蒙蒙　李婷婷
李小琦　李欣赟　李艳　李珍珠　凌金柱　刘诗玉　刘婷婷　刘莹莹　鲁异　陆燕　陆燕萍
陆逸婷　陆子悦　罗佳欢　马丹萍　孟慧雪　宁莹莹　濮瑜婷　任茜蔓　沈洁　沈静艳　沈淼
沈诗瑶　沈晓婷　沈雨秋　时以慧　宋蓓　宋诗琪　孙欢　孙柳波　孙叶　孙悦　唐岚
唐铭　陶丽娜　陶诗诗　汪鑫彬　王佳妮　王杰　王菁　王静怡　王娟　王梦娴　王雨
王悦　韦纯纯　翁茹娟　吴倩倩　吴苏晖　吴苏娜　吴笑天　吴馨怡　吴怡靖　吴自强　谢沈敏
熊蕾　徐佳俊　徐洁莹　徐凯丽　徐梦婷　徐甜甜　徐婷　徐娴娴　徐晓亭　徐星月　许梦婷
颜晓钦　颜玉兰　杨思怡　杨阳　姚祥伟　姚雅茹　余美江　俞莉　张犇　张琳　张明飞
张铭　张倩　张倩怡　张涛　张盈盈　张莹　张雨婷　周洁　周婷　周晓燕　朱凤玲
朱斓珺　朱雯忆　朱燕

电子商务（业余）

胡兴广

电子信息工程技术（业余）

曹丽丽　崔利明　董红　房亚楠　黄春红　李阳　陆建学　沈泽香　孙静　唐建兵　陶勇
王超　王秀英　肖华洋　谢安勇　徐雪梅　严兆儒　杨萍　张剑平　张苏亮　朱先科　邹凯

机电一体化技术（业余）

曹爱国　曹瑞　曹曙光　曹云凡　昌璐　常恩杰　常昕宇　陈澳　单夕娟　丁凌晨　封志杰
付昆　高强　顾立芬　管恒军　胡旻　胡同和　胡志立　胡志伟　黄启得　黄正伟　吉永祥
姜明明　蒋青槐　李海洋　李恒　李江龙　李静　李四伟　刘小忠　刘玉刚　马浩然　潘红星
彭春旺　乔雪杰　沈波　沈川云　盛盼盼　史田宣　宋亮亮　宋梦宇　孙飞　孙港　孙桂阳
孙豪　孙启鹏　孙翔　万东亮　汪磊　王传跃　王军　王媛艺　温一腾　吴保微　吴含波
夏玉江　徐志文　许波　许国东　薛皓文　严世良　严世勇　叶建言　于海潘　于鹏鹏　张强宇
朱才康

计算机网络技术（业余）

鲍经纬　陈晨　陈俊杰　陈铭　陈伟冬　陈昱　戴健　单海军　邓逸飞　高列　葛志彬
耿吉祥　勾秋秋　顾陈晓　顾利国　何端　何睿　侯丰润　黄海洲　黄一新　李嘉琪　李亮
李少斌　李云峰　李志锋　林智泽　刘成成　刘春亮　刘佳伟　陆嘉诚　骆仪军　马赛文　毛增强

潘 嵩 全俊杰 沈俊辉 沈俊杰 盛嘉颖 施 军 时 杨 宋 倩 孙 浩 孙 瑜 唐 杰
唐渴望 唐敏豪 田 春 汪志豪 王进波 王俊杰 王康愉 王丽君 王威威 王 岩 王泽强
吴懿豪 武明希 奚 婷 谢 申 徐 海 徐 良 徐梅继 徐鸣豪 许恺平 杨洪瑞 杨亚州
杨 旸 姚 彬 余 超 俞雯华 袁振浩 张 涛 张袁康 张原旗 张子良 赵 菲 赵倩倩
郑佳豪 周 军 周 清 周 杨 朱明奇 朱天悦

计算机信息管理（业余）

安思锦 陈 鹏 彭 鑫 沙万里 王 飞 王 浩 王佳明 徐嘉跃 周恒飞 左召洋

计算机信息管理（函授）

刘 勇 刘志豪

模具设计与制造（业余）

付 义 杭秉林 侯庆龙 李 广 裴新强 邵春鹏 唐 波 田 彪 田 攀 王文龙 问志宝
吴振国 严 兵 张 冰 朱立华 邹国萍

数控技术（业余）

杜和乐

物流管理（函授）

蔡敏月 查彩霞 陈方艳 陈 瑛 范茜婷 高苏圆 龚婷婷 顾丽洁 顾 雅 顾宇丽 管 萍
韩兵兵 韩金梦 韩廷浩 胡梦岚 胡 晴 金佳雯 金丽娟 景媛媛 康亚楠 李佰东 李 芳
卢索佳 孟婷婷 钱静怡 沙志豪 沈廖林 宋文文 谈文杰 陶逸倩 汪雨秋 谢林江 谢文婷
徐 杰 徐 婕 徐良祥 许 涛 杨黎辉 杨梦婷 杨雅倩 杨彦飞 杨 阳 杨宇航 张晶晶
张 涛 赵 翀 赵 峰 周伟安 周鑫荣 朱丹妮 朱恒宇 朱吕杰 朱鹏翔

营销与策划（函授）

陈 娇 冯逸飞 高静静 韩 涛 黄贵荣 黄 菁 惠陈毅 蒋成杰 李 静 李梦圆 陆焕杰
庞欣欣 钱宗钰 强文哲 王海涛 薛 峥 杨 日 殷 勤 张 佩 周 芳 周密密 朱万娟

营销与策划（业余）

卞惠栋 胡云华 黄雅敏 刘 权 魏丁丁 赵文伟

全校教职工名单

校党委

王新华 王洪法 曹建东 殷海芳 苏霄飞 温贻芳 林长永 吴少华 王 竝
黄莉萍（原党委委员、原副院长）

党政办公室（外事与港澳台办公室）

安 婕 曹 瑾 许觃南 陆逸菁 潘 黎 庄 轲 王 卫 顾辰彤 吴 亮

组织部（统战部）

吴少华　彭　薇

宣传部

王　竝　金　昱　周　瑾

纪检监察室

庄剑英　徐　敏　高　慧　胡　敏

人事师资处（教师工作部）

钟　克　计翼倩　许秀芝　孙若颖　肖洁瑾

教务处

何福男　葛晓忠　吴咏涛　沈涵颖　林　洁　钟俊文　徐建中　刘韵华

科技处

祝清兰　刘绪军

学生工作部（学生工作处、招生办公室）

贾　虹　马小燕　王宛平　朱建荣　张晓东　顾　虹　黄　颖　曹慧秋　蔡葳葳

对外交流与校企合作处

王　震　邵利群　刘　向　陆　娴

财务处（审计处）

吴　玮　杨　飞　孟筱玲　吴　明　朱理想

保卫处（人民武装部）

徐　立　陆志伟　田　宏

后勤与资产管理处

刘　晓　汤鸿波　张大圣　包　珥　吉中云　陈建辉　钟继春　姚闻华　徐　森　盛昌华　蒋洁清
濮小勤

工会（妇联）

章　雯　王　晓　王智会　沈秋晓　章健华

团委

陈　艺　裘兆远　田立苗

数字化校园与图文信息中心

何旭明　丁永尚　吴照春　张雪红　张德新　陆　布　陈建平　林　愉　鄢祖安

高等职业教育研究所（学报编辑部、质量保证中心）

苏　华　王　瑾

继续教育学院(培训管理中心)

廖文杰　王　瑾　项永芳　葛素娟

精密制造工程系

石皋莲　方一新　童钰祥　耿　哲　丁云鹏　丁倩倩　马广辉　王卫芳　王　帆　王迎春　王　佳
王春生　王　勇　王素秋　王薛霜　孔　茗　匡　清　成　立　吕春兰　刘江平　刘洋洋　刘　婧

关集俱 许岚 许萍 许戴铭 李长春 李有智 李春明 李春雷 杨亚琴 肖洪波 汪宁
沈小强 沈进 陆宝山 罗平尔 季业益 金玉静 胡炜 胡渠 钟江静 顾星 顾晓
顾涛 徐立华 徐忠兰 殷铭 谈正秋 黄华栋 黄晓华 龚隆兴 崔勇 梁士红 梁胜龙
屠春娟 韩莉芬 惠震霖 虞锐 熊越东 滕琦

机电工程系

温贻芳 张泠 于霜 张峥 薛迎春 马晓云 王月芹 王文琦 王东 王占山 王英
王晓燕 王熙雒 史飞飞 吕亚男 朱巍峰 仲蓁蓁 许月琳 杜慧琳 李健 李巍 杨扬
杨艳山 汪阳 沈玲莉 宋冬萍 张广才 张卫星 张淑红 陆琦 陆群 陈晓华 陈歆
范金玲 茅阳 周红英 周信 周敏 周薇 胡静 柏余杰 费娜 徐月兰 徐黎
凌红军 高小涵 高新浩 龚肖新 崔秋丽 鹿霖 蒋海燕 蒋澄灿 储建华 鲁晓晓

电子与通信工程系

章雯 钱涛 朱祥贤 徐云飞 王栋 卜树坡 王莉莉 王勤 石红梅 石瑞华 叶萍
冯成辰 朱勤 刘昊 刘勇 汤小兰 汤朝霞 许燕萍 孙岚 李洪群 吴冬燕 吴阳江
吴振英 吴琦 汪亚 张正中 张明玉 张美芳 张艳艳 张鑫淼 陆明祥 陆蔺 陈丽
陈晓磊 邵雯 杭海梅 罗红艳 季梅 金薇 周峰 居敏花 孟桂芳 赵展 荣国光
荣雪琴 姜颖韬 钱昕 凌璟 黄小梅 黄璟 章晓虹 蒋爱如 程小荣 程雪敏 程磊
蔡成炜 蔡哲 翟红 戴丽华 魏雯

软件与服务外包学院

陈希 罗颖 王喜 张琰 丁健 王东海 王惠琴 艾旭升 厉佳 卢又来 朱东
朱亮 伊雯雯 刘文军 刘宝莲 汤晓燕 孙伟 芮文艳 李文俊 李良 杨小英 杨梦铎
时荣 吴阅帆 何亮 沈茜 张伟华 张丽 张佳磊 张璠争 陈华 陈园园 陈莉莉
陈瑾 居晓玮 郝爱语 胡慧 胡霞 俞海英 顾红燕 栾咏红 郭敏 黄金晶 盛永华
密海英 蒋灏东 韩雪芳 雷晖 薛惠敏

经贸管理系

桂德怀 费江 梁青春 欧阳芳 周芳 丁依萍 王佳 王晓征 王逸群 邓霞 刘大建
池莲 许英 许斌 李凤珍 李颖华 李霞 肖坤梅 余家军 张玉琴 张琦英 张蓓蓓
罗书林 赵春燕 姚卓顺 姚晓东 夏云超 徐丽君 凌彩金 郭薇 席晓兰 唐金龙 黄正
曹钦 盛晓兰 崔亚玲 魏力

建筑工程与艺术设计系

陈惠康 叶文红 李明 雷冰 郝敬锋 丁晓燕 于杉 王莉君 王瑾 王譞 车科
田婷 包茜虹 邢雯芝 成秀萍 朱晓蕾 庄学政 许艾珍 孙启新 杨毓洁 吴小艳 余黎
张二玲 陈卫萍 陈月萍 陈杏莉 陈雨 陈荔 赵亦涵 袁远 徐小丽 徐杰 徐厚华
曹俊 梁锦华 蔡健 谭佳怀

国际教育学院

唐祥金 王震 吴丽琴 耿欣 丁金珠 王晓翠 王敏 尹玖红 邓忍 冯永堂 吉小红
任峰 刘敏华 杜鹃 李正光 李玲 李凌 李培娟 吴娟 邱晓清 佟岳雯 邹娴

邹静兰 沈毓菁 沈　霞 张书健 张　悦 张媛媛 陆小鹿 陆垠杼 陈玮婷 陈治仪 陈海彬
范莉萍 金金花 金　娴 金　毅 周　俭 周　倩 周　樱 房慧玲 项　梅 胡晓红 胡　敏
胡意利 俞　芳 俞　纯 夏　瑛 顾　菁 徐　倩 殷　勤 高　丰 诸莉雅 蒋　樱 韩　婧
楼亚强 虞　江 窦柯静

汽车工程系

马　俊 张宇峰 王洪宝 叶倩辉 冯巧云 刘　玲 刘　森 刘　慧 杨晓峰 杨培生 沈宏生
张译匀 张甜甜 陆文灏 胡海侠 姚　遥 袁所贤 党国安 徐君书 郭　静 臧华东 魏　婕

思想政治教学部

王　竑 赵永兵 王周刚 文基梅 李从如 杨　晔 何卫星 张红梅 张　艳 袁　芳 夏　安
高　珊

体育部

刘　晓 黄月勤 刁巍威 石茗茗 朱俊民 纪莉萍 沈　贤 沈　铁 张　明 张　笑 陈海丽
邵　夏 周　斌 桂海荣 韩　雅 楚蕴源 魏金龙

全校离退休人员名单

丁慧芬 马如飞 马志明 王万生 王　云 王中明 王文艳 王玉芬 王巧珍 王龙珍 王叶英
王全宝 王克健 王治新 王荣明 王祖杰 王继保 王培英 王惠明 王　瑜 王源源 王　瞿
尤孝国 毛光宇 毛明华 仇尧云 亢荣石 方锦姿 石雪年 平万松 叶大德 叶飞龙 田连成
冯秋英 冯瑞文 吕玉明 吕建华 朱永万 朱君明 朱建帼 朱煜煦 华　丽 华保忠 刘大埔
刘文倩 刘正伟 刘训非 刘佩和 刘　健 刘　萍 刘德祥 齐晓莉 闫丽华 江志良 江国尧
江建根 许寿南 许其珠 孙汉铭 孙守琼 孙克城 孙苏光 孙茂荣 孙金男 孙家琪 严海英
李文倩 李忆湘 李松茂 李国英 李建民 李春华 李祖程 李润国 李崇尧 杨士芬 杨文华
杨　立 杨蕴璇 肖世忠 吴亚平 吴孝美 吴国澄 吴明坤 吴宗平 吴　铃 何介雄 何文祥
何　慎 邹浩征 汪长苹 汪　政 沈大荣 沈兆裕 沈金凤 沈采真 沈恒良 沈家騠 沈　晞
张子泉 张介龙 张公衡 张正芳 张申初 张冰清 张如刚 张昌才 张佩林 张建三 张重华
张素珍 张振德 张钺绮 张蒙恩 张锡华 张簪杏 陆民炬 陆伟林 陆忠德 陆金坤 陆建华
陆美英 陆　钰 陆　萍 陆惠英 陆　瑜 陈龙生 陈仪平 陈亚先 陈伟根 陈兴生 陈宇光
陈国先 陈经华 陈炳华 陈谋基 陈琼影 武复湖 林兆群 林慧君 季秋明 金世炯 金汉英
周邦雯 周志豪 周步新 周绍敏 周钰林 周　琳 周镇山 周潞英 郑瑞麟 宗琴华 郎勇生
居绍元 居绍昌 居嘉忠 赵艺青 赵思敏 赵梅英 赵铭冠 荆国樑 胡运蓉 胡秀琴 胡　杰
须惠增 俞玉琴 施启耀 姜玉珍 洪素兰 费道良 姚开麟 姚以舒 姚自新 姚道霖 贺志龙
勇志宏 袁凤珠 袁培德 袁　强 聂承来 莫建平 夏一蓁 顾义元 顾仁芳 顾丽萍 顾莉莉

顾准民 顾彩芬 顾瑾瑾 钱治均 倪瑞红 徐中一 徐文蕉 徐春明 徐美英 徐铁培 徐森亮
殷庆玔 殷演龙 凌　国 凌祎君 唐伯雄 涂必澄 黄友兰 黄居康 黄孟弟 黄洪根 黄　颖
曹建明 曹家麟 戚建康 龚新华 崔荔民 章鍊铮 梁章祁 彭梅芳 董修庭 董瑞花 蒋大鑫
蒋元生 蒋月芳 蒋苏华 焦　军 童建英 谢自奋 强银凤 鄢庆湘 解振明 蔡修璋 臧玉屏
臧彩凤 谭颖瑛 潘胜眉 潘晓霞 薛玉妹 薛　峰 薛鉴章 戴　皎 戴瑞庭

后记

《苏州工业职业技术学院年鉴 2019》是一部全面记载 2018 年学校各项事业发展概况的综合性纪实文献。它通过翔实的信息汇编，以文字、数据、图表、照片等形式真实反映一年来学校的中心工作、重大事件、发展特色和办学成果，为学校发展提供决策参考。

在校主要领导的关心下，由学校年鉴编纂委员会负责编纂的《苏州工业职业技术学院年鉴 2019》正式出版发行，年鉴框架布局、条目设置、内容组排、排版校审、设计装帧、出版发行等工作是编委会和各部门相互配合、共同努力的结果。在此，我们向关心和支持学校年鉴工作的各级领导、全体撰稿人员、年鉴编委会的各位老师、古吴轩出版社，以及在年鉴工作中付出努力的其他单位和个人表示衷心的感谢！

限于我们的编写水平，本书一定还有很多不足之处，真诚地希望并恳请读者在审阅本书过程中批评指正。

编者

二〇一九年十月